活得更像一個

江棋生 著

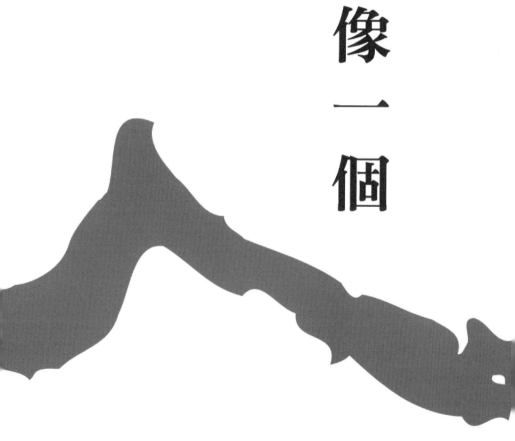

作者簡介

江棋生，中國持不同政見者、自由撰稿人、物理學學者。

1948 年 11 月 5 日出生於江蘇常熟，祖籍為福建永定。在家中六名子女中排名老二。1952 年 9 月—1960 年 7 月就讀於常熟慧日小學和五愛小學。1960 年 9 月—1966 年 6 月就讀於常熟縣中。1966 年 6 月—1968 年 10 月，參加文化大革命。後下鄉插隊、務農做工九年半。在 1977 年高考中，考上北京航空學院。1978 年 3 月—1982 年 2 月，完成空氣動力學本科學業，獲工科學士學位；1982 年 2 月—1984 年 7 月，師從莊逢甘教授攻讀空氣動力學碩士學位。1985 年—1988 年任教於清華大學分校，並去英國當過訪問學者。1988 年 9 月，考入中國人民大學，師從黃順基教授攻讀科學技術哲學博士學位。

從上世紀 90 年代至今，就中國的人權狀況和公民非暴力抗爭撰寫了多篇文章，發表於《北京之春》、《蘋果日報》、《開放》、《新世紀》、《觀察》、《中國之春》、《民主中國》、《九十年代》、《公民議報》等報刊雜誌和自由亞洲電臺；並自 2006 年以來，擔任自由亞

洲電臺特約評論員。作者在文章中表達的核心理念是：對中國來說，階級鬥爭不是硬道理，唯 GDP 的經濟增長也不是硬道理，人權化即自由化才是真正的硬道理。作者主張，必須有一部分中國人選擇不搭便車，冒著政治風險先自由起來。並且作者的心志是：「這裡是我的祖國，這裡就應當自由起來。」此外，應是作者首次給出如下提法：「權力趨於任性，絕對權力絕對任性」，並強調要用人權原則為一切權力設定禁飛區。

六四大屠殺之後，曾經三進監獄，所加罪名有點嚇人——煽動顛覆國家政權罪。2001 年，獲中國民主教育基金會頒發的傑出民主人士獎。2003 年獲全美學自聯自由精神獎和荷蘭筆會自由表達獎。

2005 年 3 月，由香港開放雜誌社出版《看守所雜記》。2009 年 9 月，由華盛頓勞改基金會出版《一生說真話》。2014 年 10 月，由香港九江文化出版公司出版《點燃良知的燭光》。

此外，從 1992 年深秋開始，還就物理學三大分立對稱性即 C、P、T 對稱性問題，進行了潛心研究，提出了具有重大挑戰意味的全新見解。已經完成的 20 多篇物理學論文，自 2010 年 9 月起，發布於中國國家科技圖書文獻中心網站的預印本系統中。2022 年 5 月，由漢斯出版社出版專著《物理學分立對稱性新論》。

江棋生維基百科：

http://zh.wikipedia.org/wiki/%E6%B1%9F%E6%A3%8B%E7%94%9F

江棋生物理學論文：

https://preprint.nstl.gov.cn/preprint/main.html?action=search

江棋生物理學專著：

https://www.amazon.com/dp/1649973802?ref=myi_title_dp

自序

本書的書名《活得更像一個人》，取自我 2017 年 5 月 26 日發表的同名文章。而我先前兩本書的書名，則分別為《一生說真話》和《點燃良知的燭光》。三本書的書名，相契相合，有精有魂。

上述三本書的精魂是什麼？是我多年來所信奉的一個執著理念，那就是：儘管可詛咒的後極權制度不把人當人看待，但是，我們仍然應該，也可以活得像一個人。

要活得像一個人，就是要持守以權利和良知為本的做人底線。能夠做到這一點，就有了做人的基本尊嚴和起碼的自由度，就能活得像一個人。逐步抬升對自己的底線要求，就能一步步活得更像一個人。

活得不像一個人，人的尊嚴從何談起？人生幸福從何而來？又能有什麼值得稱道的知足常樂？

活得像一個人，一切別的人生追求就有了基石、平臺和主心骨。

活得更像一個人，才能活得更健康、更明白、更開心、更優雅和更精彩。

彙集在本書中的文章，皆按定稿時間順序排列。第一篇〈有一種演變不可阻遏〉，定稿於 2014 年 11 月 28 日。最後一篇《三議蝴蝶效應》，發表於 2022 年 8 月 15 日。凡是正式發表過的，均在文末標明出處；未標的，則可視為首次面世。

本書中的所有文章，都是由我手寫起草，再由我的夫人章虹錄入電腦；而且，她通常會在第一時間提出她的看法或修改意見。

在本書文末的附錄中，我放入了兩篇內容。一篇是章虹〈致全國人大常委會的一封信〉，另一篇是梅玫寫的文章〈應鳴而尊，迫默則辱〉。

我原來打算將本書於 2020 年在香港出版，為此我曾拜託武宜三先生與香港中文大學出版社聯繫。當甘琦女士給我覆函道明實情後，我遂與廖亦武先生坦陳了自己的出書之願。古道熱腸的亦武隨即呼告王丹先生，而王丹則在第一時間致函於我，說一定盡快安排出版我的這本書。

能出幾本好好說真話的書，乃思者之願、書者之願，也是思者之幸、書者之幸也。

2022 年 8 月 15 日 於北京家中

目錄

左起：
江棋生、蔣培坤、張祖樺、莫少平、
趙廷傑、包遵信、丁子霖、楊建利、
劉曉波

2007 年 6 月 16 日攝於北京延慶縣下
營村丁子霖家

左起：
江棋生、蔣培坤、張祖樺、莫少平、
趙廷傑、包遵信、丁子霖、楊建利
照片為劉曉波所攝。楊建利旁邊的空
椅子，就是曉波坐的

2007 年 6 月 16 日攝於北京延慶縣下
營村丁子霖家

左起：
陸正方、黃大榕、蔣學雷、董勇興、
俞祚琛、顧志堅、江棋生、章虹、朱
虞英

2010 年春和中學校友於蘇州滄浪亭

2010 年 5 月 11 日在北京醫院告別廳
送別朱厚澤先生

2014 年 5 月 15 日於北大中國文化書院
左起：宋正海、彭燕韓、江棋生、賀晴

2014 年夏與秦城獄友陳見興於大連

2015 年 2 月於昆明洱海嬉鷗

前排左起：徐慶全、金雁、胡德華、史朝、秦暉、孫大午、江棋生、蔡慎坤、亦忱、
王宏科
2018 年 3 月 28 日攝於大午國際酒店

胡德華和我於大午國際酒店
2018 年 3 月 28 日

2018 年 10 月 11 日插隊 50 周年紀念會全體與會者合影留念
攝於江蘇省常熟市尚湖鎮翁家莊村

2019 年 4 月 29 日與初中同班同學相聚於常熟
前排左起：楊美娟、陸菊珍、陳雪華、褚鳳英、屠亦琴、王堅紅、朱梅芳
後排左起：吳大雄、黃大榕、李紹箕、沈建新、陳士玉、江棋生、申鋒、
周正亨、杜雪元

前排左起： 江林生、江華生、江珍梅、江宇熙
後排左起：張金慧、江宇華、蘇淑蓮、江達生、江棋生
1963 年春攝於江蘇常熟

小孫女江米三周歲照
2020 年 5 月攝於常熟

恪守良知
坦鳴心声
第11和130棒江棋生在常熟老家
祝 方方先生65岁
生日快乐！

2020 年 5 月 11 日於江蘇常熟祝方方先生生日快樂

有一種演變不可阻遏

今年 10 月下旬，我在家鄉常熟對自己的新書作了最後校定；當月底，該書在香港面世。在書的〈自序：良知是第一推動力〉中，我寫道：「我將『點燃良知的燭光』取為本書的書名，一是表明這些年來，我自己所做的，無非就是這七個字而已。二是呼喚我的同胞，能不能將良知的點燃作為我們共同的底線？儘管我知道，良知也有它的軟肋，即它有時候難以抗衡人對權威的下意識服從；但是，我真的認為，國人破拆或越籬無形之心獄，逐步變臣民認命為公民抗命，從而在中華大地上驅動文明前行、迎來民主轉型的第一推動力，確非良知莫屬。」

或許是一種應然的連結，或許僅是一種純粹的巧合，就在幾天之後的 11 月 3 日晚上，我在東方衛視的《東方直播室》節目中，耳聞目睹了一位退休檢察官點燃自己良知、踐行公民抗命的真實故事。

這位檢察官名叫孟憲君，退休前任職於安徽省淮北市相山區檢察院。故事發生在 2005 年，當時他被指定為一起經濟案件的公訴人。在這起案件中，他和檢委會成員一致認定當事人「無罪，同意不起訴」。然而，他們的意見被一位市領導強行否決，案件於 2006 年在相山區法院開庭一審。在庭審中，這位檢察官當場正面回應法官，震撼性地如實披露：檢察院的起訴，其根據是「無罪也要起訴」的上級要求！當法官詢問孟憲君：當事人高尚挪用資金 86 萬元證據何在時，孟憲君先生再次據實相告：「這個數字出自『領導意見』！」我相信，如果不是良知的力量戰勝了恐懼，如果不是抗命的心志驅走了糾結，孟先生是不會公開說出那樣的真話來的。

相山區法院一審判決高尚無罪之後的第 9 天，孟憲君被逼執筆，在良心的折磨下為相山區檢察院寫了抗訴書。隨後，淮北市中級法院終按市領導的意圖，二審判決高尚有期徒刑 3 年，緩刑 5 年；還將高

尚挪用資金的數額，從 86 萬元再次莫須有地推高為 360 萬元。

這起錯案被鑄成之後，當事人高尚先後向安徽省高院和最高院提出申訴，要求啟動再審程式。然而，蒙冤受屈的當事人長達 7 年的一再申訴，均被冷冷地關門落閘，「依法駁回」。2013 年，已經退休 4 年，但一直覺得俯仰有愧的孟憲君聽聞此事，又一次震撼性地站了出來，他於當年 11 月 1 日到最高檢自我舉報，舉報自己「辦了錯案」。

孟憲君創舉式的自我舉報，撬動了鏽跡斑斑的案件重審之門。在他上京舉報 1 年零 19 天後的 2014 年 11 月 20 日，安徽省高級法院開庭再審了高尚案。

再審結果人們不妨拭目以待，但是，孟憲君秉持良知開罪權力的公民行為，具有直指人心的勵志力量和示範效應，必將鼓舞和鞭策更多的國人，去像他那樣憑良心行事，過真實生活。而孟憲君的正直和擔當，也足以使五毛們——無論是統一加餐的還是自帶乾糧的——的行徑，更為令人不齒、遭人鄙視。

在中國大陸，計件領酬的五毛們雪藏良知、見利忘義，早已是醜聞一樁，舉世皆知，此處不必多說了。就說那自帶乾糧的周小平，順著權力意志說話，滿嘴跑火車，甚至故意胡編亂造，又有什麼良知可言？而比周小平更為高級的自乾五——王紹光和汪暉們，又有多少良知可言呢？在不久前完成的〈中國新左派批判（二）〉一文中，張博樹先生精準而尖銳地指出：「在對當代中國政治的討論上，王紹光和汪暉一樣都是權力的『抬轎者』，只不過作為『學者』，他們對中國現存政治制度的直接吹捧（王）或明批暗捧（汪），其水準遠高於周小平這樣的五毛，自然也就有更大的欺騙性和危害性。」讀完博樹先生的透視性批判全文，人們不難得到一個「別無選擇」的結論——高級自乾五們向權力靠攏乃至獻媚，原因不在於認知問題，而在於良知問題。

　　在相關的後續報導中，我特別注意到：孟憲君先生點燃自己的良知，站出來力推錯案的糾正，對此他並不感到恐懼；而且，他所接觸的人，幾乎都支持他的「自我舉報」。這一事實使我感觸良多，也使我在解讀《遼寧日報》公開信事件上，有了自己獨特的感悟。

　　11 月 14 日，《遼寧日報》異乎尋常地發出了〈致高校哲學社會科學老師的一封公開信〉。信中指稱，在被調查過的大學生中，80% 以上表示碰到過課堂上「愛發牢騷」的老師，以法律、行政管理、經濟學等哲學社會科學類課程，尤為突出……

　　這封一石激起千層浪的公開信，使我想到了什麼呢？我想到了哈維爾（Václav Havel）對後極權社會的一段經典描述：

　　中學老師講授他自己並不相信的東西，因為恐懼自己的前途不穩，恐懼丟失自己的飯碗；學生則跟在老師後面重複他的說教，因為恐懼不被允許繼續自己的學業……由於恐懼說「不」會帶來的後果，導致人們參加選舉，給（官方）推薦的候選人投贊成票，並且假裝認為這種形同虛設的走過場是真正的選舉。出於對生計、地位或者前程的恐懼，人們投票贊成每一項決議，或者至少保持沉默。

　　如果遼報公開信並沒有誇大事實、危言聳聽（我傾向於相信這一點），則對比兩種不同的描述，可知中國社會已經發生了不容忽視的重大變化。什麼叫「愛發牢騷」？就是對自己看不慣、不認可的東西不再保持沉默，而是有感而發，針砭時弊；就是不僅不講授自己並不相信的東西，而且還揭穿、抨擊那些可憎的東西。中國課堂上的老師「愛發牢騷」了，這意味著什麼呢？意味著他們從雙重人格的「夜間人」走向了單一人格的「課堂人」，他們不再是課堂上與官方保持一致，夜裡對家人或摯友發發牢騷，而是在課堂上就表達異議，袒露自己內心的不同見解。在這裡，我看到了一種質的飛躍。我要說，正是中國大學老師們敢在課堂上「發牢騷」，正是人們普遍支持孟先生的自我

舉報，正是戴翔先生力創《清明上河圖 2013》，加上許許多多中華大地上的公民抗命行為，共同匯成了中國社會的歷史性演變。

這場意義深遠的演變，其最為深層的動力，來自良知激發勇氣、勇氣戰勝恐懼。無論是當局將自乾五邀為座上賓、將浦志強打成階下囚，還是王偉光、逄先知和張全景輪番上陣施放「階級鬥爭」和「階級專政」的狼煙，由人的良知所引領、所推動的這一歷史性演變，都是不可阻遏的。

2014 年 11 月 28 日 於北京家中
（自由亞洲電臺 11 月 29 日播出）

依憲執政，還是違憲執政？

12 月中旬，俞梅蓀先生發表了一篇文章，題目是〈為公義而抗爭，為自由而發聲〉。在文中，梅蓀先生義正辭嚴地控告北京警方知法犯法，公然違反《刑法》第 238 條和《員警法》第 22 條，非法限制他人人身自由長達 66 天。我與梅蓀先生以前是鄰居，彼此相熟，知道他是有心人；他將這篇控文特意改定在首個「國家憲法日」，應當是有深意的。不過讀罷全文，我卻不禁為他直呼可惜。梅蓀先生本可順理成章往前推進，根據憲法第 37 條尖銳地指出：「就在當局前所未有地對『依憲執政』作高調鼓吹和炫目宣示的同時，北京警方不僅知法犯法，而且知憲違憲！」然而，在僅差一步之遙的地方，千慮一失的梅蓀先生停了下來。

現行憲法第 37 條很有普世性，它白紙黑字地載明：「中華人民共

和國公民的人身自由不受侵犯。……禁止非法拘禁和以其他方法非法剝奪或者限制公民的人身自由，禁止非法搜查公民的身體。」可別跟我說，那些與梅蓀先生日夜相伴、身著制服且信誓旦旦忠於憲法的人，乃是不知道這一憲法條款的憲盲們。不，不是的。事實上，他們奉命去非法限制梅蓀先生的人身自由，是根本沒把憲法第 37 條放在眼裡。

那麼，知憲違憲的警方，為什麼心裡就不打鼓、不犯慌呢？這個答案，在梅蓀先生的文中就可以找到。當梅蓀先生怒質警官：「你們非法剝奪我人身自由，給我造成極大的傷害，怎麼整頓？」後，那位警官坦然答道：「這是上級命令，是政治任務，不怕你告。」這可是一句如假包換的大實話。從這句大實話中可知，中國警員的違憲底氣和牛氣，就是來自對執政潛規則的心知肚明。這條執政潛規則是什麼？它就是：「政治任務」重於一切。

這條潛規則告訴我們，在中國的政治生態中，政治意志高於立法意志，政治準則高於其他準則。因而，中國警方，以及整個中國權力體系真正敬畏的，不是憲法和法律，而是體現政治意志的「命令」。於是，無論是上級下達違憲命令，還是下級執行違憲命令，均心安理得、有恃無恐。說到這兒，我還想與梅蓀先生爭鳴一下，我認為，這裡沒有什麼「上有政策而下有對策」，也不是海澱分局國保和恩濟莊派出所警員「在給習總書記搗亂」，而是習總書記和他們上下一致臣服於上述執政潛規則。

不難明白，在這條潛規則的淫威之下，無視和輕蔑作為憲法核心的第二章——公民的基本權利和義務——的違憲執政，就勢必成為當局基本的治國理政機制。

首先，就梅蓀先生遭遇到的當局無視憲法第 37 條而言，就有世人皆知的對趙紫陽先生長達 16 年的非法幽禁，有正在執行中的對劉霞女士的非法軟禁，有隨時可對持不同政見者、人權活動人士、維權死磕

律師、張煥枝和念建蘭式訪民亮出的非法限制人身自由的種種「措施」；有好不容易撤銷收容審查、收容遣送和勞動教養等違憲法規之後，還在繼續實行的「收容教育」這一非法剝奪公民人身自由的「法規」；更有共產黨紀律檢查委員會非法剝奪公民人身自由的違憲「雙規」。還應當加一句，所有這些知憲違憲的執政行為實施者，都不是忐忑不安的，而是安之若素的。

再看當局輕蔑憲法第 35 條的違憲執政事實。該憲法條款深具普世性，昭告了公民的六種基本政治權利：「中華人民共和國公民有言論、出版、集會、結社、遊行、示威的自由。」很清楚，如果真的依憲守憲，中國就不會有以言治罪，就不會有禁書令，就可以同人辦報，就能有真正的 NGO、獨立工會和反對黨，民眾就可合法地舉行針對執政者的集會、遊行和示威。然而，現在的基本事實是，以言治罪司空見慣，禁言禁書說來就來，刪帖封號夜以繼日，同人辦報絕不允許，真正的 NGO、獨立工會和反對黨不能存在，還專門搞了一個《集會遊行示威法》，居然規定公民行使集會、遊行、示威的權利要經執政者「批准」；而該法生效 25 年來，執政者從未批准任何一次民眾向其示威的申請，真的圓滿實現了鄧小平「主張用立法的形式，實際上達到禁止人們進行這樣的活動」的政治意志。（趙紫陽：《改革歷程》，新世紀出版社，2009 年，第 276 頁）

還有必要看看當局輕侮憲法第 34 條的違憲執政事實。符合普世價值的該憲法條款全文如下：「中華人民共和國年滿 18 周歲的公民，不分民族、種族、性別、職業、家庭出身、宗教信仰、教育程度、財產狀況、居住期限，都有選舉權和被選舉權；但是依照法律被剝奪政治權利的人除外。」同樣很清楚，如果真的尊憲行憲，真的尊重和保障公民的選舉權和被選舉權，就不會有正式候選人一概被上級內定或限定，甚至選舉人被打招呼要確保實現預定結果的假選舉。然而人們都知道，在中國大陸，選舉不能出岔子、出意外，這是政治任務。

那麼，完成政治任務與按照憲法行事，二者孰輕孰重？對此，權力體系中從上到下，都深諳前者重於一切。於是乎，在比村委會選舉層級更高的各類選舉中，憲法第 34 條被視若無物，假選舉比比皆是，真選舉鳳毛麟角。更有甚者，在大陸搞假選舉成了癮，竟還要雄赳赳氣昂昂跨過深圳河，到香港去如法炮製！

如果我們冷峻地回溯當局的執政史，可知中共建政 65 年來，已經相繼演繹了它的執政四部曲：從無憲執政到虛憲執政，再到廢憲執政，最後是違憲執政。自 1949 年至 1954 年，搞的是無憲執政，靠文件、社論、靠搞運動執政；從 1954 年到 1966 年，搞的是虛憲執政，雖有憲法，但被虛置，依舊靠決議、開會、搞運動執政；1966 年到 1976 年，搞的是廢憲執政，五四憲法被棄之如敝屣，毛澤東口含天憲，言出法隨，結果是浩劫十年，天怒人怨；後來，在吃過文革苦頭的鄧小平主政下，雖搞了一部八二憲法，然而，由於一黨專政的政治意志凌駕於公民基本權利之上，違憲執政勢所必然。不管如今當局的尊憲姿態作何嬗變，口頭宣示有何長進，都不會改變其違憲執政的基本底色。

中國政治發展的下一步，當是變違憲執政為依憲執政。

依憲執政的關鍵是，公民的基本權利再不是一紙空文，而是成為真正的硬道理，任何組織和個人再也不能發布、施行侵犯人權的政治命令。

顯然，真正的依憲執政不是別的，就是當局一直痛加反對和貶斥、但卻在這個星球上已然大行其道的民主憲政。

2014 年 12 月 27 日 於北京家中
（自由亞洲電臺 12 月 28 日播出）

從浦志強案說開去

1 月 22 日上午，北京菜市口西。我和莫少平律師與法國漢學家白夏（Jean-Philippe Béja）先生三人聚首，喝茶晤談。剛剛經歷了法國 9·11 事件的白夏先生，在關切地打聽了吳思先生近況後，面色凝重地問起了小浦的案子。而事實上，我們嘴裡的「小浦」也老大不小了。11 天前的 1 月 11 日，是他 50 周歲生日紀念日。過完生日後第二天，他的案子被北京市公安局再次移送檢察院審查起訴。

我曾於《正在書寫歷史的中國辯護人》一文中寫道：「然而，就在即將觸碰知天命之年的時間節點處，他不安全了；早就記恨他的當局，這回鐵了心要辦他。涉嫌罪名現在已按了兩個：尋釁滋事和非法獲取公民個人資訊，還有待按的。」果不其然，公安局在起訴意見書中，給浦志強總共按上了四項罪名：尋釁滋事罪、煽動民族仇恨、民族歧視罪、煽動分裂國家罪和非法獲取公民個人資訊罪。前三項罪名之「證據」，是從浦志強刷的 2000 多條微博中篩選出來的 28 條微博；第四項罪名之「證據」，是他根據《財經》雜誌等媒體的要求，安排屈振紅律師去瞭解有關公司的工商註冊資訊。

有必要加以澄清的是，現在按到他頭上的「尋釁滋事罪」，已經不再關涉他去年 5 月 3 日參加六四事件 25 周年紀念研討會一事。去年 5 月 6 日，因在民宅之中開了個碰頭會，北京五君子浦志強、徐友漁、郝建、胡石根、劉荻被刑事拘留，涉嫌罪名竟是「尋釁滋事」。當局此舉實在太過荒唐，立招輿論大嘩，天下恥笑。當時，白夏先生和林培瑞（Eugene Perry Link, Jr.）、黎安友（Andrew James Nathan）等八位國際知名學者公開致函習近平，弱弱地、柔柔地發問：「一次私人聚會，如何『尋釁滋事』？」

把家裡開個會打成「尋釁滋事」，很快就破產了。但是，當局給

自己找臺階，「尋釁滋事」這頂帽子，還是要牢牢地扣在浦志強頭上。現在，公安局改拿什麼指控浦志強「尋釁滋事」呢？拿幾條浦志強發的微博。小浦是個微博控，即便忙得腳丫子朝天，照樣特愛發感言。他用為人熟知的查理式幽默，譏諷、調侃了公眾人物申紀蘭、毛新宇，吐槽、質疑了雷鋒，於是就成了尋釁滋事的「罪人」。

小浦的一條涉案微博是這樣的：「既然不讓多說，我就問一個問題：雷鋒半夜不睡覺，鑽被窩兒學毛選，邊上站個照相的站個打燈的，耽不耽誤戰友們休息啊？難道明兒早上不反修防修嗎？莫非這支孕育英雄的部隊沒作息時間也不吹熄燈號？還是雷鋒情況特殊，他生前就住單間了呢？你當兵上學趕上有這麼個裝逼的沒完沒了，抽不抽他大耳帖子？」讀者諸君，小浦有罪嗎？

為了要重重地辦他，當局又給他加了兩項嚇人的罪名——煽動民族仇恨、民族歧視罪和煽動分裂國家罪。不錯，就新疆巴楚暴恐案和昆明火車站暴恐案，浦志強的確發微博談過自己的看法，說了官方很不愛聽的真話，但他從未煽動民族仇恨、民族歧視。

請看小浦的一條涉案微博：「昆明事件太血腥，兇手罪孽深重。說疆獨製造恐怖，這回我信，但這是結果，不是原因。死傷極慘重，後果太不堪，你就給了我一句話，說疆獨兇殘你沒責任，我不滿意。天天說黨的政策亞克西，維吾爾人心向黨，就這麼血肉橫飛？法學會會長王樂泉，你鎮撫西域十幾年，那兒你最熟悉，告訴我：為什麼？衝誰來的？」作為小浦犯罪「證據」的這條微博，被閱讀、轉發過成千上萬次，言者浦志強得理不讓人，把話說得辛辣、尖刻，使政客臉上掛不住是事實。但是，他絕沒有煽動民族仇恨、民族歧視。

至於「煽動分裂國家罪」，又是怎麼一回事呢？這條罪名在加拿大沒有，否則魁北克成年人十之四五將成罪人；這條罪名在英國也沒

有，否則近半數蘇格蘭公民罪莫大焉。這條罪名在中國有，但是，它加不到浦志強的頭上。不錯，就中越交惡、釣魚島問題和南京大屠殺事件等，浦志強發過微博，但他從未煽動分裂國家。

試舉其中一條涉案微博為例：「中國為越共提供無償援助持續數十年，達當時的幣值 300 多億（值現在的幾萬億）。援助 20 年後交惡，1979 年，打了場為救赤棉的自衛反擊，邊境衝突持續十年。打得最多的地方在老山、法卡山。更不可思議的是，1999 年，血染的兩山居然都劃給了越南……赤棉該救嗎？割地送金的傻 B 事能不能少幹點？」小浦的話語犀利、乾脆，咄咄逼人，然而，在這條被閱讀、轉發了成千上萬次的微博中，可有一人，哪怕是五毛，聞出其中竟有「煽動分裂國家」的味道？

無怪乎，我們的哈兒浦律師，對微博發聲一事坦然領認，但對所加之荒唐罪名，則堅不認帳。

五四憲法頒行一個甲子以來，中華大地上曾被刀把子關入鐵籠子的良心犯，已是恆河沙數；如今，被囚禁於北京市第一看守所內的中堅人物、神州俠律浦志強，是一名因言獲罪的最新良心犯。

而人們都已經看到，除了整律師、抓律師之外，容不得言論自由的刀把子，又開始劍指敢言的大學教授和學者了。《求是網》1 月 24 日發文，公開點名批判北京大學的賀衛方教授和畫家、學者陳丹青先生，就是一個不容忽視的重要信號。接下去被點名的，很可能是中國人民大學的張鳴教授、中國政法大學的何兵教授和北京理工大學的胡星斗教授等。

刀把子為何敢於知憲違憲、偏與言論自由過不去？對此，我在〈依憲執政，還是違憲執政？〉一文中曾作過簡明的回答。現在，根

據習近平在中紀委五次全會上親自宣布的政治規矩,我來作出新的、更加到位的回答。習近平的政治規矩是什麼呢?就是「五個必須」,要 8000 萬黨員「必須維護黨中央權威,在任何時候任何情況下都必須在思想上政治上行動上同黨中央保持高度一致……。」我在這裡只談第一個「必須」,且只談「在任何時候任何情況下」,8000 萬黨員「都必須在思想上同黨中央保持高度一致」意味著什麼。

8000 萬黨員,首先是公民,其次是黨員;因此,我想稱他們為黨員公民,「黨員」修飾「公民」。我的論證是:如果上述規矩中的第一個「必須」得以遵行,則 8000 萬黨員公民的腦袋,將像粒子物理學中不可區分的全同粒子那樣,成為不可區分的全同腦袋,他們的思想自由將統統化為烏有;而沒有思想自由,又豈有言論自由?剩下 12 億 2000 萬非黨員之國人,則被限定為只能「聽黨話、跟黨走」的主,他們又豈會有思想自由和言論自由?

我的結論是:這條政治規矩,是對中國公民思想自由、言論自由零容忍的規矩,是將中國憲法第 35 條打翻在地、再踏上一隻腳的規矩,是公然逆人類進化和人類文明潮流而動的規矩。顯然,刀把子有這樣的明規矩撐腰,知憲違憲、以言治罪,還會犯什麼怵?

這條規矩夠威猛,夠火辣,只是,硬傷太重了。首先,如果有朝一日啟動違憲審查,它必將被秒殺無疑。而更為要命的是,它是那樣的荒謬絕倫——要使 8000 萬人的思想在任何時候任何情況下都保持高度一致,比太陽從西邊出來更不靠譜。即便把難度大大降低,讓你精選 10 位具有察言觀色最強大腦的頂級奴才,組成一超級戰隊,給他們立下規矩,要他們在任何時候任何情況下都必須在思想上同你保持高度一致,也註定只是癡人說夢而已。不妨看看正在熱播的電視劇《武媚娘傳奇》,在螢屏上轉悠的各色奴才,縱然絕對不敢當眾妄議,但哪個肚子裡沒有小九九?誰沒幹過腹誹的事?

　　老實說，如果共產黨的政治規矩稍稍接點地氣，只是要求 8000 萬黨員「在任何時候任何情況下都必須在政治上行動上同黨中央保持高度一致」，我也不會去說什麼。蠢蠢地、狂妄地、唯心到家地把「思想上」三個字加進去，到底是衣俊卿沒把好關，還是王滬寧沒把好關呢？

2015 年 1 月 28 日 於北京家中
（自由亞洲電臺 1 月 29 日播出）

價值保護主義：色厲而內荏

　　去年 11 月，發生了《遼寧日報》公開信事件。今年 1 月 24 日，《求是網》點賀衛方、陳丹青之名。隨後，在 1 月 29 日教育部學習貫徹中辦紅頭文件精神座談會上，部長袁貴仁奉旨出馬，聲色俱厲地向西方價值觀亮劍——「絕不能讓傳播西方價值觀念的教材進入我們的課堂。」與此同時，這位袁部長強調，高校要大力培育和弘揚社會主義核心價值觀，要把馬列主義工程重點教材「作為教學評估的重要指標」。

　　不過，包括袁貴仁在內，誰都知道馬列主義、社會主義可不是華夏老祖宗傳下來的，它們是從西方來的；人們也都知道，鄧立群、袁貴仁們還真把它們當作寶貝，甚至不惜數典忘祖，死了不去見孔子，一定要見馬克思（Karl Marx）。那麼，對馬列信徒袁貴仁所堅決拒斥的「西方價值觀念」，恐怕就只能這麼看：它是「西方（反馬列的）價值觀念」之簡稱。我想，如果這樣來解讀袁貴仁的講話，則教授出

身的部長先生所犯的形式邏輯語病，也就消解於無形了。

上面幾句話，權當我破天荒地自帶一回乾糧，代袁貴仁回答了「沈歸三問」中的第一問。

然而接下去，我要不客氣地詰問：在這場價值冷戰的最新戰役中，作為急先鋒「正確履職」、高調亮相的部長先生，真正差勁的地方在哪兒呢？

我找到的一條差勁之處是，他代表當局宣示了價值保護主義（羊年春節前，我杜撰的一個新詞）。也就是說，在已經進入 21 世紀的今天，當局要再次構築意識形態壁壘，試圖堵截不同價值、不同觀念、不同思想在中國大學的傳播。袁貴仁外表強硬、點燃狼煙：「**絕不能讓傳播西方（反馬列的）價值觀念的教材進入我們的課堂**」，堪稱色厲；但是，搞價值保護主義，動用壟斷權力保護社會主義核心價值觀，力圖使其在價值柏林圍牆內占「主流地位」，則盡顯內荏也。

部長先生，我要不客氣地指出，儘管你兇相畢露、禁這禁那，一個「絕不能讓」外加三個「絕不允許」，但在世界範圍的價值冷戰中，要說誰的膽子小，還就非你和你所代表的當局莫屬。部長先生，持守「西方價值觀念」的歐巴馬（Barack Hussein Obama II），會像你那麼幹嗎？他會宣布禁令，絕不能讓傳播馬列主義、社會主義價值觀念的教材進入美國大學的課堂嗎？部長先生，守護「西方價值觀念」的卡麥隆（David William Donald Cameron）、梅克爾（Angela Dorothea Merkel）、歐蘭德（François Gérard Georges Nicolas Hollande）、安倍（安倍晉三）、朴槿惠（박근혜）、馬英九……，他們會像你那麼幹，絕不能讓馬列主義、社會主義進教材、進課堂、入人心嗎？顯然，那都是不可能發生的事，甚至是不可想像的事。

出於對言論自由、學術自由的尊重，出於沛然淡定的價值自信，

歐巴馬們不會內心怯懦地搞價值保護主義，而是會笑對袁貴仁們云：「儘管放馬過來吧！」無可置疑的歷史事實告訴我們，在地球上所有發達國家及地區中，反馬列的價值觀之所以成為主流價值觀，馬列主義價值觀之所以成為邊緣價值觀，都不是公權力搞價值保護主義的結果，而是公開、公平的價值競爭、價值交鋒、價值博弈的結果，是誰的道理更得人心的結果。

相反，搞價值保護主義，就勢必構成對言論自由、學術自由的粗暴侵犯；搞價值保護主義，也必定是缺乏價值自信的標誌：心中打鼓，覺得自己的價值不怎樣，擔心在價值競爭、價值交鋒、價值博弈中將落下風。

事實上，官方在敲定和推出社會主義核心價值觀時，其價值自信的匱乏，已然大白於天下。

首先，讓我們看一下反馬列的西方主流價值觀是什麼？就國家層面和社會層面而言，西方主流價值觀是：自由、民主、憲政、法治。而官方推出的 24 字社會主義核心價值觀（以下簡稱 24 字觀）又是怎樣的呢？它是：富強、民主、文明、和諧；自由、平等、公正、法治；愛國、敬業、誠信、友善。

好傢伙，就國家層面和社會層面而言，24 字觀居然把「自由、民主、憲政、法治」中的三項搬過來了！而按照馬列主義的正統教義，24 字觀理應將「自由、民主、憲政、法治」統統排拒在外。然而，由於在價值冷戰中的節節敗退，24 字觀已無力正面抗拒「自由、民主、法治」，只能無奈地退守最後的底線，只敢在「憲政」這一項上，與西方主流價值觀頂牛和死扛了。人們看到，在退無可退的情況下，不想改旗易幟的官方真的別無選擇，只能把「憲政」與多黨制、兩院制和三權分立緊緊綁定，用「拒絕憲政」這面插在官方意識形態上甘嶺

上的旗幟，來宣示與西方主流價值觀的不共戴天。順便說一下，這就是為什麼華炳嘯、馮勝平們苦心孤詣的規勸，官方壓根兒聽不進去的原因。這也是 98 歲李銳老慨然長嘆「唯一憂心天下事，何時憲政大開張？」的原因。這同樣是「大談憲政」成為賀衛方罪狀的原因。

上文說過，面對西方主流價值觀中的「自由、民主、法治」，如果不是底氣不足而露怯，24 字觀應該理直氣壯地將這三顆羊頭拒之門外，並針鋒相對地、心口如一地掛上「統制、黨主、黨治」這三個狗頭。然而事實並非如此。內荏的 24 字觀是這麼幹的，它盡掛羊頭專賣狗肉：接過得人心的「自由」之名，然而上手段將其瘦身；用普世的「民主」做幌子，但黨的領導、黨的主張穩穩高於一切；舉起黨之幡，內注黨治之魂。

不過，24 字觀最為內荏的地方，是將「憲政」的對立物——「專政」摘牌入庫。眾所周知，「專政」是馬列主義的核心理念。在《哥達綱領批判》中，馬克思不容分辨地指出：「在資本主義社會和共產主義社會中間，有一個從前者變為後者的革命轉變時間。同這個時期相適應的也有一個政治上的過渡時期，這個時期的國家只能是無產階級的革命專政。」而列寧（Vladimir Ilyich Ulyanov）則毫不含糊地斷言：「只有承認階級鬥爭，同時也承認無產階級專政的人，才是馬克思主義者。」

同樣眾所周知，「專政」也是中國現行憲法的核心理念。作為馬列主義、社會主義的核心價值，「專政」不僅三次出現在憲法序言中，而且赫然載於憲法第一章第一條中！現在，口口聲聲依憲執政的當局，在 24 字觀中連「專政」這顆最能表明社會主義本質特徵的狗頭都不掛，這充分表明價值冷戰中的下風者，雖然還在勉力抗拒憲政、實行專政，但已然喪失信仰馬列主義的真誠和勇氣；所呈現的，是一副德孤理輸的敗落相。

《左傳·宣十二年》曰：「困獸猶鬥，況國相乎？」在不可阻擋的全球化大趨勢下，官方不思順應反搞價值保護主義，這並非不可理解。然而，我更想說的是：昧於大勢的當局重拾「反精神污染」之牙慧，左支右絀地祭出這類奇葩式的背時應對，是完全不靠譜的，也是根本不管用的。

2015 年 2 月 15 日 於北京家中
（自由亞洲電臺 2 月 16 日播出）

權力趨於任性，絕對權力絕對任性

1887 年 4 月 5 日，英國歷史學家阿克頓勳爵（John Emerich Edward Dalberg-Acton）寫下了一句至理名言：「權力趨於腐敗，絕對權力絕對腐敗。」

100 多年來，這句名言膾炙人口，顛撲不破。1995 年夏天，許良英先生在起草〈寬容呼籲書〉時，更是把它讚為「千古不易」之名句。

上述事實表明了什麼？它表明：阿克頓的理性洞見了權力的本性。然而，除了點讚之外，基於對權力本性的進一步認知，128 年後的今天站在前人肩上的人們，能不能引出新的論斷來呢？

我想，答案應當是肯定的。在這裡，我試著給出自己得到的一種斷言：如果把權力的擴張或妄為稱作權力的任性，則一切權力，不論其有多麼動聽的稱謂或披上多麼華麗的外衣，統統趨於任性；而不受制衡、不受約束、不受監督的絕對權力，則絕對任性。質言之，權力

趨於任性，絕對權力絕對任性。

不難明白，權力的任性可以被區分為兩大類。一類是不同社會制度下均會出現的權力任性；另一類是民主憲政國家中幾乎絕跡、但在其它社會制度下卻依然大行其道的權力任性。

第一類權力任性的典型表現，首推權力尋租導致的腐敗行為。權力尋租是有權者謀取不正當私利的權力妄為，是任何社會制度下都存在的「違紀違法」的「趨於腐敗」行為。其次，當數權力濫用的任性擴張行為。法國啟蒙思想家孟德斯鳩（Charles Louis de Secondat, Baron de La Brède et de Montesquieu）早就說過：「一切有權力的人都容易濫用權力，這是萬古不易的一條經驗。有權者使用權力一直到遇有界限的地方才會休止。」第三，是權力不作為所導致的懶政怠政甚至失職瀆職。

有必要加以指出的是，對這類權力任性，三權分立的民主憲政國家所施加的約束和監督，在總體上要比其它社會制度下遠為到位和得力；例如，他們全都以非凡的智慧和勇氣鍛造了防腐遏腐的殺手鐧，即頒佈了官員必須公布家庭財產的陽光法案；對敢於「違紀違法」的作奸犯科者，民主憲政國家則以法治之方式，施以嚴肅的非選擇性追究和懲處。而在其它社會制度下，對貪腐者、濫權者和瀆職者，至多只是在統治者反覆權衡利弊後，以本質上的人治方式和洗牌技巧，進行選擇性追究和懲處。

第二類權力任性的典型表現，若以中國為例，則首先是官有、官享的等級特權制度。權力以合紀合法的方式來自肥，它確保行政開支的超高速增長，規定有權者基於級別高低的不同優渥待遇和遠高於平均水準的社會保障，以至於「30年來，中國政府的行政開支增加了100倍」，中國「官員們的公費醫療占去了全國財政衛生開支的80%，

中國衛生的公平性在世界191個國家和地區中排名倒數第四」（見胡星斗：〈觸目驚心的特權政治〉，中華網論壇）。與上述等級特權制度相配套的，是上司操控的官員遴選制度、官商壟斷的企業制度等。

其次是官治權力任性地踞於人權之上，公然藐視憲法第35條，實行網禁、言禁、報禁、黨禁和遊禁（禁止集會遊行示威），對公民的資訊獲取自由、言論自由、出版自由、結社自由和集會遊行示威自由進行堂而皇之的侵犯和踐踏。而自1998年簽署《公民權利和政治權利國際公約》後，17年來一直任性地拒不批准加入該公約。更有甚者，官治權力還仿行中國皇權專制時代權力任性和權力傲慢的癲狂表現：上上禁其心，立下政治規矩，狂妄地要在21世紀的中國實行心禁：在任何時候任何情況下都必須在思想上與黨中央保持高度一致。此外，歧視性的戶籍制度，不經納稅人同意的任意徵稅，將國民財富縮水和瘦身的隨意印鈔等，也屬這種權力任性的傲慢體現。

再次是拍腦袋任性決策，造成人力、物力的巨大浪費和毀損。在對決策失誤進行追責和問責基本缺失的大環境下，專權、擅權的黨政官員和國企老闆憑個人意志隨意拍板，導致面子工程、盲目投資、低水準重複建設、產能嚴重過剩等弊端屢見不鮮、層出不窮。可以有把握地說，相比於塌方式官場腐敗所造成的危害，這種權力任性所造成的對國人福祉的侵害，實有過之而無不及。

最後必須提到，有權者為求所謂「政績」，竟能任性到胡作非為、不擇手段。這種權力任性所導致的最為駭人聽聞的人間慘劇，當數發生在河南的造成愛滋病瘋狂蔓延的中原血禍。這種權力任性所導致的舉世皆知的嚴重後果，則是穹頂之下，藍天久違。還應該強調指出，不像貪官污吏有可能受到選擇性追究，中原血禍的製造者，儼然像鐵帽子王似的，居然不受紀律和法律之追究；霾鎖中國的責任者，也照例不受紀律和法律之追究。

　　同樣不難明白，與第二類權力任性相比，第一類權力任性乃是小巫見大巫；不過毫無疑問，對這兩類權力任性，都不能聽之任之、無為而治，而是要調動和運用人類的政治智慧，去認真應對、尋求能夠治本的化解之道。

　　值得慶幸的是，作為大巫的第二類權力任性，民主憲政國家已經大體上將其送進了歷史博物館。在民有、民治、民享之下，這些國家獨尊人權、取締特權；國人賦權、公民問責；三權分立、相互制衡。這樣，趨於任性的權力被關進了扎扎實實的鐵籠子，權力再不能由著性子，任意胡來。據說，美國總統小布希（George Walker Bush）曾於2002年特別強調：「人類幾千年的文明史，最為珍貴的不是令人炫目的科技，不是浩瀚的大師們的經典著作，不是政客們天花亂墜的演講，而是實現了對統治者的馴服，實現了把他們關在籠子裡的夢想。因為只有馴服了他們，把他們關起來，才不致害人，才不會恃強凌弱，才會給無助的老人和流離失所的乞丐以溫暖的家。現在的我，就是在籠子裡為大家演講。」

　　什麼叫「馴服統治者」？就是動真格上手段，使他們任性不起來。至此，我的短文可用兩句話加以概括：

　　大道至簡之一，（應當看到）權力趨於任性。
　　大道至簡之二，（可以做到）權力無法任性。

2015 年 3 月 16 日 於北京家中
（自由亞洲電臺 3 月 17 日播出）

寫在六四 26 周年前夕

5 月 10 日母親節那天，我在常熟參加了市中原初一（4）班的同學聚會。那可是一個真誠動情、熱辣歡暢、別開生面的聚會，我這個高他們五屆的校友，忍不住當場點讚，由衷稱道。聚會將近尾聲時，發生了一個小小的插曲。有一位已在別處吃過晚飯的校友聞訊趕來，意外地見到我也在場後，帶著幾分醉意，為沒能出席 4 月 18 日我母親的百歲壽宴，向我道歉竟達 10 次之多！我身邊見證這一幕的同學說：這說明兩點。一是他酒後吐真言，二是他真的很內疚。

這兩條，確實都說到了點子上。

5 月 13 日，我回到北京，通過電郵和項小吉、陳小雅共同回顧 26 年前的 1989 年 5 月 14 日晚，在中共統戰部與李鐵映、閻明復、尉健行、劉延東等進行對話的史實。距今 26 年前的北京街頭，發生了什麼呢？發生了波瀾壯闊的八九民主運動和舉世震驚的六四屠城事件。而 26 年來，當局對這兩件事，又一直在做些什麼呢？八個字——「掩蓋真相，抹去記憶」，以至於六四成了「一個提都不能提的日子」（見〈六四26 周年致國內同學的公開信〉，2015 年 5 月 22 日刊於《縱覽中國》）。那麼，當局為什麼要毫不懶政怠政地掩蓋真相、抹去記憶呢？

我的看法是，幹了六四屠城的大髒活，實在心虛理虧的很，但又真的不想、不願或不敢承認罪錯以謝天下。

我自信地認為，我的回答說到了點子上。

我在常熟的時候，有些老同學不無慶幸地對我說，習近平有個內部講話，他打完老虎後，就要為六四翻案了。我淡淡地回應說：「那是沒譜沒影的事。」姑且不說當局一直不給我辦養老手續和不提供基

本醫療保險，單說 26 年來一直剝奪我的出入境權利這一條，就可看出這一點。我告訴他們，在六四 25 周年紀念日到來之際的 2014 年 5 月 27 日，我終於拿到了護照、往來港澳通行證和往來臺灣通行證，但是，我於一個月後的 6 月 30 日，手持赴香港九龍的火車票在北京西站過海關時，竟被攔了下來！說是：「不能讓你去」。墨跡未乾、光鮮亮麗的通行證，說不管用就不管用了，哪裡有一絲一毫就六四屠城要認罪、謝罪、悔罪的影子？接著，我又舉了熊焱母親病危，他要回國探母而當局不給簽證的最新事例，說明當局連這樣的口子都不開，又怎麼能奢談它「快解決六四問題」了？

不讓出境，是政治迫害；不讓入境，也是政治迫害。不過，對比兩種不同的迫害，備受煎熬和遠為痛楚的，應是熊焱身受的那種悖逆人倫的迫害，它使母子生分，子欲孝而身不能至！

我不能出國，確實憾事多多，但因此而能盡些孝道，則給我帶來莫大寬慰。今年春天，我與弟妹、侄子女和朋友通力合作，於 4 月 18 日隆重熱烈地為母親舉辦了百歲壽宴，這一盛舉在家鄉被傳為佳話。壽宴的視頻和照片，我會設法放到網上與大家分享，在這篇短文中，我先將自己在壽宴上的致辭照錄如下：

各位嘉賓，

今天，你們來到虞山腳下的常熟森林大酒店，喜慶地出席我母親百歲大壽的生日慶典，我謹代表全體家人，真誠地歡迎你們，熱烈地歡迎你們！

惟幕已然拉開的這場百歲壽宴，五代同堂，高朋滿座。我願意相信，它不可多得，將令人難忘。

各位嘉賓，80 多年前，我的父母親隨同祖父，走出福建永定的客

家土樓，北漂而來，在常熟這塊土地上，養育了我們五男一女兄妹六人。可以毫不誇張地說，在我們的成長過程中，母親的影響是決定性的。她言傳身教，要我們做一個正直的人，一個勤勞的人，一個認真的人。在座的我的小學老師和小學同學，我和林生插隊時結識的農民兄弟姐妹，就是這方面最好的見證人。

1978 年春天，我有幸作為一名七七級大學生，去北京讀書。我離開常熟、離開母親，已經整整 37 年。在這 37 年中，我在母親身邊盡孝的日子，很少很少。能夠讓母親感到欣慰的，是我做到了她對我的殷殷期盼。我花了 18 年心血，得到了有可能是十分重大的物理學研究成果。還有，我的確點燃了自己良知的燭光，堅持一生說真話。雖然，我是吃了一點苦，但是，與母親所經受的苦難相比，那真算不了什麼。

此時此刻，我站在白髮蒼蒼的老母親身旁，我想說，她的堅強、達觀和擔當，超乎你的想像，也超乎我的想像。

母親一生中，經受了中年喪偶和中年喪子這兩大撕心裂肺般的慘痛。52 年前，我的父親突然病故，47 歲母親的雙肩，壓上了極為沉重的擔子。她除了養活自己，還要養活外婆和我們五個孩子，而她的工資，只有每個月 30 來塊錢。可以說，當時我們家，陷入了幾乎無解的悲苦困境之中。在那樣的危難時刻，我的哥哥、嫂嫂站了出來，他們已有三個孩子，但每月按時寄來 30 元，雪中送炭地幫助母親把我們撫養長大。那幾年，母親又要上班，又要承擔一家七口全部的家務，她的不容易，真是到了極限！但她，挺過來了。

誰能想到，41 年前她 58 歲時，竟又失去了我的哥哥、她心愛的大兒子！任何人都清楚，這對她是何等巨大而悲催的打擊！但她，挺過來了。

10 年前，她 89 歲時身患腸癌。她與病魔作了一場生死攸關的大搏

門，她，又挺過來了。

歷盡風霜雪雨的母親，奇蹟般地成了長命百歲的壽星，這是她的福分，也是我們兒女輩、孫輩、重孫輩和玄孫輩的福分。今天，聚集在她身邊的，是來自福建永定的她的侄子侄媳，是來自四川和重慶的她的孫子孫女、重孫女和重外孫女。還有，就是她的第一個玄外孫，大名李元康；再過 4 個月，這位可愛的小寶寶，就滿一周歲了。

最後，我要告訴大家，我有一個甜蜜的夢想——我在想，在座嘉賓中我的同齡人和比我年輕的朋友，如果 31 年後的今天，同樣在這家森林大酒店，能為我舉辦一場盛大的百歲生日 Party，那該有多美啊！

現在，我恭請全體嘉賓起立，共同為我母親的百歲大壽，乾杯！
謝謝大家！

還是 5 月 10 日母親節那天，坐在我旁邊的一位原初一（4）班同學動容地對我說：「你母親真的不容易、不簡單，特別是你經受了那麼多風風雨雨，她都挺過來了！」我說：「讀書不多的母親，懂得一個至明的道理——全副武裝的軍隊向手無寸鐵的民眾開槍，是無論如何都不能幹的事。」

2015 年 5 月 26 日 於北京家中
（自由亞洲電臺 5 月 26 日播出）

追憶賈秀文

秀文離開我們已經兩年多了。每當憶及他的英年早逝，我的眼前就會出現他清秀而有活力的身影，而一種難言之痛也必定會不期而至、悄然襲來。

秀文出生於 1953 年 8 月 23 日，比我小五歲，文革爆發那年讀小學六年級。但是，才華過人的他卻在恢復高考第一年，就考上了山西大學哲學系，成了一名七七級本科生。就此而言，他要比我強。不錯，我也在那一年考上了大學，但卻沒啥稀奇。因為 1966 年夏天，我已是高三學生，正在揮汗複習迎接高考。後來雖說鬧了兩年革命又插隊長達九年，加上突臨 77 年高考，所學知識要從塵封中一一撿起，但畢竟曾扎實耕耘過，考上大學的難度肯定比他小麼。

而同為七七級大學生，秀文又有比我勝出的地方。大學期間，他以一己之力，主編了學生刊物《視野》，還在 1980 年參與創建了山西第一份民辦刊物《風帆》。秀文思想上展現的寬闊視野和行動上揚起的自由風帆，遠比我更早地，和一心想把民眾關在籠子裡的一黨專政制度飲了起來；畢業分配時，他付出了代價，拖了兩年才被「安排」到呂梁山區的一個縣城去工作。

秀文自小喜歡圍棋，後因戰績不俗而獲授業餘 5 段之段位，並寫了一本關於圍棋文化的小冊子——這，也是他比我強的地方。記得1994 年秋冬，他頭一次來我家，除了敞開心扉、交談甚歡外，他還不無自豪地提到他愛下圍棋的事。他笑著對我說：「你是棋生，為棋而生的人，咱倆聊聊棋吧。」我也笑著回答他：「我是徒有虛名，名不副實。琴棋書畫中的棋，指的是圍棋，但我只是喜歡下中國象棋；在秦城監獄中，倒是和北京外國語學院的陳見興學著下過國際象棋，可我這輩子從未學過、下過圍棋哦。」

　　我與秀文本來素昧平生，他是如何從太原來京，並摸到首都師範大學 19 樓上門作客的呢？事情還要從 1993 年夏天說起。那年夏天，盛雪的先生董昕從加拿大回國探親，他除了帶來中國留學生捐給六四死難者家屬的人道幫助款，及萬潤南先生捐給我的人道幫助款外，並帶來了給王新龍、丁俊澤等山西六四犯的一些人道幫助款。

　　昕的回國之行是冒了不小風險的，在仍能聞到六四血腥和恐怖氣味的北京，我們的見面，或者得設法甩開奉命跟蹤的安全局便衣，或者乾脆就在他們的眼皮底下不露聲色地進行。隨後，我於當年八月底第一次去太原，不打任何電話，憑董昕所給的地址，淡定地進山西大學側門，按圖索驥找到了王新龍夫人趙紅月和丁俊澤夫人張葉，並隨之結識了山西省委黨校的趙誠。自那之後，丁東、趙誠等朋友來我家了，再是賈秀文、楊志栓等朋友也來了。而我和趙紅月的學生侯文印，則建立了較為密切的通訊聯繫。

　　年冬天，我第二次去太原，就沒住旅館了，而是住在趙誠家中，受到了他一家三口的盛情款待。令人悲催哀痛的是，趙誠夫人因患肺癌，已於 2011 年 5 月 12 日不幸辭世！第二次太原之行，我看望了已經獲釋的王新龍、丁俊澤及趙紅月和張葉，還和趙誠一起看望了葛湖夫人賈永華。本來還準備去看望胡踐的母親，但因她不在太原而作罷。

　　那年冬天從太原回京後，我為了生計，開始為家鄉常熟支塘的一家羽絨服廠代銷羽絨服。事有湊巧，剛好有幾個太原朋友在北京花園橋東北角附近，租了一個小院辦一份經濟類刊物，而秀文也被他們叫去幫忙，我和秀文見面的機會就多起來了。秀文很有經營頭腦，常給我支招如何多賣些羽絨服；有意思的是，他還讓楊志栓也扛了一箱羽絨服去賣，說是要他給我分點憂，扶扶貧。

　　當然，除了賣衣服，我們更多地是在精神家園中進行心靈的交流

與切磋。我和秀文都親身經歷了偉大的八九民主運動，當年他曾和葛湖一起到太原鋼鐵公司激情講演，呼喚工人支持學生的正義行動。我和秀文奉行同樣的價值觀，是相逢何必曾相識的人權之友和自由之友。在花園村的那個小院裡，我至今歷歷在目、印象最深的一次聚談是，張小弟、賈秀文和我談到了一個德國人——庸醫馬克思給資本主義所開的診斷書。

馬克思斬釘截鐵地斷言，資本主義得了無可救藥的絕症，即所謂生產的社會化和生產資料的私人佔有之間的基本矛盾，將不可避免地使資本主義生產方式完全崩潰；而人類唯一的出路在於：消滅私有制，變私有為公有。當時，我們三個中國人達成了明確的共識：馬克思本人對資本主義的認知存在根本的迷誤，而他的迷誤又忽悠了地球上難以計數的人。其實，在資本主義生產方式之下，只要實行產權社會化，就能匹配生產社會化，壓根兒不必拿私有制開刀問斬！

當天的思想會餐使我們神清氣爽，十分過癮。時近中午，張小弟大呼：「拿啤酒來！」三巡過後，我們禁不住仰天長嘆：「馬克思學說的謬種，變私產主義為共產主義的烏托邦，坑了多少代人，害了多少代人啊！」

張小弟他們的刊物停辦之後，我和秀文來往就少了。不過我記得，我曾去過他於西直門橋東北角借住的地方，在昏黃的燈光下和圍棋棋子旁，寒夜長談，促膝問天。不久，秀文撤離北京，一直風塵僕僕地在太原、天津和石家莊等地經商，我和他從此未再謀面；但每次陳平來北京看我，除了手提東湖牌老陳醋（有時加上一瓶山西杏花村出品的、口感非常好的清香型汾酒）之外，都要提到多位太原朋友的境況，如王新龍、丁東、趙誠、葛湖、謝詠、智效民、王奮武等，當然每次也都少不了說到秀文的動向。

2013 年 3 月 5 日凌晨，在離 60 歲花甲之年還差半年零 18 天時，

秀文因肺癌不治而遽然長逝。3 月 11 日的遺體告別式上，我聽聞丁東、葛湖、楊志桎等寫的悼文，感情真摯，令人動容。

我沒能去送秀文最後一程，也沒寫悼文。只是，兩年多來，他的英年早逝，每有念及，總讓我心痛不已。

2015 年 5 月 30 日 於於北京家中

（2015 年 6 月 8 日首發於《民主中國》）

我看 8・31 決定與 6・18 否決

去年 8 月 31 日，全國人大常委會作出決定，落閘拒絕港人的真普選訴求。今年 6 月 18 日，香港立法會依法投票，慨然否決京官的假普選方案。我對 8・31 決定，給出頂級差評；我對 6・18 否決，送上由衷點讚。

先說 8・31 決定差勁在哪裡。

人所共知，當代人類政治史上的一個基本事實是：社會主義玩假選舉，資本主義搞真普選。而所謂一國兩制，是指中國大陸搞社會主義，香港搞資本主義；那麼，大陸玩自己的假選舉，香港搞他們的真普選，就是不言自明的硬道理。在擁有正常理智、遵奉正常邏輯的人看來，不讓資本主義的香港搞真普選，沒有任何說得出口、拿得出手的理由和藉口。

然而，近乎匪夷所思的是，北京當局還真就這麼幹了。全國人大

常委會的 8‧31 決定說：香港選民一人一票，在經北京當局政審合格的 2 至 3 人中，選出 1 人當特首。香港公民無提名權，過不了政審關的公民無被選舉權。

按當代資本主義的政治標準，這絕對不是真普選，而是百分之百的假普選。這種普選中的選民，不是有自主選擇權的公民，而是被用作投票的工具；這種普選產生的特首，只會是首先向中聯辦謝票、主要聽命於北京的馬仔而已。

說實在，我確實有點弄不明白，在 960 萬平方公里的土地上開一個小口子，在彈丸之地的香港搞一下真普選，對北京當局而言，真有那麼可怕、那麼不爽、那麼不可接受嗎？我想，對當局來說，真普選導致的最為不妙的一種結果是：港人「瞎了眼」，一人一票選出了一位敢「與中央對抗」的人當特首。然而，即便如此，當局用得著害怕麼？那位特首敢與《基本法》和香港法律對抗，從而危害國家安全、坑苦香港民生嗎？給他 10 個豹子膽，他都不敢。在沒有言禁、報禁、黨禁而有真普選和司法獨立的香港，民選特首被關在民主、憲政、法治三合一的鐵籠子裡，他只能按香港現行法律行使權力、治理香港，否則，他就得下臺。對此，難道還會有什麼懸疑嗎？

退一步講，如果北京當局對真普選確是懷有一種深入骨髓的反感和抵觸，確是萬萬容不得，即便僅在香港實施也不行，那當初與英國人談判並承諾實行「一國兩制」時，為何不提出保留條款？後來與港人商訂《基本法》時，為什麼不聲明「港人治港，高度自治」中不包括真普選？而先前既然答應了，簽約了，如今再窩火，再不爽，在眾目睽睽、朗日清風之下，也只能硬著頭皮言而有信、讓話算數。人世間通行的，不就是這麼個理嗎？

君子一言，駟馬難追。不是君子，盜亦有道。可嘆 8‧31 決定的

炮製者們，竟然無所出息，與他們奪取政權的前輩如出一轍，視承諾為兒戲，對守信無敬畏。更有甚者，北京當局還一不做、二不休，居然把背信棄義的8‧31決定說成是「不可撼動」的，它「適用於以後各任特首」的產生！

8‧31決定所凸顯的北京當局的顢頇、霸道和厚顏，把珍視尊嚴、追求和爭取真普選的港人，逼到了別無選擇的境地。試問，他們還能聽得進嚴家祺先生言者諄諄的勸導嗎？他們還會取得和嚴先生一樣的共識，自己單方面「講妥協」，以看到初升的太陽那樣的好心情，愉悅地、多多益善地為8‧31決定投下贊成票，從而見證「香港的民主化是一步步向前邁進的」嗎？（見嚴家祺〈致香港立法會民主派議員的公開信〉，2015年6月14日發表於《博訊‧博客》）

6‧18否決之前，我讀到了梁家傑議員在立法會上的發言全文。梁先生說：「如果我們今次通過政改方案，就是連拒絕指鹿為馬的尊嚴都喪失，以後就不能再有自己的思想，香港人就從此沉淪。中央逼香港人接受的，不只是一個選舉方案，而是盲目順從的態度，放棄自己的認知與是非之心。」梁先生的這段話，不，梁先生發言的全文，說得何其棒、何其爽、何其有震撼力啊！事情已經擺明：站在底線之上，沒有妥協，不能退縮。面對無理逼迫，是忍辱認命，還是公民抗命？答案呼之欲出。

基於自己的認知，香港泛民主派判定：8‧31假普選決定是北京當局一意孤行、悍然落閘阻斷香港民主化進程的騙招和損招。為此，聽者藐藐的泛民主派議員，一票不落地全部投下反對票，堅定鮮明地對8‧31決定說不，遂在香港史和中國史上，鑄就了意義非凡的6‧18否決。

6‧18否決的到來，除了建制派議員荒腔走板自擺烏龍，鬧出了一朵碩大的奇葩花絮之外，其它一切都很正常，很質樸。6‧18否絕不是

泛民主派議員的過分之舉、出格之舉，更不是街頭政治巨大壓力下的無奈之舉。誠如程翔先生所言，6‧18否決只是表明，港人堅守了做人的底線而已——說真話不說假話的底線，和維護基本是非黑白標準的底線。然而，正是這種價值和道德的雙重堅守，展示了港人的尊嚴和氣節，如同每年六四夜維園動人心魄的萬千燭光，6‧18否決為大陸中國人「抗拒強權歪理」提供了一個新的範例。

我不想諱言，我對香港「佔領中環」的抗爭方式從未點過讚。但是我要說，使建制派議員灰頭土臉乃至失聲痛哭的6‧18否決，不是標誌香港的「街頭政治」壓倒了「代議政治」，更不是什麼正中北京專制政權下懷，讓其實現了「夢寐以求的目標」。撇除28：8的戲劇化效果，6‧18否決可以視為一場民意對抗強權的悲壯的勝利；一場重申「一國兩制」契約、反對背信棄義的勝利；一場捍衛自治權力、抵制京官治港的勝利；一場追求真民主、拒絕假民主的勝利；一場擁抱真進步、誓言不沉淪的勝利。

本來，根據《中英聯合聲明》和香港《基本法》，除外交和國防外，一切香港事務，皆由港人說了算。但是，作為契約一方的北京當局，在權力任性的驅動下，愣要越界干涉和管控。這就叫：「香港本無事，京官滋擾之。」現在，人們已經看得很清楚，面對香港的憲政民主成果，北京當局的既定方針是：「蠶食存量，落閘增量」；而泛民主派港人的使命是：「守護存量，逆襲增量」。因此6‧18否決之後，香港的民主化之路依然曲折艱難。梁家傑先生的發言，對這一點有清醒的認知。

他的發言中我唯一不以為然的地方，是他提到要「說服中央」。恕我直言，這種「說服」猶如春夢，很不靠譜。香港民間和香港年輕人發出的「自己香港自己救！」和「建設民主香港、重奪我城未來」，當是振聾發聵、理性務實的最強音，也是「香港會終見真普選，香港人終會做真老闆。香港終會再見政通人和，香港會繼續璀璨，光輝永

久」的切實依憑和可靠保證。

2015 年 6 月 27 日 於北京家中
（自由亞洲電臺 6 月 29 日播出）

賭場資本主義，還是圍場社會主義？

過去一個多月的中國股市，居然把我這個不看股、不炒股的人，也攪得心緒失寧，並終於忍不住要公開評說幾句了。

在眾多關於中國股市的評論中，我注意到，有一條共識得到了空前的強化：中國股市就是一個大賭場。例如，香港輝立證券駐上海分析師陳星宇先生說：「像這次這樣的震盪體現了中國股市充斥著投機，和賭博並無兩樣。」再如，何清漣女士在〈中國股市：一台由政府操控的財富榨取機〉一文中，根據無可爭辯的事實，尖銳指出中國股市「是蠶食股民財富的老虎機」，並列舉了盛行投機的中國股市與體現價值投資的西方股市的三點本質區別。

經過獨立思考，我完全接受中國股市不是價值投資平臺的觀點。然而，進一步的思考把我引向了如下的問題：中國股市果真是通常意義上的賭場嗎？特別是，它能由「賭場資本主義」這一新詞加以指稱和標記嗎？

眾所周知，在資本主義的美國拉斯維加斯（City of Las Vegas）和資本主義的中國澳門（Macao），那裡設有合法的賭場，賭場裡擺著老虎機，並示有賭博的明規則。在守法的賭場老闆既不能單方改變明規

則，也不能暗玩潛規則的大前提下，賭民自願進場博弈，贏是撞大運，輸了認倒楣。這樣的賭場，你可以不喜歡，不進去，但是，還真沒有什麼能讓你大口吐槽的。

然而，在中國股市這台超級「老虎機」中，不僅有官商勾結之下潛規則的大行其道，更有坐收印花稅的「賭場」老闆單方暴力改變基本的遊戲明規則！試問，在當代資本主義制度之下，可有這樣堂而皇之、面目可憎的「賭場」？答案明擺著：根本沒有。那麼按理說，面對光怪陸離、醜陋不堪的中國股市，人們是沒有任何理由用「賭場資本主義（Casino Capitalism）」來加以描述和指稱的。

不幸的是，一些很有政治經濟學根底的人，這一次專門發明了一個新詞——賭場資本主義，說是特意為中國股市量身打造的。我必須說，這些「專家」的發明所展示的，乃是一種理性的低級迷誤——明明壓根兒是社會主義的問題，卻把板磚又一次難以理喻地錯砸到了資本主義身上。

上世紀 90 年代，面對中國政府主導資源的基礎性配置、既得利益集團攫取國民財富和貧富懸殊觸目驚心等醜惡現象，就有人滿懷道德義憤地用「權貴資本主義」來加以定性和指控。其實，這是大大地錯怪和冤枉了資本主義。針對這一錯責，張顯揚先生在〈權貴資本主義，還是權貴社會主義？〉一文中（載於《趙紫陽的道路》，香港晨鐘書局，2011 年 5 月版），一針見血、極為鮮明地指出：「如果說改革前的社會主義，即通常所說的傳統社會主義或現實社會主義，是共產黨一黨專政的極權社會主義的話，那麼今天的中國特色社會主義，就是共產黨一黨專政的權貴社會主義。其特點是，權貴集團和暴發戶們憑藉政治權力和從市場化改革中攫取的財富，在建設中國特色社會主義、建設小康社會、建設和諧社會等等名義下，結為生死同盟，壟斷一切資源，控制和掠奪十三億中國人，整個中國成了他們後院的奶牛場。

把這樣一個社會稱之為權貴資本主義是完全不對的。再壞的資本主義，即使是法西斯統治的資本主義，統治者的權力也不能膨脹到如此程度。只有社會主義能夠做到這一點。」

繼顯揚之後，劉軍寧先生在去年九月發表了〈權貴資本主義，還是官商社會主義？〉一文。軍寧說得幹乾脆脆、痛快淋漓：「依我看，中國根本就不是權貴資本主義，權貴資本主義的說法把全部的髒水都潑到了在中國還不曾存在的資本主義頭上」，「中國連資本主義都沒有，哪來權貴資本主義？中國只有權錢交易，只有社會主義，沒有資本主義」，「中國實行的是官商社會主義」。

令人遺憾的是，顯揚和軍寧基於真知灼見的大聲疾呼，看來收效甚微。中國社會主義股市新近上演的牛熊翻覆大折騰，居然被海內外公認為「中國進入賭場資本主義階段」（參見何清漣：《中國股市「賭場資本主義」的遊戲規則》）。說實話，對於這條「共識」，我真的不敢恭維，不能認同。我要坦陳，用「賭場資本主義」來指稱中國股市，乃謬言也。其一，憑著三分相像，就把中國股市認作大賭場，似是而非，很不到位。其二，把髒水又一次胡潑到了資本主義頭上。套用軍寧的說法，中國連資本主義都沒有，哪來賭場資本主義？

那麼，權貴社會主義或官商社會主義下的中國股市，應當如何恰當地加以形容和表述呢？我認為，可以啟用「圍場社會主義」（Hunting Park Socialism）這個新詞來擔當這一重任。

所謂圍場，是圍獵場之簡稱。姜維平先生在《中國股市「超規則」遊戲探秘》一文中說：「中國股市已經基本上背離其資本募集的正常職能和軌道，它已經……成為權貴們聯手笑納、千方百計地掠奪普通老百姓財富的『圍獵場』。」姜先生所言極是，中國股市不是賭場，而是圍場；是官商勾結、權貴通吃的圍獵場。在這世界上獨一無二的

圍場之中，官家及權貴利益集團翻手為雲、覆手為雨，對被忽悠進場或懷有僥倖心理進場，以及「明知塘有鱷，偏向鱷塘行」的普通股民，進行玩弄和劫掠，或溫水煮青蛙，或一劍封喉，不一而足。

我與姜先生不同的是，他對中國股市懷有良好的願景，他認為如果當局能夠「出重拳整治消滅這些超級利益集團」，則「超規則」遊戲就將終結，中國股市就有望能切實保障廣大投資者的合法權益。而我的看法是，中國股市的「超規則」，體現了一黨專政社會主義的本質特徵，圍場與社會主義血肉相連，不可分割。皮存，則毛存。存社會主義而去圍場，辦不到。正是依據上述簡明的思考，我發明了「圍場社會主義」這一新詞。

在中國股市這個巨無霸圍場內，數以千萬計的升鬥股民身陷其中。對那些慘遭滅頂之災或巨大損失的小股民，我哀其不幸，痛其不智。我知道有些小股民不甘心，不信邪，還想在裡面玩。我覺得，這也不是完全不可以。只是要想明白自己的風險承受能力，確定好自己合理的資產配置。若拿出不超過自有資產的五分之一留場或進場去與狼共舞，說不定還能和棋牌室裡的麻將聲那樣，算得上是當代中國的一道特色風景呢。

2015 年 7 月 22 日 於北京家中
（自由亞洲電臺 7 月 23 日播出）

鴨綠江畔小隱記

上個月早些時候，有朋友告訴我們，近來出現了一種很適合老年人的旅遊度假項目——擇地安養。與跟著旅遊團行色匆匆走馬觀花大為不同，它的創意是：擇一方淨土，詩意地棲居，放下心思放鬆心情放開心胸，慢慢調理 30 來天，便會有意想不到的養生和養心收穫。這個道理打動了我們。此外，它的費用也讓人很有喜感，體驗價為每人每月 1280 元，下榻三星級酒店，吃住全包。很快，我們就作出了嘗試的決定。

7 月 26 日下午，我和章虹出離酷暑難忍、重度霧霾的北京。第二天早上，就到了一處空氣清新、涼風習習的所在。再經一小時車程，便抵達一個堪稱世外桃源的地方。安頓下來後，我信步走向酒店後院。在少量先期怒放、大部含苞欲放的荷花池旁，我放眼遠眺，但見天藍雲白，山長水闊；環視周遭，則是桃樹滿丘，掛果纍纍。酒店服務員說：「春天裡，山包上和桃花島上，是一片粉嫩嫣紅的花的海洋；《在那桃花盛開的地方》這支歌，唱的就是俺們這個地方。」

我們入住的酒店，傍山而臨江。我這位小隱於此的棲者，每天白晝，都會在江岸行走，在江邊讀書；有時，則躍入江中，馭波獨泳。夜宿酒店，則幾乎天天都是：雨送涼，月侵床，江畔不知身是客。一個月來，我與大河朝夕相伴，其天生麗質，讓人嘆為觀止：一江碧水，百里煙波；無妝無抹，萬種風情。如果，這條秀美浪漫的大河不叫鴨綠江，杜甫《江亭》詩中的「水流心不競，雲在意俱遲」，就會是我的心境。如果，這條令人陶醉的大河不叫鴨綠江，老子《道德經》中的「見素抱樸」、「恬淡為上」，就會是我的心態。但是，這條大河就叫鴨綠江。

在鴨綠江畔，隱者之心難於平靜。

　　說來事有湊巧，我們到達丹東的日子，恰好是 7 月 27 號，朝鮮戰爭停戰 62 周年紀念日。下火車不久，我們就踏上了已成景區的丹東鴨綠江斷橋，它屬朝鮮境內的部分，在戰爭中被美國空軍炸毀。我注意到，斷橋上關於朝鮮戰爭的圖片資料說明詞中，有一句話帶有客觀性：「1950 年 6 月 25 日，朝鮮戰爭爆發。」曾經忽悠世人多年的「美帝通過南朝鮮李承晚傀儡集團發動侵略朝鮮的戰爭」這一彌天大謊，不好意思再說了——這一點值得肯定。

　　但是，所有的說明詞都繼續刻意不提以下重要的事實真相，那就是：

1. 發動那場戰爭的玩火者，是得到史達林（Iosif Vissarionovich Stalin）支持的金日成（김성주）。
2. 以美軍為首的聯合國軍是按照聯合國安理會的決議，師出有名地幫助韓國抗擊金日成軍隊的。
3. 朝鮮戰爭的結束，實現了聯合國安理會決議提出的目標，即「擊退武裝進攻並恢復這一地區的國際和平與安全」。

　　62 年過去了，早已不能一手遮天的官方，還要把扭曲真相、罔顧歷史的營生幹下去，這使我心生鄙視，臉浮輕蔑。

　　幾天之後，我們又上了另一座鴨綠江斷橋——地處寬甸縣的河口斷橋，這是彭德懷、毛岸英當年過江的地方。大橋被美軍嚴格按照軍令炸掉的部分，同樣是隸屬朝鮮的那一端。而橋上糊滿的，則是和丹東斷橋上如出一轍的圖片資料和說明詞，自欺欺人，褻瀆歷史。其實，現在世界上，除了朝鮮和中國之外，大家對朝鮮戰爭早已達成共識：正義的聯合國軍隊制止了朝鮮侵略者的進攻，確保了朝鮮半島及東亞的和平。

　　關於朝鮮戰爭，朝鮮和中國這兩個「唇齒相依」的社會主義國家，

的確很能抱團取暖、堅持共有的特色看法，例如所謂「美帝國主義侵略者被徹底打敗」，「朝中（中朝）取得了偉大的勝利」等等。儘管，這哥倆比誰都清楚，1953 年 7 月 27 日被迫在停戰協議書上簽字的金日成，吞下的是他在玩火時連做夢都未想到的苦果。當時的金日成無奈接受的，是聯合國軍按其實際控制線劃定的南北停戰線；與戰前的南北分界線——三八線相比，朝鮮的版圖縮水將近 3000 平方公里，相應地，韓國的版圖擴張了近 3000 平方公里。

關於朝鮮戰爭，擁有「鮮血凝成的友誼」的朝方和中方，又有很不一致的地方。最關鍵的不一致在於：誰是抗擊「美帝國主義侵略者」的中流砥柱？朝方的說法毫不含糊：那就是朝鮮勞動黨和人民軍。朝方在教科書、紀念館及戰爭紀念日活動中，不怕雷死人地無限誇大金日成和人民軍的作用，而將毛澤東和所謂「志願軍」刻意邊緣化。事實，當然不是如此。不過，關於這一條，中方卻沒臉數落朝鮮的金家王朝。金家三代這麼做，可以說是向堪稱師傅的中共學的。

誰是中國抗戰的中流砥柱？中共一直違背事實厚著臉皮說是自己。最新的雷人例證是，電影《開羅宣言》的海報，居然抹去蔣介石，植入毛澤東。說實話，儘管現在的國民黨讓人難於看好，但血寫的歷史事實證明，它確是中國抗戰的中流砥柱。邊說「歷史是人類最好的老師」，邊拿歷史如此尋開心和戲弄，是無恥與弱智的雙重疊加。在世界反法西斯戰爭勝利 70 週年之際，這種對歷史大不敬的蔣冠毛帶，除了自取其辱，還能得到什麼？

在江畔安養的日子裡，當地的旅行社上門來推銷他們的朝鮮遊項目。然而，無論是一日遊、二日遊還是四日遊，除了均屬嚴加掌控不接地氣的包裝遊外，都有一個不可或缺、讓人噁心的安排，就是「瞻仰朝鮮人民的偉大領袖金日成主席與金正日將軍銅像並獻花」。姑且不論我是一個被當局無理阻止出境的人；即便能去，我也不想去，實在是太倒胃口了。

　　也許可算是一種彌補，我們下榻的酒店提供鴨綠江遊付費觀光服務，酒店自有的遊船可抵近朝鮮江岸緩緩開行，以便我們接近零距離地觀察朝鮮。7 月 31 日下午，我們備好手機和相機，欣然登船作鴨綠江處女遊。

　　沒想到的是，遊船在碧波蕩漾的江中趨近彼岸時，第一個清晰可見的，乃是金日成父親的墓碑。隨著遊船溯流而上，我們見到了朝鮮軍隊的簡陋營房和他們頗顯寒酸的邊防巡邏艇。朝方士兵顯然早已習慣了中國遊客的照相和視頻拍攝，他們露出笑臉，並禮貌性地向遊客們互相揮手致意。

　　總的印象是，朝方一側同樣山青水綠，也有孩童在江邊嬉水打鬧，但地瘦、屋破，距江邊很近的朝鮮清城郡女子監獄，也顯得十分破舊。路上見不到汽車，多是自行車、牛車，偶爾有摩托車駛過。遊船從河口斷橋下貼近朝方一端穿行時，橋上的朝鮮崗亭及在橋上跑步訓練的朝鮮士兵，可以說近在咫尺。繼而見到的，是朝鮮清城郡的一處開發區，中國人在那裡投資建立了工廠，高高的煙囪直冒廢氣，與周邊的綠色大環境很是不搭。遊船折返時，在靠近中國一側航行，與朝鮮江岸的距離，從幾十米變成了數百米，頗具新鮮感的抵近觀光也就提前結束了。

　　鴨綠江遊回來後，我們意猶未盡。幾天後的一個傍晚，我和章虹去桃花島上的桃園深處，造訪了一對邊民夫婦。我們先和他們聊了當地很有名氣的富硒燕紅桃，接著直奔心中的主題，問他們：「朝鮮軍隊如何防止朝鮮平民偷渡過來呢？為什麼我們在遊船上看不到黑洞洞的槍口呢？」他們告訴我們：「高麗（他們習慣於稱高麗，不稱朝鮮）守軍的任務，說白了就是一條，防止民眾脫北。他們的崗哨很隱秘，晝夜蹲守提防。」我們又好奇地問：「你們能過江上岸嗎？」他們說：「能，我們划自己的船過去，和他們的軍官私下做生意。在夜幕下的

鴨綠江岸，他們把高麗土特產、礦產拿給我們，我們運回來賣掉後，再過江去結算，給他們人民幣，還有中國的香煙、啤酒和細糧。他們也做毒品生意，但我們家不做。一年下來，一個高麗排長，就能掙老多錢呢！」他們還告訴說，在高麗那邊，搞先軍政治。老百姓見了當兵的，要點頭哈腰；當兵的見了軍官，要點頭哈腰。一級壓一級很厲害，腐敗不比中國差。

後來，酒店附近的邊民也給我們講了類似的高麗故事；還對我們說，除了被生存困境逼迫而冒險偷渡過來的脫北者，也有通過正常管道來丹東打工的高麗人。在東港，就有很多高麗打工者，月工資約1200元人民幣。丹東的大飯店和一些餐廳中，則有不少來打工的高麗女大學生。

8月中旬，我們去丹東觀摩一個關於引力隨溫度變化的物理學實驗。由於小住在丹東市區的鴨綠江畔，便有機會和來自朝鮮平壤的女大學生聊了天。她們實不相瞞地告訴我們，她們在丹東的打工生涯為期三年。三年中不能回國探親；不能往朝鮮打任何電話；一年只能給家裡寫一封信；一個月只能離開酒店外出一次，且必須三人以上同行。不知是逆來順受慣了，還是出於謹慎自保，這些能歌善舞的朝鮮姑娘，對上述官方限令沒有流露出半點不如意，還以清純可掬的笑容表示她們的「幸福指數」並不低。

聊到後來，我們終於忍不住，開始將她們軍了。我們手指鴨綠江對岸，問：「朝鮮那邊怎麼黑乎乎的，沒什麼燈光啊？」她們嫣然一笑，從容答道：「我們是綠色環保，節約能源。」我們一邊大笑，一邊故意追問：「是嗎？」她們淡定再答：「是啊！」接著，我們陡然加碼，再問：「你們見過金正恩嗎？」也就剎那之間，她們的臉色立馬很不好看，說：「我們不喜歡你們這樣說！你們要說金日成領袖、金正日（김정일）將軍、金正恩（김정은）同志！」

　　她們的反應在我們的意料之中。她們出生和成長於一個高度封閉的極權社會，現在的她們，逼真地折射出文革時期的我們：在那樣的年代，我們中可有幾人會不稱「毛主席」，而對毛澤東直呼其名？

　　小隱於曼妙多姿的鴨綠江畔，聽不到金正恩同志處決副總理崔英健的槍聲，也聽不到南北停戰線上又在響起的炮聲，但是，我對金氏三代堅持的朝鮮特色社會主義，自是有了更為明晰和具象的認知。

　　小隱於秀山碧水的鴨綠江畔，我對社會主義的把握和透視，也更為動燭和到位了。在人類近代和當代史上，社會主義這個東西曾經在世界範圍內紅火過一陣子；現在，不管其還有這種或那種特色，我看是氣數將盡了。我有幾位朋友，與我的看法有些不一樣。他們執著地認為，社會主義還有戲，社會主義的存續看北歐，社會主義的希望在北歐。

　　在本文的結尾，我想順便再對他們吹吹風：北歐有個人獨裁、單一公有制嗎？有一黨專政、公有制為主體嗎？沒有那些勞什子，它們哪有資格被稱為社會主義或科學社會主義？我認為，北歐諸國有憲政，但沒有憲政社會主義。北歐諸國有民主，但不是民主社會主義。在以私有制為主體和多黨民主的基礎上，北歐諸國很有特色地搞高稅收、高福利，它們的社會制度不是別的，只是一種改良版資本主義——福利資本主義而已。

2015 年 8 月 25 日 於東鴨綠江畔
（自由亞洲電臺 8 月 28 日播出）

李華旺的實驗有待認真解讀

8月18日下午，我們進入遼寧丹東的一個近乎恆溫的山洞深處。雖然我們衣著單薄，但是大家興致勃勃，精力集中，扛住了攝氏10度低溫的侵襲，親眼目睹了李華旺先生關於引力與環境溫度實驗的全過程。

李華旺先生下決心，花心血，砸金錢，幾乎全憑一己之力，從租用山洞、建隔離室、造真空罐、購置抽真空泵和實驗儀器，到最後完成他的多個實驗——這樣的功力，一般人難於達到；這樣的民科壯舉，令人印象深刻。順便提一下，李華旺先生在自己丹東的工廠裡，建立了一條頗具規模的無紡布水法生產線，這在國內屬於首創。

應當說，李華旺實驗的構思具有新穎性，且實驗產生的效應清晰可鑒。現在的問題是：應當如何解讀他的實驗結果？

我首先注意到，李華旺本人根據他的《易子論》，對他的實驗給出了簡潔明快的解讀：

當環境溫度比待測物體溫度高時，待測物體周圍的易子氣密度，要高於環境中的易子氣密度，因而物體表現出排斥作用。當環境溫度比待測物體溫度低時，待測物體周圍的易子氣密度，要低於環境中的易子氣密度，因而物體表現出吸引作用。（詳見他的《易子論》）

顯然，李華旺的上述解讀是否有道理，及到底有幾分道理，從根本上取決於他的《易子論》是否能站得住腳。李華旺的《易子論》，是一種新版乙太說。對於這一點，他從不諱言。目前，根據我對《易子論》的初步涉獵，我對其有三點質疑。

第一、人們放棄乙太說的一個重要原因是,那些企圖尋找乙太及其性質的實驗均以失敗而告終。李華旺說整個宇宙充滿了易子,然而,人們如何通過實驗來找到易子並證實其性質呢?《易子論》對此並未論及。第二、李華旺通過類比聲速與空氣溫度的關係,推出光速與易子平均速率的關係,從而得到易子的平均速率 $v_y = \sqrt{2}c$ 這個超光速結果。我認為這一結果站不住腳。第三、李華旺在求取易子品質大小時,出現了一個硬傷。他將普朗克常數 h 看作易子的平均動能,通過式子 $h = 1/2 m_y v_y^2$,求出了易子品質 $m_y = 7.37 \times 10^{-51}$ 千克。事實上,普朗克常數 h 的量綱為:焦耳‧秒,它並不能表為易子的平均動能。

由於我存在上述質疑,因此我認為,應當努力尋求對李華旺實驗的其它解讀。據我所知,梅曉春先生就曾提出過他自己的解讀。我相信,這次不畏風寒親臨山洞、觀察倍細記錄周全的曹盛林先生、付昱華先生、劉武清先生,將會給出他們的解讀。而我,也會認真琢磨,力爭拿出自己的看法來。

2015 年 8 月 31 日 於北京家中

中原訪友紀行

9 月 15 至 17 日,我和徐輝、林子同赴鄭州,與眾多中原朋友敞開心扉真誠晤談,度過了頗有收穫令人難忘的三天時光。

這次中原之行,乃徐輝兄一手促成。幾年前,他就對我說,應當與中國的毛派人士直接見見面;當然,張宏良、孔慶東幾位就免了。

今年七月，他路過北京時與我當面約定，九月中旬去一次鄭州。我從鴨綠江畔返京不久，他就與河南的袁庚華先生和邵晟東先生取得聯繫，商議敲定了我們的訪友日程。

對我來說，我樂意作鄭州之行還有另外兩個動因。

一是想親身經歷和體驗《鄭州思想沙龍》所舉辦的活動。鄭州思想沙龍已然歷經 20 個春秋，是中國民間左右派人物能夠共處一室，亮明各自觀點卻不反目成仇的思想交流平臺。應當說，中原朋友能做到這一點，的確難能可貴。

人們通常見得多的是，微信群中若觀點相左、口味相異，很快就會冒出惡語相加的陋習；接著出現的，就會是司空見慣的事：或深潛不語，或退出、或被踢出相應的微信群。即便是具有相同價值觀的人，本來開心地聚在一起喝茶或吃飯，卻因一言不合導致相互指責、甚至有人憤而離席的事，也並非罕見。在有些自由派團體中，我每每能親眼目睹這樣的一幕：雙方過招不過三個回合，就會由平心靜氣突變為挖苦譏諷，進而是不斷升溫的人身攻擊，最後雙方都恨得牙根癢癢的，同時宣布「道不同，不相為謀」。

在海外的《獨立評論》網站上，我常常讀到閃耀真知灼見的隨感隨筆，也天天見到充滿火藥味的互毆互掐。再拿我加入的一個自然科學聯誼會來說，也有人鄭重其事地正式宣示：「**不贊同我見解的人，恕不歡迎到場；若不請自來，則不提供相應資助。**」此外，還出現兩人因觀點不合就拒絕同場與會、最後形同陌路的事。中原大地上的鄭州思想沙龍，為什麼就能越坡過坎堅持下來？我很想探明這一點。

二是看望神交已久的巾幗志士劉真和陳衛。20 來年前，就有人向我介紹過殷之聲、劉真伉儷；後來他們的大女兒殷越來京，我曾和她見過面。1976 年，24 歲的劉真就參與了波瀾壯闊的四五運動。在偉大

的八九民運中，又有她活躍、勇毅的身影。近年來，她彙編的《週末分享》，總會準時出現在我的郵箱中。

于世文、陳衛夫婦，則是堅守信念、矢志踐行的八九一代。2011年12月，他倆成功舉辦首屆「中原論道」文化論壇。2013年清明節，他倆組織了在河北正定縣舉行的六四死難者公祭活動。2014年大年初三，他倆又在河南滑縣主持了趙紫陽、胡耀邦和六四死難者祭奠儀式。2014年5、6月中，于世文、陳衛等鄭州十君子被當局抓捕關押。至今，於世文這位公民化君子，仍被當局「依法」羈押，並面臨被起訴問罪的「法律懲處」。

中原訪友第一站，是到邵晟東先生家中作客。9月15號，徐輝兄早早從廈門飛到鄭州，先期抵達邵宅。我和林子則乘坐高鐵從北京趕去。說來也巧，用電動車將我倆從燕莊地鐵站送到經二路省委家屬院的，是晟東先生的多年好友劉金洋；約20年前，他和袁庚華曾造訪過我在首師大的家。小劉告訴我，他至今清楚記得，當年他倆去我家時，樓下和樓道裡，都有便衣在值崗。

我們三人與晟東先生雖是初次謀面，但卻一見如故。徐輝兄在廈門大學當了多年教授、博導，遇上博覽群書、萃取精華的晟東先生，自是相談甚歡。立志並宣導做一位有愛心、有良心的知識份子的林子，從晟東先生身上看到了真切的希望。而我，則直言相問於晟東先生：「可曾邀劉真一聚？又可曾邀陳衛一聚？」晟東先生欣然答道：「已經通知劉真和陳衛，明天下午三點在這裡相聚。還通知了另外的自由派朋友和一些毛派人士。」我笑著說：「這樣甚好！」中午的便餐，是熱心好客的晟東夫人下廚一手操辦的，葷素搭配，乾稀兼備，很有河南風味。

15號晚上，鄭州朋友羅自新應我之邀，來到經三路上的梧桐樹酒

店，與我們共進晚餐。小羅是一位土木地質高級工程師，但卻十分關注人文、關注社會、關注天下事。席間，我邊品嘗小羅點的清淡可口的信陽燉菜，邊向他推介鄭州思想沙龍，請他擠出時間和我們一起出席明天的活動。小羅告辭後，我們三人回房，打開晟東先生給我們的《回顧與展望——鄭州思想沙龍十五周年座談會紀實》，在燈下仔細研讀。那本薄薄的小冊子，樸實無華，言真辭切，幫助我們在較短的時間裡，就對鄭州思想沙龍有了一個基本的瞭解和靠譜的認知。

16 號上午，晟東先生依約前來我們下榻的酒店，我們三人就各自最為關切的問題與他進行交流和探討。我最關切的問題，是他們如何做到圈子長期不散、沙龍不乏後勁。經過務實聚焦的溝通，我覺得自己找到了三條原因。

第一、是他們真正踐行了人權理念，不打折扣地維護人格尊嚴、尊重言論自由。而不是嘴上說能做到，事實上卻自覺不自覺地動輒逾越紅線。

第二、是他們，尤其是沙龍的中堅人物、靈魂人物，不僅有自信有能力恰當表述好自己的見解，而且有自信有能力在換位思考下，對不同甚至完全對立的觀點，有確切的理解和到位的解讀。

第三、當觀點不同導致彆扭、不快和衝突發生時，沙龍的中堅人物不僅有自信，而且肯花心血、時間和精力去尋求化解之道，而不是坐視不管、任其惡化，或束手無策、甩手了事，並以「話不投機半句多」之古訓來為自己辯護。

16 號下午三點正，出席沙龍活動的朋友，除一位因有特殊緣故略為晚到外，其餘各位全都如約到齊。晟東先生安排我、徐輝和林子首先作自我介紹。之後，我們便聚精會神聆聽中原朋友的發言，而徐輝

兄更是不辭辛勞，全程做了認真的筆錄。在三個多小時有序高效的思想交流中，以下四點令我印象深刻：

1. 每位朋友都遵守了發言時限的規定，及未經主持人允許不得隨意插話之規定。
2. 每位言說者都做到了觀點鮮明、表述精要。
3. 自由派朋友對普世價值的真誠信守和深度領悟，讓我刮目相看，心生讚嘆。
4. 到場的毛派人士有教養有風度，能心平氣和、面帶微笑聽取不同的乃至根本對立的見解。

更為重要的是，他們一點沒有《歷史的先聲》所揭示的心懷鬼胎和刻意蒙人，而是將自己的基本主張和方針對策向社會、向論敵坦誠交底，和盤托出。

當天晚上，我們和晟東先生夫婦、劉真、陳衛、史宗偉、王學東等鄭州朋友隨意小酌，再訴心聲。得益於醇厚的杜康酒之助力，大家聊得十分放鬆、自如，在爽爽地分享思想成果的同時，更添一份親切的同道情誼。

17號上午，我們又通過袁庚華先生（他本人當時在新疆，一時趕不回來）特意邀請兩位毛派人士來酒店，與我們作進一步交流。在這裡，我必須破例點讚一下自己——我居然做到了和其他四位那樣，既本色地率真直言，又絲毫無金剛怒目之狀。甚至，我還微笑著對毛派人士說：「**看來我們與你們有一個重要的共同點，那就是——不僅反貪官，而且反皇帝；不僅反皇帝，而且反制度。**」他們也笑著回應說：「**的確如此。**」

這次中原之行，我帶去了自己的《點燃良知的燭光》一書；自由

派朋友向我們贈送了他們的大著和好文；毛派人士也給我們留下了兩份重量級資料：一份是今年 2 月 6 日定稿的《中國毛派共產主義者洛陽會議紀要》，另一份是今年 7 月 20 日修訂的《關於中國社會各階級現狀的初步分析》。實話實說，我回到北京家中後，首先花心力好好研讀的，是毛派的兩份「歷史性文獻」。而且，我特別想在本文的結尾部分，簡要地寫下我的兩點閱讀心得。

第一點心得是，我清楚地看到，毛派尖銳地指出：「在當代中國，國有制就是官有制，工人階級就是無產階級。」無疑，這一觀點與自由派的觀點完全一致。但毛派同時言之鑿鑿地認定：「在毛時代，國有制就不是官有制，而是全民所有制，因而工人階級不是無產階級。」顯然，這一觀點與自由派的觀點大相徑庭。自由派認為：「在毛時代，所謂『全民所有制』同樣是官有制、權有制，只要是無權者，就沒有生產資料所有權。」

第二點心得是，我同樣清楚地看到，毛派一針見血地判定：「在當代中國，工農勞動群眾根本不是《憲法》上寫的那樣，是國家的主人，而是『社會底層的奴隸』。」無疑，這一觀點與自由派的觀點高度契合。但毛派同時不容分辯地認定：「在毛時代，工農勞動群眾就是國家的主人。」顯然，這一觀點與自由派的觀點完全相悖。自由派認為：「在毛時代，工農勞動群眾只有『聽黨話、跟黨走』的份，哪有可能擺什麼當家作主的譜？」例如，對官家的主張惟命是從的申紀蘭們，他們是國家的主人嗎？又如，我在毛時代當過農民，也當過工人，我的日子是比政治賤民要強不少，但是，我與國家的主人可沒半毛錢關係。說真的，毛時代的普通民眾，不要說奢談當什麼國家的主人，就連當個享有基本人權的公民，都如癡人說夢，完全找不到北。

毋庸諱言，自由派與毛派的上述分歧，清楚、明確、重大、深刻。我想，我會向徐輝兄提議，不久之後我們再作一次中原之行，其主旨

是與毛派人士再次面對面坐下來，針對上述兩大基本分歧，開誠佈公進行思想交鋒。順便，也可再次挑戰一下自我：在良知、史識和學養將經受嚴峻考驗的動真格的爭鳴和論戰中，真能自然地臉帶微笑、不失公民精神和君子風範嗎？

2015 年 9 月 26 日 於北京家中
（自由亞洲電臺 9 月 28 日播出）

2015 年 9 月 16 日晚，相聚於鄭州邵晟東先生家

悲悼蔣培坤老師

二〇一五年農曆八月十五，蔣培坤老師走了。

這些天來，蔣老師的抱恨而逝、齎志以歿，使我悲從中來、心緒難寧。

10 天前的 9 月 30 日清晨，我和章虹給丁老師發去唁函：

丁老師：

驚聞蔣老師突發心梗遽然謝世，我們深感沉痛和悲哀！謹願蔣老師一路走好！切望丁老師節哀保重！

陳小雅、馬少方、莫之許、江榮生、蔣亶文、昝愛宗等朋友託我們向你致以深切的問候！

我們昨晚回到常熟，我們會去張涇看你。

江棋生　章　虹

30 日上午，丁老師作了簡短回覆：

北京見吧，我很快帶他離此回家。

去，還是不去？我心有糾結。兩天之後的 10 月 2 日下午，我和蔣亶文夫婦從常熟出發，取道錫滬、錫虞路，直奔無錫市錫北鎮；一小時之後，就到了涇皋新村 37 號北牆外。我們三人靜靜站立片刻後，我抬手輕叩大門。門緩緩開啟，丁老師的大兒子走了出來。他，哀戚地、坦誠地對我們直言相告：「感謝你們專程前來弔唁我的父親並看望我的母親，但不便的是，我母親的身體狀況很不適合見朋友。若見了朋友，她定會很悲慟、激動，極易出現意外情況。所以這幾天來，我們一直沒讓她見朋友，請你們一定理解和諒解。」聽罷，我和亶文相視

無語，一起點了點頭。然後，宣文夫人將一束由白菊和百合組成的鮮花遞給他，託他代為祭拜蔣老師。

辭別丁老師的大兒子後，我們默默轉往涇皋新村 37 號的東門。站在那裡，凝視門楣上方蔣老師親手鐫刻的「連園」二字，環望曾經那麼熟悉的小樓和庭院，我心中的悲思和追念，潛然湧動，陣陣襲來。19 年前的 1996 年春，我第一次造訪剛剛竣工的連園；後來，我又 10 多次作客和下榻彰顯蔣老師愛心、匠心和審美觀的連園。如今，園中玉蘭、棕櫚、桂花樹下的幽曲小徑，可還是蔣老師和我邊走邊聊時的樣子？小小池塘中，可還有魚兒游動嬉水、可仍有烏龜探頭張望？池邊的微型水榭中，蔣老師和我品茗晤談時的籐椅和茶几，可還是那麼擺放著？臨街廚房裡，蔣老師蒸煮大閘蟹和妙手烹小鮮的灶台，可還是那麼溫暖和溢香？客廳餐桌旁，可還有蔣老師和我都愛喝的紹興花雕酒？二樓上，我和章虹多次住過的客房，可還是那樣潔淨和溫馨？

悲乎，物在境存，斯人已逝！
蔣老師走了，作為我的校友、系友和老鄉，他走了；
蔣老師走了，作為敬畏生命、摯愛生活的美學教授，他走了；
蔣老師走了，作為服膺良知、信奉常識的中國公民，他走了；
蔣老師走了，作為天安門母親群體的靈魂人物和中流砥柱，他走了。

26 年前，六四大屠殺奪去了蔣老師和丁老師的兒子蔣捷連；26 年來，蔣老師和丁老師及天安門母親所做的一切，已經鑄入歷史、溶進民族的集體記憶之中。在這裡，我想說的是：
26 年來，蔣老師和丁老師，對鄧小平、江澤民、胡錦濤（及溫家寶）和習近平，從未抱有不切實際的幻想。

26 年來，蔣老師和丁老師，對心術不正、不擇手段的行徑，不論

其發生在誰的身上，都十分反感、明確反對。

26 年來，蔣老師和丁老師，一直未提「平反六四」的口號，理由是：劊子手們不配為受害人平反；但是，正義必須伸張，公道必須討回，真相必須查明，賠償必須作出，屠夫必須受審。

六四屠殺 26 年來，在這個似乎沒有希望的國度中，蔣老師和丁老師，以及整個天安門母親群體，成為公民抗命當之無愧的先驅和楷模。

我相信，只要更多的國人也像他們那樣，服從良知的呼喚，拿出應有的勇氣，中國就會有希望、有前途。而只有這樣，才能真正告慰蔣老師的在天之靈。

我相信，當國際社會不帶他玩、民間社會不陪他玩的時候，就是反對普世價值、堅持一黨專政者的窮途末路之日。

蔣培坤老師，安息吧！

2015 年 10 月 10 日 於江蘇常熟家中
（10 月 11 日首發於《民主中國》）

台海兩岸政治博弈之我見

台海兩岸分裂分治 43 年後的 1992 年，大陸海協會和臺灣海基會相關負責人在香港會面，據說談成了一個叫做「九二共識」的東西。什麼是「九二共識」呢？就是八個字：一個中國，各自表述；簡稱「一

中各表」，即大陸和臺灣都認為世界上只有一個中國，大陸和臺灣同屬一個中國。在大陸方面看來，這個中國是中華人民共和國；在臺灣方面看來，這個中國是中華民國。

2015 年 11 月 7 日，習近平和馬英九在新加坡會面。從馬英九當面向習近平談「一中各表」，而習近平對此不否認、不反駁來看，可知「一中各表」確有其事，並非子虛烏有，為臺灣方面一廂情願所杜撰。

最近幾天，通過聚焦「一中各表」，我得到了一個並非無關宏旨的看法。這個看法是，「一中各表」成為雙方共識後，「各自表述」就是每一方當然之權利：大陸有表出「中華人民共和國」的權利，臺灣則有表出「中華民國」的權利。雙方可以不同意對方表述的內容，但必須相互尊重彼此的權利。

然而，「一中各表」達成 23 年來，兩岸政治博弈的相關歷史事實，又是怎樣一幅圖景呢？

這幅圖景是，臺灣方面關起門來，在自己家裡表述「中華民國」，沒有問題；而一旦企求島外表述，則寸步難行。造成「中華民國」表不出的原因，不是國際社會只知大陸有中華人民共和國，不知臺灣有中華民國，而是大陸方面對臺灣方面表述權的嚴厲限制和打壓。一個不爭的事實是：23 年來，凡是「中華人民共和國」能夠表出的場合，若臺灣方面依「九二共識」欲表「中華民國」，則必被大陸方面狙擊或封殺。23 年來，面對「九二共識」一再被對方玩弄、己方表述權屢遭對方踐踏的態勢，臺灣方面含垢忍辱不敢維權，為「兩岸和平與繁榮」而「務實地」自我矮化，同意改用「中華臺北」之暱稱來表出自身。於是乎，「九二共識」形成 23 年來，口頭上是「一中各表」，事實上成「一中一表」。

對於事實上的「一中一表」，大陸方面當然可以接受，但是絕不能稱滿意。誰都知道，在台海兩岸的政治博弈中，大陸方面的基本方針和煌煌陽謀是，用「和平統一，一國兩制」結束兩岸分裂分治的現狀。也就是說，要把臺灣的「中華民國」變為中華人民共和國的臺灣特別行政區，讓「一中各表」徹底歇菜，才算如願以償、夢圓心遂。

只不過，要圓這種硬吃對方的統一夢，談何容易！大陸方面雖然GDP已經遠超臺灣，但在價值觀和軟實力上卻致命地居於下風，因此即便使出渾身解數，其圓夢之難，即把兩岸關係從（事實上的）一中一表」變為「一國兩制」之難，也難於上青天。「中華民國」自1949年從大陸敗退台澎金馬後，已經在風風雨雨乃至驚濤駭浪中堅持了60多年，如果在彼岸的壓力和拉攏之下，屈膝向「中華人民共和國」投降，由雞頭變成鳳尾，這在臺灣是絕對不得民心、且越來越不得民心之事。對於這一點，大陸方面其實心知肚明。

這次新加坡的習馬會上，習近平對「一國兩制」絕口不提，恐怕就是擔心會出現不可控局面，例如，看似溫順儒雅的馬英九保不齊會離席抗議，從而使習馬會不歡而散。這是因為，如果馬英九當面聽了「一國兩制」而只是「自己不太滿意」，那他打道回府後，就會被臺灣主流民意活活手撕殆盡。

目前的臺灣方面，維持「不統、不獨、不武」的現狀，容忍事實上的「一中一表」，這自然不是韜光養晦、臥薪嚐膽，但與賣台、投降也真的挨不上邊。這是島民心態，苟安了事。往後的日子裡，臺灣方面還可以這樣偏安一隅，保有自己的小天地，與大陸「合作、互利、雙贏」下去。只要不獨，大陸就不能動武。只要不獨，《與臺灣關係法》就不是吃素的。只要不獨，「中華民國」就能在臺灣及邦交國家中表下去，大陸的「一國兩制」就註定沒戲可唱。面對這個樣子的臺灣，不僅習近平不能把筋剪斷、任性胡來，習近平之後的大陸當局，也單

方面改變不了這樣的兩岸政治關係。

上述「維持現狀」之選擇，為今日國民黨和民進黨之共識。對此選擇，我很能理解，但不以為然。

我認為，在台海兩岸的政治博弈中，臺灣方面可以有另外一種不同的選擇，那就是：把口頭上的「一中各表」，變為事實上的「一中各表」。這種政治選擇，需要臺灣方面弘揚契約精神和權利意識，敢於起來捍衛和維護自己的表達權——以馬英九在新加坡對習近平當面表出「中華民國」為起點，在地球村的各個地方，在各種政府間組織和非政府組織內，在所有國際生存空間中，依照自己的憲法和「九二共識」，把「中華民國」堂堂正正地表出來。

這樣做難不難？當然難。以弱勢之臺灣抗衡強勢之大陸，的確難。但是，在今日之地球村中，大陸就不難嗎？以弱勢之大陸加上朝鮮、古巴去抗衡強勢之國際民主社會，也很難哪。所以，難不是問題。我以為，臺灣方面縱然拿不出雷根（Ronald Wilson Reagan）先生沛然莫之能禦的浩氣，也要拿出李光耀（Lee Kuan Yew）先生從不自我矮化的精氣，排除萬難，去表出自己。在這個過程中，會多些尊嚴而少些麵包；但是，這麼做，值。

表出「中華民國」的真正意義在哪裡？除了使臺灣方面能有尊嚴地立於世界之林外，還在於它有助於將兩岸關係導向「一國良制」的治本之道。說到底，「中華民國」與「中華人民共和國」的對立，不是漢與賊的對立，而是民主憲政與一黨專政的對立。表出「中華民國」，是對大陸民主力量和有識之士的寶貴奧援和有力支持。在普世價值普照星球的今天，「兩岸一家親」的精義何在？就是台海兩岸連著筋的民眾齊心協力，爭取民主憲政的優良制度在大陸建立起來。完成了這一劃時代任務，台海兩岸的和平與繁榮，才有切實的保證。完成了這

一劃時代任務，「中華民族的偉大復興」，才有真正的希望。

我的建議，中國國民黨和臺灣民進黨會不會聽進去？不一定。不過，作為一名思想者，忠實地把自己的想法向世人表出來，就可以了。

2015 年 11 月 17 日 於北京家中
（自由亞洲電臺 11 月 19 日播出）

寄語鄭州思想沙龍

可以毫不誇張地說，鄭州思想沙龍是神州大地上一座不可多得的思想交流平臺。我欣喜地看到，20 年來，在人格力量和規則規範的共同支撐和夯實下，這一相容並包之人格——制度平臺，正一步步踏實地向著一個新的目標進化——成為一座富有韌性、難於動搖的制度平臺。

值此沙龍創建 20 周年之際，除了送上我內心的真誠祝願外，我特別希望能見證一件事，那就是，「鄭州思想沙龍論辯規則」的達成和問世。無疑，這是一項很有價值的制度建設，搞成了，推而廣之，意義重大。

誰都知道，論辯無可迴避；論辯無法逃避。誰也都明白，中國稀缺的，是好好議事，好好論辯。如果你們根據自身的寶貴實踐，並參照羅伯特議事規則（Robert's Rules of Order，RONR），精煉和萃取出平凡而亙古長青的「鄭州思想沙龍論辯規則」（不妨簡稱為「鄭思龍論辯規則」），則實為一件可喜可賀之事，且定將被中國民間社會傳

為難得的佳話。

2015 年 12 月 4 日 於北京家中

惜嘆福山掉鏈子

我第一次讀福山（Francis Yoshihiro Fukuyama，日語：福山よしひろ），是在 1998 年。那年七月，福山《歷史的終結與最後的人》一書中譯本問世。一個月後，我手持貴賓卡，在北京月壇北街的「翰林閣書屋」將其購之。而書屋的老闆，就是當時的「曾粉」、現在的「習粉」：吳稼祥先生。在 1992 年出版的《歷史的終結與最後的人》這部著作中，時年 39 歲的福山先生所提出的重大命題：「自由與民主的理念已無可匹敵」和「歷史的演進過程已走向完成」，以及他所展開的宏闊而又厚重的論證，給我留下了深刻的印象。

近來再讀福山，是因為劉瑜女士的推介。在〈評《政治秩序的起源》〉一文中，她對福山和《起源》進行了精當的解讀和得體的點讚。劉瑜十分貼譜地指出：「如果說觸動福山寫作《歷史的終結》的，根本上而言是「為什麼自由民主制最終能夠征服世界」，那麼觸動他寫作《政治秩序的起源》的，則是「為什麼自由民主制尚未能夠征服世界」。

福山先生很是關注並多次到過中國，在福山「為什麼自由民主制尚未能夠征服世界」的問題意識中，居於核心部位的一個重要內容，乃是：為什麼自由民主制尚未能夠征服中國。在《起源》一書中，福山對此給出的相關論斷是，中國的政治傳統一向是「國家能力過強」，

「法治與問責不足」。而正是國家建構與法治、問責之間的這種不平衡，導致中國找不到一條制度適應性變遷的和平途徑。於是，在中國的王朝階段，政治體系始終無法解決如何不出「壞皇帝」的問題；在對上而不是對下負責的當代中國，這個問題依然至關重要。

最近，福山在加拿大多倫多大學商學院所作的講座中，又一次著重提到了中國。他指出，在國家能力、法治和問責制（其當代形式則是民主）三個維度中，中國有強國家能力，但法治和民主這兩個支柱始終沒有出現。因此，當代中國實際上還是一種王朝運行模式。現在所擅長的，也是過去 2000 年中所擅長的，即官僚集權、快速決策、大量投資基礎設施。但是，政權的合法性危機在日益加重；當局把合法性都押寶在經濟上，但經濟也在嚴重滑坡。

顯然，福山先生在認真把脈中國政治發展後，他的政治主張已然成竹在胸：中國改變王朝運行模式的關鍵，在於將法治和民主這兩塊短板解決掉。

到此為止，我雖然還不至於會去吟唱一句深情的嘆語──但得學者如福山，但是我想，我把他引為共識多多的同道，應該是相當靠譜的。這時，如果有人向福山進一步發問：「中國該如何加長法治和民主這兩塊短板呢？」我會信心滿滿地斷言，哈佛大學政治學博士福山先生給出的答案必定是這樣的：「我認為中國要先實現民主轉型，隨後法治緊緊跟上。這不僅因為民主和法治理念所內蘊的邏輯關係，還因為第三波民主化浪潮所展示的基本事實。像葡萄牙、西班牙、土耳其、波蘭、匈牙利、捷克、羅馬尼亞、墨西哥、韓國和中國的臺灣等，都是選擇這樣的途經，先民主轉型，再法治憲政，中國也可以仿效。」

然而，大大出乎我意外的奇葩之事發生了。不久前，鳳凰評論《高見》欄目記者還真就這樣問過福山：「你認為中國的制度會發展成什

麼形式？」孰料這位福山先生，居然淡定地給出了使我大跌眼鏡的答覆：「向前看，我認為中國要從法治開始，而不是從民主開始。我不認為多黨制民主會在中國行得通，因為共產黨在中國的勢力非常強大。……像德國等很多歐洲國家也是選擇這樣的途徑，從建立法治社會開始，然後再過渡到民主制度，中國也可以仿效。」

福山的回答是口誤嗎？不是。是不經意間的失誤嗎？也不是。是什麼新的創見嗎？更不是。學者福山先生所做的，只是在鄭重其事地重彈季衛東們「先法治、後民主」的老調。而那樣的老調，早已被王天成先生駁得體無完膚了。

在《大轉型：中國民主化戰略思考框架》一書中，天成列舉了三種流行的偽漸進主義中國政治變革主張：「先法治、後民主」，「先憲政、後民主」和「先黨內民主、再人民民主」，並對它們一一作出了富有真知灼見的檢視、剖析和批判。

在說清了民主是法治的前提，民主為法治舉行奠基禮、頒發准生證的道理；交待了法治會對民主起保潔、保健和保障作用的機制；批駁了專制制度下民主行不通、法治卻能行得通的謬見後，天成對季衛東們說：「一個明顯的事實是，你走遍全世界，也找不到一個沒有一定民主卻有法治的國家，找不到一個法治國家不是民主國家，找不到一個威權國家同時也是法治國家。」

那麼，在先前的世界上，可曾有過「沒有一定民主卻有法治的國家」？可曾有過「從建立法治社會開始，然後再過渡到民主制度」的國家？

讓我們先考察近代民主政治的發祥地——英國。天成在書中專門闢有〈英國道路的迷霧〉一節，論述了英國政治現代化的演進過程，

是一種「革命、改革，再革命、再改革，直至革命不需要了，然後深化改革」的進程；同時也是一定程度的民主與相應的法治相伴相生的進程：英國從無民主、無法治，走向弱民主、弱法治，最後達到強民主與強法治。在英國的政治發展路徑中，並沒有什麼法治先行、民主隨後的歷史事實。

那麼德國呢？民主化進程十分艱難的德國，果真如福山所言，是「從建立法治社會開始，然後再過渡到民主制度」的嗎？

概而言之，近代以來的德國，由於路德宗教思想對德國人順民心態的型塑和普魯士專制主義對民眾權利的剝奪，以及市民階層對貴族的長期依附，使得不問政治、聽從世俗權力成為德國民眾的特性。在那樣的政治生態下，將君主或皇帝關到籠子裡去的法治理念，委實難以萌生和傳播，更遑論法治社會的建立了。眾所周知，二戰之前，德國除了有過一個短暫的民主時期——威瑪共和國（Weimarer Republik）時期之外，其它創建民主制度的努力均告失敗。現在良性運行的德國民主制度，當然並不是由法治社會過渡而來，而是在美、英、法等國強力推動下建立起來的。

不用再去說法國、荷蘭等歐洲國家了吧？到那裡去找「先法治、後民主」的史實，同樣將是徒勞的。

總之，無論是依憑理性和邏輯，還是徵諸歷史和現實，都得不出什麼可以「先法治、後民主」的結論來。季衛東、顧肅、潘維們偏要那麼說，我淡然視之，一笑了之。然而，寫出《歷史的終結》和《政治秩序的起源》的福山先生，卻真的不應該在關鍵時刻掉鏈子，開出那樣使其跌份的方子來。

我想，總不會是福山對民主轉型的性質和過程缺乏基本認知吧？

那麼，抑或是他對中國民主轉型的過程太缺乏信心，以致於腦子意外進水，提出了這種想當然的路徑設想？……不管怎樣，對這位福山先生，我是邊吐槽，邊惜嘆……倘若天成有便見到福山，不妨跟他提一下我的鬧心和糾結。

2015 年 12 月 10 日 於北京家中
（自由亞洲電臺 12 月 11 日播出）

羊年歲末有感而發

1 月 25 日上午我打開 google 郵箱，見到了高洪明發來的一篇短文，題目是〈我的台海兩岸中國心〉。我蹙眉長嘆讀完後，很有把握地對自己說，查建國肯定會在第一時間就此文給出點評、發出爭鳴之聲。果不其然，當天下午我就看到了建國直言不諱、簡潔到位的點穴之詞。而一個多月前，我還讀到過建國對洪明另一篇短文的評點。去年 12 月 18 日，洪明發表短文〈美國對台軍售之我見〉，當天，建國就不客氣地給出了七條有力的質詢。

洪明、建國是我的朋友，他們的一大特點是喜歡實話實說，正好，我也是這種脾性。就台海兩岸關係而言，我的看法和建國相同，而對洪明的見解，委實難以苟同。然而，在他們二位的觀點交鋒中，真正撥動我心弦的，是他們所展示的同道情誼和諍友風範。查建國在下筆發力之前，真情告白：「高洪明兄是我的戰友、難友、至好的朋友，但對他兩岸關係的這篇文章不敢苟同。點評如下，請高兄指教。」高洪明在讀到建國尖銳、犀利的批評意見後，同樣真情地坦陳：「建國，我的生死之交。建國點評我仔細閱讀，我會認真參考；建國點評光明

磊落地證實我們兩個是真正的戰友、難友和朋友。」

　　基於我和他倆多年的直接交往，我確信他們的上述告白和坦陳，所言不虛。而且，我是多麼希望，建國與洪明之間的這種真誠互信，能夠在民間人士中大行其道、推而廣之啊！我這麼說的時候，腦海中浮現的是下面三幅令人深度不快的圖景。一幅是，獨立中文筆會中的人身攻擊和相掐互撕，居然成了一些人的家常便飯。第二幅是，《獨立評論》網站常年上演著一出經典橋段：徐水良和曾節明等不容置疑地互斥對方為「中共特線」，雙方互不認帳，互不買帳。第三幅是，旦夕之間，高洪明就被張三一言扣上了懷有一顆「專制中國心」的帽子，而查建國則被王希哲判定為「盼望北約飛機轟炸北京」的「偽民主派」。羊年歲末之際，我想在此疾呼一聲：世間這類事，還應猴年馬月地幹下去嗎？

　　過來人都明白，自己腦袋上被人扣個不合適的帽子，總是一件多少讓人添堵的事。而與建國和洪明這樣的人相聚，則有一大好處：可以無話不談，完全不必擔心被惡意曲解，被斷章取義，被上綱上線。我曾數次參加建國、洪明他們組織的每月第二個週二之中午聚餐；每次，都聊得上下通氣，非常痛快。還記得餐桌上建國點名相邀，誠懇地要我談談對徐文立和陳子明的看法。我當即坦言相告、和盤托出，順便也談了對馮勝平、李詠勝的看法。此外，我還直言批評了「習粉」鐵流、辛子陵、吳稼祥等人。最後，在充分說真話的氛圍和氣場中，我還袒露了自己「有朋友，也有敵人；有愛，也有恨」的真實內心。

　　10來天前的1月17日，我和建國、洪明又相聚於展覽館路上的一家清真名店──鴻賓樓飯莊。這次恰逢紫陽忌日的臘八相聚，出自我的主意。我的第一邀請對象是楊子立，他是回民。1月13日子立就筆會事給我發了郵件後，我隨即約他當面晤談。那麼，我為何專選鴻賓樓？緣由是：1989年5月30日晚，美國的非暴力不合作理論大家吉恩‧

夏普（Gene Sharp）曾由黃靖先生作陪，在當時位於東長安街的鴻賓樓飯莊，宴請過我和童屹等北京高校對話代表團的成員；而所喝的酒，是我點的紹興花雕酒。至今我還清楚記得，當時，臉色泛紅、眼睛放光的夏普先生連聲點讚說：「好酒，好酒！」

很不巧的是，聚會前一天，子立家中有事要趕往山東，於是臘八相聚者就是五個人：我、建國、洪明、林子和孟元新。點菜時，我這個業餘美食家當仁不讓，點了鮑汁羊肉、秘燒牛腩、烤鴨和清蒸鱖魚等，我想讓大家補一補，吃好，聊暢。五人中頭三位是筆會會員，所以酒過一巡，我就先把自己對筆會的看法如實相告。我的看法有三條。

一是，筆會入會門檻其實甚低，因此會員的同質性遠沒有人們想像的那麼高。二是，筆會成員基本只靠網路聯繫，他們之間的有效溝通存在致命缺陷。三是，小人乃至慶父常有，而正派、能幹的義工團隊不常有。因此，筆會問題雖說未必肯定無解，但至少十分難解。然而，不管是無解還是難解，都不應把主要責任推到「中共特務」的狡猾和破壞上去。

言罷筆會，我們就天馬行空、無話不談了。我們首先議及的，是政治犯和良心犯要守住的底線問題。我們的共識是，這條底線不應定在「不咬人」，而應定在「不認罪」。席間，建國心情沉重地回憶起他在二監時的一件事。有一位政治犯在堅持多年之後，違心地向當局「認罪悔罪」了。然而，他那麼一「認」不要緊，獄方可就得意極了，政治犯形象在服刑人員尤其是「六四暴徒」心中的毀損，可就大了去了。隨後大家痛惜地提到，近來，有幾位政治犯、良心犯頂不住壓力而違心「認罪」，並因「從輕判決」而走出了看守所。但是，他們以這種方式回到家中，其實會一直很累——心累。

接著，我們聊了趙家人、樓繼偉、人權律師、文革 50 周年、可蘭

經、聖經……大家最後聊的，也是大家似乎無法視而不見的，是高智晟不久前發布的最新「預言」。立足於上帝只給共產主義實體從1917年到2017年存活一百年的論據，高智晟言之鑿鑿地斷言：「中共必將於2017年年底前『崩亡』。」對我們來說，一黨專政之崩亡，當然是件大好事。但是說心裡話，我們中的基督徒和非基督徒，都覺得此類「預言」相當不靠譜。別的就不去說了，單說如果上帝的意志果真如此，那臺灣的國民黨在行將就木的中共面前，還有一絲一毫裝孫子、認慫的必要嗎？

表過上述不靠譜，還必須說說另一個不靠譜——指責高洪明心儀「專制」的不靠譜。我確信，洪明是一位反專制爭民主、並為此願把牢底坐穿的人。因此我認為，他短文中的問題，不應歸結為他的「專制中國心」。事實上，正如洪明在回應建國點評時所坦陳的，他的數篇涉及南海爭端、美國對台軍售和「一中一表」的短文中，之所以會出現建國和我不能認同的觀點，其源蓋出自他本人對「主權高於人權」這一立論的抱持。

我在這裡向洪明鄭重推介楊光先生剛剛發表的一篇文章，題目是〈過時的主權概念與方興未艾的民主轉型〉。我相信洪明讀後，定會獲益匪淺。至於我自己對主權和人權關係的看法，我只想重申一下2000年3月15日我在北京市看守所裡所寫下的東西：

在以人權理念為基石的現代文明看來，一切漠視和踐踏人權的主權都喪失了存在的理由，都應被尊重和保障人權的主權所替代。

李鵬等人宣稱主權高於人權，我看根本說不通。那些踐踏人權的主權是邪惡的，應當被埋葬，豈能高於人權？那些保障人權的主權是服務於人權的，又怎麼高於人權？

2016年1月28日 於北京家中

（自由亞洲電臺1月29日播出）

我和引力波還真有緣

人類首次直接探測到引力波（又譯「重力波」）的消息一經發布，立馬在全球物理學界造成了極大的轟動效應，並迅速在公共空間中成為超級刷屏和引爆朋友圈的特大新聞。在我的微信朋友圈中，太原朋友陳平在第一時間將〈愛因斯坦都不敢想像，我們真的探測到了引力波！〉一文特意轉發給我。陳平對我說：「我們大都看不懂。奮武說，棋生兄肯定能看懂。」同在太原的王奮武，是我的北航校友和八九戰友，他，的確說對了。不過，陳平和奮武當時不可能想到，我不僅能看懂關於引力波的文章，而且，我和神奇的引力波還真的頗有緣分。

2010 年 9 月 27 日，我完成了一篇物理學論文，題目是：〈引力波時間之箭與漣漪世界〉。11 天之後的 10 月 8 日，我將論文放上了國家科技圖書文獻中心網的中國預印本系統中[1]。在論文的摘要中，我寫道：

時間方向之謎是人類最希望解開的奧秘之一。本文在簡要評述了三種不合格的物理學時間之箭後，通過從理論上首次否定「波動方程存在超前勢解」這一重大迷誤，和作出任意微觀過程都存在引力波發射的假定，提出了一種新的物理學時間之箭——引力波時間之箭，並認為：它不僅使洛施密特（Johann Josef Loschmidt）「可逆佯謬」得以徹底消解，而且目前看來，它乃是破解時間方向之謎的一個最為可取的答案。本文最後指出，唯象的漣漪世界是質能轉化的耗散性之體現。

什麼是我認為的三種不合格的物理學時間之箭呢？

第一種是電磁學時間之箭。由於只存在發散的電磁波而不存在收斂的電磁波，一些物理學家就主張用上述性質來表徵時間的單方向性，並稱之為電磁學時間之箭。顯然，如此定義的時間之箭並不具有普適性——它不能被用於判斷任何電中性物理過程是否具有時間箭頭。

第二種是熱力學時間之箭。熱力學第二定律揭示了孤立體系熵的單調增加性，根據這一性質所定義的時間之箭，被稱作熱力學時間之箭。這是一個最為著名的物理學時間之箭，史蒂芬・霍金（Stephen William Hawking）在《時間簡史》中曾著有專章對其加以論述。然而，這個時間箭頭也沒有普適性，它不能被用於微觀世界中的物理過程。而且，由於熱力學第二定律只是幾乎總是真的，而不總是真的，因此即使在宏觀世界中，這個時間之箭也並不總是真的。

第三種是宇宙學時間之箭。從宇宙在膨脹而不是收縮這一事實出發定義的時間之箭，被稱作宇宙學時間之箭。但是，只有在充分、紮實地論證了宇宙只能膨脹而不能收縮之後，這才算定義了一個確定的演化方向，一個時間箭頭。否則，以宇宙學時間之箭所表徵的時間方向就不能保證是單一的。我們知道，現有宇宙學理論並沒有排除宇宙收縮相的可能存在，因此，宇宙學時間之箭也是一種不合格的時間之箭。

正是出於對上述三種物理學時間之箭的不能滿意，我想到了愛因斯坦（Albert Einstein）於 1916 年所作出的引力波預言，並在首次從理論上否定「波動方程存在超前勢解」之後，首次提出了「引力波時間之箭」這一嶄新概念。只要啟動任一互聯網搜尋引擎，對「波動方程不存在超前勢解」或 "A wave equation has no advanced potential solutions"，以及「引力波時間之箭」或 "the gravitational wave arrow of time" 進行搜索，就會確知我說的兩個「首次」，絕非虛言。

在寫作〈引力波時間之箭與漣漪世界〉時，我雖然內心欣喜難抑，但我十分清楚，論文的立論基礎存在明顯的軟肋。我在文中寫道：

我們有必要強調，愛因斯坦利用弱場近似所作出的存在引力波的預言，是廣義相對論的一個依然有待進一步驗證的關鍵預言。儘管有約瑟夫・韋伯（Joseph Weber）和大衛・布萊爾（David Blair）等

實驗物理學家的不可思議的出色努力，設立於世界各地的引力波觀測站至今還沒有直接捕捉到引力波的細微效能。當然，天文學家通過觀察一對脈衝雙星 PSR1936+16 的軌道週期變化而間接證實了引力波的存在。喬·泰勒（Joe Taylor）和拉塞爾·哈爾斯（Russell Hulse）為此於 1993 年獲得了諾貝爾物理學獎。

在〈引力波時間之箭與漣漪世界〉寫成 5 年之後，人類首次直接探測到了引力波，這既補齊了廣義相對論實驗驗證中最後一塊缺失的拼圖，也祛除了「引力波時間之箭」這個美麗新概念的軟肋。這幾天來，我的心裡一直是美滋滋的，那可是一點也不假。

不過，我的腦子並不很熱。儘管我本人相信美國雷射光干涉引力波觀測站（LIGO）的說法，但是，我必須承認，發生於去年 9 月 14 日的 GW150914 事件還只是一個孤證。而且，眼下也不能絕對排除它是又一次烏龍事件，如 2011 年 11 月的所謂「中微子速度超光速」，以及 2014 年 3 月的所謂「發現原初引力波」。

此外，我們也不應像猴年春晚總導演呂逸濤那廝一樣，完全無視、「置之不理」對其質疑的各種聲音，如我的北航同班同學蔡立先生，他就堅定地認為：「從廣義相對論的引力場方程中得到的「黑洞」解，是完全站不住腳的[2]。」針對這次給世界帶來極大震撼的新聞衝擊波，他冷峻、淡定地評說道：「過去這些年，物理學這個領域，類似的新聞不斷，過幾天就平靜了。」

在本文的最後，我要坦率地給「時間旅行」的愛好者們潑上一盆兜頭涼水。如上所述，引力波被直接探測到這一事實，是對引力波時間之箭概念的有力奧援；而引力波時間之箭概念的真切涵義是：時間的流逝具有單方向性，大自然的演進過程是不可逆的。

　　這樣一來，所謂借助「時間旅行」而「回到過去」的念想，其實是更不靠譜、更接近要完全歇菜了。順便，我也想在這裡，對那些敢去鑽「蟲洞」的無畏探險者們規勸幾句。基於我在〈T 變換與倒放影片操作毫無瓜葛〉一文中的研究 [3]，我有結論如下：在充滿時空漣漪的茫茫宇宙中，或許有黑洞，但絕沒有「白洞」，也沒有將「黑洞」和「白洞」連接起來的「蟲洞」。因此，希望通過鑽洞方式去實現所謂「時空穿越」，不過是南柯一夢而已。

2016 年 2 月 16 日 於北京家中
（自由亞洲電臺 2 月 17 日播出）

參考文獻：

[1] 江棋生〈引力波時間之箭與漣漪世界 [OL]〉，序號 1538，自然科學 – 物理學，中國預印本服務系統，國家科技圖書文獻中心網，2010.10.08。

[2] 蔡立〈質疑黑洞──關於廣義相對論施瓦西黑洞的研究與探討 [M]〉，北京：北京師範大學出版社，2010。

[3] 江棋生〈T 變換與倒放影片操作毫無瓜葛 [OL]〉，序號 1536，自然科學 – 物理學，中國預印本服務系統，國家科技圖書文獻中心網，2010.09.29。

第三排右起第九人為本書作者，第三排左起第三人為蔡立

成也智者，敗也智者

美國雷射光干涉引力波觀察站中臂長達 4 公里的 L 型雷射光干涉儀，堪稱當代物理學界聰慧智者們的超凡傑作。它的設計目標是：能排除一切可能的偽引力波效應，並能獲得可期望的極高靈敏度，即 10^{21} 分之一的可探測長度變化。在本文中，雷射光干涉儀近乎完美的振動隔離裝置、真空泵、雷射器等等，就不去說了，單說該儀器中起透視和反射光束作用的鏡子，就是不可多得的世間極品。

雷射光干涉儀中的人造藍寶石平面鏡，鏡面極端平整，其精度高達十分之一納米（又譯奈米，符號 nm，英式英文：nanometre、美式英文：nanometer，字首 nano 在希臘文中的原意是「侏儒」的意思），即原子的直徑尺度。鏡面只有極低的損耗，足以保證雷射光束在光腔中的積聚。此外，鏡子的形狀非常精準，能使雷射光束緊密聚焦、形成干涉條紋。

一句話，智者們鬼斧神工般打造出來的鏡子，在去年 9 月成功捕捉到引力波直接證據的重大事件中，乃是一位不可或缺的重要功臣。

簡單表過世所罕見的人造藍寶石鏡子，我要說說家家都有、人人皆知的玻璃鏡子；並將對空間反演物理學界智者們在明鏡面前不慎失察的「鏡前盲」，作一番不客氣的點評和論說。

關於玻璃鏡子，我能說出什麼新鮮玩意兒來呢？我要說的是，只要用一面極普通的平面鏡，就能實現無能耗的、稍有點另類的「現場直播」。請設想一下歌舞團的練功房，其中一面牆上鑲嵌有巨大的鏡子。當舞者開練時，你完全可以背對她們，從鏡子裡去看「現場直播」畫面。你很明白，鏡中的舞者和你身後的舞者在幹同一件事，並且是共時地、絲毫不打折扣地在幹同一件事。二者唯一的不同之處是，現

實場景中的「左」和「右」，分別變成了鏡像畫面中的「右」和「左」。而這種不同，也就是鏡面「現場直播」和大家所熟知的電視「現場直播」的不同；但，僅此而已。

事實上，在每一家理髮店中，鏡面「現場直播」每天都在悄無聲息地上演。當理髮師用右手（左手）握住推子給顧客理髮時，只要顧客不閉目養神，他就能從「現場直播」中看到，鏡像畫面中的理髮師，正用左手（右手）握住推子，在給鏡中的顧客理著髮。理髮店中鏡外的「右手／左手」變成鏡中的「左手／右手」這一幕，就連幼稚園小朋友都能乾脆俐落地說明白。這裡沒有魔術，就是眼見為實。這裡無須推理，是啥說啥就成。

不光是理髮，幹任何人間活計，鏡外的「右手」，都會變成鏡中的「左手」；而鏡外的「左手」，則都會變成鏡中的「右手」。例如，在物理學研究中，有時會遇到下述情形，即需要對旋轉物體的旋轉方向進行標記。如何標記呢？方法是：用左手握住一個旋轉的物體，讓 4 個手指指著物體表面旋轉的方向，人們就把大拇指所指的方向定義為物體旋轉的方向。使用左手來作定義純屬約定俗成；不過，重要的是，我們有了一種能方便地標記物體旋轉方式的辦法。

於是，當某位物理學家用自己左手大拇指的方向，去標定某個旋轉物體的旋轉方向時，人們在鏡面「現場直播」中必定會看到，鏡中物理學家正共時地在用他右手大拇指的方向，去標定鏡中旋轉物體的旋轉方向。排除心術不正的因素，則任何心智正常的觀眾都不可能說，他看到鏡中物理學家正用其左手大拇指的方向，去標定鏡中旋轉物體的旋轉方向（這叫睜眼說瞎話）；也不可能說，他看到鏡外物理學家把其左手伸到了鏡子裡面，先是把鏡中物理學家給趕跑，再去給鏡中旋轉物體標定旋轉方向（這叫出現幻覺，或叫胡編亂造）。

　　對相關科學工作者來說，觀看鏡面「現場直播」，就是對鏡像世界進行科學觀察，並進一步將觀察結果與現實世界進行科學比對。其最終目的，是要解決下面的問題：支配鏡像世界的物理規律，是否與支配現實世界的物理規律相一致？如果一致，則左右是對稱的；如果不一致，則左右不對稱。根據上文的敘述，相關科學工作者理應和普通觀眾一樣，板上釘釘地得到如下結論：當鏡外物理學家用自己左手拇指的方向，去標定某個旋轉物體的旋轉方向時，鏡中物理學家則共時地用他右手拇指的方向，去標定鏡中旋轉物體的旋轉方向。而只有立足於這種可靠的觀察結果，才能正確把握和描述鏡像世界中的相關物理規律，並進而與現實世界加以比較，得到相應的科學結論。

　　然而，不幸的是，悠悠古訓「智者千慮，必有一失」，卻在空間反演物理學界智者們身上得以應驗；更為不幸的是，他們的「一失」，後果相當嚴重。

　　一直以來，在空間反演物理學界中，那些智者們認定：「如同鏡子裡的錶針是逆著轉一樣，鏡子裡核的旋轉方向也是相反的。」[1] 應當承認，這句話的「似是」度不低；人們即使過了腦子，也會很容易對其點頭稱是。這是因為，在現實世界裡，兩個表面旋轉方向正好相反的物體，它們的旋轉方向也必定正好相反——這一點為人們所熟知，且無可爭辯。

　　我在書中初次讀到那句話時，同樣毫不覺得它有什麼不對勁的地方。在文獻 [1] 給出的示意圖中，與鏡外之核相比，鏡中核的表面旋轉方向反過來了，於是我就「理所當然」地認為，它的旋轉方向也自然就相反了。只是在以後對上述認定加以多次逼視和反覆琢磨後，才使它的似是而非無可逃遁地裸露出來。

　　而一旦對這個問題領悟通透，論證起來非常簡單：在文獻 [1] 的示

意圖中，鏡外核的旋轉方向是平行於鏡面的。按照「鏡中核的旋轉方向，是由鏡中物理學家用他右手拇指的方向所標定」的觀察證據，我們立即可以認定，縱然鏡中核表面的旋轉方向相反了，但鏡中核的旋轉方向和鏡外核的旋轉方向卻是相同而不是「相反」的！將上述結論與文獻 [1] 中的認定相比，對錯立判。

此外，如果鏡外核的旋轉方向是垂直於鏡面的，那麼，同樣依照上述觀察證據，我們可以判定，鏡中核的旋轉方向和鏡外核的旋轉方向乃是正好相反，而不是智者們認為的「相同」！如果鏡外核的旋轉方向是任意的空間方向，則可以分解為平行和垂直於鏡面的分量來處理。至此，我們就可立得如下結論：旋轉物體的旋轉方向這一向量，乃是真向量，而不是贗向量。這一結論，完全推翻了智者們一向所持的「旋轉物體的旋轉方向是贗向量」的錯誤認定。

在這裡，我們要逼問一句：以文獻 [1] 為代表的空間反演物理學界的智者們，究竟是憑什麼觀察證據和邏輯依據，去確定「鏡子裡核的旋轉方向」的呢？令人遺憾的是，在文獻 [1] 及其它我所讀過的物理學書籍和論文中，對此未置一詞。而近 10 年來，我也是三思難得其解。

現在，我將勉力覓得之一解試述如下：原因極有可能是，100 多年前，始作俑者出於不經意間的輕忽，一是沒有走到鏡子跟前去比劃和觀察；二是在頭腦中想像鏡像世界時，見物不見人，只看到鏡中旋轉的核，卻看不到給鏡中之核標定旋轉方向的人；三是想當然地把自己的左手伸進鏡像世界，去給本應無從染指的鏡中旋轉物體標定方向。三招不慎，遂鑄大錯。100 多年來，後繼者或重蹈這一「鏡前盲」，或對前人「結論」未作嚴格審察而加以接受，並渾然不覺、一代一代地以訛傳訛，直至 21 世紀的今天。

現在是時候了，是到了從上述曠世迷誤中走出來的時候了！而且，

走出來的辦法簡便易行得很：只要請空間反演物理學界的智者們來個忙裡偷閒，相約走到鏡子跟前，邊用自己左手拇指的方向去標定某個旋轉物體的旋轉方向，邊看近在咫尺的鏡面「現場直播」，瞧瞧鏡中旋轉物體的旋轉方向，到底是不是由他們的鏡像在加以標定、又是怎樣標定的，他們就會在經歷一番難免的震撼和陣痛之後，明白 100 多年來看似無可置疑的「共識」，原來竟是理性失足造成的誤識；並會以豁然開朗的心境，首肯和背書如下之結論：鏡中旋轉物體的旋轉方向，是由鏡中物理學家用他右手拇指的方向所標定。

這樣，對於文獻 [1] 所描述的情形，他們就會痛快地認定，鏡中核的旋轉方向和鏡外核的旋轉方向，不是相反而是相同的。並且我相信，他們還會很快體悟到，正是緣於原初那個不經意間的失足，空間反演物理學界的人們才會一步步深陷歧路而不自知：

首先，人們基於最初的錯誤認定，得到了物體旋轉方向這個向量以及其它類似向量不是真向量、而是贗向量的「重要」結論。而若干年之後，又正是以贗向量及由贗向量所衍生的贗標量概念為基石，李政道、楊振寧於 1956 年 10 月發表了他們的「劃時代」論文：〈對弱相互作用中宇稱守恆的質疑〉[2]，明確提出弱相互作用中左右可能不再對稱。隨即，根據李政道和楊振寧的下述建議：在弱相互作用實驗中去測量贗標量項，通過觀察贗標量項，就能得到左右對稱是否受到破壞的結論，吳健雄率一批科學家於 1956 年秋冬開始做鈷核（Co^{60}）的 Beta 衰變實驗 [3]；1957 年 1 月 15 日，美國哥倫比亞大學物理系舉行了一次史無前例的新聞發布會，會上公布了吳健雄小組的實驗結果，向全世界宣布「左右對稱原理」在弱相互作用中被「推翻」。

之後，李政道和楊振寧獲得 1957 年諾貝爾物理學獎，世界物理學界就此確認「弱相互作用中左右不再對稱」，並進一步引出「弱相互作用中正反軛變換對稱性也遭到了破壞」。

我不想諱言，如此搭建起來的空間反演物理學大廈，正面臨崩塌的命運。這一斷言基於如下環環相扣的理由：

1. 根據觀察證據，鏡中旋轉物體的旋轉方向，是由鏡中物理學家用他右手拇指的方向所標定；同樣的觀察表明，當鏡外物理學家根據向量代數中的「右手法則」，去用他的右手標定兩個向量的向量積之方向時，鏡中物理學家則共時地用其左手在標定鏡中兩個向量的向量積之方向。

2. 於是，物體旋轉方向這一向量和兩個向量的向量積，以及所有以向量積方式表示的物理量，如角動量、角速度、力矩、磁感應強度、磁化強度和自旋角動量等，統統都是真向量或極向量，而不是贗向量或軸向量。

3. 由於根本不存在贗向量和贗標量，李政道和楊振寧獲獎論文的基礎將蕩然無存，他們的結論將被徹底顛覆，而正確的結論將立馬浮出水面，即弱相互作用中左右是對稱的。

4. 吳健雄實驗及相關的其它實驗所測量的，事實上都不是贗標量項，而是標量項，因此它們所真正確認的，不是所謂「弱相互作用中左右不再對稱」，而恰恰是：弱相互作用中左右依然對稱。

5. 弱相互作用中正反共軛變換對稱性壓根兒未遭破壞，完好無恙。

有必要提到的是，上述五條顯得驚世駭俗、並有可能使空間反演物理學界地動山搖的革命性見解，我在 2006 年開始起草、並於 2010 年定稿的三篇物理學論文中，已經給出了規範的論述。那三篇論文的題目是：〈透視贗向量〉[4]、〈弱相互作用中左右依然對稱〉[5] 和〈檢視 C 變換和 C 不變性〉[6]。

2013 年 8 月，我又撰寫了一篇帶有一定科普性質的文章：〈旋轉物體鏡像的旋轉方向究竟由誰來標記〉[7]，文章問世後，得到了江蘇朱

頂余先生和廣東司今先生的高度肯定。朱頂余先生的評論是：「我已經大徹大悟，徹底領悟江棋生的靈感之精神實質所在。李政道曾經聲稱旋轉運動並不遵守鏡像反射守恆（即旋轉運動超越了左右對稱原理），而江棋生這篇文稿就是在說，根據觀察證據去對旋轉運動進行正確的方向判定，即可糾正旋轉運動鏡像不對稱的說法。」司今先生則大呼：「江棋生先生在這裡提出了一個重要的問題！大家應當重視！」

從 1992 年算起，我在時間反演和空間反演物理學中，依憑可靠的事實和謙卑的推理，一波又一波地向世界級權威發起衝擊和挑戰，至今已 20 又 4 年矣。我感到欣慰的是，雖然征程關山重重，壁壘森森，足令三軍易帥，但自己還真的做到了咬定青山不放鬆，探賾索隱付此生。2004 年 1 月下旬，我拜託 301 醫院的蔣彥永醫生去清華大學，將我關於時間反演的物理學論文面交楊振寧，請楊提出評審意見。2004 年 2 月 15 日，楊振寧給我寫了一封親筆信。我很清楚，楊的立身處世被人多有詬病；但是，我在這裡要為楊振寧說句公道話，他在信中的確是與人為善地對我勸說道：「今天基本物理學不是從字面文獻能學到的。要到專家所在的地方浸淫一段時間才能懂真問題所在。你如立志要研究物理，必須先讀物理學博士學位。否則無法入門。」

他接著寫道：「上面的話是忠告。請勿介意其直率。我所以如此寫是因為你顯然是有能力、有志氣的青年（江註：楊誤以為我還是個青年）。我認為你必須立即想清楚你以後二十年要做些什麼，必須從過去的死方向自我解放出來，而走上可以成功的新的人生途徑。」

在信的最後，楊振寧專門提到了楊建鄴：「作者曾被送到青海勞改，腿弄壞一隻（條）。他的書寫得相當好。已出版二十餘冊，包括《愛因斯坦傳》等。」

2004 年 2 月 20 日，我在蔣彥永醫生家裡拿到了楊的親筆信，以及

楊振寧送我的楊建鄴寫的《楊振寧傳》。但我這個人，或許是性格使然，打小就不輕易聽勸。讀罷楊振寧的信，我還是一根筋地衝著「死方向」走下去，不僅沒有在時間反演物理學中金盆洗手，而且還亮劍突入楊振寧的「福地」——空間反演物理學中，且多有斬獲。

　　總的說來，我這個人天性樂觀，不沾抑鬱，無緣絕望。我對自己的理性能力有自信。我對自己的研究成果有期待。5 年多前，我把自己的論文全部放進了中國預印本服務系統中。今年，我將在國內出版《物理學分立對稱性新論》。我相信，自己多年心血、智力的結晶為人瞭解和認可的那一天，已經為期不遠了。

2016 年 2 月 26 日—3 月 4 日 於北京家中

參考文獻：

[1] 阿・熱《可怕的對稱 [M]》長沙：湖南科學技術出版社，1992：37.

[2] LEE T D, YANG C N〈Question of parity conservation in weak interactions[J]〉Physical Review, 1956, 104（1）：254-258。

[3] Wu C S, Ambler E, Hayward R W,〈Hoppes D D, and Hudson R P. Physical Review〉, 1957, 105: 1413。

[4] 江棋生〈透視贗向量 [OL]〉，序號1506，自然科學 - 物理學，中國預印本服務系統，國家科技圖書文獻中心網，2010.09.06。

[5] 江棋生〈弱相互作用中左右依然對稱 [OL]〉，序號1510，自然科學 - 物理學，中國預印本服務系統，國家科技圖書文獻中心網，2010.09.08。

[6] 江棋生〈檢視 C 變換和 C 不變性 [OL]〉，序號1586，自然科學 - 物理學，中國預印本服務系統，國家科技圖書文獻中心網，2010.11.23。

[7] 江棋生〈旋轉物體鏡像的旋轉方向究竟由誰來標記 [OL]〉，序號2550，自然科學—物理學，中國預印本服務系統，國家科技圖書文獻中心網，2013.10.18。

2012 年初夏出席物理學研討會
攝於江蘇省海門市

說說文革這面鏡子

前不久，我在自己的一篇題為〈成也智者，敗者智者〉的文章中，提到了引力波雷射光干涉儀中的人造藍寶石鏡子，並細聊了有人在面對玻璃鏡子時出現「鏡前盲」的故事。此外，人們還應當聽聞過，自然科學領域中還有一些別的鏡子，如稜鏡，牛頓（Sir Isaac Newton）用它將白色太陽光析出赤橙黃綠青藍紫的七彩光譜。又如引力透鏡，它和引力波一樣，是由愛因斯坦創立的廣義相對論所預言，並已成為天體物理學中重要的研究工具。

而在中國的歷朝史籍中，最為著名的關於鏡子的高論，則出自唐太宗李世民之口。唐貞觀十七年即西元 643 年，直諫大臣、諤諤之士

魏徵病亡後，李世民親往弔唁時流淚長嘆曰：「夫以銅為鏡，可以正衣冠；以史為鏡，可以知興替；以人為鏡，可以知得失。朕嘗保此三鏡，以防已過。今魏徵逝，一鏡亡矣。」不過人們不難明白，李世民的話要能真正管用，有兩個前提條件必須得到滿足。一是鏡子要合格，不能是假冒偽劣產品。二是照鏡子的人要有比較好的知性品格，如不太虛榮，聞過不惱，不逃避難堪甚至殘酷的事實等；最起碼須做到一條，不能要賴皮諉過於鏡子。

在這篇短文中，我將只議及第一個前提條件，且只談文革這面鏡子，說說它的不合格，不平整；並將強調指出，官方打磨的文革鏡子，遠非合格，遠非平整。

中國的文革，50年前發動，40年前結束，史稱十年文革。華東師大的王海光先生說：「在撥亂反正時期，胡耀邦組織中央黨校進行三次路線鬥爭大討論時，曾要大家認真研究一下，為什麼在20世紀60年代的社會主義中國，會發生文化大革命？但是，直到現在，我們也還沒有給出一個合格的答案。」（王海光，〈從「徹底否定」到「徹底反思」〉，《炎黃春秋》2016年第3期）王海光說的，是句大實話。然而關於文革，又有什麼是已經給出合格的答案了呢？首先，關於文革的定性，有合格的答案了嗎？其次，就是王海光提到的毛澤東為何要發動文革，以及毛為什麼能發動文革，迄今尚無合格的答案。此外，還有所謂「人民文革」，這種立論能站得住腳嗎？……

在文革結束五年之後的1981年，中共作出了《關於建國以來黨的若干歷史問題的決議》。《決議》給出的文革定調為：「『文化大革命』是一場由領導者錯誤發動，被反革命集團利用，給黨、國家和各族人民帶來嚴重災難的內亂。」王海光先生在他的文章中沒有提及文革定調問題，自然也就沒有對官方的上述定性作出是否合格的評判。我認為，上述官方的文革定調是明顯不合格的。根據我對文革史實的認知

和對文革的多年反思，我願意提出自己對文革的定調——「文化大革命是一場由毛澤東蓄意發動，並精心利用林彪、江青及其他各色助紂為虐者，將極權統治推向極致，從而給中國帶來深重災難的浩劫。」我相信，這樣的定調比官方的定調更符合歷史的真相。

毛澤東為何要蓄意發動文革呢？我的看法是：自駭人聽聞的大饑荒、人相食事件發生以後，作為最高統治者的毛澤東，真切地感知到各級官僚聽命於他的程度在下降，明確地獲悉他被有限架空的事實在增加；特別是，在 1962 年 1 月舉行的七千人大會上，被他視作接班人的劉少奇破天荒地和他公開唱反調、批了他的逆鱗之後，絕大部分與會者不僅當時沒有與劉劃清界限，以後也比較認同劉相對務實的經濟政策主張。

儘管毛十分清楚，劉少奇劉少奇絕不會也絕不敢公然篡權將他趕下臺，但是，劉對他烏托邦治國理念和模式的有限修正與偏離，以及因此帶來劉個人威望的提升，都是他斷不能容忍的。同時，由於擔心用傳統方式扳倒劉少奇等一大批人會留有後患，故自稱「秦始皇加馬克思」的毛澤東遂決心採取堪稱人類政治史上一絕的非常手段——「無產階級專政下的繼續革命」；一旦獲得成功，毛本人將會在世界共產主義運動史上，無可爭辯地贏得他所渴望超越史達林的歷史地位。

毛澤東又為何能發動文革呢？我認為，理由主要有四。第一、由於大搞個人迷信，毛在中國極權社會中的地位至高無上。第二、經中共八屆十中全會開始的一系列戰略運作，毛要「政治正確」地給劉少奇等人扣帽子、打棍子，難度已不大 。說他們「搞修正主義」、「走資本主義道路」，他們就由同事和戰友，變成了敵人和壞人。第三、文革發動前夕，毛有步驟地先後取得了林彪和周恩來的首肯，這種首肯缺一不可。第四、毛清楚，極權制度下的各級官僚體系在不同程度上被民眾所怨恨。

在文革中，尤其是在 1966 年至 1969 年的三年中，儘管有意料到的和出乎意料的阻力、反抗和曲折，毛澤東基本成功地將個人迷信搞到極致，將「封資修」文化催殘到極致，將傳統的政治賤民及知識份子迫害到極致，將整人和大清洗進行到極致。而這些，都是通過愚弄和玩弄平民達於極致，將踐踏人權和人的尊嚴達於極致來實現的。

在文革中，還有一個重要現象是絕不能加以忽視的，那就是，在 1966 年到 1971 年的五年中，擁護文革、奉旨造反的人受到來自官僚體系、軍方和毛本人的多次鎮壓和清算。首先是 1966 年 6、7 月間劉少奇、鄧小平搞第二次反右。接著是 1967 年 2 月由「支左」軍方搞二月鎮反。再者是毛從 1968 年夏秋開始搞「清理階級隊伍」，最後是毛於 1971 年搞「清查五・一六」運動。毛搞文革，不能沒有奉旨造反的人。但是，毛搞文革，絕不是要拔除官僚體系；他只是要對其進行一番強力沖刷，使其乖乖聽命於自己而已。在目標差強人意地達到之後，毛就毫不猶豫地革造反派的命了。而鄧小平、陳雲等人，更是絕對容不下的文革造反派。所謂「三種人」被徹底清洗和清算，並永不敘用，就是最好的證明。

那麼，除了毛的「官方文革」之外，是否還有一場「人民文革」呢？有人說，1966 年至 1968 年的兩年中，有些民眾乘機起來反官僚、反特權，追求自身利益，討還一些公道，這就是「人民文革」。對此，我難以苟同。應當承認，上述歷史事實的確存在。但是，它只是一個小插曲。而人們在同一時間段內，被毛玩弄於股掌之中去奉旨造反[1]，將各級官僚扣上「人民文革」的帽子，對其進行政治指控和政治迫害；橫掃地、富、反、壞、右和資產階級知識份子；並文攻武衛、互掐互撕，乃是主旋律。二者顯然不能相提並論。

在毛澤東心目中，文革佔有舉足輕重的地位。儘管他迫於老邁力衰，越來越守不住文革的成果，壓不住人們對文革的非議，且親眼

目睹了四五天安門運動反文革的怒潮，但他至死認定文革的「政治正確」，並曾放言：「文化大革命七、八年再來一次。」然而，1976 年 9 月毛病逝之後，作為極權統治極致形式的文革，就再也繃不住、撐不下去了。中國很快回歸極權統治的常態形式，此後，更是一步步向後極權演化⋯⋯

一篇短文，話題卻有點大，只能「宜粗不宜細」了。但是，經此勾勒而得的文革鏡子，比起官方兜售的貨色，無疑要合格且和平整多了。鏡子合格了，再加上合格的知性美德，以史為鏡就有了恰當的前提。就當下而言，若要將「習近平想搞第二次文革」、「新一輪文革已無可避免」和「十日文革」等等說法拿來辨識一番，看看其是否真有道理，就近乎洞若觀火了。

在我看來，在政治上，習近平絕不是「中國力挺普世價值第一人」[2]，而是鐵了心要和普世價值對著幹的人。但是，習沒有必要、沒有圖謀、更沒有可能去發動第二次文革。習效仿毛澤東抓權、集權和強化個人權威，不是為了再次發動文革，而是為了全力維穩，為了在後極權的新常態下，盡可能延長一黨專政的壽命。在執政風格和執政手段上，他的確明顯有別於胡錦濤苟安自保式的「擊鼓傳花」；他是有心要玩出一些「中興」氣象和名堂來，再把那朵一黨專政之花往下傳遞。習真正念茲在茲的，是反對憲政、「堅持無產階級專政不動搖」，而不是懷揣中國夢、遙追毛澤東，時隔 40 年後，在明知相當多的中國民眾已然難於被忽悠和驅使的時代情勢下，將鄧氏《關於建國以來黨的若干歷史問題的決議》扔到太平洋裡，再去搞一場習式「無產階級專政下的繼續革命」。

再說了，退一萬步講，習如果真的要搞第二次文革，又豈能如孩童們玩「過家家（等同於台灣小孩玩扮家家酒）」一般，說來就來，說不行就拉倒？毛澤東從 1962 年 1 月被劉少奇的發難氣得夠嗆，到

1966 年 5 月正式發動文化大革命，其間有長達 4 年多的處心積慮和老謀深算。史無前例的文革開始後，毛直到 1971 年林彪事件後，才首嘗灰頭土臉之感。但是，他以後又將文革一直撐到其生命終了之時。如今，十分奇葩的「十日文革說」認定：習的文革從批任志強開始發動，到中紀委發文把其澆滅，區區十天之內無疾而終。如此早夭的原因是，習近平反文革的政治局同僚們將其給生生掐死了！

　　眼下倒是不興「妄議」，但，戲說無妨。不過，再怎麼戲說，也得多少講點邏輯吧？習近平上位三年多來，至今連「核心」都還沒當上，他又有什麼資格乾綱獨斷地去發動文革呢？

2016 年 3 月 18 日至 20 日 於北京家中
（自由亞洲電臺 3 月 21 日播出）

註釋：

[1] 1973 年冬天，我曾去金立群插隊的常熟白茆公社與他相聚，也曾與他相約於常熟城裡小河頭 30 號邵墨寅家中，開懷暢聊。當時，我們都是插隊知青，但早已開始私下妄議中央，妄議文革。我至今清楚記得，金立群有板有眼地說道：「別看毛主席讓底下搞得天翻地覆、雞犬不寧，他實質上是讓民眾在他的雞罩罩裡造反而已。」

[2] 焦國標語，我作了濃縮。焦國標於今年 2 月 28 日說的原話是：「我是雙擁模範，一擁習，二擁普世價值。」有人說二者不太吻合。我說：「你的上下吻還不完全合呢。當今中國，習是通往普最近的人了。誰能給俺推舉一個比習離普更近的人？你推舉不來。所以您哪，就將就些吧。」國標是個痛快人，不懼怕說出他的觀點；我也終於，忍不住點了他的名。

追憶恩師黃順基先生

2016 年 4 月 17 日 17 時 39 分，我的恩師、中國人民大學榮譽一級教授黃順基先生在北京逝世。噩耗傳出時，我正在常熟陪護住院治療吸入性肺炎的百歲老母親。我未能見先生最後一面，也沒有送先生最後一程——我心中的悲憾和隱痛，將注定鬱結難散，揮之不去。

先生的遽然仙逝，著實令我深感意外。先生雖年逾九旬，但精神矍鑠，行走自如。今年是文革發動 50 周年，3 月 21 日晚上，我將自己對文革的反思——〈說說文革這面鏡子〉一文發給了先生。3 月 22 日，我啟程回老家。在到達家鄉的第二天，我便收到了先生發給我的電子郵件，並附有他十萬零六千字的一篇超長論文。這裡，我想應當如實照錄先生的電郵如下，儘管其中有先生對我的過獎和點讚：

棋生：

對文革的認識與評價，是一個重大的理論問題，您從切身的經驗提出很有參考價值的看法。在這個問題上，我也在研究，茲將拙文寄上，請您提出不對的地方，在學術上我們是平等的。您為人的品格是真誠、真實，知無不言，即使在極端困難的環境，仍然頑強地保持赤子之心，這是我對您一直懷有敬佩之所在。

順基
2016 年 3 月 23 日

而先生的長文，是一篇專門分析毛澤東政治遺產的學術論文。清明節剛過，我就在電腦上作了認真的初讀，並對文中的有些見解形成了自己的商榷意見。我打算 5 月份返京後即去先生家，與素懷學術平等之心的先生當面交換看法。我真的萬萬沒有想到，收到他電郵僅 25 天之後，慈和、淡然、睿智的恩師竟駕鶴西去，從此與我天人永隔，不能再聚！

　　先生在電子郵件中，用「您」來稱呼我，這讓我覺得很不自在。但是，先生對為人應真誠、真實的肯定和推崇，實在是他一向抱持的人生態度和價值取向。我此生絕不會相忘的是，28年前的1988年春天，我在報考他的博士研究生後，在中國人民大學研究生院和他初次見面時的情形。當時，他對我的工科背景特別感興趣，以及對我能通過博士生考試抱有明確的信心，這兩條使我印象深刻。

　　然而，令我十分感動且印象最深的是，當我坦言自己的檔案中「不乾淨」，說明有人誣陷我而我不願違心認可所謂「事實」，因而被北京航空學院取消預備黨員資格一事後，先生平和、清晰地對我說：「如果你說的是事實，那麼，我讚賞你做人要老實的態度。而且說實話，你當年是一名中學生，即便有那樣的事情，也真的算不上什麼事。你快40歲了，不為世俗潮流所動，還這麼有志於讀書和科研，這是很難得的。我個人很期待你能來人民大學，和我一起從事科學技術哲學的研究工作。」

　　博士生導師黃先生的認知，似一襲心靈的春風，使我倍感欣快和氣爽，也讓我思緒良多，感慨不已——在對待同一件事情上，先生的與人為善和實實在在，與北航張連波、李小峰等政工幹部蓄意整人的「左」態，適成雲泥之別！

　　事情要從1981年秋天說起。當時，我被錄取為北航五系空氣動力學專業碩士生後，常熟有位叫王滿珍的中年婦人出於可悲的派性，花8分錢郵票將一封誣告信寄到北航。由於我面對指控據實辯解，就被認定為「態度不好」。隨後，北航校方以「否定文革」為由，派人到常熟外調，專挖我這個當年的高中生幹過的「壞事」，不聽、不錄對我的客觀、公正評價，甚至訓斥、威脅堅持實話實說的我的中學校友，更不信我自己所作的多次如實辯誣。

　　儘管如此，1982 年 4 月，五系研究生班黨支部還是一致通過了將我的預備黨員按期轉正的決定。然而，五系黨總支採用壓下不批准的方式，把我的預備黨員資格延長一年。一年之後的 1983 年 4 月，五系研究生班黨支部再次投票，又一致同意我由預備黨員轉為正式黨員。這時，如果依據所謂的黨章，北航黨委和五系黨總支只有一個唯一的選擇──要麼同意我轉正，要麼取消我預備黨員資格。

　　然而，那些共產黨員們視黨章為兒戲，既拒不讓我轉正，也不取消我預備黨員資格。於是，從 1983 年 4 月到 1984 年 4 月，我又當了一年預備黨員。累加起來，我一共當了三年預備黨員，交了三年黨費。從 1983 年 4 月開始，我邊撰寫碩士學位論文，邊以中國共產黨黨章為據，騎著自行車到《人民日報》社、中組部上訪，又給劉賓雁、習仲勳寄掛號信，控告北航黨委公然違反黨章，要求有關部門加以嚴肅糾正，但都無濟於事。

　　到 1984 年 4 月，我的研究生學業快結束了，北航終於作出取消我預備黨員資格的決定。然而，根據所謂黨章，這是完全無效的決定。對這一點，我想前不久於新婚之夜抄寫黨章的奇葩夫婦，無疑是再清楚不過了。

　　我在這裡插敘這樣一個故事，絕非因為我要北航現在給我來個「平反」──通過承認上述「決定」之無效，從而於 32 年之後，給我補辦轉為正式黨員的手續，使我光榮地成為一個具有 35 年黨齡的共產黨員。今天，我要從心底裡說：「這種噁心的『平反』，還是見鬼去吧！」我敘說這樣一個真實的故事，除了表達對黃先生深深的感恩之情外，還要佐證一個重要的歷史事實──官方所謂「否定文革」只是否定文革的極端形態，而絕不是否定權力凌駕於權利、黨性高踞於人性之上的一黨專政；官方也絕不會因「否定文革」，就會把實事求是當回事，就會喜歡起真誠、真實做人的公民來。

北航之「左」和按潛規則行事，不僅表現在破天荒地讓我當了三年中共預備黨員一事上，更表現在：當我於 1984 年春夏報考博士研究生時，竟無情刻薄地對我亮起紅燈，不僅不准我報考北航的博士生，也拒不在我領回的中科院力學所報名表上蓋章。此外，北航之「左」，還直接導致航太工業部 701 所的人事部門正式發函，將按分配計畫前往報到的我斷然拒之門外。

對此，我的碩士生導師，中科院學部委員、時任 701 所所長的莊逢甘教授，也只能徒呼奈何。我的畢業分配被「因故」擱置了 8 個多月後，由於時任清華大學分校校長和副校長的羅林、裴珉老師的開明和擔當，1985 年春天，我得以進入該校任教，並擔任學校科研科的科長。進而於 1988 年春天，他倆及譚浩強副校長又大度地同意我報考人民大學的博士生，遂使我此生有幸與黃先生相識、相知，並結下了讓我銘記終生的師生情緣。

我至今歷歷在目的是，1988 年初夏，在人民大學的錄取通知書還沒有發出之前，黃先生就讓我參與《科學革命史》一書的譯稿校閱事宜[1]。1988 年 8 月下旬，又派我出席在清華大學舉行的「國外科技領域的學術思想對我國青年學生的影響」研討會，我在會上宣讀了自己的文章：〈簡評《熵：一種新的世界觀》[2]〉。1988 年 9 月上旬入學之後，我又很快與徐輝、何立松、陳振明、歐陽志遠、方克等學長學弟一道，參與寫作由黃先生領銜著述的書。

在先生和我的師生情緣中，最為難能可貴的，當屬我投身八九學潮和民主運動及被當局嚴屬打壓後，他對我的理解、信任和一如既往的期許。1989 年 5 月上旬，我和徐輝當選為北京市高校學生對話代表團代表；5 月下旬，我又被選為中國人民大學學生自治會常委，並分管自治會的廣播站《北京之音》。儘管先生為此承受了不小的壓力，但他平靜地對我說：「你自己獨立判斷，按內心意願行事。」

　　而我永遠也不會忘記的是，1989 年 6 月 4 日陰雲淒布、哀樂四起的上午，我在人民大學校園中路遇先生。他問我：「他們真的開槍殺人了嗎？」我說：「是！」，隨即，從不罵人的先生怒罵道：「真是法西斯！！」——先生對反人類的六四屠殺之譴責，將永遠定格在他一生真實的歷史中。在 1989 年 8 月的全校恐怖性清查活動中，先生和吳樹青的做法迥然不同，他從不壓我或勸我違心地認錯。

　　三個多月後的 1989 年 9 月 9 日，性格使然、不願違心認錯的我，終於被當局恭送進了位於昌平小湯山的秦城監獄——一座築有多重高高院牆和森森鐵門的特殊監獄。1991 年春，我走出監獄回校後，先生毫不含糊地要我著手博士論文的開題準備工作，並安排我與他新招的博士生劉戟鋒、高策等會面。然而，1991 年六四紀念日剛過，人民大學校方就按既定方案，缺席宣布開除我學籍，並迄今未將開除決定送達我本人，更從未在校園中將其公示。估計又是把它偷偷塞進我的檔案袋裡去了！而我的檔案袋，至今仍被捂在中國人民大學檔案館中。

　　我的博士生學籍被開除之後，先生特意把我叫到他的家中。在師母為我沏上綠茶後，先生動情地對我說：「你是我招到的最好的博士研究生之一。今後，你恐怕不會有博士學位了，但是，在我的心目中，你的分量很重。我相信，你今後一定會實現自己的潛能和應有的人生價值。」當天，先生和師母像對待親人那樣，留我吃了師母下廚做的中午飯。

　　在 1991 年之後的歲月和風雨中，我和先生保持著師生間的正常聯繫。2003 年 5 月我又一次走出監獄之後，我開始將自己的文章發到先生的電子郵箱中。這些年來，除逢年過節我一定打電話問候先生和師母外，2005 年 6 月先生八十大壽慶典前夕，我登門看望了他。2015 年 6 月 16 日，在先生九十壽辰紀念日前夕，我又造訪了靜園 17 樓 35 號先生簡樸至極的陋居。

　　我摁下門鈴後，88 歲的師母開了門，她朗聲笑著說：「小江，江棋生，熱烈歡迎你！」先生快步迎前和我握手，然後一起進他的書房落座。師母是江陰人，算是我的半個老鄉，她快人快語對我說：「你是黃先生招到很聰明的學生，可惜受打壓。」先生接著緩緩地、一語中的地說：「打壓人才，聽不得真話，是制度原因。」我對先生和師母說：「我帶來了我的三本書：《看守所雜記》、《一生說真話》和《點燃良知的燭光》，我可沒有虛度光陰啊！」先生和師母都笑了，先生對我說：「你一點也沒虛度！而且，你的心態一直都不錯。」接著，我簡單介紹了我的《物理學分立對稱性新論》，說它將會在近期公開出版。這時，師母大聲對先生說：「你站出來為劉合群大夫的研究成果寫了文章，現在應當為江棋生的物理學研究成果寫文章啊！他敢於挑戰楊振寧、李政道，你的學生真不簡單哪。」先生笑著答道：「我不懂啊，要是能懂，我早寫了！」先生還說：「我的物理學知識，還是抗戰時期在桂林德智中學讀書時，許良英先生教我的。棋生你很清楚，許先生為人耿介，一生屢遭打壓啊。」那天，先生和師母要留我吃中午飯，我婉謝了。臨走時，先生回送我《黃順基文選》，並在扉頁上親筆簽了「江棋生存讀。黃順基 2015 年 6 月 16 日」。

　　這樣的先生，可親又可敬。

　　先生一生中讓人敬重的地方，不光是他於 1957 年 32 歲時，就公開發表與前蘇聯學者觀點相左的關於形式邏輯的文章；不光是他寫出了《大槓桿》、《大動力》、《大協調》和《科學技術哲學導論》等具有突破性創見的著作；也不光是他成為學界公認的「以大尺度的時空跨越對本學科作了如此系統深入研究」的學術帶頭人。在當代中國，先生尤為讓人敬重的地方，是他身上所閃耀的人性光輝，是他的正直和良知。

　　先生長逝矣，但案頭的《黃順基文選》卻直讓我覺得，先生就在

我的身邊！這幾天來，我忍不住一再翻閱先生的《文選》，在腦海中不斷重溫先生的音容笑貌。說來也巧，《文選》第一頁上的第一幅彩照，紀錄的是先生 1988 年登泰山的身影。正是那一年，在和我初次見面時，先生像朋友一樣，用質樸、親和的話語，給我的心田送上一片融融暖意。而《文選》第一頁上第二幅彩照所映現的，又剛巧是先生 1991 年佇立於陽光下的莫斯科紅場。正是那一年，在我被人民大學開除學籍之後，先生像知音一樣，用深情、勵志的話語，使我感佩，使我動容。

　　這樣的先生，永遠在我心中。

　　有道是，人生如棋。棋生啊，棋生，平生得此恩師，你可知足？

2016 年 5 月 23—25 日 於北京家中

（自由亞洲電臺 5 月 26 日播出）

註釋：

[1]《科學革命史》為美國 I‧伯納德‧科恩（I. Bernard Cohen）所著。此書由黃先生的女婿、北航的楊愛華老師組織翻譯，於 1992 年 2 月由軍事科學出版社出版。1992 年 9 月 29 日，楊愛華請竹立家先生將《科學革命史》中譯本送交於我，書的封面上印有：校者黃順基、江棋生。

[2] 1988 年 12 月上旬，我將〈簡評〉一文請方勵之先生的嫂子、北航的蔡德麟老師送達方先生。1988 年 12 月 17 日，方勵之先生在讀過我的上述文章後，寫了下面一段話：「有引力情況，熱力學的一些概念可能不適用，並不是最近才知道的，幾十年前的一些教科書中即已講到。有引力的情況，並非有什麼『熵減小定律』，而是局部熵概念失效，就像有引力對能量、密度概念也失效一樣。更根本地說，在 Planck 時間以下沒有時間。沒有時間則熵亦失效，因為熵本質是時間箭頭。」關於這一系（列）問題物理學中的分析，請參見我所引的各種文獻。

被迫沉默：自由，還是不自由？

我不曾想到，由錢楊話題所激起的公共論辯，會是那麼熱鬧和較真。我也不曾想到，這場論辯會引發我持續的關注和思索，並最終出現難於遏制的衝動，要將悟到的東西拿出來與人分享——在這篇短文中，我將通過對「被迫沉默」這個概念的聚焦，來言說自己的感悟。

何謂本文的「被迫沉默」？本文所言及的「沉默」，專指人們對公共事務的沉默，即政治性沉默。而所謂「被迫」，則是特指由權力壓制所造成的「想說而不敢說」、「敢怒而不敢言」。因此，這裡說的「被迫沉默」，乃是一種由制度造成的政治性沉默，可簡稱為「**迫默**」。

首先，我贊成不應苛責迫默者。他們不是惡人、壞人。在人品上，他們比只知歌德、頌聖的媚權小人要高出一大截；比一般的五毛、自乾五和說假話的新左派們也高出一個及數個檔次。他們的沉默，是好人無奈的沉默。他們的沉默，雖有虧天良，但顯然不應被責為卑鄙無恥。

同時我認為，也不應為迫默者作過當的辯護。對迫默者懷有同情的理解，說他們不是勇者，比較犬儒，是恰當的辯護。然而，把他們無視「房間裡有大象」的明哲保身，讚為具有「識時務的智慧和耐力」，則顯然失當了。不過在我看來，在這場公共論辯中最為過當的辯護和最為失範的回護，乃是聲稱他們的迫默，是理所當然地享有沉默的自由，是行使自主生活的權利；而批評他們的迫默，就是侵犯其沉默的權利——這種辯護真的太過了，過得遠非一星半點。

一個人對公共事務有話想說，但出於對權勢迫害的恐懼而不敢說，這叫失去說話的自由。怎麼能把這種生存狀態，說成是享有「不說話

的自由」或「沉默的自由」？這不是把事實說得滿擰了嗎？很明顯，在這種被迫沉默的生存狀態中，沒有自由，只有不自由。同理，一個人聞雞起舞，一大早去法院「依法」申請旁聽，但被法院矇騙戲弄而無法旁聽，這叫失去旁聽的自由，而不是享有不旁聽的自由。類似地，有人手持憲法去公安局申請遊行，但被刻意「不准」而無法如願，這叫失去遊行示威的自由，而不是享有不遊行宅在家裡的自由。還有，一個人不信邪，偏要「依法」獨立參選，但在權力重重阻撓下而不能實現，這叫失去被選舉權，而不是享有不參選權。

再比如，在報禁和黨禁之下，人們不能同人辦報，不能合法組建反對黨，這叫失去出版自由和結社自由，而不是享有不出版、不組黨的自由。總而言之，一個人因屈從而不發聲，一個人被迫「不公共」，一個人無奈「不問世事，躲進小樓成一統」，這種憋屈、窩囊的活法就是不自由，而不是行使所謂的「自主生活權利」，享有什麼「沉默的自由」、「不公共的自由」及「不問世事，躲進小樓成一統的自由」。

明乎此，則蕭瀚先生「維護錢楊沉默的自由，就是維護每個人自我選擇的自由」，「維護錢楊沉默的自由，也是維護每個人按照自己的興趣無害他人選擇生活的自由，只有尊重這樣的自由，才會有一個哥德建築（Gothic architecture）、巴洛克建築（Baroque architecture）、洛可可（Rococo）建築……多樣紛呈的世界，而不是只蓋了一幢大灰樓的世界」云云，也就失去根底、無從談起了。

享有自由的活法，是有資格心安理得、不懷愧疚的，是有理由不被干預不受打擾的。而失去自由的活法，恐怕就不能免於自責，免於反思，免於點名或不點名的批評。當然，自責、反思和批評之目的，是使沉默的大多數慢慢把腰桿挺起來，一步步更好地做到：呼喚良知，打破沉默；拒絕謊言，說出真話。

好人的迫默，與公民自主享有沉默權，完全是兩碼事（對此議題，

本文不贅）。好人的迫默，是一種可悲、屈辱的存在。而在良心的驅動下打破沉默，則是從降志辱身走向贏得尊嚴，從依附人格走向獨立人格。這裡，我不想提「不自由，毋寧死」，也不想提胡適的「寧鳴而死，不默而生」。我想提出這樣八個字：**應鳴而尊，不默而辱**。自由不是免費的，權利絕非白來的，尊嚴是要捍衛的。古今中外，要將權利被踐踏的活法換為享有權利的活法，最不能或缺的，是個體自身的覺醒、抗爭和付出。指望和依仗救世主或神仙、菩薩等超自然力量，不靠譜。

此外，我不想諱言，好人的迫默固然是制度性侵害的明顯體現，但是，好人的迫默，也起到了為強權壓制「添磚加瓦」的作用（劉瑜語，見她的《沉默不是金》）。換句話說，好人的迫默表明：「我們大家多多少少對這部極權機器之得以運行負有責任。我們當中沒有一個人僅僅是這部機器的受害者。要知道它之所以能運行，我們每個人都曾出了一份力。」（見前捷克總統哈維爾 Vaclav Havel 的總統就職演說：《人民，你們的政府還給你們了》）。由此不難知曉，好人的迫默，是不應被讚為「獨善其身」的。好人的迫默，自然更與「上善若水」八竿子挨不著。而好人在迫默中逝去，也實在稱不上什麼「完美的謝幕」。

最新一期即 2016 年第 6 期《炎黃春秋》雜誌上，刊有束星北的小女兒束美新口述的一篇文章，題目是〈束星北的家人和友人〉。從那篇九千字長文中，我特意擷取一小段，照錄如下：

父親去世後，我和王淦昌一直保持聯繫。1990 年代中期的一天，我到他家，閒談中我感慨道：「王伯伯，我父親要有你一半會做人就好了，他也不會摔這麼一大跤！」誰知他的臉當場就板了下來，嚴肅地說：「不對，你父親說了我們想說而不敢說的話，做出了我們想做而不敢做的事。」他還說，有些人大代表和政協委員開會，就是舉舉手，

鼓鼓掌，吃兩頓好飯而已。

物理學家王淦昌先生是我的常熟老鄉，我曾經和他有過零距離的親密接觸和交往。束美新所憶及的王淦昌，真實可信。王淦昌親身體悟到，「想說而不敢說」的做人，是可嘆的苟且，不是可取的活法。他心中所嚮往的，是每個中國人在良法所標示的自由邊界之內，都有權說出自己想說的話，做自己想做的事。而事實上，國人如何做人與國家往何處去，是緊密相關的。像王淦昌那樣有敢言之心的國人，和像束星北那樣有風骨的敢言者越來越多的過程，正是極權社會的中國走向後極權社會的過程。

不要小看說真話的力量，尤其是，不要小看好好說真話的力量。我深信，隨著中華大地上的被迫沉默者越來越少、敢言善道者越來越多，中國的後極權社會就既不會通過什麼「第二次文革」退回到極權社會，也絕不會是什麼金剛不敗之身，時日良多——它定將被憲政民主社會所取代，雖說不會在一年半載之內發生，但肯定是遲早的事。

2016 年 6 月 23—24 日 於北京家中
（自由亞洲電臺 6 月 27 日播出）

江棋生：我的文革經歷和思考

採訪者：法國國際廣播電臺 肖曼

在法國國際廣播電臺今天的文革 50 周年特別節目中，我們連線住在北京的著名學者江棋生先生，請他談談他文革中的個人經歷，和 50

年後他對文革的反思與分析。

法　廣：從您的簡歷中可以瞭解到，在 1966 年 6 月，您那時剛好在江蘇的常熟縣中讀完高三。文革在全國各地展開後，作為中學生，您也被捲進這場政治運動，之後又上山下鄉，直到 1977 年恢復高考時，才考入北京航空學院。請您回顧一下當時文革的情況。

江棋生：66 年文革起來是 5─6 月份，那時候，按正常情況，我們正在複習迎接高考，當年的高考定於 66 年 7 月 1 日在蘇州舉行。但文革一來就把一切都打亂了。當時的我，像當時絕大多數中學生一樣，對毛澤東和黨中央搞的文革不可能去懷疑，不可能去抵觸，的確是很擁護的，也很快地積極投身進去，批這個批那個，批帝修反，批「走資派」，批老師中的「牛鬼蛇神」。這些東西我是親身經歷，是事實。

文革後來發展到 67 年 1 月以後，學校裡沒多大事了，學生組織就跟社會上的工人組織、機關幹部的組織串在一起，開始介入到社會上的文化大革命。到了 67 年的 5─6 月份，群眾組織分成了兩大派，開始是文鬥，到了 8 月份就變成武鬥。到了 68 年 3 月份，兩大派把槍、棍交了，縣裡成立了所謂「革命委員會」。學生又回到校園裡，但不是正經的念書，而是由軍宣隊、工宣隊帶著搞大批判。到了 10 月份就被一刀切地弄到鄉下去，大家都插隊落戶當農民了。

就我個人來說，還有一些有別於他人的地方。文革開始的時候，我是高三學生，是常熟縣中的學生會主席。當時學校裡駐有四清工作隊，文革開始後，他們沒有走，搖身一變成為文革工作組。批什麼「三家村」啊，吳晗啊，匡亞明啊，我是比較積極的。說實話，我是全身心地投入了文革。

但後來出了一點什麼問題呢？是工作組要把我們學校的校長龐學淵搞成「四類幹部」，他們找我談話說：「現在要把對走資派的鬥爭力度加大，這個龐學淵就是『四類幹部』。」我跟他們說：「我怎麼覺得他像三類幹部呢？」「三類」就是犯有嚴重錯誤的幹部，還不是第四類反黨反社會主義的壞人。工作組肯定是很左的了，組長任幗英很嚴肅地對我說：「你怎麼跟我們不保持一致呢？你應該相信組織。」我這個人性格有點擰，我說：「我就是看事實，根據我看到的事實，我認為他還不是壞人。」

第一次談不攏，第二次再談不攏，第三次就談崩了。在這個問題上，我還多多少少有點實事求是吧，比別人稍微理性客觀一點。但就因為這件事，工作組把我定成和走資派、階級敵人劃不清界限的「小右派」。從 68 年 5 月到 8 月，我是革命動力；8 月底到 11 月，我成了革命對象。

法　廣： 除了當地文革以外，對於整個國家的文革運動進程，你當時有沒有什麼看法？

江棋生： 我們被捲進文革以後，當然很關注「兩報一刊」了，這是工作組、軍宣隊、工宣隊組織大家學的，我們也挺當一回事的，所謂「橫掃一切牛鬼蛇神」啊，所謂「16 條」啊，等等。還有就是文革中，好多從北京南京流過來的傳單，我們也是很當回事兒的。實際上，我們縣城裡的文革和全國的文革是緊緊裹在一起的。差別是：我們更難瞭解資訊的真偽度，更難把握上頭到底要搞些什麼。

現在對我們來說，文革究竟是怎麼回事已大白於天下。但在當時的縣城，我們還是中學生，又加上多年被洗腦，所以的確是想要緊跟毛澤東的戰略部署，想要站在毛澤東革命路線

一邊，但卻真的搞不清楚是否站對了。常熟和各地一樣也分成兩大派，各自都以為自己跟毛澤東最貼心，以為自己真正領悟了毛澤東的革命路線，兩派掐得不得了，文鬥武鬥搞得你死我活，其中有的人喪命了，有些人傷殘了。

法　廣：那麼到什麼時候您開始對文革有所懷疑？

江棋生：對文革產生一些負面看法，在頭兩年中就有。而對文革出現總體上的懷疑，是在下鄉以後。下鄉以後，我們這些中學生就完全被邊緣化了，整天幹很繁重的體力勞動。當然農村也有政治運動，「清理階級隊伍」、「清除516」、「一打三反」等等，但都不是知識青年唱主角。

知青慢慢地在自己的生活經歷中，特別是通過林彪事件，開始對文革和毛澤東產生直言不諱的疑問。林彪出事對我們震動很大。當時我就和同學們議論：「真是沒想到！林彪被捧得那麼高，被毛澤東精心挑選又寫入黨章的接班人，最後居然是這麼個東西！」我跟要好的同學就說：「看來毛澤東的眼光也比較差勁，選劉少奇選錯了，選林彪也選錯了。這個人的眼光看來有問題，絕對不是什麼洞察一切。」由此又舉一反三，對毛澤東被神化的其他方面進行質疑。

另外，農村現實生活中的不公正不公平，還有開後門的不正之風，抽調回城也好，推薦當工農兵大學生也好，中間的不正之風很厲害。這些慢慢地促使我們開始覺醒和反思。

法　廣：50年後的今天，您有什麼想法？

江棋生：在這漫長的半個世紀時間中，經過認真思考和有心收集一些基本史實以後，我想我自己對文革的看法要比以前清楚多了。當然還有待深化，但那是另外一回事。比如說，文革的定性問題。中共也否定文革說：「文革是由領導者錯誤發動，

被反革命集團利用，給黨和國家各族人民帶來嚴重災難的內亂。」我，不這麼看。我認為，文革期間，毛澤東要利用江青林彪，江青林彪等人也要利用毛澤東，他們之間有個互相利用的關係。但是，主要是毛澤東利用他們，而不是毛澤東被利用。

所以我在今年３月的一篇文章中，提到我對文革的定調：「**文化大革命是一場由毛澤東蓄意發動，並精心利用林彪江青和其他各色助紂為虐者，將集權統治推向極致，從而給中國帶來深重災難的浩劫。**」
我很自信，我這樣的定義比官方的定義更符合歷史的真相。此外，我還思考了「為什麼毛澤東要發動文革？」以及「毛澤東為什麼能發動文革？」這兩個問題。

毛澤東為什麼要發動文革呢？根據我現在看到的史料，真正他要發動文革的念頭是在大饑荒事件發生以後。毛澤東是最高統治者，但他瞎搞經濟搞砸了，他開始感覺到各級官僚聽命於他的程度在下降，他開始被有限架空。尤其是在62年1月的7000人大會上，劉少奇居然破天荒地跟他唱反調，唱了以後，不僅當時的與會者沒有與劉劃清界限，就是會後，也比較認同劉的相對務實的經濟政策主張。這一來，毛澤東就萌生了要搞文革的念頭，要拿下劉少奇。雖然他清楚，劉少奇絕不會公然篡權把他趕下臺，但劉對毛治國理念的有限修正和偏離，以及由此帶來的個人威望的提升，都是毛澤東絕不能容忍的。

那麼，為什麼毛澤東不用傳統方式呢？第一、他擔心用傳統方式扳倒劉少奇一大批人會有後患。第二、毛這個人一心想在國際共產主義運動史上贏得和超越史達林的歷史地位。這

也是促使他採用所謂「無產階級專政下繼續革命」的非常手段來搞文革的一個重要動因。根據這樣的思考，我想毛澤東需要發動這樣一場文革。

那麼，毛澤東又為什麼成功地發動了文革呢？光是想發動還不行，他為什麼成了呢？我認為理由主要有四個：

一、由於大搞個人迷信，毛這個人在中國社會的地位是至高無上的。

二、經過他的運作，從中共八屆十中全會開始的一系列運作，毛要給劉少奇等人扣上帽子，難度已經不大了。他只要說他們搞修正主義，走資本主義道路，劉少奇及其同事和戰友就很容易變成敵人和壞人。

三、就是文革發動前夕，毛很有心計、很有步驟地先後取得了林彪和周恩來的首肯。這兩個首肯缺一不可，否則他根本發動不了。

四、毛當然也清楚，極權制度下的各級官僚在不同程度上被民眾所怨恨，他能夠煽得起人當革命動力。

　　這樣四個理由保證毛澤東把文革發動起來了。

法　廣：現在文革話題仍然是媒體的禁忌，但近幾年又出現文革回潮的跡象，您怎麼看？

江棋生：文革是毛澤東帶頭，由中共統治集團搞的造成重大災難的浩劫。這就是成為禁忌的原因。其實，這是共產黨的老毛病了，凡是他們幹的壞事醜事，他們總是不敢正視的。49 年以後幹了多少壞事，他們都是能迴避就儘量迴避，能不說就儘量不說。文革 50 周年，安排人民日報勉強出了個社論，其他媒體，就都不提了。

其實，對文革這場極權體制犯下的大災難能夠加於正視，對中國是很有好處的。但是他們不願意。他們的所謂徹底否定文革，是很不夠、很不徹底的，根本沒有從制度上去找原因；只有在極權統治下，才可能發生文革這樣的事。他們沒有願望、沒有心思去改變他們的一黨專政制度，所以才會出現「文革回潮的跡象」。但是，要說他們想搞第二次文革即新一輪文革的話，我覺得不靠譜。

對習近平這個人，有人說他想搞第二次文革，甚至「新一輪文革已經不可避免了」等；我不同意這樣的看法。習近平是要在後極權的新常態下，盡可能延長一黨專政的壽命，他沒有必要、沒有膽量、也沒有可能發動第二次文革，把鄧小平搞的「關於建國以來黨的歷史若干問題決議」扔到太平洋裡去。

習近平和胡錦濤有點區別，胡錦濤苟安自保，擊鼓傳花，差不多沒事傳下去就可以。習近平則是有心要玩出一些氣象和名堂來，再把一黨專政制度往下傳。他堅決反對憲政，堅持專政，而不是再搞文革。而且，所謂「十日文革」在邏輯上也站不住，真要搞也不能這麼胡來，十天就完蛋了。

再說了，習近平上位三年多來，至今連個「核心」還沒有當上，他又有什麼資格乾綱獨斷地發動文革呢？對文革再來，我並不擔心。但是很顯然，文革所依恃的極權制度，就是一黨專政制度，他們是要維護下去的。

法　廣：文革如此奇特，一個執政黨靠蒙蔽人民來進行黨內鬥爭，這在世界歷史上沒有先例。如果不能談文革，今後的中國歷史怎麼寫呢？

江棋生：不能指望在中國政治制度改變之前，中國的統治階層會正視文革，正視六四屠殺。包括 57 年反右，他們也不敢正視。其他一系列他們幹的壞事醜事，他們都不會正視。這一系列歷史事件會不會恢復其本來面目呢？那是肯定會的，但將在社會基本制度變革以後。

現在的執政者對他們幹的壞事醜事，是一心想要藏下去、瞞下去、冷凍下去的，還會這樣過一段時間；但好在真正的歷史，絕不是由他們寫的。從長遠看，他們的蒙人，他們對歷史的扭曲和顛倒，都是徒勞的。尤其現在有相當發達的互聯網，真實資訊的保存和流通，都是以往所不能相比的。所以，我想他們是徒勞的。

2016 年 7 月 8 日

讀《不黨文選》，有感言三

一、亞山君憎愛分明，嫉惡如仇。以此真性情命筆，其一怒三吼的檄文，犀利辛辣，酣暢淋漓；其一讚三詠的褒章，赤子摯語，熱度灼人。

二、亞山君的〈人生有幸書作伴〉等文，則意態從容，詞氣安和，展現了別樣的文風，亮出了多姿的文采。我十分期待亞山君挑戰一下自我——在敏感題材上，也嘗試寫出這樣的文章。

三、請恕我直言，亞山君為文中，存有兩點說什麼也不該出現的犯忌之處。

一是正文甚短，附錄極長。如〈黨國戕害法治〉一文，正文不到 2 頁，附錄長達 33 頁。又如〈黨國戕害新聞〉，正文僅 1 頁，附錄長達

17 頁。再如〈黨國戕害教育〉，正文 2.5 頁，附錄達 14 頁。還有，〈言而無信的鐵證〉一文，正文 1.5 頁，附錄長達 20 頁。最後，〈人為的數字之謎〉一文，正文 37 頁，附錄達 65 頁。我以為，所有這些附錄均應統統砍掉，代之以「註釋」，給出其出處即可。

二是文中摘引部分大為超標。如〈延安整風運動的惡劣影響〉一文，全文 13 頁，其中摘引部分竟長達 10 頁，占 77%。又如〈惡有惡報〉一文，全文 48 頁，摘引部分超過 21 頁，占 44%。再如〈人為的數字之謎〉一文，全文 37 頁，摘引部分長達 22 頁，占 60%。我以為，任何人寫任何一篇文章，摘引部分均不應超過全文的 20%。

明白如亞山君者，何出此誤而令我唏嘆不已？

2016 年 7 月 12 日 於北京家中

和抵制洋貨的同胞聊聊天

前幾天，我的幾個微信群中出現了這樣一條帖子：

「iPhone7 馬上要上市了，到咱們表現的時候了！如果發售當天，中國市場一部蘋果 7 都沒賣出，那就是打美國的臉！決心不買蘋果 7 的轉起。親愛的中國同胞咱長點志氣，不求讚，求轉發。」

幾分鐘後，我在其中一個微信群中跟了一帖：「真長志氣，就不買波音客機。」很快有人回應：「從小做起，從我做起！」我一想也對，於是再跟一帖：「從我做起，長點志氣，不坐波音客機。」此後，那些主張抵制洋貨的同胞，沒再接招和我理論下去。這一事實使我尋

思，和他們還是可以聊聊的。儘管他們中已經有人罵了去吃肯德基的，打了穿 Nike 鞋的和威脅要開除買蘋果 iPhone7 的，以及還有人拒不給美國車加油和揚言不進上海迪士尼樂園，我依然想和他們好好聊一聊。

首先，我想和他們聊的是，他們抵制洋貨的主張實在大成問題，已經決然行不通。

100 多年前，大清朝的義和團曾把抵制洋貨搞得風生水起、慘慘烈烈，一時間「痛消清人怨恨，直令四夷膽寒」。義和團那麼幹，姑且不論對錯得失，但看來應當承認，其可行性還是不成問題的。而現在，時代到底不同了。21 世紀的現在已是經濟全球化時代，再搞路徑依賴、照搬義和團抵制洋貨的老套子，還行不行？當然，抵制菲貨，尚無關宏旨。不就是香蕉、芒果加菲傭麼，說抵制也就抵制了。然而，抵制美貨，若真要施行的話，就會捅大婁子，出大問題——同胞們，這可真不是嚇唬人。

想必我們的同胞尤其是線民都知道，中國的經濟、政治和文化之運行，已經須臾離不開電腦和互聯網。而電腦中裝的是什麼？是美國的英特爾（Intel）晶片，是美國的微軟（Microsoft）、安卓（Android）和蘋果作業系統（macOS）。此外，互聯網也是美國人發明和搭建的。抵制美貨，電腦還用不用？互聯網還上不上？不用電腦，不上網，中國就會癱瘓。用電腦，上互聯網，則「漢奸」將數以億計。

主張抵制美貨的親愛的同胞們，如果你們的主張得以實施，則無疑將陷億萬國人於無所適從的兩難境地：或為了保中國，無奈當漢奸；或不想當漢奸，被迫毀中國。我當然相信，這不是你們的初心。但現在更重要的是，在上述謙卑推理和邏輯力量的燭照下，你們的主張，難道還能站得住嗎？你們的主張，難道還不應馬上收回嗎？

　　其次，我要和他們聊的是，他們做人不夠實誠，不是一把尺子量到底。

　　如果他們做人足夠實誠，他們將勢所必然地一把尺子量到底——按照他們「吃肯德基就是給美國人送炮彈，就是漢奸」的尺子，那麼，他們就會得到如下板上釘釘的結論：把一萬多億美元借給美國人的中國政府，豈不就是給美國人送航母的十足的漢奸政府？而將波音747–400作為專機、而不是將國產運20作為專機的中國政府要員，又豈不就是如假包換的漢奸頭子？當然，如果他們完全受蒙蔽，不知道中國政府借錢給美國人和中國政府購買波音客機的事實，那麼，他們不把尺子量到官家身上，無可非議。

　　而問題是，無論是官媒還是自媒，均對上述事實毫不諱言，因此他們心裡其實清楚得很。此外他們也知道，他們對官家的行為三緘其口，乃是正面違背邏輯律令的刻意迴避和故意沉默。主張抵制美貨的親愛的同胞們，你們這樣做人，是否多少有點不地道、不可取呢？若你們以後保不齊再去肯德基或麥當勞店堵門的話，是否就應該懷有三分愧疚，不要再顯得那麼大義凜然、浩氣呆萌了呢？

　　最後，我要和他們聊的是，即使社會基本制度沒有改變，人還是可以明白起來的。

　　說實話，我以前也曾活得很不明白。當然，我祖上和義和團沒半毛錢關係。拳民在山東一帶鬧起來的時候，我爺爺在福建永定的土樓裡過日子。不過，我和紅衛兵的確有關係。1966年6月到1967年1月，雖說我是老高三，但我沒資格當紅衛兵（原因此處不贅）；1967年1月到1968年10月插隊前，我在常熟縣中當了一年多紅衛兵，活得相當傻、相當蠢、相當糊塗。下鄉當知青以後，開始一點點地明白起來；慢慢地，無論是誰，想要瞞我和騙我，都越來越不容易了。到現在，我能就敏感題材寫出這篇意態比較從容、詞氣相對安和的短文，多少

覺得自己可以算得上一個明白人了。

在我看來，一個人活得明不明白，與星座無關，與血型無關，與性格無關，與智商無關，與文化程度無關。與哲學理性和科學理性也沒啥關係。與什麼很有關呢？與他是否尊重常識、服從邏輯很有關。不瞞各位同胞，我在慢慢明白起來的過程中，根本不知道常熟居然有眾多名揚海內的明清藏書大家——趙永賢、趙琦美、錢謙益、錢曾、毛晉、毛扆、翁同龢、瞿紹基、瞿鏞等（只知錢謙益和柳如是淒美的愛情故事，及翁同龢當過同治、光緒皇帝老師的事），更遑論見過、讀過他們的藏書了。我是依憑做人要實誠，依憑樸素的常識理性和形式邏輯，逐步使自己被洗過的大腦正常化的。

主張抵制美貨的親愛的同胞們，如果你們能把「尊重常識、服從邏輯」視為硬道理，則明白起來真的不神秘，也真的並不難。在此，我想說一句有點過頭的話：做人首在明白，人明而後凡事舉。至於人的歸屬感，我也很能理解。我只是想強調一下，人生苦短，要歸就要儘量往明白人方向歸，那樣活一輩子，才更有價值，更有意思，更有味道。

2016 年 7 月 22 日 於北京家中
（自由亞洲電臺 7 月 25 日播出）

我是《炎黃春秋》自費訂閱者

1989 年六四事件後，以《人民日報》和《求是》雜誌為代表的官媒，在我眼裡就成了一堆廢紙，我的態度是：不訂、不買、不看。但是多年來，我卻一直自費訂閱三份雜誌：《炎黃春秋》、《隨筆》和《英

語世界》。我還常常以近乎傳銷者的熱情，向還不會翻牆、或不敢翻牆的朋友推薦《炎黃春秋》，敦促他們去郵局訂閱，或在報亭購買。

我為什麼這麼做呢？因為我認為，在大陸所有的「合法」出版物中，《炎黃春秋》是一本不可多得的雜誌，是一本儘量「說真話」和用心「把真話說好」的雜誌。現如今，天下文章，何止汗牛充棟？哪裡看得過來？要看，只能看說真話的文章。不僅如此，還只能看那些把真話說好的文章。此類文章的確抓人，閱之如沐春風，如飲甘霖；讀後讓人開竅，使人受益。

不用說，《炎黃春秋》做不到在什麼事情上都說真話、寫信史。在和既定體制的反覆博弈下，雜誌社給自己立了一個規矩——八不碰：不碰軍隊國家化、三權分立、六四事件、現任黨和國家領導人及其家屬、多黨制、法輪功、民族宗教問題、《零八憲章》與劉曉波。《炎黃春秋》和其它報刊雜誌的主要區別在於，後者在「八不碰」之外，還要無奈按潛規則行事，又給自己加了許許多多的不碰，搞得禁區林立，寸步難行。

而《炎黃春秋》則在「八不碰」之外的空間裡，不再自我設限、縮手縮腳，而是手持董狐之筆，不作違心之論，且不斷努力提升文章的品位和質地，於是就使這本雜誌雅俗共賞、很有看頭了。聽了我的推介而將其訂閱的朋友，鮮有人不對我說：「這本雜誌還真不錯，訂得值。」

除了這本雜誌在風雨中辦得出彩使我心生敬意外，最近在其生死存亡之際，雜誌社同仁「寧為玉碎，不為瓦全」的亮節高風和抗爭意志，令我蕭然起敬。

這幾天，我的案頭一直擺放著 2016 年第 7 期《炎黃春秋》。其封

面第一行印有——本刊編輯部：我們二十五歲了。一位年方廿五的小夥子，面臨被九五老翁施以宮刑的關鍵時刻，拍案而起，寧死不就，此乃中華真男兒也。如果在權勢蠻橫打壓下，雜誌社同仁因恐懼而屈從變節、苟且偷生，則《炎黃春秋》必將成《人民日報》一樣的廢紙，生不如死。而《炎黃春秋》同仁的道義形象和感召力，也將嚴重受損，無可挽回。

在夏日炎炎、酷暑難忍的時間節點上，正是《炎黃春秋》同仁的擔當和風骨，以及我對許志永、丁家喜、侯欣、郭飛雄、呂耿松、陳樹慶和唐荊陵等志士義人絕不會被放上央視的「最後陳述」的重溫，有力地驅散了天津市二中院傳出的視頻給我造成的失望和不爽，並有效消解了翟岩民喪失公民氣息的猥瑣所引發的陣陣噁心。

在我動筆寫作本文的時候，按例應是 2016 年第 8 期《炎黃春秋》出版的日子。無疑，我心目中的第 8 期，是不會再來了。在就此別過《炎黃春秋》的悲情時刻，我這位自費訂閱者，想坦陳自己對這本雜誌的三點看法。

一、《炎黃春秋》功德無量，鑄成豐碑。
《炎黃春秋》以「求實存真」之史德，去碰馬克思、恩格斯（Friedrich Engels）、列寧、史達林、毛澤東、鄧小平、胡耀邦、趙紫陽、陳獨秀、戈巴契夫（Mikhail Sergeyevich Gorbachev）等歷史人物，去碰抗日戰爭正面戰場、朝鮮戰爭、三年大饑荒、文化大革命、蘇東巨變等歷史事件，堂堂正正解構經官方刻意隱瞞、扭曲或篡改、顛倒的歷史描述，老老實實恢復歷史的本來面目，科學地給出經得起歲月檢驗的史識和史論，這件事功德無量，鑄成豐碑。在此，我必須實話實說：我之所以能慢慢成為一個明白人，《炎黃春秋》功不可沒。別的不談，單舉 2016 年第 5 期上南開大學李新宇教授〈五四運動學生與政府關係再考察〉一文，就是一篇難能可貴、對我有醍醐灌頂之效的好文。

　　我一向認為，五四運動的定論是———一場「反對帝國主義和北洋軍閥政府」的革命性群眾運動。然而，根據李先生的考察，五四運動並不反對政府，更不圖謀推翻政府。它是一場愛國學生誓做政府之後盾，督責政府維護國家主權、並取得圓滿成功的運動。什麼叫「求實存真」？這就叫求實存真。

二、《炎黃春秋》社委會關於中國政治體制改革的基本看法，我難於
　　苟同。
　　《炎黃春秋》社委會或通過杜導正先生之口，或通過「本刊編輯部」之言，將 1989 年以來中國的政治體制改革描述為「扭秧歌」式前進的過程；有時則將其描述為「碎步走」的歷史進程。兩種描述均表達了社委會同樣的基本看法，即總體上，中國的政治體制改革之門一直未被關上，政治改革一直在走，頂多加上一句：「有時候停滯不前」。對此，我難以苟同。

　　基於我的觀察和認知，1989 年六四事件之後，中國的政治、經濟體制改革之門旋即被關閉。1992 年春，出於搞半吊子市場經濟——社會主義市場經濟的需要，鄧小平通過南巡打開了經濟體制改革之門。然而，懾於八九民運尤其是蘇東巨變的震撼性衝擊效應，迄今為止，中國的政治體制改革之門就再未開啟過。不僅鄧小平不願和不敢開，江澤民、胡錦濤、習近平都不願和不敢開。27 年來，不僅行動上不開門，嘴巴上也盡可能避而不談。不錯，溫家寶倒是聊過幾次，但一律如泥牛入海，冒幾個萌泡之後，再無聲息。

三、我對雜誌社著力推出的「民主社會主義」，有自己的不同看法。
　　在《炎黃春秋》25 年的生命歷程中，發生過一個重大的事件，那就是，2007 年第 2 期重磅推出謝韜先生的萬字長文〈民主社會主義模式與中國前途〉。儘管我頗能理解謝韜先生和雜誌社的良苦用心，但事關對常識和學理的尊重，事關重要概念的釐清，我必須再次表明自

己的不同看法。

謝韜先生說：「在第二次世界大戰後，法西斯主義滅亡了，帝國主義衰落了，世界上剩下三種社會制度展開了和平競賽。第一種是以美國為代表的資本主義制度，第二種是以蘇聯為代表的共產主義制度，第三種是以瑞典為代表的民主社會主義制度。競賽的結果是民主社會主義勝利，既演變了資本主義，又演變了共產主義，民主社會主義正在改變世界。」

在這篇短文中，我無法展開細談。我只能要言不煩地自問自答：以瑞典為代表的北歐諸國所實行的，到底是什麼制度？我認為，北歐諸國的基本社會制度，是一種有別於美國模式的資本主義制度，是兩高資本主義──高稅收、高福利的資本主義。這種兩高資本主義，與美國低稅收、低福利的兩低資本主義，同屬一家親，都實行多黨民主、以私有制為主導；而與馬克思一黨專政、公有制為主導的「科學社會主義」，有著至為明顯的本質區別。一句話，所謂「民主社會主義」，實質上是「福利資本主義」而已。

最後，我要極簡地重提民主與社會主義的關係。民主與社會主義，究竟是什麼關係呢？拿已故于浩成老先生的話來說，是薰蕕不同器──此說比較文雅。拿我的話來說是：尿不到一壺去──話糙理不糙。

2016 年 8 月 6 日 於北京家中
（自由亞洲電臺 8 月 8 日播出）

如果連不參與作假都不敢，
那我們就沒有希望

11 月 18 日，莫少平律師十分適時地給我發來一篇文章，其醒目抓人的標題是〈如果連不參與撒謊都不敢，那我們就沒有希望〉。這篇文章是索忍尼辛（Aleksandr Isaiyevich Solzhenitsyn）在幾十年前寫給蘇聯人看的，然而我今天細細讀來，卻分明覺得，幾乎連一個字、甚至一個標點符號都不用改，頗具心靈震撼力的索氏此文，實在是真真切切專為當下中國人所寫！

面對極權統治下飽受精神奴役、不會或不敢說不的普通民眾，索氏在文中發出了直指人心的八條呼喚和籲求，其中第六條是：不為任何一個你不真心支持的提議而舉手，不公開或秘密投票給任何一個你覺得不值得或懷疑其能力的人。顯然，這一條的後半截，是專門衝著極權政府所搞的假選舉去的。一切極權或後極權政府，總是道貌岸然地把假選舉說成「真選舉」，然後要人們恭順地服從謊言，「踴躍地」走向投票站行使「神聖的權利」，將「莊嚴的一票」投給經官方把關確認的「正式候選人」──不管他是一個你覺得不值得或懷疑其能力的人，還是一個你甚至壓根兒不認識、不瞭解的人，只要你願意或不得不假戲真做，事情就算辦妥了。大半個世紀以來，在所有極權或後極權國家中，這種週期性的選舉把戲一次次成功地上演，難道不是鐵一樣的事實嗎？

出於對官方刻意造假、愚民耍民的深度厭惡及對民眾參與作假的失望，我曾經多次公開表達過自己的批判意見，並提出從我做起不參與作假的行動建議。1992 年 4 月，我在〈臺灣選舉制度及大陸選舉制度變革芻議〉一文中說，「在禁止不同的政治力量組織起來的情況下，選舉只能是一黨玩弄的把戲，是一種虛偽的裝飾品」，「在選舉程式方面，則必須開放競選活動，並加以規範化。不讓選民充分瞭解候選

人，又要選民投下『神聖』的一票，這種令人作嘔的做法再也不能繼續下去了」[1]。

1996 年 2 月，我在〈關於和平地實現中國社會制度根本變革的幾點思考〉一文中，明確提出「現在是衝擊專制統治者玩弄假選舉把戲的時候了」，「另一種衝擊是抵制假選舉。可以藉故不去或公開拒絕投票、故意投廢票、投棄權票。這是一種非常現實的可能性，一種可操作性很強，風險甚小，但是能鮮明表達不合作意願和變革意願的做法，是每一個中國人可以從自己做起的」，「應當把現在高達 93.58% 的注水參選率降到實打實的 10% 以下」[2]。

2012 年 2 月 17 日，我在家中接受楊偉東夫婦的面對面採訪時，更是就中國的假選舉放言說了近 2000 字的一大段話，其中一段話是：「在我看來，中國民間覺醒的第一標誌當是儘量說真話，而第二標誌應是抵制假選舉。平時老覺得自己無奈和無力的民眾，其實是很可以自主和有為一把的。抵制假選舉已經幾乎沒有風險，官方好不容易求你一次，你價碼開大一點，行不行？共產黨幾乎不求老百姓，但因為它要裝民主，所以它要每五年求一次百姓去投票；然而很遺憾，民眾配合它演這個假戲已經演了六十二年了。只要共產黨這個假戲還能演下去，一黨專政就還不會倒。」[3]

我承認，上面的話不無悲嘆之意。然而，我在這裡願意公正地指出，自中國進入後極權社會之後，在這類假選舉中開始呈現了一個讓人欣慰的大趨勢：

1. 公開拒絕、設法躲避或乾脆遺忘「選民登記」的民眾越來越多了。
2. 故意不去或不屑去、懶得去投票站投票的登記選民也越來越多，以致於當局已經羞於公布參選率了——看看現在金三胖主宰的朝鮮官方驕傲地公布的近乎百分百的參選率吧。

3. 以多種方式故意或即興投出奇葩廢票或棄權票的選民越來越多了。我相信，這種大趨勢是不可逆轉的。

適逢全球高度矚目的美國大選結束之際，中國大陸「依法」啟動了最新一幕產生「區縣、鄉鎮兩級人大代表」的虛假選舉。在這場假選舉中，人們可以看到，中國民眾表現出了更多的冷漠和不屑；官方也顯得調門不高，眾多官媒奉旨避談，官員則力求儘快悄然走過場。在這場假選舉中，人們還看到了具有重要啟示意義的希望之光：如北京通州區物資學院選民在選票上劃掉院長張旭鳳的名字，在另選欄中填上「好莊嚴」三字；又如復旦大學選民劃掉官方指定的候選人曾凡越和朱旭峰，填上特朗普（Donald John Trump，台譯川普）、希拉蕊（Hillary Diane Rodham Clinton）或日本 AV 女優蒼井空（蒼井 そら）的名字；更有上海經貿大學選區因「廢票過多」而造成兩名候選人都未獲過半票數……

無疑，部分中國民眾正在展現自己不參與作假的覺醒行為。但同樣無疑的是，總體上說，這種覺醒行為尚不足於點中假戲的死穴，拿住假戲的命門。

索忍尼辛認為：「**不參與撒謊，是我們能做到的最簡單的事情。但是對於謊言，卻最具毀滅性。不參與撒謊，又是所有反抗中最輕微的反抗，雖然，要做到也很不容易。**」對此，我深表認同。基於上述認同，則不難明白，就抵制後極權政府操控的假選舉而言，不參與作假，是我們能做到的最簡單的事情。

比較不簡單的，是公開為獨立參選人月臺助選。更不簡單的，是汲取一些洪荒之力，像姚立法、馮正虎、何德普、野靖環、李美青那樣，挺身而出勇當獨立參選人。不過我認為，若充分發揮不參與作假的威力，就定能對假戲造成毀滅性衝擊。

而不參與作假，又的確是所有反抗中最輕微的反抗。只要你多少還想要誠實生活，只要你還未被嚇破膽而心存起碼的抗爭意願，它就是你最可行、最恰當的首選。

如果我們連不參與撒謊、不參與作假都不敢，那我們還有多少人格？還有多少良知？還有什麼自由意志？

如果我們連不參與撒謊、不參與作假都不敢，那我們還有什麼資格怨天尤人、空發牢騷？

如果我們連不參與撒謊、不參與作假都不敢，那我們就真的沒有價值和沒有希望。

2016 年 11 月 21 日 於北京家中
（自由亞洲電臺 11 月 23 日播出）

註釋：
[1] 江棋生〈臺灣選舉制度及大陸選舉制度變革芻議〉，《北京之春》，1994年 2 月號。
[2] 江棋生〈關於和平地實現中國社會制度根本變革的幾點思考〉，《北京之春》，1996 年 6 月號。
[3] 江棋生〈江棋生答問錄〉，《民主中國》網刊，2012 年 8 月 26 日起。

從陳雲飛走上法庭說開去

今天，2016 年 12 月 26 日，在千里之外的四川成都，陳雲飛先生

淡定地走上趙家法庭。

雲飛是我 20 多年前結識的老朋友。自上個世紀 90 年代中葉起，每逢清明，曾於八九民運中在天安門廣場悲壯絕食的他，就專程趕來北京，以一腔誠摯之情看望六四死難者家屬。2005 年 1 月 17 日趙紫陽先生辭世後，雲飛在清明期間的活動，就由一項變成了兩項：既向天安門母親表達他的由衷問候，也去富強胡同 6 號祭奠紫陽的在天之靈。

2007 年 6 月 4 日，雲飛在《成都晚報》奇蹟般地成功刊登「向堅強的六四遇難者母親致敬」的廣告，隨即被當局以涉嫌「煽動顛覆國家政權罪」監視居住半年。2015 年 3 月 25 日，雲飛與其他公民去成都市新津縣為六四死難學生肖傑、吳國鋒掃墓，第二天即 3 月 26 日，就被當局以涉嫌「煽動顛覆國家政權罪」和「尋釁滋事罪」刑事拘留；4 月 30 日，被以上述兩項罪名批准逮捕。

在一般情況下，所謂「煽動顛覆國家政權罪」，是當局用來搞政治迫害的首選罪名。而這一罪名的實質是：**煽動顛覆趙家政權罪**。因此，將民眾的各類抗爭行為和反對活動扣上這一罪名，乃是趙家人的本能衝動和慣用手法。不過，在特殊情形下，或出於策略性考量，或實在太過牽強，趙家人也會忍痛割愛，改掄「尋釁滋事罪」這根爛棍來實施打壓和迫害。

今天，雲飛走上法庭，成都市武侯區檢察院扣在他頭上的罪名，就只是「尋釁滋事」一項。不過，為了這次開庭，趙家如臨大敵，除出動數百警員外，還對潮音大道實行交通管制，迫使 8、53、83、334 路公車臨時繞道，將「潮音大道北」網站加以取消。而雲飛，則帶著輕蔑和不屑的神情走上法庭，並在開庭不久後，就以他胸有成竹的行為藝術——依法解除對律師的委託而使庭審流產，四兩撥千斤地耍了趙家人一把。

今天，雲飛走上法庭，使我不由得想起了豐子愷先生說的一段話：

有些動物，主要是皮值錢，比如狐狸；
有些動物，主要是肉值錢，比如牛；
有些動物，主要是骨頭值錢，比如人。

無疑，雲飛的骨頭是值錢的。雲飛無賤骨，無媚骨，無軟骨；是趙家人奈何不得的有骨氣之士。

和雲飛一樣有骨氣的，是「屠夫」吳淦。我和吳淦先生只見過一面，分手時送了他一本我寫的書，但是，他無畏地站在江西高院門口，正氣凜然地為樂平冤案大聲疾呼的形象，一直深深刻印在我的腦海中。

今年 12 月 14 日，頂著「顛覆趙家政權」和「尋釁滋事」的罪名，已被關押 1 年零 7 個月的吳淦，通過他聘請的燕薪律師發出五點聲明，鄭重表達了他對政治犯底線的堅守：「本人絕不會接受官方指定的律師」，「本人絕不會認罪和上官媒悔罪」，「我會堅持到底！」。我以為，不必把吳淦的灼灼明志誇為「錚錚鐵骨」之體現，但是，吳淦的骨頭是硬的，這點沒有絲毫懸念。

和吳淦一樣有骨氣的，是 709 大案中的謝陽律師。

以涉嫌「煽動顛覆趙家政權罪」的名義，被監視居住和關押在長沙市第二看守所已達 1 年零 5 個月的謝陽律師，經歷了公安預審員施加的多次酷刑和檢察官們極有耐心的輪番「聊天」——其全部目的，是要他「識時務地」認罪悔罪，以求從輕發落。但是，謝陽律師心有定力、不為所動。他畢生追求的，是自由、民主、法治，是尊重和保障每個人的基本權利。「為此承受一切苦難，均無怨無悔！」他對趙家人的圖謀心知肚明：「此案是一個阻擊戰，如果我無原則地稀里糊

塗地妥協了，下一步就還會有大批律師倒下，他們就會效法此舉來讓那些敢言的律師屈服。」身陷囹圄的謝陽，態度非常堅定，堅持自己無罪，堅絕不認罪，堅信妻子聘請的辯護律師。

有骨氣的謝陽先生，捍衛了中國律師界做人的尊嚴。

和謝陽一樣有骨氣的，是 26 歲的 90 後黃文勳先生。

2013 年 5 月 15 日，黃文勳、袁小華、袁兵被當局逮捕，罪名為「煽動顛覆趙家政權」。2015 年 12 月 21 日，黃文勳他們被起訴，罪名變更為「尋釁滋事」和「聚眾擾亂公共場所秩序」。與「民運怪傑」陳雲飛不同的是，黃文勳走上法庭後，沒有採取逗趙家人玩的姿態，而是用「直白且堂堂正正的方式」，開宗明義地表明自己壓根兒沒有「尋釁滋事」，幹的就是顛覆趙家政權：「正是由於你們一直不肯走正確的道路，促使我由始至終，我的理想，我的使命，我的目的只有一個：那就是推翻中共的獨裁專制，建立一個民主自由的中國。」

煽顛或顛覆趙家政權，有罪嗎？黃文勳擲地有聲地說：「無論如何，我都無罪，也不會認罪。我的回答，和四十多年前的林昭在被槍決前給中共的回答是一樣的堅決，一樣的矢志不渝。我為什麼要認錯？錯的是你們，不是我！」

陳雲飛、吳淦、謝陽、黃文勳……，這些有骨氣的中國人，捍衛了漢語世界中人存在的尊嚴。

然而，在漢語世界中，也不乏蠅營狗苟之輩。北京鑫興（天津）律師事務所的陳文海，屁顛屁顛地要去當謝燕益律師的官派代理律師；身為湖南省綱維律師事務所主任的賀小電，削尖腦袋欲當謝陽律師的官派代理律師，他們二位原就是典型的長著一身奴骨的中國人。

漢語世界中還有一位很沒骨氣的人，那就是頗能講故事的小說家莫言先生。平心而論，生活在充斥政治霧霾的穹頂之下，莫言在苟活之中時露微笑，這一點似無可厚非。而他做不到像王朔那樣，也的確情有可原——畢竟，要做一個已經醒過來不願裝睡的人，一個看穿謊言後不想沉默的人，一個還有良知不想選擇冷漠、事不關己的人，一個知道真相後拒絕洗腦、害怕一直活在欺騙中的人，一個渴望自由、保有尊嚴的人，是不太容易的。

然而，莫言掏心窩似地以自選語言給習近平獻上肉麻的頌聖諛詞，說什麼「很多我們心裡還沒來得及說的話，就被他用非常精闢的話語概括出來了」，甚至力誇習近平「是我們思想的指引者」，就真的太差勁、太不像話了。

頭戴諾貝爾文學獎之桂冠，卻還要摧眉折腰事權貴，莫言的這種斷崖式跌份所展示的，是一種近乎不可救藥的**非受迫性諂媚**。而這種非受迫性諂媚所映現的，乃是人形皮囊底下的一副賤骨。那副骨頭，放諸古今中外，都是賤的；說到外星人那兒去，也是賤的。

2016 年 12 月 26 日 於北京家中
（自由亞洲電臺 12 月 28 日播出）

追憶許良英先生

去年歲末，我在〈從陳雲飛走上法庭說開去〉一文中，真情點讚了很有骨氣的陳雲飛、吳淦、謝陽和黃文勳四位先生。今年年初，似冥冥之中早有安排，杭州的許曉光博士給我發來了沉凝厚重的《許良

英紀念文集》——許曉光的三叔公許良英先生，正是一位極有骨氣的中國知識分子。

將近四年前的2013年1月28日，93歲高齡的許良英先生與世長辭；他的極有骨氣，已然蓋棺論定。不，許先生的極有骨氣，實在是未蓋棺而早有定論：無論是展讀《許良英紀念文集》，還是開動 google 搜尋引擎，人們都能很快知曉，許先生早在生前就被譽為中國後極權社會中一位不可多得的諤諤之士；其為人之剛直方正和表裡如一，讓人嘆為觀止。我要說，在國人特別需要新鮮空氣以使肉體健康存續、特別需要真話實話以爭取靈魂生存權的今天；在不少吃瓜群眾因奴性人格之作祟連不參與撒謊都不敢的今天，紀念和追思這樣一位大寫的人，具有難以估量的價值和意義。

許先生的骨氣和勇毅，在我心中留下最深印象的，是1992年10月，他無畏地挺身而出，實名發表〈沒有政治民主，改革不可能成功〉一文，公開譴責六四大屠殺。在當時的政治恐怖氛圍中，拿出這種「台州人的硬氣」，不計後果地針對鄧核心發出抗爭之聲，這可真不是一般人能做到的。許先生的大義凜然對我的鼓舞和激勵，是刻骨銘心、不可磨滅的。

1995年5月，許先生和林牧先生發起、並由他起草題為《迎接聯合國寬容年，呼籲實現國內寬容》的呼籲書。寬容呼籲書頂著後極權的冷風苦雨，直面最為敏感和犯忌的六四問題，指出六四是一場「震驚世界的人間慘劇」，要求重新評價六四事件，並釋放尚在獄中的有關人員。

寬容呼籲書形成初稿之後，許先生委託我和其他人去徵集簽名。為了避免在徵集過程中洩密而遭當局破壞，許先生決定事先不打電話，讓我們直接上門，一次不行，第二次再去。我記得自己騎了自行車，從中關村出發，最遠到達勁松垂楊柳的趙中立先生家。我還騎車去了

東總布胡同梁志學先生家。梁先生對我說：「許先生有骨氣，有水準，以後只要是許先生起草的東西，若需要簽名，就只管把我的名字簽上，無須再來徵求我的意見。」此外，我還去了南沙溝的茅于軾先生家、虎坊橋的邵燕祥先生家和三義廟的冒舒諲先生家。他們三位在讀過寬容呼籲書初稿後，平和地向我敘說了自己不準備簽名、打算用其它方式發聲的意見，我則如實帶回給許先生。

除了標誌性的骨氣之外，許先生冷峻地剖析和否定自己，勇於追求真理、皈依普世價值的精神，也非一般人所能及。

許先生本是一個篤信和迷信毛澤東思想、列寧主義和馬克思主義，並決心不惜犧牲生命去實現「無產階級解放事業」的人。通過認真的獨立思考和不斷的自我反省，許先生在 1974 年「恍然大悟」，識破毛澤東是暴君和騙子的真相；在 1987 年更進一步覺醒，洞悉馬克思主義主張專政、反對民主的本質，並由此成為一位堅守普世價值、徹底批判極權主義的名副其實的持不同政見者。惜乎 30 年後的今天，以李銳先生為代表的、令人尊敬的原《炎黃春秋》作者群中，還鮮有人達到許先生的大徹大悟和「只問是非，不計利害」。

許先生在剖析自己、抨擊極權時從不含糊，在針砭時論、品評人物上也不留情面，不怕得罪人——這是許先生的又一個標誌性特點。

許先生對何祚麻、柳樹滋、錢偉長、吳稼祥、蕭功秦、袁紅冰、彭明、楊振寧、戈革、汪暉、崔之元等人一針見血的差評就不必說了，他對於光遠、李澤厚、王元化、季羨林、金觀濤、董光璧、仲維光、樊百華等人的批評也是足夠尖銳的。此外，也不必諱言早就傳開的 1994 年 4 月將劉曉波、周舵從家裡罵出去一事。

還有，胡平在反思八九民運時提出「見好就收」、「見壞就上」後，

被許先生譏評為「視他人生命如敝屣者，怎可自稱民主派？」（見許良英：〈「89」十年感言〉）。而對劉軍寧刻意強調「憲政」，許先生則認為毫無必要。「要在『民主』前面加上『憲政』兩字，完全是多餘的累贅」（見許良英：〈「89」十年感言〉）。許先生的不怕得罪人，還有我親歷的一件小事為證。2010 年 5 月 10 日上午，我陪同許先生去北京醫院送朱厚澤先生最後一程。在和李銳先生等打過招呼後，我見到了 2、3 米開外的杜光先生，就輕聲對許先生說：「那是杜光。」他看了看，不說話，往右拐個彎，走過去了。我覺得奇怪，就對他說：「杜光也是浙江人啊，你不認識他嗎？」停了一會，他說：「我怎麼不認識？我不想跟他說話。」後來我才知道，許先生肚裡有氣，因為杜光先生「絲毫不敢批評馬克思主義」。

的確，在許先生認為比較大的是非對錯問題上，當他心裡認為別人確有謬誤或不當時，他必定會表裡合一地表現出來，這個時候，真的就會臉色難看，說話難聽。中國人民大學的何凡興先生，興沖沖帶著自己在香港出版的一本書去見許先生，結果被許先生劈頭蓋臉批了一通，回來對我說：「受不了，受不了，以後再也不去了！」

事實上，許先生的直言不諱是不分親疏的，對我這個他認可的忘年之交，也一樣。別的就不多說了，就說 2004 年 6 月下旬，許先生在為我的《看守所雜記》「欣然」作序時，再次嚴肅批評我八九民運時「愣是不相信鄧小平真會下令軍隊向學生開槍」。

此外，許先生還專門打電話把我叫到他家中，要我將〈給母親的一封信〉中提到我的物理學論文之相關內容刪除。我對他說：「我那樣提是比較客觀的，不算過分，應當全文發表。」他隨即對我說：「那麼，我就要在序言中相應寫一段話，表明我的不同看法。」我說：「我同意這麼做。」許先生說到做到，以占序言五分之一強的篇幅談論時間反演變換，並引述了劉遼教授維護原有定論、否定我的挑戰性結論

的見解。

在我和許先生的 20 年交往中，如上所述，他會直率地對我的一些看法不以為然；而我呢，也會對他的某些見解表明難以苟同的態度。且舉三例如下：

其一、我和許先生都認為，八九民運和六四慘案對改寫世界歷史具有重大的意義。但如何評價這種意義，我和他的看法並不相同。許先生的見解是，中國的八九民運和六四慘案「導致」東歐、蘇聯極權主義政權的全面崩潰（見許良英：〈「89」十年感言〉）。而我則認為，上述因果關係實難成立。我的依據是，到 1989 年春夏，以波蘭團結工會艱難悲壯、卓有成效的抗爭為先導的東歐巨變，事實上已具不可抗拒、呼之欲出之勢；震撼世界的中國八九民運和六四慘案，乃是加速了」東歐巨變的到來。若說成「導致」東歐巨變的到來，則明顯誇大了其歷史作用，與事實不符。

其二、我對胡平先生的「見好就收」、「見壞就上」之策也有異議，但是，我並不認同許先生所說的「分明是賭徒和證券投機商所慣用的策略」（見許良英：〈「89」十年感言〉）。我對胡平的批評僅僅是：在實踐中，在可操作性上，如何達成「見好」或「見壞」的共識？一部分人見好了，另一部分人卻不見好，怎麼辦？「收」，還是「不收」？基於上述考量，我認為這樣的策略在群體實踐中行不通。

其三、強調「憲政」真的如許先生所說，是畫蛇添足、多此一舉嗎？恐怕未必。當年，在許先生批評劉軍寧、張祖樺的時候，我沒有違心地附和。現在，則更出現了一道中國特色的後極權奇觀：許先生一再強調的民主、自由、平等、人權和法治，都被當局一一拿過去山寨化了，然而，當局卻就是一根筋地與「憲政」勢不兩立，鐵了心地專和「憲政」頂牛，擼起袖子在「憲政」面前構築最後的上甘嶺防線，旗幟鮮明亮出

劍來和「憲政」死嗑！這樣的奇葩政治圖景，應是許先生始料未及的。

　　總之，從我的親身經歷來看，只要你不說假話，不說混帳話，許先生是蠻講道理的，是可以和他論辯，可以不必與他「保持一致」，可以據理「妄議」他的觀點的；甚至，有一次我的倔脾氣上來了，還和他火爆地頂撞起來。

　　那是 2007 年冬日的一個下午，許先生再次批評我將精力過多地放在物理學研究上時，我依然作了並不示弱的辯解。突然，他急了，從說我的研究是 90% 沒希望的，一下子蹦到「**肯定一點也沒希望，不要再浪費精力了！**」我聽了以後，無名火騰地竄了起來，大聲質問許先生：「**你憑什麼這麼說？**」並要許先生馬上認錯。之後，雙方誰也不說話，僵在那裡。

　　一旁的王來棣先生從未見過我發這麼大的脾氣，一向臉有笑意的她變色了，提高了嗓門說：「**怎麼你倆都一樣倔啊！快別這樣了！**」她勸許先生認個錯，但許先生就是不說話。而我也不再說話。兩人如此沉默至少有 5 分鐘之久後，我起身向王來棣先生告辭，下樓後坐上了張祖樺的車。

　　祖樺和王天成早就在 812 樓下等我，要一起趕往蘇家坨的一家陽坊涮肉店，劉軍寧會在那作東請我們。軍寧先前推薦過，說那是一家福建人開的店，不僅羊肉好，海鮮也好，而且便宜。那天，祖樺和天成見我臉色很不好，我就說了和許先生爭吵一事。一路上，我心情沉重。有一段路，是我開的車，差點開上了馬路牙子。到了涮肉店，我也沒食欲。我並不認為許先生沒說錯，而是責怪自己為何如此不耳順，如此把控不住，把一位 87 歲老人氣成那樣。

　　然而，除了一臉的自責，氣度不夠的我並沒有去做什麼。幾天以

後，是許先生主動打破了僵局。他打來電話時，我不在家中，他語氣和緩地對章虹說：「讓他有空來一趟，我有事和他說。」隔天我去見許先生，他說，你覺得你的研究有價值，那就去做，但是，其他事情也需要你多出點力啊。我和他交往中並不愉快的一頁，很快被心無芥蒂地翻過去了。

　　當然，從總體上來說，我對許先生的很多看法是相當認同的。比如，他對馬克思唯物史觀的尖銳批判，對「民主社會主義」不過是一種改進版現代資本主義的揭示，對顧准的充分肯定又非溢美之評價，對「（自然）科學不是生產力」的認知（可惜的是，我的博士生導師黃順基先生則認為「社會科學也是生產力」）等等，都會使我從內心發出思想的共鳴。

　　此外，他的「我有敵人」的基本立場，也正是我所持有的立場。許先生說：「希特勒（Adolf Hitler）這類殺人魔王不僅是個人的敵人，也是全人類的敵人，他們犯的是『反人類罪』。這樣的人怎麼不是敵人？」我同樣認為，希特勒這類國家恐怖主義殺人魔王，是我眼裡的敵人；那些喪心病狂的恐怖主義分子，是我眼裡的敵人；那些為維持獨裁或專制政權而肆意踐踏人權的兇手，是我眼裡的敵人。而且，我也實在做不到眼裡有敵人，心中無敵人。就像我做不到眼裡有霾、心中無霾一樣。

　　最後我要專門提及的是，一身風骨的持不同政見者許良英先生，除了公開痛批過毛核心、鄧核心之外，也曾好好修理過江核心。1997年冬，江澤民在訪美前夕接受《華盛頓郵報》記者採訪時，望文生義地從愛因斯坦的相對論引出真理是相對的，因此人權和民主也是相對的結論。江接受採訪的第二天，《華盛頓郵報》記者打電話給許先生，要他對江的訪談內容加以評論。

　　許先生以他招牌式的犀利風格一語中的地評論道：「江是不懂裝懂，信口開河，犯了雙重錯誤。首先，愛因斯坦的相對論不是哲學上的『相對主義』，而是實際上的絕對論。相對論中的『相對性原理』是：自然規律與觀察者的運動狀態無關，也就是說，自然規律對於任何觀察者都是一樣的。其次，人權和民主理念，是人性在人類社會生活中的體現；由於人性基本上是共同的，人權和民主對於全人類具有普遍意義，不存在所謂『相對』的問題。」

　　許先生說得痛快，說得精彩！許先生是公認的愛因斯坦精神在中國的傳人，在我的書架上，除了許先生等編譯的三卷本《愛因斯坦文集》外，還有許先生贈我的《愛因斯坦語錄》、《愛因斯坦奇蹟年》和《愛因斯坦文錄》。不過，關於相對性原理，除了從絕對性視角去理解外，還可以給出另一種詮釋，那就是自然規律的運動對稱性。也就是說，自然規律總是平等地，即對稱地，對待每一位運動著的觀察者。於是相對論中的相對性原理，也就成了自然界的一條基本原理——對稱性原理的重要體現。

　　作為一名從「好之者」走向「樂之者」的物理學人，浩瀚宇宙中淒美迷人的對稱性，令我心馳神往。而現代科學中最重要的發現之一是：對稱性是自然規律的基礎和宇宙演化的關鍵。世事蒼狗白雲，但我潛心琢磨物理學三大分立對稱性——時間反演對稱性、左右對稱性和正反共軛對稱性久矣，且自認為已覓得獨創之新論。如今，在霧霾偶爾散去之際，仰望深邃之星空，遙對許先生的在天之靈，我要實話實說：雖有先生和劉遼教授與人為善的多次勸導，但在求真問實的物理學探索之路上，吾將從心所欲、一意孤行矣。

　　先生，我真的也成一名倔老頭了麼？

2017 年 1 月 17 日 於北京家中

（自由亞洲電臺 1 月 18 日播出）

我看周強的政治表態
——一篇遲來的政論短文

對最高法院院長周強 1 月 14 日的政治表態，我其實早就有話要說。之所以一直拖到現在才發聲，除了需將問題弄得更明白和通透之外，主要原因是我心存顧慮，覺得自己的看法會多少煞一下萬炮轟周強的亮麗風景。

猴年歲末的中國民間輿論場中，那麼多人以可貴的公民身份站出來，依憑普世價值行使表達權，蔚然而成一幅說真話、批高官、貶趙家的政治景觀，實在是件很讓人痛快、解氣的事。尤其是，它出現在統治集團公然威脅要「亮劍」的當口，其價值和意義就更不尋常了。於是乎，我就把要說的話給憋回去了。

不過，憋得了初一，憋不過十五，該說的話早晚還得說。特別是，當自己覺得心裡確有重要的話，就更該把它說出來。

在 2017 年 1 月 14 日的全國高級法院院長會議上，周強在傳達了習近平關於政法系統 2017 年的首要任務是維護政權和制度安全的指示精神後，作出了下述政治表態：要堅決抵制西方「憲政民主」、「三權分立」、「司法獨立」等錯誤思潮影響，旗幟鮮明，敢於亮劍，堅決同否定黨的領導、詆毀中國特色社會主義法治道路和司法制度的錯誤言行作鬥爭，絕不能落入西方錯誤思想和司法獨立的「陷阱」，堅定不移走中國特色社會主義法治道路。

我首先必須坦誠地說，我在見到周強的上述表態後，絲毫沒有感到「震驚和失望」，也毫不覺得此人的話語「不可理喻」。這就如同我在聽到中國軍隊高級將領表態絕對忠於黨、並聲色俱厲地反對軍隊國家化時，絲毫沒有感到吃驚、失望和不可理喻一樣。在我看來，周

強的表態是趙家大法官的一次本色出演，雖帶有焦慮和虛火，但絕非異常和失態；其素質、氣質和形象，均屬意料之中。

其次我要說，反對「憲政民主」和「三權分立」的周強，必然會反對「司法獨立」。

什麼叫司法獨立？司法獨立出自憲政原則和法治精神的本質要求，是指司法機構與立法、行政機構在許可權上分立並相互制衡後，獨立行使包括違憲審查在內的司法權，不受任何黨派尤其是執政黨、其它機構和個人的干預。顯然，憲政民主、三權分立和司法獨立是內在關聯、不可分割的。不能設想一個贊成司法獨立的人，會不贊成憲政民主和三權分立；而任何反對憲政民主和三權分立，擁戴三權合一、不受制衡之最高權力的人，則必然會反對司法獨立，周強自不例外。

第三，周強反對司法獨立不是違憲而是合憲。

不少人說，周強反對司法獨立違反了憲法第一百二十六條。我認為，這一看法不能成立。中國憲法第一百二十六條是這麼說的：人民法院依照法律規定獨立行使審判權，不受行政機關、社會團體和個人的干涉。白紙黑字，一目了然：這一憲法條款對中共黨委、政法委對法院的干涉刻意不加排除，不亮紅燈，因而該條款中的「獨立」，不過是司法姓黨剛性約束下可憐的「獨立」，與司法無黨即司法獨立中真氣沛然之「獨立」差得太遠，二者不可同日而語。甚至不妨說，正是為了要與司法獨立劃清界限和保證黨管司法，趙家人才字斟句酌地敲定這一條款的。而周強的反對，用一句話來說就是：司法姓黨，豈能獨立；司法無黨，趙理不容。周強的反對，不僅沒有違憲，反而正合制憲者之良苦用心。

然而，周強反對司法獨立不是違憲而是合憲，絕不表明他幹的是

好事而不是壞事。周強的反對雖然合憲，但憲法第一百二十六條是反憲政、反司法獨立的；因此，周強是「在憲法和法律的範圍內」幹反憲政、反司法獨立的壞事。順便提一下，中國憲法第一百三十一條也是一款反憲政條例，該條款曰：人民檢察院依照法律規定獨立行使檢察權，不受行政機關、社會團體和個人的干涉。這就是說，中共黨委和政法委儘管干涉無妨，絕無違憲之虞。

第四，周強嘴裡的「法治」，是法制而不是法治。

周強在自己的政治表態中，兩次提到「法治」，且所謂的「法治」均戴有「社會主義」的帽子。百發百中的是，只要出現「社會主義」的帽子，它後面的東西就一定不是正宗的原裝貨；如「社會主義市場經濟」就很不像市場經濟，「社會主義民主」就不再是民主。「社會主義法治」中的「法治」，又怎麼會是法治呢？那麼，不是法治是什麼？是法制。在極權政體時期，中共依政策治國，可簡稱依策治國；到了後極權時期，中共改為依法律治國，簡稱依法治國。這種依法治國，就叫法制。法治與法制有本質區別。法治不是依法而治，而是法律統治，只存在于憲政民主框架之中，同時也是憲政民主最有力的支柱。而在一黨專政、三權合一的框架之內，則無法治的立錐之地。將「法制」說成「法治」，乃是沐猴而冠，混淆視聽，而不是法治文明在中國的生根和進步。

明乎此，則可知：周強反對司法獨立，正是維護中共的「依法治國」，而不是「撕下中共『依法治國』的底褲」；更不是什麼「破壞中國法治進程」和對中國「法治進程的諷刺」。因為中共執政的中國大陸上，正如《零八憲章》所斷言的那樣：有法律而無法治，有憲法而無憲政。

最後，周強的政治表態不是他的自選動作，不是他別出心裁地主

動跳出來；他所做的，是奉習近平的旨意，重申毛澤東、鄧小平的核心政治遺產。當然，在吃相上，他比最高檢察長曹建明要明顯難看些。

中共反對憲政民主（多黨民主）、三權分立、司法獨立，堅持一黨專政、三權合一，從 1949 年至今，一向如此，從來如此。從毛澤東的階級鬥爭「必須年年講，月月講，天天講」，到鄧小平的「四個堅持」、吳邦國的「五不搞」、習近平的「七不講」，一脈相承，初心不忘。因此，像周強這樣深諳一黨專政、司法姓黨之道的「法律人」，除非步奚曉明之後塵在權鬥中被中紀委拿下，否則就是趙國首席大法官的合適人選，一時半會是不會走人的。

不少律師和知識界人士強烈敦促周強引咎辭職，但我料定周強會不加理睬。而罷免周強則看來更不靠譜：全國人大代表中的申紀蘭是資深代表，以及占壓倒多數的各級官員代表、企業老闆代表和「共和國脊樑」代表，他們的第一要務是與黨中央保持高度一致，要他們違逆上意罷免周強，哪怕吃了豹子膽，也是不會幹的。

不過，周強不走人，不等於趙家不衰敗。誠如裴敏欣先生所言，中國的後極權體制已經無可挽回地進入衰落期，並且已經衰敗得很嚴重了。明眼人都很清楚，這樣子的體制，要撐下去是越來越難了。

2017 年 2 月 25 日 於北京家中
（自由亞洲電臺 2 月 27 日播出）

活得更像一個人

去年 11 月，小雅修訂完她的十卷本《八九民運史》後，在第一時間把將近 130 萬字的整部書稿發給了我。在隨後的一個月裡，我幾乎眼不釋屏地讀完了她以無畏、史識和學養寫就的煌煌大著。《八九民運史》的第四卷是〈低谷與高峰〉，第四卷中的第九章，是〈走向高峰的學生運動〉。我在讀這一章時，自己的雙眼不由自主地噙滿了淚水，我的身心瞬間回到了 1989 年 4 月 27 日那個終身難忘的日子。

那天下午，我騎車提前到達了復興門橋上。當引導四二七大遊行的「中國人民大學」旗幟從西二環上由遠及近飄來時，橋上橋下黑壓壓的人群中爆發出的掌聲和歡呼聲，一陣又一陣，一浪高一浪。在隨後的一段時間裡，由北而南不盡而來、再沿復興門內大街沛然東去的遊行隊伍，站在尚未竣工的百盛大樓腳手架上頻頻揮手致意的建築工人，我身邊和四周夾道而呼、激動異常的北京市民，共同匯成了一幅宏大淒美、動人心魄的歷史場景。作為一名三生有幸的親歷者和見證人，我心潮澎湃，感奮不已：對一個國家和民族而言，這是一種多麼值得珍視的心心相印和真誠共鳴啊！

與四二七大遊行那天同樣的感奮，在 5 月 17 日我身處百萬人聲援絕食學生的壯闊佇列中時，又一次在我心中強烈地湧動和騰躍：普普通通的民眾，從青澀小兒到銀髮老者，相率挽手、神情動容地走上長安街，發自肺腑地公開表達自己的心聲，敞開心扉地宣示自己做人的意願，這是又一幅多麼可貴的人同此心、心同此理的歷史畫卷啊！

這種 28 年後的今天依然鮮活如初的感奮，是不是與八九民運最深層的底蘊有內在關聯呢？我想，答案應是肯定的。這樣一種無法忘懷的感奮，乃是提示了一個基本的事實，即八九民運中最為普遍的共同訴求和熾熱心願，應是沒有形成口號的九個字：「我要活得更像一個人！」

　　這一訴求發軔於人性之光，體現為權利意識的覺醒和公民精神的亮相。儘管隨即蒙受趙家人六四屠城的嚴酷摧殘及28年來的種種打壓、收買和忽悠，她依然在中華大地上頑強地存活，堅毅地薪傳，不屈地萌發。我從心底裡看好她，並由此看好中國的未來。

　　28年後的今天，許多國人已經不難明白，要活得更像一個人，就是要堅持以權利和良知為本的做人的底線要求。能夠持守這樣的做人底線，就能活得像一個人；逐步抬升對自己的底線要求，就能不斷活得更像一個人。

　　在我的微信我的最愛中，有如下一段寫得明白易懂的話：「你可以專注於工作，你可以悶聲發大財，你可以使自己得到實惠。但是，你至少得知道，什麼是黑，什麼是白；什麼是對，什麼是錯；什麼是善，什麼是惡。你不瞭解的，可以沉默，但你至少要做到：不為惡政背書，不為權力歌功頌德。這就是活在這個時代的底線。」這段話的作者認為，如果你為惡政背書，為權力歌功頌德，你就突破了做人的底線。換句話說，你就是活得不像一個人。

　　按此底線要求，那些五毛們和自乾五們，就沒有一個活得像人的。反觀潘石屹先生，最近，他在情急之下公開抨擊中國的人治惡政：「誰都知道郭文貴是國家安全系統的人，可以隨便地去竊聽，可以隨便地去抓人。誰都知道郭文貴背後的『老領導』勢力很大，在中國比天還大，誰敢得罪這樣的人呢？」這個樣子的潘先生，活得倒是有點像人的。

　　生活在前蘇聯極權制度下的持不同政見者索忍尼辛，曾經提出過「你作為個人絕不參與謊言」的做人底線——比上述底線有更明確、更具體的要求。你如能持守索氏底線，就可以活出更多公民的精氣神來，可以活得更像一個人。索氏底線有八條，可簡稱「索八條」，載於他的傳世文章〈如果連不參與撒謊都不敢，那我們就沒有希望〉。

百度一下，可以找到。

如果你不僅想活得更像一個人，還想超越索八條的底線高度，活得更像一個勇敢的人，那就要做好必要的精神和心理準備，去持守勇敢者的做人底線。當然，勇者也分層次。有不怕被喝茶的，不怕被傳喚的，不怕被抄家的，不怕被監居的，不怕坐監獄的，等等。不過，你一旦自主選擇去當某一類勇者，也就向世人昭示了你的擔當——你準備持守相應的底線。

如果你因為鄙視、批判、或反對一黨專政制度而成了政治犯，那就要持守政治犯的做人底線。什麼是中國政治犯的底線呢？我贊成 709 大案中被關押的李和平律師的看法：「**政治犯至少要做到不認罪，不自誣。**」這也是 709 大案中的吳淦先生所堅持的底線：「**不向邪惡低頭，不與邪惡為伍**」——曾與吳淦先生面對面的中央電視臺的董倩女士，當可以為之作證。

多年來的事實表明，趙家人的脾性是這樣的：它不僅公然違反聯合國人權憲章不斷製造政治犯，還會費盡心機、不擇手段地讓政治犯失守自己的底線。你若最終守不住底線，他們就彈冠相慶、大做文章，毫不遮掩地明著樂。然而，受你感召正在勇敢起來、或打算勇敢起來的國人，則心裡會很不是滋味。再者，你自己在事中和事後，也會深陷良心自責的痛楚之中；尤其是，當有些人還一個勁兒把你讚為「鐵漢」和「英雄」的時候，你將承受加倍的自責之痛。

想要「活得更像一個人」的訴求，本質上具有普世意義。君不見，多年來活得很不像人的郭文貴先生，已經決絕地告別那樣的醜陋人生，並厲聲斥責天天幹著辱華勾當的盜國賊們。「一切都是剛剛開始」的郭氏衝擊波，為近年來所罕見，其威力實不容小覷。在我看來，首當其衝感受其極大震撼效應的群體，除了那些以黑治國、以假治國的蠢

蟲外，就數那些雖坐擁巨量財富，但卻「活得不如坐檯小姐」的中國民營企業家們。

活得更像一個人，這是愛生命、愛生活的真諦所在。活得不像一個人，人的尊嚴從何談起？人生幸福從何而來？能有什麼知足常樂？活得更像一個人，一切別的人生追求就有了基石、平臺和主心骨。活得更像一個人，才有真正意義上的活得更健康、更開心、更滋潤、更優雅、更有價值和更有品味。

活得更像一個人，也是愛祖國、愛中華的上佳體現。國家和國家之間首先要比什麼？首先要比哪國的國民活得更像一個人。國民活得像一個人的國家，與活得不像人的國家，完全不在一個檔次上。為了中華的復興和崛起，國人應當在活得更像一個人的根本上下功夫，這才是正理和正道，這才是真愛和摯愛。

2017 年 5 月 24 日 於北京家中
（自由亞洲電臺 5 月 26 日播出）

郭文貴爆料之我見

幾個月前，我不知道有郭文貴這個人。在潘石屹狀告郭文貴之前，我對郭的爆料也還沒太當一回事，儘管我已經知曉頗為轟動的《美國之音》直播中斷事件。

我之所以如此孤陋寡聞和很不敏銳，原因蓋在於：我對習近平王岐山之反腐一直持相當鄙視的態度。雖然我不會反對這類反腐，但我

認定：公然拒絕陽光法案的所謂鐵腕反腐，只不過是一場經不起真相拷問和不會帶來正義增量的權鬥；無可救藥的制度性腐敗，在少許老虎、蒼蠅落敗的同時，必定會以各種方式繼續癌變、發作和惡化下去。

由於鄙視，我就基本不關注。像馬建、李友、肖建華、吳小暉這些名字，我直到今年才知道。由於鄙視，我既無視權鬥的勝出者，也無視權鬥的落敗者；更想不到落敗者中間，會有人早作綢繆，不僅成功逃離勝出者之魔爪，還自信地借助自媒體平臺，向勝者之底褲赫然亮劍。

我開始正視郭文貴，並認真觀察郭文貴爆料這一政治事件，是在潘石屹回應郭文貴用「低級騙人的鬼話」所作的指控之後。通過行使神聖的知情權翻越網路柏林圍牆，我看了明鏡電視對郭文貴的三期直播採訪，看了多次郭文貴自報平安的視頻，也見識了 Twitter 推特上意見撕咬的火爆場景。此外，我在牆內看到習王對郭文貴發了紅通令，也見到胡錫進、吳法天、林毅夫等超級自乾五們對郭文貴展開了「革命大批判」。我覺得，現在我應該、也可以就郭文貴事件說點什麼了。

誠然，作為一名持不同政見者，我在基本價值觀和政治見解上，和郭文貴存在明顯的分歧。對於這一點，我不想諱言，但此處不贅。我在本文中要說的，是對他的四點肯定評價：

一、郭文貴爆的料，具有很強的可證偽性。

說實話，我現在難以確認郭文貴為人的誠信度。但是，我已能確認，他爆料時沒有含糊其詞，沒有語焉不詳；他所爆出的料，有名有姓，有身份證號護照號，有圖景有表格，有明確的時空座標，有具體數字。顯然，這種料方便查證，容易鑒別，具有很強的可證偽性。換句話說，通過對他所爆之料真偽的查驗，人們即可獲得定論：郭文貴究竟是一位虛構故事的造謠者，還是一位負責任的舉報人。而放出勝負手和王

岐山死磕的郭文貴，看來毫不懼怕這樣的查驗。我認為，郭文貴爆料的震撼力，除了來自其敢於點名叫板王岐山之外，更來自這位非等閒之輩所挖到和爆出的猛料，具有強烈的可證偽性。

與郭文貴所爆之料形成極鮮明對比的，是被黎鳴先生高調譽為「全人類最偉大的思想家」的老子的說法：「道生一，一生二，二生三。」應當說，這裡的「一」、「二」和「三」顯然不是數詞，否則老子就是犯了最低級的語法錯誤。它們應是代詞，如同「一分為二」、「合二而一」中的「一」和「二」一樣。人們對「一分為二」、「合二而一」當然有不同的認知，但是，對其「一」和「二」的指代，還是清楚的。而老子上述說法中的「一」、「二」和「三」，到底是什麼玩意兒呢？老子沒給定義，也不作說明，留下玄之又玄的無限想像空間。也因此，老子的說法絲毫不具有可證偽性。老子語焉不詳，後人解猜不已；但至今莫衷一是、沒有定論，今後恐怕也不會有定論。

二、郭文貴的爆料，對世人瞭解中國反腐真相大有裨益。

中國的反腐，由權鬥勝出者給出的真相是：中國的腐敗是比較嚴重的，但不是制度性腐敗；中國的反腐是以清反貪，以廉反腐。是有不少老虎、蒼蠅在腐敗，但以「人民的名義」反腐的人，則一腔正氣，清廉無比，自身硬得很。現在，權鬥落敗者郭文貴給出了另一種真相：操盤反腐的王岐山，乃是頂級大老虎之一；而王手下的「護林員」們，不是老虎就是蒼蠅；中國的反貪，是以貪反貪。中國的反腐，是以腐反腐。甚至是以黑反貪、以黑反腐。這兩種反腐真相，短兵相接，直面對壘，沒有雙贏，只有零和。

2017 這個年頭，似乎真的有點不尋常。說實話，中國的民營企業家群體中，哪個沒苦水？誰人沒有料？但是，一直以來，他們都是有料不敢爆，或有料爆不了。現在，他們中間竟然走出了一位不可多得的另類——由於他的爆料，這個世界上的吃瓜群眾，不，這個世界上

的所有人，都有戲看了，都能好好享受一把知情權了。有道是偏信則暗，兼聽則明。我相信，這個世界上的明白人，是不難認定中國反腐的真相到底是什麼的。

三、郭文貴最為可取的，是對「人的尊嚴」的推崇。

作為一位有「原罪」的億萬富豪，郭文貴對中國民營企業家缺乏尊嚴甚至毫無尊嚴的生活，具有切膚之痛。在 6 月 16 日接受明鏡電視第三期直播採訪中，他多次悲催地提及民營企業家們活得像「豬狗」，不如「夜總會小姐」；他們面對官府的勒索和打壓，「連跪著都不行，要趴著才行」，等等。最後，他拿中國與美國相比時，不是比什麼人均 GDP，而是比人的尊嚴度。他激憤地說，如果說在美國，人的尊嚴度是 100，那麼在中國，則為零！上個月，我在《活得更像一個人》的短文中寫道，「國家和國家之間首先要比什麼？首先要比哪國的國民活得更像一個人」，「活得不像一個人，人的尊嚴何從談起？」看來，在這一點上，我和郭文貴有高度的共鳴。

前不久，發生了一件舉世矚目的事。飽受折磨的美國 22 歲大學生瓦姆比爾（Otto Frederick Warmbier）從朝鮮回國後，僅隔六天就不幸過世了。這一事實進一步揭示金三胖的朝鮮政權，是一個毫不尊重基本人類尊嚴的政權。如果按對人類尊嚴的尊重度排序，朝鮮政權幾乎可以排在全球倒數第一。這種毫不尊重人類尊嚴的政權及類似的政權，有什麼合法性、正當性可言？

四、郭文貴今後的角色定位，比較實在。

郭文貴除了保命、保財、報仇之外，打算在其下半輩子，以他的智慧、財富、決心和能力，做點有意義、有價值的事——為提升中國人生存的安全度和尊嚴度而戰。這樣的角色定位，是恰當而實在的。我注意到，他沒有把自己看作「百年一遇之英雄」，也不認為自己是推動中國政治演變的「領軍人物」，更不幻想在 2017 年會出現中國的

巨變。此外我也注意到，郭文貴承認「過去由於自私和角色錯位，對很多人造成了傷害」，他為此作了公開道歉。

中國 2017 年的政治生態，因郭文貴的橫空出世而產生了新的、難以預測的變數。然而，要實現中國的憲政民主轉型，仍不是一朝一夕也不是一年半載之事。有人一再言之鑿鑿地說：「中國的一黨專政制度最多能撐到 2017 年 12 月 31 日。」這樣的預言倒是很有可證偽性，但是，我卻實難相信之。

2017 年 6 月 25 日 於北京家中
（自由亞洲電臺 6 月 26 日播出）

深切惦念危在旦夕的劉曉波

6 月 26 日下午，微信上傳來「劉曉波肝癌晚期保外就醫」的消息。難以相信或不願置信的我，隨即翻牆上《民主中國》網站，卻一眼就見到了一模一樣、令人震驚和揪心的消息！這個消息是尚寶軍律師捅出來的，於是我馬上給他發微信：「寶軍好，曉波太不幸了！請代我問候劉霞。」寶軍回覆道：「江老師好，消息太糟了！有機會一定轉達。」

「曉波太不幸了！」包含兩個意思：一是他竟然如此不幸地得了可怕的肝癌！二是他得了肝癌，竟然更為不幸地沒被及早發現和接受治療！

6 月 27 日早晨，宣文發來〈緊急呼籲：還劉曉波徹底自由〉（徵

求意見稿）。我提了兩條修改意見後，當即簽了名。那天中午時分，我到達車公莊重陽大酒樓後，在謝小玲女士主持，有鮑彤、蔣彥永、吳青、查建國等人參加的「老人會」上，我對曉波的病情表達了極度的擔憂，對他的病情被拖到十分危重才被保外就醫，進行了毫不客氣的譴責。

誰都能理解，好端端的一個大活人，被當局關在冤獄中與世隔絕8年半之後，突然傳出生命旅程已經進入最後倒計時的特大壞消息，人們，特別是與他相識相知的朋友，怎麼能不發聲、不質疑、不呼籲呢？6月26日那天，陳平、查建國、何德普、黃大地、趙誠、張先玲和傅國湧先後委託我在〈緊急呼籲〉上簽了名。自6月26日到現在，全球的每一個角落，不分膚色，不分民族，都發出了普世的人道之聲，都在籲請中國當局——尊重和滿足劉曉波本人最後的意願，放他到德國或美國接受治療。

然而，當局會放曉波嗎？6月29日下午，有香港記者近距離地當面向習近平喊話，問他什麼時候釋放劉曉波，而習不作回應。此事發生後幾個小時，一位香港朋友在微信上問我：「習近平會放劉曉波嗎？」我回答道：「我估計習不會放曉波，除非川普出狠招。」在我看來，習近平不放劉曉波，其最主要的原因是：不能讓已經被消音8年多的劉曉波，在世界上作最後的自由發聲。因為，曉波的最後發聲必將是一次政治核爆炸，它必將造成巨大的全球轟動和衝擊效應，並在中國和世界史上留下悲壯瑰麗、不可磨滅的一頁——這是習萬萬不願看到的。

自6月29日到如今，美國總統川普不僅沒有出狠招，甚至連真正說得上的硬招都沒有。在這樣讓人無語的綏靖姿態下，習近平怎麼會考慮放人？習現在是拿定主意，就是不放人。無論你對他曉之以理、動之以情也好，給他戴高帽誇說能「成為世界級領袖」也好，或痛罵

他「毫無人道」也好，他是一概不搭理。依我看，不要說冷拒劉曉波出國沒商量，就是連曉波還能在病榻上通過手機對外發出「其言也善」的聲音，他都絕不會允許。

官方前些日子播出了一些令我不忍卒視的鏡頭：時隔 8 年半，當初住在離我家僅數百米之遙、常常邀我去打羽毛球活力四射的曉波，已然病魔纏身、形銷骨立、時日無多！而 8 年半之前的曉波，正和朋友們一道，夜以繼日地敲定《零八憲章》最後文本和馬不停蹄地徵集國人簽名。在做這件現在看來是他一生中最後一件大事的時候，他清楚自己面臨又一次牢獄之災的極高風險。

當時，曉波曾好幾次對我說：「棋生啊，明年是六四 20 周年，我得作好長期坐牢的準備了。不過，咱們現在搞這個《零八憲章》，也得準備被抓啊。」2008 年 12 月 8 日下午 5 時許，曉波在 Skype 呼我，隨後問我：「棋生，你那兒員警上崗了嗎？我這兒來了不少。」我回答他：「今天上午我這兒沒有，不知現在有沒有，待會我出去看一下。」在這次通話 6 個小時後，他被北京市公安局國保總隊從家中抓走。

2009 年 12 月 25 日，曉波被當局重判，刑期長達 11 年。雖然自那以後，我和曉波之間再無音訊可通，但我堅定地相信，曉波是一定會把牢底坐穿的。而且，我也一直懷揣一個個人的心願，期待見到 2020 年 6 月 22 日跨出冤獄的曉波後，當面告訴他，我讀他在法庭上的「自我辯護」，高度共鳴，痛快得很；但是，我讀他在法庭上的「最後陳述」，則有股彆扭勁一直跑不掉。我甚至有個打算，揪住這一條，和他磕上一個月。

不過，我怎麼揪、怎麼磕，也絕不會給他扣上「民運花瓶」、可能是昆德拉（Milan Kundera）式「合作派」、即將被共產黨「派出監獄」的「和諧大使」等帽子。正如在 2008 年 12 月《零八憲章》發布的時候，

我絕不會同意有人指控《零八憲章》的「出籠」是中共的「陰謀」一樣。所有上述帽子和指控，身陷囹圄的曉波都不知道——如今，也完全沒有必要知道了。如今，在生命力分分秒秒都在快速流失的曉波面前，在普世價值的忠誠殉道者曉波面前，在憲政民主理念的不屈殉難者曉波面前，這些帽子和指控——統統告吹了。

自 6 月 26 日始我一直深切惦念的曉波，已然危在旦夕。今天醫院發布的病情通告，令人心碎，我已讀不下去。我明白，在他生前，我已不能見他最後一面，不能告訴他：他入獄前悉力推出的《零八憲章》，已有 35 批國人相繼簽署。我現在的心願是，要到瀋陽送他最後一程。昨天傍晚，朋友們不得不痛楚地議及曉波的後事。

很快，亶文向曉波家屬轉告了我的五點初步意見：
1. 家屬堅定地提出請若干朋友參加曉波遺體告別儀式的要求。
2. 建議由蔣亶文和莫之許草擬朋友們名單，由家屬圈定。
3. 名單一經確定，馬上由家屬交給當局。
4. 與此同時，名單上的朋友各自與國保交涉，表明意願；甚至可以提出讓國保一起去。
5. 朋友們要送的花圈、花籃由已在瀋陽的家屬代辦。

我的送別願望，順天理，合人道。如果有誰還要阻撓我實現這個起碼的願望，我不把他當成敵人，還能當成啥？

2017 年 7 月 12 日 於北京家中
（自由亞洲電臺 7 月 13 日播出）

重讀零八憲章

前些日子，我認真讀了嚴家祺的〈零八憲章將成為中國全民共識〉，徐友漁的〈劉曉波與零八憲章〉和馮崇義的〈劉曉波的政治遺產與中國憲政轉型〉等文章。這些文章和曹長青、劉曉東等人對零八憲章的再度批判，促使我對零八憲章作了重新審讀，並因而有了一些願與國人分享的閱讀心得：

一、零八憲章對中國現行制度的威權定位

零八憲章中，有三處表述涉及對中國現行制度的定位。在〈前言〉中，憲章兩次提到「威權統治」。在〈結語〉中，一次提到「威權主義政治生態」。此外，在〈我們的基本理念〉中，還有如下一條論述：「在世界範圍內，威權體制也日近黃昏。」上述定位表明，憲章起草人、發布者和簽署者均認為，已不能將中國現行制度定名為「極權主義」。理由是，極權主義不允許政治、經濟和社會領域存在任何多元主義，而當代中國雖不存在政治多元化，但已有相當程度的經濟和社會多元化。我當時和現在都認為，這一認知符合事實，沒啥問題。

然而，定名「威權主義」的依據，又是什麼呢？當代中國明擺著不存在政治多元化，中國現行制度能被稱為「威權主義」制度嗎？

應當說，如果憲章起草人認同如下「威權主義」的定義——呈現有限的政治多元化，但不存在責任政治，那麼，將中國現行制度定名為「威權主義」是明顯講不通的。不過，如果憲章起草人採用「威權體制」來泛指一切非民主政體，並且認為存在一種最差勁的威權政體，即政治上沒有任何開放的威權政體——政治上封閉的威權政體，那麼，就能將中國的現行制度定名為「威權主義」。在重新審讀中，我注意到零八憲章在其〈前言〉和〈我們的基本主張〉中，對當代中國政治上封閉的威權政體進行了確切的描述，絲毫沒有將其美化為呈現有限

政治多元化的威權政體,這就使憲章給出的定位在邏輯上和道理上都
站得住腳了。

當然,如果當初能夠在〈前言〉中將「是繼續這種威權統治下的
『現代化』,還是認同普世價值」改寫為「是繼續這種政治上封閉的
威權統治下的『現代化』,還是認同普世價值」,那麼,零八憲章由
「威權主義」定位所招來的指責或指控,諸如「故意混淆視聽地誤導」
百姓,及「給百姓一個美好的幻覺」等等,或許壓根兒就不會冒泡了。
順便說一句,我本人更贊成將中國現行制度定名為「後極權」制度;
所謂後極權,是指沒有政治多元化,但出現了相當程度的社會多元化,
並形成了與官方意識形態平行的亞文化。

二、零八憲章基本主張之第一條——修改憲法

零八憲章提出了 19 條基本主張,其第一條是:修改憲法。在「修
改憲法」這一基本主張之前,憲章闡明了中國的根本出路是:實踐自
由,躬行民主,尊奉法治。在「修改憲法」這一基本主張之後,是要
求三權分立、軍隊國家化、開放報禁、黨禁及關於聯邦共和、轉型正
義等 18 條基本主張。據此,我曾在曉波頭七追思會上斷言:憲章所提
「修改憲法」,其實質涵義當是「徹底修憲」或「重新制憲」。這種
修憲絕對不是為了改良一黨專政的威權制度,而是公開對威權制度說
不,要用民主憲政制度去取代它。這種修憲也絕不表明想與任何堅持
一黨專政的人尋求合作,而恰恰表明覺醒的中國公民之「抗命」和「不
合作」。一句話,零八憲章具有革命性。

那麼,憲章起草者為什麼沒有用「徹底修憲」或「重新制憲」作
為基本主張的第一條呢?我個人認為,乃是出於徵集簽名的策略考慮,
而並非什麼「設身處地站在當權者的立場上考量問題」。

三、零八憲章的公民主體性

零八憲章是一部分中國公民向全社會及全世界莊嚴發布的告國人

書，是特別冠以「憲章」之名鄭重其事地推出的政治綱領。它與中國歷史上所有以臣民或臣子身份向皇帝跪呈的諫言書，有本質的區別。諫言書只有依附性，沒有主體性。而零八憲章則體現了 21 世紀的中國應有之民魂——公民精神，並宣佈將以主體性的公民運動去「推動中國社會的偉大變革，以期早日建成一個自由、民主、憲政的國家，實現國人百餘年來鍥而不捨的追求與夢想」。

縱觀整部零八憲章，可知其完全立足於覺醒了的公民立場，而絕不是站在威權統治者的立場上。它的主旨是保障人權和把權力關到籠子裡去，而絕不是把重心放在給「當權者留足充分的餘地」上，更不是「給皇上遞諫言狀子」。

四、零八憲章簽署者的不同認知

零八憲章簽署者的共同認知是旗幟鮮明的，那就是，「當此決定中國未來命運的歷史關頭」，必須重申自由、人權、平等、共和、民主、憲政六大基本理念，必須提出能使中國融入人類主流文明的五要搞：要搞多黨制、三權分立和兩院制、聯邦制、軍隊國家化和私有化。此外，零八憲章簽署者還有一個重要的共同認知是，除了要對威權統治進行道義批判和憤怒聲討外，還應展示中國民間的政治識見、政治成熟和政治氣度，展示中國覺醒公民的負責任和建設性態度。

那麼，零八憲章簽署者的不同認知是什麼？不同認知在於：對中國的公民運動到底如何去推動中國社會的偉大變革，給出了不同的答案。

一部分簽署者認同的路徑是：通過民間的主體性抗爭和步步施壓，最終迫使執政當局不得不通過憲政改革的方式「改旗易幟」，從而實現十九條基本主張。他們認為，這是一條風險和代價相對最小的變革路徑，也是最值得努力爭取的變革路徑。

　　另一部分簽署者則對「施壓造成改革」已完全不抱希望，認定應當通過包括天鵝絨革命在內的公民非暴力抗爭，造成拒不改旗易幟的威權政體垮臺，進而完成中國的民主轉型，實現基本主張十九條。

　　實話實說，本人屬於民主轉型派。2008 年 10 月 31 日，我將零八憲章徵求意見稿中的「政治民主化改革不能再拖延下去」，特意改為「政治民主化變革不能再拖延下去」——那一字之改，正是出於自己所持有的認知。在我眼裡，有一個不爭的事實，那就是：執政當局的所謂「政治體制改革」，早在 1989 年六四事件後就完全停擺了，且這麼多年來當局全無重新啟動的願望和動力。

　　我認為，連實質上僅是行政改革的「政治體制改革」都不想搞的執政當局，鐵定會一如既往地阻撓和抗拒中國的政治民主化，因而零八憲章所要做的，不是去呼喚很不現實的「政治民主化改革」，而應是呼喚只能由民間去發動、推動和主導的政治民主化變革——它體現為民間對言禁、報禁和黨禁等威權主義政治生態的衝擊和中國社會的自我解放，由自由化入局、破局而導致民主化，並最終在中華大地上結束威權統治、確立民主政體。

　　不必諱言，零八憲章自徵集簽名及公開發布近九年來，這兩部分簽署者的確誰也說服不了誰。不過，隨著中國的威權統治以「五不搞」和「七不講」高分貝、高八度地叫板普世價值，並通過頂層設計在政治上不斷加大封閉和打壓力度，對「政治民主化改革」即「憲政改革」仍抱有希望的人，正在日漸減少。

五、零八憲章與七七憲章

　　特意選擇在 2008 年 12 月 10 日「世界人權日」發布的零八憲章，在價值理念和精神氣質方面，與捷克的七七憲章最為接軌和一致。這兩部憲章的核心訴求都是爭取和捍衛人權；都把後極權或威權體制放

在被告席上；都是公民意識和公民責任的體現；都不排除與執政當局的對話。指控零八憲章「把中共當前惡劣的人權狀況說成有了根本性進步」，從而「對中國人民的反對運動起到誤導作用」，是沒有事實根據的誤斷和誤判。

零八憲章與七七憲章的不同點是：

1. 由於時代特點有所不同，七七憲章幾乎完全立足於爭取公民權利和政治權利，而零八憲章在爭取公民權利和政治權利的同時，還提出了爭取經濟、社會和文化權利的諸多訴求。

2. 七七憲章「並不旨在提出一套有關政治和社會改良或變革的綱領」，而零八憲章則以其十九條基本主張而成為中國政治民主化變革的綱領性歷史文獻。

儘管憲章文本還存有可斟酌、可推敲、可修訂之處，但自 2008 年12 月 10 日以來，具有主體性、革命性和建設性的零八憲章，一直是國人擁抱普世價值、凝聚變革共識的不可多得的合格政治文本。當然，零八憲章所描繪的政治願景和政治藍圖，不會在此文面世後的一年半載就得以成真；但我堅信，在覺醒的中國公民堅韌不屈的長期抗爭和努力之下，我將會親眼見證零八憲章中國夢之實現，即標誌中國融入世界主流文明的劃時代巨變的到來。

2017 年 8 月 30 日 於北京家中
（自由亞洲電臺 8 月 31 日播出）

說說蝴蝶效應

9 月 24 日，胡偉先生作為特邀嘉賓做客《澳洲之聲》，接受主持人安紅的直播採訪。在節目接近尾聲時，胡先生動情地說：「郭文貴先生已經把蝴蝶翅膀給搧起來了！」有道是，說者無心，聽者有意。關於蝴蝶效應，我是早就有話要說。而胡偉先生的最新表述，則將我的言說之願瞬間觸發為命筆之舉。

自近代科學發韌以來，人們對大自然中的簡單系統和複雜系統的運行規律，一直在進行不懈的探索和求解。經一代又一代科學人的接力和薪傳，對其中一小部分系統的運行規律，人們不僅已經做到了定性掌握，而且能以數學方程給出確切的描述。人們曾經理所當然地認為，對於這部分系統的演變行為作出精確預測是不成問題的。

而事實上，人們也的確多次作出過精準的、令人自豪的相關預言，如哈雷彗星分秒不差的週期性回歸。只是到了 1961 年，美國麻省理工學院的氣象學家愛德華‧羅倫茲（Edward Norton Lorenz）在用電腦類比氣象系統的演變時，才首次意外地、大吃一驚地發現：能以非線性方程式加以決定性描述的複雜系統，其行為竟具有高度不可預測性。這種不可預測性，不是來自人們未曾把握系統的運行規律，也不是來自系統規律的內在隨機性，而是來自非線性系統對初始值的高度敏感性，即初始值的微小變化必定會給系統運行造成巨大的影響。具有這種特性的非線性系統，被稱作混沌系統。

羅倫茲曾經用海鷗效應來科普地說明系統的混沌特性。1979 年，羅倫茲對這種混沌特性又一次作出了生動、形象的說明——一隻南美洲亞馬遜河流域熱帶雨林中的蝴蝶，偶爾搧動幾下翅膀，可以在兩周後引起美國德克薩斯州的一場龍捲風。「蝴蝶效應」一詞由此生成，並隨後在科學界和其它領域不脛而走，得到了越來越廣泛的傳播。

在多少帶有美學趣味和詩意的傳播過程中，一些富有想像力和類比才能的人們，提出了「廣義蝴蝶效應」的概念。他們把古今中外社會、經濟、軍事和人生際遇等各個領域中出現的高度不可預測現象，「科學地」歸結為廣義蝴蝶效應。例如什麼「1998年的亞洲金融危機就是經濟領域中的蝴蝶效應」，「中國宣佈發射導彈，（竟導致）港臺100億美元流向美國」，「一個國家、一個地區的不穩定、不確定因素上升，都可能產生蝴蝶效應」等等。然而，我在這裡必須提出如下質問：所有這些系統具有的高度不可預測性，究竟源自何處？它們能被冠以「廣義蝴蝶效應」之名嗎？

我的看法是，這些系統的高度不可預測性，乃是源自人們對其運行規律的未曾把握或無法把握。與人們已能用數學方程給出決定性描述的混沌系統相比，這些系統要遠為複雜和難以讀懂。對於這些系統，人們或是對其運行規律在定性上都未能悟透找準；或是雖然定性對了，但卻苦於無法建模，即無法或根本上不能用數學方程加以確切的描述。在這樣的情況下，系統行為的難以預測甚至不可預測，是正常的大概率事件，是不會令羅倫茲和其他人大吃一驚的。

顯而易見，這種因不能把握系統的運行規律而造成的難以逆料，與蝴蝶效應所揭示的難以預測，是性質很不相同的兩碼事，是不能「科學地」混為一談的。也就是說，不能將其冠以「廣義蝴蝶效應」之名而誤人子弟。2004年美國的科幻驚悚影片《蝴蝶效應》，說的是一個人生命歷程的不同起點，會導致不同的難以預測的人生結果。然而，該影片以時空穿梭方式表達出來的「廣義蝴蝶效應」，不僅與蝴蝶效應不相神似，甚至連貌似都夠嗆。

最後，讓我們回到郭文貴爆料上來。郭文貴先生實名舉報王岐山、孟建柱、傅政華和孫立軍，這是一種蝴蝶效應嗎？我要說：顯然不是。

一、郭文貴與「盜國賊」之間的博弈演化規律，人們連準確給出定性描述都談不上，更別提以數學方程加以確切定量描述了。在這場舉世矚目的「決鬥」中，完全沒有「混沌」什麼事，即壓根兒不是什麼「決定性系統對初始值的極度敏感」問題。

二、郭文貴的爆料之舉，也絕不像熱帶雨林中極不起眼的蝴蝶，悄無聲息地搧了幾下翅膀，而是經 28 年蟄伏之後的橫空出世、重磅出擊。這「橫空出世」一說，是連反郭派都認可的。當然，挺郭派更有郭的爆料是「政治核爆」之說，這就更與「蝴蝶效應」的內涵差之千里了。

不過，胡偉先生將郭文貴爆料誤稱為蝴蝶效應，應屬情有可原。君不見，在這之前，不是已有「廣東百億級文化基金引發蝴蝶效應」，「英國脫歐蝴蝶效應」，甚至「朝核危機蝴蝶效應」的胡話大行其道了嗎？在我看來，如果再不對「蝴蝶效應」來個正本清源，保不齊過些時候，還會冒出「太平洋上空朝鮮氫彈爆炸蝴蝶效應」的渾話來。

2017 年 9 月 28 日 於江蘇常熟
（自由亞洲電臺 9 月 28 日播出）

新極權，還是翹起尾巴的後極權？

關於習近平上位以來搞新極權的說法，我雖早有所聞且難於苟同，但直到寫作〈重讀零八憲章〉一文，我也只是點到為止，沒有正面給出自己的明確見解。近日，相繼讀到馮崇義先生的斷言：習近平「想把中國從鄧小平的後極權主義帶回極權主義社會」，和張博樹先生的描述：憲政自由主義者將「習近平新時代」稱之為「習近平新極權主

義時代」，終於使我下決心公開言說自己思索良久的一些不同看法。

應當說，自 2012 年 11 月中共十八大到 2017 年 10 月中共十九大，習近平所幹的以下三件事，與鄧（江胡）時代的路數是有顯著區別的。一是外交上不再韜光養晦，而是一步步從鋒芒外露到鋒芒畢露。二是政治上從「要警惕右，但主要是防止『左』」，到主要是防右反右。相應地，意識形態上不再取守勢，而是搞「自衛反擊」，重樹馬克思主義主旋律，重奪思想陣地話語權，公然下令「七不講」。三是邊撸起袖子加大選擇性反腐力度，邊讓個人崇拜之風在中共黨內死灰復燃，捲土重來。其中最為肉麻和令人噁心的頌聖諛詞，乃出自北京市委書記蔡奇、天津市委書記李鴻忠和國防部長常萬全等馬屁精之口。

然而，上述三大區別能表明習近平搞的是新極權嗎？
我的看法是，不能。

我的理由是，習近平在言論和行動上都沒有反對和告別鄧（江胡）的改革開放政策：他沒有反改革，試圖從半吊子市場經濟即「社會主義市場經濟」返回計劃經濟；他也沒有反開放，意圖重新閉關鎖國。而正是鄧主張的改革開放，使中國從毛時代毫無政治、經濟和社會多元化的極權主義社會，走向鄧時代政治一元化、經濟和社會呈現有限多元化的後極權社會。習近平既在所謂「旨在堅持和完善社會主義制度」的改開大計上沿襲鄧（江胡），未敢造次而鄧規習隨，那麼他上位以來所搞的，就顯然不是新極權。

事實上，習近平所搞的，還是後極權。更精準地說，他搞的是：在外部因素和其性格因素共同作用下，自鳴得意地翹起了尾巴的後極權。我的這一「翹尾後極權」說法，與沈大偉教授給出的「硬威權主義」概念，或可稱異曲而同工。上世紀 90 年代初，鄧小平提出「韜光養晦、有所作為」，是為了使冷戰結束後處於弱勢不利地位的中國能夠站住

腳跟，並通過「發展是硬道理」徐圖將來。到了比胡錦濤明顯強勢的習近平任上，由於中國在經濟總量上已成全球老二，加上發達國家總體上搞綏靖主義等因素，中國的後極權政體認為機不可失，可以適時冒泡、牛起來了，於是公開告別鄧小平的「韜光養晦」謀略，對外毫不隱諱地宣示「大國崛起」，亮名片，搞推銷，展拳腳，疾步趨近世界舞臺中心；對內則更加寧「左」勿右，除了對民間覺醒者的維權和抗爭之管控、打壓更為嚴厲和兇狠外，還發明了讓人尊嚴掃地的歧視性「低端人口」標籤，將一部分溫順無助的國民悍然排除在人類命運共同體之外。

那麼，中共十九大之後擁有「領袖和統帥」頭銜的習近平，會搞新極權嗎？

我的看法是，依然不會。

我的理由是，習近平如果要搞新極權，那就要反鄧小平改開路數而行之，把已有的經濟、社會有限多元化一一抹掉。這對習來說，首先不是能否做成的問題，而是想不想幹的問題。在我看來，習還不至於不明白，沒有上述有限多元化，哪會有今天官媒上自誇不已的「輝煌中國」？哪會有他在一帶一路上大撒幣的底氣和牛氣？而沒有上述有限多元化，中共又如何「決勝全面建成小康社會」？如何實現所謂「兩個一百年的宏偉目標」？

因此我認為，他不會搞。當然，如果他的確如馮勝平所企盼的是「渾人」一個，「雖千萬人吾往矣」，愣是要搞新極權，那也是註定搞不成的（此處不贅）。

中共十九大之後的習近平，還是會照搞後極權。對於這一點，從他在十九大報告中列出的「建設新時代」十四條基本方略，人們可以看得清清楚楚。有人誤以為習近平要搞新極權，我覺得是多少看走眼

了。而真正完全看走眼的，當數那些至今還對習近平會改旗易幟搞憲政抱有幻想的人。習近平上位以來的言論和行動，充分表明了他與憲政的勢不兩立，表明了他是鐵了心要將憲政拒之門外的死磕派。而那些懷揣玫瑰夢的人，居然對這一朗若白晝的事實視而不見。

質言之，毛澤東的社會主義，是極權主義。加上「中國特色」限定詞的社會主義，則是後極權主義。而所謂「習近平新時代中國特色社會主義」，就是習近平新時代後極權主義，即翹起尾巴的後極權主義。

作為極權主義變種的後極權主義，與極權主義一樣有個內在的致命傷，那就是對人權的蔑視。

這種政體不忘初心，堅持將國人視為只能聽它話、跟它走的跟屁蟲，不能具有獨立人格和自由思想，更無資格當家作主。在這樣的政體下，國人日益增長的權利意識和公民精神與被強行按上的臣民角色之間的矛盾，或國人日益增長的當家作主的意願與被強制安排的跟屁蟲角色之間的矛盾，遲早會成為社會的主要矛盾。而在這一主要矛盾的凸顯、激化和加劇中，越來越多覺醒了的民眾必將成為制度變革的偉大力量；這種偉力除了會使後極權政體翹起的尾巴抖落下來外，還必定會將後極權政體打包送進歷史的博物館。

2017 年 11 月 29 日 於江蘇常熟
（自由亞洲電臺 11 月 30 日播出）

男兒吳淦視囚如歸

2017 年 12 月 26 日，709 政治迫害案當事人吳淦先生被當局以「顛覆國家政權」的罪名，重判有期徒刑八年，剝奪政治權利五年。吳淦的辯護律師葛永喜在第一時間向世人通報——站在天津市第二中級法院被告席上的吳淦當庭表示：「感謝貴黨授予我這個崇高的榮譽，我將不忘初心，撸起袖子加油幹！」

吳淦的上述「致謝」，迅即遍傳天下。我要說，吳淦先生直面迫害者時的幽默脫俗，比我自己當年在法庭上的俗然怒吼，明顯更勝一籌。

整整 17 年前的今天即 2000 年 12 月 27 日上午，我站在北京市第一中級法院第三審判庭的被告席上。當審判長王燕以「煽動顛覆國家政權」的罪名，宣佈判處我有期徒刑四年，剝奪政治權利一年時，我熱血上湧、當庭怒呼：「以言治罪可以休矣！」在庭上所有人都愣神的那一刻，我的腦子裡突然閃過一個念頭：是不是他們聽不懂文言文？於是我以更高的分貝喊出了五個字：「埋葬文字獄！」隨後，緩過神來的法警，一臉尷尬地將怒容滿面的我強行推搡出法庭。

17 年前的我，為什麼怒不可遏？我的發怒緣於我認為：當局是蓄意製造冤案迫害我，是兩千三百年前指鹿為馬故事的可悲重演。而吳淦為何不悲不憤不怒？我認為原因是，他比我更為蔑視專制當局，更為蔑視《刑法》第 105 條這一惡法，他覺得從當局那裡領受到「顛覆國家政權」的罪名，不僅不冤，還是一種榮譽和榮耀。他早就說過，在專制制度下，不被「犯罪」，都不好意思。因此，他從容作楚囚，坦然地視囚如歸，「因為反對專制就意味著在（走向）監獄的路上」，而「再不顛覆，人就老了」。

　　一年前的 2016 年 12 月 26 日，我在〈從陳雲飛走上法庭說開去〉一文中，點讚了吳淦先生。

　　和雲飛一樣有骨氣的，是「屠夫」吳淦。我和吳淦先生只見過一面，分手時送了他一本我寫的書，但是，他無畏地站在江西高院門口，正氣凜然地為樂平冤案大聲疾呼的形象，一直深深刻印在我的腦海中。

　　今年 12 月 14 日，頂著「顛覆趙家政權」和「尋釁滋事」的罪名，已被關押 1 年零 7 個月的吳淦，通過他聘請的燕薪律師發出五點聲明，鄭重表達了他對政治犯底線的堅守：「本人絕不會接受官方指定的律師」，「本人絕不會認罪和上官媒悔罪」，「我會堅持到底！」。我以為，不必把吳淦的灼灼明志誇為「錚錚鐵骨」之體現，但是，吳淦的骨頭是硬的，這點沒有絲毫懸念。

　　不必諱言，我也會看錯人。但是，我沒看錯吳淦先生。與有些人的一再食言、輕諾寡信形成鮮明對比的是，吳淦一諾千金，說到做到。一年後的 2017 年 12 月 26 日，吳淦在法庭上對當局的超級蔑視和嘲弄，證明了他是一位心志堅定、政治成熟的中國人權活動人士和持不同政見者。在被囚禁的 950 多天黑暗歲月裡，面對後極權的政治高壓、百般折磨和勸導忽悠，「超級低俗屠夫」吳淦展示出了真男兒、真硬漢的風骨、定力和擔當，讓人肅然起敬。

　　我要由衷地說：
　　「視囚如歸的男兒吳淦，捍衛了 709 政治迫害案當事人的尊嚴，捍衛了漢語世界中人存在的尊嚴。」

　　「視囚如歸的男兒吳淦，樹立了中國民間抗爭的新標竿，展現了中國人權捍衛者的道義新形象。」

我要由衷地說：「致敬吳淦！致敬吳淦！」

除了向男兒吳淦致敬，我覺得吳淦的朋友們還可以做以下三件事：

一是減輕他對家人的愧疚。政治犯、良心犯在捨身扛住迫害打壓和牢獄之災時，蓋因出自天性，他心中最為放不下的，是他對家人的牽掛和惦念；他覺得常常壓在心頭的，是他對家人的愧疚。身陷囹圄的吳淦特意交代過：「希望認識我的朋友們，在我失去自由期間，給我家人必要的精神鼓勵和幫助，以減輕我對家人的愧疚。感謝大家的不離不棄，我會堅持到底！」我想，我們給他家人必要的精神鼓勵和幫助，是責無旁貸的，也是不難做到的。

二是將迫害他的當事人列入《全球馬格尼茨基法案（The Global Magnitsky Human Rights Accountability Act）》問責名單。吳淦提供的參與迫害及酷刑虐待他的人員有：安少東、陳拓、管建童、姚誠、袁溢、王守儉、謝錦春、宮寧、盛國文、曹紀元、劉毅、蔡淑英、林崑。我認為，我們應當也能夠做出進一步篩選，以精準確認這些人中的「踐踏人權惡棍」或「反人權惡棍」（我認為，不應稱其為「人權惡棍」），將名單提交給全球人權問責中心。

三是像吳淦那樣逐步提升做人的底線。在今天面世的《吳淦獲刑聲明》中，人們知道了他現在擲地有聲的做人底線：不反對專制，我還是人嗎？我想，對不少吳淦的朋友們來說，恐怕目前還做不到這一點。但是我相信，所有吳淦的朋友，現在都能做到：不為惡政背書，不為權力歌功頌德。同時我相信，大多數吳淦的朋友，已把索忍尼辛的「不參與撒謊」作為自己的做人底線。而有些吳淦的朋友，則已經或準備開始像吳淦那樣，將自己的做人底線提升為：反對一黨專政，追求民主憲政。我期待，像吳淦那樣逐步提升做人的底線，將成為中國民間的一條重要的抗爭寶典。

還剩四天就進入西元 2018 年了。關於中國的一黨專政制度最多能撐到 2017 年 12 月 31 日的奇思妙想，已經再也無人相信。事實上，黎明前的黑暗，還有點濃得化不開。我們應做的，是杜絕各類幻想，與視囚如歸的吳淦同呼吸、共命運；是消除破局焦慮，仗義不屈地前行。

2017 年 12 月 27 日 於北京家中

（自由亞洲電臺 12 月 29 日播出）

物理學分立對稱性新論
─ 我對 C、P、T 的全新透視和探究

作為一名從「好之者」走向「樂之者」的物理學人，大自然中淒美迷人的對稱性，令我心馳神往。自 1992 年深秋肇始，我浸潤其中，其樂融融，不能自拔。更為幸運的是，在付出了大量心血和心智之後，我居然淘洗到了覺得很能拿得出手的「新論」。也就是說，我的新論不僅僅是新的、獨特的、頗能體現生命價值的，而且我敢說，它還是相當驚世駭俗的。

一、物理定律對稱性

與日常生活中的對稱性概念有所不同，物理學上所說的對稱性，專指大自然所具有的一種不變的特性，這種特性集中體現在物理定律的不變性上：在某種操作下，如果物理定律保持不變，或者說表達物理定律的方程具有協變性，我們就說物理定律具有相應的對稱性。

最為眾所周知的物理定律對稱性，就是物理定律不隨時間、地點

和空間方位而變的三大連續時空變換對稱性：

物理定律不隨時間而變——這種時間平移操作下的對稱性，叫做物理定律的時間平移對稱性。相應的等價表述是：大自然總是平等地，即對稱地，對待時間的每一瞬間。時間平移對稱性與能量守恆相聯繫。

物理定律不隨地點而變——這種空間平移操作下的對稱性，叫做物理定律的空間平移對稱性。相應的等價表述是：大自然總是平等地，即對稱地，對待空間的每個位置。空間平移對稱性與動量守恆相聯繫。

物理定律不隨空間的方位而變——這種轉動操作下的對稱性，叫做物理定律的旋轉對稱性。相應的等價表述是：大自然總是平等地，即對稱地，對待空間的每個方位。旋轉對稱性與角動量守恆相聯繫。

物理學上還有三大分立變換對稱性，茲轉述如下：

物理定律不隨物質、反物質而變——這種變換物質反物質操作即 C 變換下的對稱性，叫做物理定律的正反共軛變換（Conjugate transformation）對稱性，即 C 對稱性。相應的等價表述是：大自然總是平等地，即對稱地，對待物質與反物質。

物理定律不隨左右而變——這種左右變換操作即 P 變換下的對稱性，叫做物理定律的左右對稱性或空間反演（Space inversion）對稱性，即 P 對稱性。相應的等價表述是：大自然總是平等地，即對稱地，對待左與右。

物理定律不隨時間的流逝方向而變——這種改變時間流向操作即 T 變換下的對稱性，叫做物理定律的時間反演（Time reversal）對稱性，即 T 對稱性。相應的等價表述是：大自然總是平等地，即對稱性，對待時間的兩種相反的流向。

　　由於 C 變換、P 變換和 T 變換不是連續變換而是離散變換，因此，C、P、T 對稱性，就是眾所周知的三大物理學分立對稱性。

　　此外，還有連續時空變換下的勻速運動和一般運動對稱性；粒子物理學中的交換對稱性和與非引力作用相關聯的規範對稱性；宇宙學中大尺度上的空間對稱性；與粒子自旋相關聯的超（級）對稱性，等等。

　　可以毫不誇張地說，對稱性是大自然的一種基本屬性，對稱性原理是自然界的一條基本原理。如果給出一種限定，即只能選擇兩句話來概括現代科學中最重要的發現，那麼，第一句話應該是：世界是由原子組成的。而第二句話恐怕就該是：對稱性是自然規律的基礎和宇宙演化的關鍵。

二、三大分立對稱性的已有定論

　　在迷人和誘人的對稱性領域中，我所關注和涉足的，是物理學的三大分立對稱性，即 C、P、T 對稱性。關於這些對稱性，人們已經確認了哪些定論呢？

　　人們確認的定論是——
　　C 對稱性：並不嚴格成立。原因是：弱相互作用中存在 C 破壞。
　　P 對稱性：並不嚴格成立。原因是：弱相互作用中存在 P 破壞。
　　T 對稱性：幾乎嚴格成立。僅在罕見的 CP 破壞情形下，出現 T 破壞。

　　CPT 定理：在 C、P、T 聯合變換下得到的 CPT 對稱性，嚴格成立。

三、我得到的分立對稱性新論

　　1992 年深秋，我開始思考和琢磨 T 變換和 T 對稱性；之後延伸到 P 變換和 P 對稱性，C 變換和 C 對稱性，以及 CPT 對稱性。到 2010 年

秋，我的探索和研究基本完成。關於這些分立對稱性，我得到了哪些新論呢？

我的新論是——

C 對稱性：嚴格成立。理由是：弱相互作用中並不存在 C 破壞。

P 對稱性：

（1）嚴格成立。理由是：P 變換下並不存在贗向量，因此弱相互作用中並不存在 P 破壞。

（2）宇稱變換根本不是左右變換，所以不應再用 P 變換（Parity transformation）來指稱左右變換，而應改用 S 變換（Space inversion） 來指稱左右變換。相應地，P 對稱性也應改為 S 對稱性。

T 對稱性：

（1）T 變換下並不存在奇變數，因而 T 變換不能實現時間流向的變換，作為「時間反演對稱性」的 T 對稱性是虛妄的；並順便得到了不存在白洞、蟲洞和波動方程無超前勢解的重要結論。

（2）T 變換的實質是計時方式變換，即順計時與倒計時之間的變換，作為「計時方式變換對稱性」的 T 對稱性，嚴格成立。

（3）得到了倒放影片變換即真正的時間流逝方向之變換—— B 變換；B 變換下的 B 對稱性，不能成立。

CP 破壞：並不存在。理由是：弱相互作用中並不存在 C 破壞和 P 破壞。

CPT 定理：

（1）如果 P 是指能得到「贗向量」的左右變換，或是指所謂的「宇稱變換」，則該定理不成立。

（2）如果 T 是指所謂「時間反演變換」，則該定理不成立。

（3）如果 P 是指不存在「贗向量」的左右變換，T 是指計時方式
　　變換，則該定理失去了存在之意義，因為 C、P、T 分別嚴格
　　成立。

四、關於計時變換對稱性（T 對稱性）

在物理學三大分立對稱性中，我對 T 對稱性用心最多，用力最勤。
1992 年秋冬，我發現 T 變換使「運動反轉」的神奇功能不能成立。大
家都知道，表徵物體運動方向的是位移（向量）。T 變換下位移未變，
運動怎會反轉？而速度是什麼？是單位時間裡的位移。因此，速度方
向必定也只能是位移的方向。T 變換下位移未變而速度居然反了向，這
絕不是出現了什麼「運動反轉」，而一定是出大毛病、攤上大事了。

事實上，根據正確的速度變換公式，T 變換下速度與位移一樣，保
持不變！舉一反三，我很快發現 T 變換下並不存在任何所謂的「奇變
數」，也就是說，T 變換不會造成任何所謂的「過程反轉」。這樣的發
現不容小覷——如果它能夠成立，則現有的時間反演理論大廈必將整
體崩塌。

當我明白 T 變換不是什麼「時間反演變換」之後，我就開始魂牽
夢繞地琢磨：那它到底是一種什麼變換？九年之後的 2001 年春天，突
然來了頓悟：T 變換其實毫不神秘，它只是一種計時方式變換，即順計
時和倒計時之間的變換！因此，真正的 T 對稱性，不是所謂「時間反
演對稱性」，而是「計時方式變換對稱性」，可簡稱「計時變換對稱
性」。

重建 T 對稱性大廈的使命，就此有了堅實的立足點。

在上述發現和頓悟的基礎上，我進而順理成章地否定了白洞、蟲
洞和兩個宇宙說的存在；否定了波動方程式超前勢解的存在。

最後，我下決心要找一找倒放影片操作（film backward-playing operation）的數學表達。經過艱辛的努力，我終於找到了 B 變換；字母 B 取自 backward 的首字母。B 變換才是真正的時間正、逆方向之間的變換。不出意料地，我證明物理定律在 B 變換下不具有不變性，即 B 對稱性不能成立。也就是說，在事關時間流逝方向這個頂級重大問題上，理論與常識高度一致：時間是不可逆的。

關於 T 對稱性方面的新論，我一共寫了 8 篇論文，它們是：
1. 透視 T 變換 [1]
2. 倒計時與 T 變換 [2]
3. T 變換時的物理量變換 [3]
4. 澄清關於 T 不變性的若干迷思 [4]
5. T 變換與倒放影片操作毫無瓜葛 [5]
6. 影片倒放變換與時間可逆性 [6]
7. 引力波時間之箭與漣漪世界 [7]
8. 關於 T 不變性的實驗檢驗 [8]

五、關於左右變換對稱性（P 對稱性）

在考察和審視現有空間反演理論時，我知曉它有一個獨特的、不可或缺的重要概念，那就是贗向量。然而我卻發現，作為該理論重要基石的贗向量，事實上並不存在！這一發現堪稱「石破天驚」，因為它如果能夠成立，將會造成現有空間反演理論大廈的整體崩塌，也順便導致李政道、楊振寧先生的諾貝爾物理學獎變得毫無意義和價值。關於我的發現，以及我重建空間反演理論大廈的努力，集中體現在我的三篇論文中，她們是：

1. 透視贗向量 [9]
2. 弱相互作用中左右依然對稱 [10]
3. 空間反演下的物理量變換與左右對稱性 [11]

此外，我還有一個重大的顛覆性發現：宇稱變換並不是人們所認為的那樣，是左右變換或空間反演，它其實只是並無意義的波函數「奇偶性」檢測變換。於是，所謂的宇稱守恆定律，如果的確存在，充其量也只是波函數「奇偶性」守恆定律，而不是量子力學中的左右對稱定律。對「宇稱」來說雪上加霜的是，我竟然還發現波函數「奇偶性」守恆定律並不存在。我的上述發現及相應的撥亂反正，由〈質疑量子力學中的宇稱守恆定律〉一文作出了完整表述 [12]。而由於宇稱變換根本不是左右變換，所以我主張，不應再用 P 變換（Parity transformation）來指稱左右變換，而應改用 S 變換（Space inversion）來指稱左右變換。相應地，P 對稱性也應改為 S 對稱性。

2013 年 8 月，我又特意用接近科普的筆觸，撰寫了〈旋轉物體鏡像的旋轉方向究竟由誰來標識〉一文 [13]，力圖淺近曉暢地闡明：為什麼空間反演下不存在贗向量？江蘇省漣水縣的朱頂余老師讀過我的文章後說：「我已經大徹大悟，徹底領悟了江棋生的靈感之精神實質所在。江棋生這篇文章就是在說，李政道曾經聲稱旋轉運動並不遵守鏡像對稱，而江棋生則迸發靈感，應該相應地更換左、右手對鏡像運動進行方向判定，即可糾正旋轉運動鏡像不對稱的說法。」

2016 年 3 月，我在〈成也智者，敗也智者〉一文中 [14]，給出了鏡像世界是現實世界的一種「現場直播」的提法，對「空間反演下並不存在贗向量」的事實再次作出了直觀、形象的說明。

六、關於正反共軛變換對稱性（C 對稱性）

現有 C 對稱性理論中，存在所謂弱相互作用中的 C 破壞一說；而這種 C 破壞，則是由所謂 P 破壞造成的。如今，我們既然否定了弱相互作用中的 P 破壞，所謂 C 破壞自然就不能成立了。換句話說，C 對稱性嚴格成立。

此外，在對 C 對稱性理論進行檢視中，我們還考察了 C 變換與 P 變換，以及 T 變換和 B 變換之間的異同；指出了現有 C 變換定義中存在不容忽視的瑕疵；強調了 C 不變性即 C 對稱性概念不能被偷換。具體分析詳見我的〈檢視 C 變換和 C 對稱性〉一文 [15]。

七、關於 CPT 定理和 CP 破壞

在物理學分立對稱性領域中，一條名氣最大、似乎不可撼動的定理，就是所謂的 CPT 定理。然而，現有 CPT 定理中，P 變換下能出現「贗向量」，T 變換下會冒出「奇變數」；而當我們確認：P 變換下只有真向量和 T 變換下唯有偶變數之後，這條定理的存在依據和它的「深刻和完美」，就立刻煙消雲散了。

我在〈關於 CPT 定理和 CP 破壞〉[16] 一文中指出：CPT 定理，不過是人類理性迷誤的典型產物而已。

在我們的新論中，C、P、T 變換下，C 對稱性、P（應為 S）對稱性、T 對稱性（計時方式變換對稱性）均分別嚴格成立，CPT 聯合對稱性當然也就嚴格成立，但它已變得毫無意義。

在我們的新論中，CP 聯合對稱性總能嚴格成立，因此長壽命中性 K 介子衰變中，絕不會出現什麼令人震驚的「CP 破壞」。

八、關於「失去的對稱性」疑難

在我的研究告一段落之後，我用〈破解李政道「失去的對稱性」疑難〉一文 [17]，將我付出了多年心血得到的新論，作了總括性的勾勒和巡禮：

通過我們的工作，分立對稱性領域中的朵朵疑雲都被盡行驅散，令人們困惑了 50 多年之久的相互作用強度的大小與各種對稱性的有無

之間的聯繫變得一目瞭然：

i. B 不對稱性和 C、P、T 對稱性都是普適的，與相互作用強度沒有關係。

ii. 時間不可逆性即 B 不對稱性適用於各種相互作用。

iii. 正反共軛對稱性（C 對稱性）、左右對稱性（P 對稱性）和計時變換對稱性（T 對稱性）適用於各種相互作用。

我們的工作還將對電弱統一理論（SU（2）U（1））、大統一理論（GUT）和霍金所說的萬物統一理論（TOE）給出有力的檢測和校正。因為所有這些旨在統一相互作用的理論，都是建立在弱相互作用中存在所謂 P 破壞、C 破壞和 CP 破壞之上的。

我們的工作還有三項重要的副產品。一是從理論上首次否定了白洞、蟲洞和兩個宇宙說。二是從理論上首次否定了波動方程的超前勢和超前解。三是否定了細緻平衡原理與時間方向之間的聯繫。

2011 年 3 月和 6 月，我又分別寫了〈一失足成千古憾〉[18] 和〈小不慎則鑄大錯〉[19] 兩篇文章。我在文中以痛惜的心情和悲催的筆觸，談了一百多年來人們在時間和空間反演物理學中的理性失足，以及近百年來在宇稱問題上的理性失足。我還將自己多年來百味遍嘗、餘韻未盡的求索生涯中的感觸、感慨和感悟，真誠地、無保留地端了出來，與讀者分享之。

九、結語

在物理學分立對稱性領域，我是一名特立獨行、近乎默默無聞的遊俠。在這一領域中，目前健在的世界級權威，當首推名氣很大的李政道先生和楊振寧先生。

不必諱言，遊俠的推理與權威的論斷之間，正在展開一場不可避免的博弈。

令人感慨萬千的這場博弈，已經並還在反覆驗證如下基本事實：當一個人有幸得到具有重大挑戰意味的研究成果後，在尋求發表、爭取認可的征途上，他「咬定青山不放鬆」的定力，不能比搞研究時稍減半分！儘管早有伽利略（Galileo Galilei）的名言——「在科學問題中，一千個權威也抵不上個別人的一次謙卑的推理」，他也註定要在十分艱難的破局中，以一個總體上不會太大的機率，去迎來明天的晨曦和朝霞，去見證科學共同體前倨後恭奇蹟的出現。

2017 年 12 月 6—8 日 於北京家中

參考文獻：

[1] 江棋生〈透視 T 變換〉，序號 1522，自然科學 – 物理學，中國預印本服務系統，國家科技圖書文獻中心網，2010.09.20。

[2] 江棋生〈倒計時與 T 變換〉，序號 1526，自然科學 – 物理學，中國預印本服務系統，國家科技圖書文獻中心網，2010.09.26。

[3] 江棋生〈T 變換時的物理量變換〉，序號 1530，自然科學 – 物理學，中國預印本服務系統，國家科技圖書文獻中心網，2010.09.27。

[4] 江棋生〈澄清關於 T 不變性的種種迷思〉，序號 1533，自然科學 – 物理學，中國預印本服務系統，國家科技圖書文獻中心網，2010.09.28。

[5] 江棋生〈影片倒放變換與時間可逆性〉，序號 1537，自然科學 – 物理學，中國預印本服務系統，國家科技圖書文獻中心網，2010.09.29。

[6] 江棋生〈T 變換與倒放影片操作毫無瓜葛〉，序號 1536，自然科學 – 物理學，中國預印本服務系統，國家科技圖書文獻中心網，2010.09.29。

[7] 江棋生〈引力波時間之箭與漣漪世界〉，序號 1538，自然科學 – 物理學，中國預印本服務系統，國家科技圖書文獻中心網，2010.10.08。

[8] 江棋生〈關於 T 不變性的實驗檢驗〉，序號 1539，自然科學 – 物理學，中國預印本服務系統，國家科技圖書文獻中心網，2010.10.08。

[9] 江棋生〈透視贗向量〉，序號 1506，自然科學 – 物理學，中國預印本服務系統，國

家科技圖書文獻中心網，2010.09.06。

[10] 江棋生〈弱相互作用中左右依然對稱〉，序號1510，自然科學 – 物理學，中國預印本服務系統，國家科技圖書文獻中心網，2010.09.08。

[11] 江棋生〈空間反演下的物理量變換與左右對稱性〉，序號1513，自然科學 – 物理學，中國預印本服務系統，國家科技圖書文獻中心網，2010.09.10。

[12] 江棋生〈質疑量子力學中的宇稱守恆定律〉，序號1512，自然科學 – 物理學，中國預印本服務系統，國家科技圖書文獻中心網，2010.09.08。

[13] 江棋生〈旋轉物體鏡像的旋轉方向究竟由誰來標記〉，序號2550，自然科學 – 物理學，中國預印本服務系統，國家科技圖書文獻中心網，2013.10.18。

[14] 江棋生〈成也智者，敗也智者〉，江棋生文集，http://www.boxun.com/hero/jqsheng，2016.3.10。

[15] 江棋生〈檢視 C 變換和 C 不變性〉，序號1586，自然科學 – 物理學，中國預印本服務系統，國家科技圖書文獻中心網，2010.11.23。

[16] 江棋生〈關於 CPT 定理和 CP 破壞〉，序號1589，自然科學 – 物理學，中國預印本服務系統，國家科技圖書文獻中心網，2010.11.24。

[17] 江棋生〈破解李政道「失去的對稱性」疑難〉，序號1590，自然科學 – 物理學，中國預印本服務系統，國家科技圖書文獻中心網，2010.11.24。

[18] 江棋生〈一失足成千古憾〉，北京相對論研究聯誼會盧鶴紱論壇學術專題報告，2011.3.26。

[19] 江棋生〈小不慎則鑄大錯〉，2011.5.28 初稿，2011.6.4 定稿。

2018 年 8 月 4 日出席北京相對論研究會第十屆年會
前排右起第四人為本書作者

作者江棋生簡介：

整整 40 年前的 1977 年 12 月，在江蘇常熟參加文革後的首次高考。大學和碩士研究生專業為空氣動力學，在北京航空航太大學攻讀，導師為莊逢甘教授。博士研究生專業為科學技術哲學，在中國人民大學攻讀，導師為黃順基教授。自 1992 年至今，一直潛心研究物理學分立對稱性問題，並對現有 C、P、T 理論提出了批判性乃至顛覆性見解。1992 年至 2005 年，完成對現有時間反演理論的審視和對正反共軛變換理論的檢視。2005 年至 2010 年，完成對現有空間反演理論的審視。作者認為，自己對 C、P、T 理論的全新透視性探究，已經成功破解了李政道提到的「失去的對稱性」疑難——據李政道說，該疑難為 20 世紀末的兩大科學疑難之一，另一疑難為「看不見的誇克」。

（此文原載《北京相對論研究快報》2018 年第一期）

我看知青生涯

對老三屆知青來說，西元 2018 年的到來自有特別的意義。近半個世紀前的 1968 年秋冬，他們別無選擇地從城市走向農村。他們中的絕大多數，遲至 1979 年才得以回城就業；其中雲南等地的農場知青，更是憤而通過悲壯的大規模抗爭，才獲得離鄉返城通行證的。從 1968 年到 1979 年這個時間跨度中，老三屆知青在鄉村、農場度過的長短不一的青春歲月，就是他們的知青生涯。

作為老三屆知青中的一員，我怎麼看知青生涯？

我的看法是，對絕大多數老三屆知青而言，知青生涯既不是可歌可泣的，也不是不堪回首的，而是無法忘懷、心有隱痛的。

　　將近 50 年前，經歷了兩年空前絕後「停課鬧革命」的老三屆中學生——年齡段為 16 周歲到 21 周歲的未成年人和青年們，除了極少數當了兵和升高中之外，在文革造成的大學停辦和廠礦不招工的情勢之下，整體上「順其自然」、較為平靜地接受了上山下鄉的同質性命運安排。他們中極少有人興高采烈激情燃燒，將下鄉務農視為如願以償，真的決心紮根農村一輩子。他們中也很少有人覺得是被「拋棄」、被「懲罰」、被「變相勞改」，因而千方百計加以逃避，實在沒轍了才悲憤無奈地插隊、插場和去生產建設兵團。

　　數百萬人烈烈轟轟上山下鄉當知青，不管是在北大荒的黑土地還是西雙版納的橡膠園；不管是在江南的魚米之鄉還是陝北的黃土高坡，每個人都開始演繹和形成屬於自己的人生故事，例如類似「肩扛 200 斤重的麥子走 10 里山路不換肩」的超級鐵人故事等等。然而，不管天地有多廣闊，生活有多火熱，他們中的絕大多數人當時決然想不到：（自己）當了知青，就永遠失去了接受完整中學教育的機會，永遠失去了上大學的機會，永遠失去了於正常年齡段在城鎮中就業的機會。事實上，正是這三個含痛量極大的「永遠失去」，決定了他們的青春年華根本上的蹉跎性和虛度性，決定了他們的人生軌跡將一直在低谷中徘徊，決定了他們一輩子的相對弱勢和邊緣化地位。而他們的命運，又不可避免地對他們的上一代和下一代產生了重大的負面影響。

　　自然，當知青不是只有失，而沒有任何得。在累死累活、揮汗如雨的原始勞作中，知青們證明了自己的不畏艱苦、自食其力，也因此不同程度上洗刷了當紅衛兵時的醜陋和可惡；在社會底層的摸爬滾打中，知青們和貧困樸實的農民同甘共苦、結下了深厚的情誼；在困厄臨身經受磨煉與磨難中，知青們遍嘗不公命運之個中三昧而不失進取之心；在相扶相助、風雨同舟中，知青們成了一生難得的摯友或伴侶……

但是，所得跟所失，二者實在相差太大，完全不在一個檔次上。當知青，並非得失相當，更非得大於失，而是失遠大於得。

50 年後的今天，愈來愈多的當年知青們已然明白：文革發動者毛澤東所力推的上山下鄉運動，本質上是一場逆人類文明演進方向的反智主義運動。除了知青和知青家庭是這場運動的直接受害者外，其對社會和民族也造成了深重的、長久的傷害。這場運動在實施手法上，又照例是頗為忽悠人的——1968 年 12 月 22 日特意新鮮出籠的「知識青年到農村去，接受貧下中農的再教育，很有必要。要說服城裡幹部和其他人，把自己初中、高中和大學畢業的子女，送到鄉下去，來一個動員」，與早先的「農村是一個廣闊的天地，在那裡是可以大有作為的」說法一樣，實質上都是對人的忽悠與矇騙。

50 年後的今天，愈來愈多的當年知青們已然清楚：總體而言，知青生涯不是一齣歷史的正劇，而是人生的悲劇。

知青的悲劇命運，當然不能與層出不窮的各類政治賤民所遭受的殘酷迫害和承受的深重苦難相比，也絕非餓殍遍野的三年曠世大饑荒那樣慘絕和荒誕。但是，知青的悲劇命運，同樣是獨裁權力的任性作惡所造成，是制度性人禍帶來的本不該有的悲催和不幸。知青的悲劇命運，絕不是一心向善的掌權老司機「艱辛探索」所導致的難以避免的必要代價。

誰不知道，人生只有一次青春？而在知青的青春中，缺損了多少浪漫、詩意和芳華！誰不知道，人生只有一次生命？而在知青的生命中，又有多少光陰被輕耗、虛度和貶值？因此我敢說，在大多數知青心中，他們的悲劇命運，乃是一生中永遠的隱痛。

絕大多數知青，這輩子活得都挺不容易。所幸的是，儘管既沒有

什麼當年「苦難中鑄就的輝煌」，也沒有後來足以為人稱道的建樹和貢獻，他們之中出現了一些最早反思和否定上山下鄉運動，進而反思和否定整個文革，及更進一步針砭極權制度弊端的人，出現了一些堅定信奉普世價值、追求民主憲政的人。而他們中更多的人，在從青春年少到白髮蒼顏的凡常旅途中，慢慢讀懂了時光，把人生給活明白了。

應當說，除了少數幸運者，已是花甲或古稀老人的當年知青們，現在活得並不富有更不精緻，但是，他們中的不少人已經有了能夠告慰此生的寶貴依憑：從被深度洗腦、愚弄、忽悠而過低品質、低尊嚴乃至無尊嚴的生活，一步步走向了較有品質、品味和尊嚴的明白人的生活。

最後，我還要寫上一句自己覺得必須說的話：在臨近下鄉插隊 50 周年之際，我看到當年知青中仍有不少活得不夠明白的人，甚至還有一些活得很不明白的人，他們還在可悲地續演按理早該停演的鮮有價值和意趣的人生故事。

2018 年 1 月 28 日
（自由亞洲電臺 1 月 29 日播出）

2015 年 11 月 3 日與原影管處亦工亦農知青相聚於常熟
前排左起：沈莉萍、王麗芳、翁文正、鄒偉民、邢仁民、呂　熹
後排左起：王覺民、許勝雲、江棋生、馮泉南、張明生、蔣學雷、孔祥瑞

也說正能量

幾年前,針對當時正在網上網下走紅的熱詞「正能量」,中國科技大學超導物理學家阮耀鐘教授寫過一篇文章,題目是:〈請慎用「正能量」〉[1]。說實話,我那時雖然對「正能量」亦頗有微詞,但因心有旁騖,遺憾地未能查讀他的文章。好在幾天前的高中同班同學微信群中,又有人曬出了阮先生上述文章的非刪節版。在認真細讀之後,我覺得有必要說說自己的讀後感,說說已然家喻戶曉的所謂「正能量」。

作為一位物理學家,阮先生對「正能量」的說法實為擔憂。對此,我特能理解。可貴的是,阮先生沒有停留在心憂心戚上,而是挺身而起、一吐心聲。阮先生的文章,有感而發,直抒胸臆。阮先生的四憂,發乎良知,情真意切。阮文發表後不久,有位叫徐偉專的先生撰寫了一篇文章,題目叫做:〈傳播正能量,何須慎用「正能量」一詞〉[2]。徐偉專指出:阮先生的「能量是標量,沒有正負之說」是站不住腳的。對此,我完全贊同。然而,徐偉專在其文章的最後說:「正能量……本不屬於物理學範疇,如果一定要從本就站不住腳的物理學角度去強行抨擊用詞不當,拋開無知、無趣、無聊,似乎只能理解為居心叵測!」徐的這番誅心之論,我則大不以為然。

作為一位物理學家,阮先生把「怕誤導子女」列為他的第一擔憂,甚合情理。而他的第二、三、四擔憂分別是:怕那些趕時髦的知識份子幫倒忙;怕科學技術被意識形態化;怕有人把一切不同意見看作負能量加以壓制,則體現了他的以史為鑒之識和超越專門知識份子藩籬的公共情懷。

此外,很值得我在這裡說上幾句的是,阮先生在文中兩次不客氣地提到毛澤東。一次是說毛 1958 年上了大科學家錢學森的當,因而誤信一畝地能產萬斤糧[3]。另一次是說毛 1959 年把說真話的彭德懷們打

成「反黨集團」，施以殘酷迫害，造成嚴重後果 [4]。阮先生的敘說再次宣明：一個登上權力之巔，當上了雖無皇帝之名、卻有皇帝之實的終身執政者，他的所謂「英明」和「聖明」是很不靠譜的；並且，他也決然逃不脫董狐之筆冷峻的素描和歷史公正無情的裁決。我想，今天的阮先生，對一心想在「竟無一人是男兒」的奴霾和申紀蘭們雷鳴般的掌聲中，志得意滿地無限期集最高權力於一身的人，也是不會客氣的。

讀罷阮先生的文章，令我至為惋惜的是，阮先生在自己的物理學強項上，居然出了本不該出的兩條硬傷。第一條硬傷，就是徐偉專已經指出的「能量是標量，沒有正負之說」。第二條硬傷，是阮先生認定「物理學中本沒有『正能量』這個詞！」

在物理學中，標量果真沒有正負之說嗎？顯然，事實並非如此。誠然，對有些標量來說，如密度、路程、速率、體積、熱量、電阻、動能等，它們只取正值，不取負值，沒有正負之說。但是，另一些標量則既可取正值，也可取負值，有正負之說。這類標量有：溫度、時間、功、勢能等。在本文中，當然要特別說一下勢能的正負之說。

與動能不同，勢能的值與參照面的選取有關。在勢能為零的狀態選定之後，某些狀態的勢能取正值，而另一些狀態則會取負值。一般說來，任何保守力作用下的物體組所具有的勢能，均既可取正值，也可取負值。在中學物理中，就有重力、彈性力、庫侖力等保守力作用下物體組的勢能取負值的內容。因此，我的結論是，阮先生的「能量是標量，沒有正負之說」不能成立。

在物理學中，果真沒有「正能量」這個詞嗎？應當說，在中學物理中，甚至在大學的普通物理教程中，的確沒有「正能量」這個詞，也的確沒有相應的「負能量」這個詞。但是，在量子力學中，卻出現了「正能量」一詞，同時也出現了相應的「負能量」提法。

掐指算來，物理學中首次出現「正能量」一說，距今已有近 90 年了。20 世紀 20 年代後期，英國物理學家狄拉克（Paul Adrien Maurice Dirac）給出了一個後來以他的名字命名的重要公式：描寫粒子高速運動的波動方程式——相對論電子波動方程式。美國物理學家派斯（Abraham Pais）在他的《基本粒子物理學史》大著中，將狄拉克方程式譽為「可以列入 20 世紀科學的最高成就之一」。[5]

狄拉克在求解方程之後，既得到了自由電子能量取正值的態，也出乎意料地得到了自由電子能量取負值的態。出於敘述方便，前者被簡稱為電子的「正能（量）態」，後者則被簡稱為「負能（量）態」。狄拉克絕對想不到的是，80 多年之後，「正能量」一詞居然會在物理學之外一炮走紅，風光無限。當時，為了解決負能解所引起的明顯困難，狄拉克天才地給出了電子—空穴對理論來作出解釋，並於 1931 年提出了正電子假設。

順便說一句，1932 年，美國實驗物理學家安德森（Philip Warren Anderson）在宇宙射線的雲霧室徑跡照片中，首次發現了正電子的存在。基於以上論述，我的結論是：阮先生「物理學中本沒有『正能量』這個詞！」的說法不能成立。

量子力學及量子電動力學中「正能態」和「負能態」的簡略提法，一直延用至今。然而，遠為重要的是，物理學界對上述名詞的接受，當初不是、後來不是、現在依然不是表明：物理學界認為大自然中存在兩種性質截然不同的能量，一種能量很正面，叫正能量，另一種能量很負面，叫負能量。正如物理學家在論述經典物理學中的勢能時，雖然早就知道勢能的值可以取正也可以取負，但從不認為存在兩種性質不同的勢能——正勢能和負勢能一樣。作為最基本的物理量之一的能量，物理學早就給出了明確的定義。

物理學並沒有因為「正能態」、「負能態」的提法，而對能量定

義進行任何修訂，或對能量進行重新定義。將阮先生的「能量是標量，沒有正負之說」加以修正，我們就有：能量是標量，雖有正負之說，實無正負之分。明乎此，則可知：所謂能量分為異質的「正能量」和「負能量」之說，的確如阮先生所言，沒有科學根據，是誤導子女，誤人子弟。

然而，不管怎麼說，那些誤導者至少是從物理學中拿來了「正能量」與「負能量」這兩個詞，從而使自己多少顯得和科學有些淵源及親和性。而所謂「能量場」的說法，則全然沒有一丁點兒物理學的依憑了。

英國心理學家理查德·懷斯曼（Richard Wiseman）寫有一本專著，其中文版於 2012 年 8 月面世時，書名叫做《正能量》[6]。在書中，懷斯曼先生「將人體比作一個能量場，通過激發內在潛能，可以使人表現出一個新的自我，從而更加自信、更加充滿活力」。從邏輯上講，將人體比作能量場的一個必要前提是：自然界中存在能量場。然而，儘管專門研究能量的物理學中有許多場，如引力場、電磁場、規範場、量子場、玻色場、費米場等等，但就是沒有什麼「能量場」！（著名系統哲學家鄂文·拉胥羅（László Ervin）提出的「全息隱能量場」假設，不影響本文的討論 [7]）

除非懷斯曼先生揮手告別物理學中的能量概念，用他重新定義的「能量」概念提出「能量場」一說，否則，大自然中的能量場既子虛烏有，人體又安能被比作一個能量場？遺憾的是，心理學研究成果享譽國際的懷斯曼先生並沒有那麼做。懷斯曼先生杜撰的「能量場」，在名稱上與物理學大套近乎，在內涵上卻棄科學性於不顧。在所謂「能量場」的觀照下，懷斯曼先生把「行為影響心理」的原理進行了深入淺出的闡發；他的《正能量》一書，成了一本「世界級的心理勵志書」。

人體被「高妙地」比作能量場之後，懷斯曼先生和他的粉絲們無

所顧忌、哼著小曲將根本不是能量的東西之表現，如人性、情感、性格、脾氣、心志、心胸、心態之表現，一概視為能量之表現。接下去，是大搞兩個凡是：凡是「正面」表現，就頒發「正能量」名片；凡是「負面」表現，就貼上「負能量」標籤。例如，把正能量說成積極、樂觀、健康、自信、自律，而把負能量說成悲觀、焦慮、憂愁、恐懼、絕望。還有人總結出了負能量的人自帶的特質，計有 11 條之多，諸如害怕改變，儘管現在並不如意；覺得沒必要稱讚他人做的事，只想挑剔缺點；說話總圍繞自己，不想瞭解他人如何；覺得世界應該圍著他轉，他不想主動幫助別人；總將錯誤怪到別人身上，他一點沒有錯；就算知錯也不願道歉，拒絕改過；等等。並且直言不諱地提出：要把身邊散發負能量的人分辨出來，與之遠離。

不難看出，上述做法，即便動機可嘉、善念四溢，也絕不是什麼能量概念的借用和衍生。上述做法，乃是在拿能量概念堂而皇之尋開心而已。而「正能量」獲選 2013 年度國內詞一事，充分說明這些做法已然在中國氾濫成災。

阮耀鐘先生在他的文章結尾時說：「希望大家造詞、用詞也不能違背科學，請大家慎用『正能量』這個詞，最好是不用『正能量』這個詞。」儘管我十分贊同並一直抱持樂觀豁達的人生態度，但對「正能量」這個徐偉專所熱捧的寵詞，我的居心要比阮先生更叵測一些：希望我的正本清源和釜底抽薪，能使其早日墜入人類語言的冷宮。

2018 年 2 月 27 日 於北京家中
（自由亞洲電臺 2 月 28 日播出）

參考文獻：

[1] 阮耀鐘〈請慎用「正能量」〉。上網搜索，立等可取（刪節版）。
[2] 徐偉專〈傳播正能量，何須慎用「正能量」一詞〉。上網搜索，立等可取。
[3] 李銳《廬山會議實錄》，河南出版社，1994 年 6 月，第 62 頁。

[4] 李銳《廬山會議實錄》（最新增訂版），香港天地圖書有限公司，2010 年 7 月。

[5] 阿伯拉罕·派斯（台譯亞伯拉罕·派斯）《基本粒子物理學史》，武漢出版社，2002 年 9 月，第 364 頁。

[6] 理查·懷斯曼（台譯理查德·懷斯曼）《正能量》，湖南文藝出版社，2012 年 8 月。

[7] E·拉茲洛（台譯鄂文·拉胥羅）《系統哲學講解集》，中國社會科學出版社，1991。

後極權概念的份量與價值

今年 2 月 20 日，吳思先生抵達美國哈佛大學，任費正清東亞研究中心訪問學者。不久，受民間性雙周學術文化沙龍——哈佛沙龍之邀，他在沙龍第 50 期作了主題演講，題目是〈關於當代中國社會性質的爭論〉。無疑，這是一個我非常感興趣的課題。數天前，當我拿到吳思的《哈佛講座修訂稿》電子版後，就一口氣讀了一遍。然後是一而再、再而三，一連讀了三遍。

春分時節，剛看完賀衛方的翻白眼，又品讀吳思的講座稿，一種美妙的精神愉悅感，燦然靈動，漾於心中。以前，我在讀吳思的《潛規則》和《血酬定律》時，啟迪多，共鳴多，會心的笑意多。如今，讀吳思親手修訂之文稿，復又如此。比如，他對「權貴資本主義」的分析，就出自他的獨到見解。他說：在當代中國，資本能「主義」嗎？不是只有權貴或官家在「主義」嗎？因此，稱其為「資本—官家主義」較好。在我看來，這一命名的確比「權貴資本主義」要可取得多。

和吳思類似，張顯揚和劉軍寧基於事實和學理，也不認同把板子胡亂打到資本主義身上，儘管早在 170 年前，三十而立的德國人馬克思就已胡亂敲響了資本主義的喪鐘。顯揚認為，當代中國社會應稱為「權貴社會主義」社會 [1]；軍寧則主張，可定名為「官商社會主義」社會 [2]。

　　再比如，針對有些人用「新極權」來命名當代中國社會，吳思提出了十分有力的質疑和辯駁。基於公認的極權定義，吳思發問道：「**沒有強大的意識形態主導，還可以或可能成為極權社會嗎？沒有深度動員，極權如何可能？**」的確，只有在包括知識份子在內的社會絕大多數成員都傻傻地、真誠地接受官家意識形態的基礎上，才有可能建立極權社會。

　　曾記否，在被極權意識形態所深度麻醉和全身心俘獲的年代，官家可以一呼萬應，甚至一呼億應，而國人卻可悲到連翻白眼的想法都不會有！現在，知識份子的大多數都已不傻或只是在裝傻，雖然他們還不敢站出來當諤諤之士，但至少，他們都敢在家裡翻白眼了，極權又如何可能？略顯遺憾的是，基於極權定義，吳思本該再發一問：極權是不允許存在任何多元化的，而中國已經存在經濟、社會的有限多元化且又不可能被抹去，還可以或可能成為極權社會嗎？

　　三讀之後，可以說講座修訂稿中的大部分論述，我都能認同；對其中有些內容，則深表贊同。然而，也正因為三讀，我大出意外地發現，在吳思講座稿的「第三套敘事」中，存在一個在我看來完全不該有的學術硬傷。

　　上述「第三套敘事」說的是：根據西方轉型理論的概念框架，就如何判定中國社會的性質一事，20多位中國知識人所展開的思索、切磋和論爭。在娓娓敘事中，吳思重點介紹了由美國耶魯大學教授胡安‧林茨（台譯林茲 Juan José Linz）修正和完善的轉型理論概念框架，並對林茨所提出的「威權主義」概念作了恰如其分的肯定評價。吳思所描述的林茨框架（以下簡稱吳思敘事框架）是：

　　極權‧後極權 → 威權 → 民主自由
　　一元化 → 有限多元化 → 多元化

作為吳思的校友和朋友,我深知吳思做學問,一向認真、紮實,可以信賴。我當然認為,上述敘事框架,是對林茨本意的如實表述。說真的,如果我沒有讀第三遍;又如果在讀第三遍時,我對吳思文稿中所列有的表 3.1 只付以一瞥而沒有認真查閱,那麼,我就肯定不會發現吳思敘事框架偏離了林茨的本意,也就不會提出「後極權概念的份量與價值」這一話題,並動手寫作本文了。

表 3.1 現代政體的主要理想類型及其判定依據		
特徵	多元主義	意識形態
民主	責任的政治多元化,因多元自主性在經濟、社會和組織內部生活等廣泛領域的存在而得到增強。法律保護的多元化與「社會法團主義」而不是「國家法團主義」保持一致。	對於公民身份和競爭的程式規則具有廣泛的知識承諾。非目的論。尊重少數人的權利、法律,以及個人主義價值。
威權主義	政治制度具有有限的、非責任的政治多元化。通常是非常廣泛的社會和經濟多元。威權主義政體中,大多數的多元化在政體建立之前已根植於社會之中。通常給予半反對派一些空間。	政治制度沒有詳盡的指導性的意識形態,但具有獨特的精神。
全能主義	沒有顯著的經濟、社會或政者多元化。執政黨在法律和事實上都壟斷權力。政黨幾乎消除了所有前全能主義的多元化。沒有第二經濟或平行社會的存在空間。	詳盡的指導性的意識形態,清晰的闡明瞭一個可以實現的烏托邦。領導人、個人和團體的使命感、合法性,以及常常很具體的政策,大部分源自他們對於人類和社會的整體性認知的信奉。

表 3.1 現代政體的主要理想類型及其判定依據		
特徵	多元主義	意識形態
後全能主義	有限的但非責任的社會、經濟和制度多元化，幾乎沒有政治多元化。因為政黨仍正式地掌握著壟斷權力。可能存在「第二經濟」，但國家仍具壓倒性的勢力。「扁平的政體」(flattened polity) 中大多數的多元化運動形成於寬容的國家結構中，或形成於那些自覺組成的反全能主義政體的反對派團體中。在成熟的後全能主義中，反對派通常建立「第二文化」或「平行社會」。	指導性意識形態仍是法定的，且作為社會實現的一部分而存在。但對烏托邦的忠誠和信仰已經減弱，從強調意識形態轉向強調計劃性一致。這種轉變大概是建立在沒有過多引證意識形態的理性決策和有限的爭論之上的。
蘇丹制	經濟和社會多元化沒有消失，但受到無法預應的專制干涉的管束。公民社會、政治社會或國家中的任何個人或團體，都無法擺脫蘇丹的專制權力的控制。沒有法治。制度化程度低，私域和公域高度融合。	對象徵的高度的管制操控，對統治者的極度讚頌。除全新的個人主義至上論外，沒有精細的指導性的意識形態，甚至沒有獨特的精神。不試圖在意識形態基礎上來證明主要行動的合理性。國家雇員、臣民和外部世界都不信奉這種冒牌的意識形態。

表 3.1 現代政體的主要理想類型及其判定依據		
特徵	動員	領導權
民主	通過公民社會自發產生的組織以及法律體系保證下政治社會中的競爭性政黨來進行參與。重視低度的體制動員和高度的公民參與。政府廣泛宣傳塑造良好公民和愛國情感。寬容對待和平有序的反對派。	由自由選舉產生的高層領導權，必須在憲法和法律規定範圍內行使，領導權必須定期地經歷選舉並產生於選舉。
威權主義	除了政治制度發展的某些時刻外，其他時候不存在廣泛深入的動員。	威權主義除了政治制度發展的某些時刻外，其他時候不存在廣泛深入的動員。政治制度中由領袖或偶爾是小團體行使權力，這種權利受到正式的、不慎明確的，但事實上卻可預測的規範的限制。盡力從老菁英團體中指派職位。國家公務和軍隊中有一定的自主性。
全能主義	廣泛動員加入政體建立的強制性組織的巨大陣容。強調骨幹和軍人的積極精神。努力動員積極性，私人生活受侵犯。	全能主義領導的統治，對成員和非成員而言，都受到不明確的限制和巨大的不可預測性。通常是克里斯馬型的。對高層領導的選拔很大程度上取決於他們在黨組織中的成就和貢獻。

特徵	表 3.1 現代政體的主要理想類型及其判定依據	
	動員	領導權
後全能主義	領導人和非領導人與組織動員的興趣日益下降。對國家贊助的組織內的人員的常規動員，目的是獲取最低限度的一致和服從。許多幹部和軍人只是職業家和機會主義者。對主流價值厭倦、淡出以及最終的私人化成為公認的事實。	後全能主義政治精英越來越強調個人安全，通過政黨結構、程式和「內部民主」實現對高層領導權的制約。高層領導人很少是克里斯瑪型的。高層領導人的選拔權限於執政黨內。但很少取決於政黨組織的事業發展。高層領導人可能來自國家機構中或政黨技術專家。
蘇丹制	低度但不定期的儀式型的操作動員。選用高壓和庇護主義的方式，不須常設的組織。半國家團體的階段性動員，它們使用暴力對付蘇丹所攻擊的團體。	高度的個人化和專制。沒有理性─法律制約。強烈的朝代化傾向。國家事業中沒有自主性。領袖不受意識形態的束縛。對領導人的服從是建議在強烈恐懼和個人回報之上的。官員是從領袖的家族成員、朋友、商業夥伴，或那些直接參與使用暴力維持政體的人中間選拔。官員的地位源於他們對統治者的純粹個人服從。

　　表 3.1 來自胡安・林茨的《民主轉型與鞏固的問題》一書[3]，它有一個標題，叫做：〈現代政體的主要理想類型及其判定依據〉。事先我根本不可能想到，讀罷表 3.1，我會大吃一驚。當時我發現，吳思所給出的概念框架，與林茨的原意有明顯對不上號的地方。根據表 3.1，胡安・林茨一清二楚地給出的轉型理論概念框架（以下簡稱林茨框架），其實是這樣的：

極權 → 後極權 → 威權 → 民主自由
一元化 → 部分有限多元化 → 有限多元化 → 多元化

　　從林茨框架可知，在西方轉型理論原先的極權－民主框架中，林茨不僅加進了重要的威權概念，而且還加進了另一個重要概念——後極權概念。這一概念不是用以指稱步入後期的極權社會，即不是指「後期極權」或「弱化極權」，而是用來說明離開極權之後、未到威權之前的社會形態。在林茨心目中，後極權概念是一個很有份量、可以和極權、威權與民主相提並論的概念。請看，在表 3.1 中的「後極權」三個字後面，林茨鄭重其事地加上了「主義」二字，名為「後極權主義」，從而使其與「極權主義」、「威權主義」和「民主」赫然並立，如大廈之棟柱共同撐起他的概念框架——林茨框架。

　　那麼，林茨如此看重的後極權概念，其價值又如何呢？林茨明確認定，世界上有一類社會形態，既不能歸於極權名下，也不能歸於威權名下，必須用後極權概念去加以界定——這就是其價值所在。在表 3.1 中，林茨對後極權社會的基本特徵作了如下描述：

1. 多元化：有限的但非責任的社會、經濟和體制多元化，幾乎沒有政治多元化。（餘略）
2. 意識形態：指導性意識形態仍是法定的，且作為社會現實的一部分而存在，但對烏托邦的忠誠和信仰已經減弱。

3. 動員力：領導人和非領導人參與組織動員的興趣日益下降，對國家贊助的組織內的人員的常規動員，目的是獲取最低程度的一致和服從。許多「幹部」和「軍人」只是職業家和機會主義者，對主導價值的厭倦、淡出以及最終的私人化成為公認的事實。

4. 領導權：後極權主義政治精英越來越強調個人安全，通過政黨結構、程式和「內部民主」實現對高層領導權的制約。高層領導人很少是魅力感召型權威（Charismatic authority），高層領導的選拔僅限於執政黨內，但很少取決於政黨組織內的事業發展。高層領導人可能來自國家機構中政黨技術專家。

　　上述關於後極權社會的判定依據，是林茨在多年前給出的。今天的我們，應當也能夠對之加以必要的審視和修訂。但是我認為，用其「政治一元化，社會、經濟有限多元化」的本質規定來比照和判定當代「特色」中國社會，仍然是大體靠譜的。而這，就是後極權概念在當下的一項重要價值體現。

　　關於林茨的表 3.1，吳思簡明、客觀地給出了一些相關導讀。那些導讀表明：他是認真讀過表 3.1 的。然而，究竟是出了何種情況，做學問一向極為認真的吳思，竟然沒有給出我在上文中列明的林茨框架，而卻給出了吳思敘事框架呢？對此，我三思不得其解。因為，誰都能一眼看出，吳思敘事框架與林茨框架存在重大的區別。前者將林茨頗為看重的後極權概念陡然降格，並違反林茨本意將其附於極權名下。林茨的「後極權」明明是指「政治一元化，社會、經濟有限多元化」的社會，怎麼能將其與「沒有任何多元化」的極權社會歸為一類呢？

　　當然，如實給出林茨框架和進行不失真的解讀，並不意味著就不能對之持有異議了。如果認為林茨的「後極權」還不夠稱「主義」的資格，那麼，就給出你的理由。又如果認為，「後極權主義」可以成立，

但介乎「後極權主義」和「威權主義」之間，世界上還存在一種現實的社會形態，因而應該提出一種新的概念去加以命名，那麼，就作出你的嘗試。

事實上，包括吳思在內的 20 多位知識人正是認為：當代中國已相繼離開了極權時代和後極權時代，但是，又沒有進入威權時代，因此，他們才展開了長達兩年多的認真討論和理性交鋒，嘗試去解決如下問題：對「處在（極權）後極權與威權之間」的當代中國社會，如何加以命名？他們已經作出的兩種命名嘗試是：「新極權」和「半極權半威權」。

然而，不管心中持何種異議，胸中有多少創見，我認為首先必須做到：一是不能有意、也不應無意將林茨框架加以變形。二是不應將林茨的「後極權」誤讀為「後期極權」或「弱化極權」。遵守上述學術規範，是作出學術貢獻的當然前提。將林茨框架以吳思敘事框架失實地表述出來，是一種不幸，也是一條學術硬傷。這一硬傷，無論是由什麼原因所造成，「燈下黑」也好，「智者千慮必有一失」也好，總之，是一條讓我噓嘆、實不該有的低級硬傷。

行文至此，應是點評「兩種命名嘗試」的時候了。我看到，在 20 多位知識人中存在兩條基本共識：一是當代中國社會，是沒有政治多元化的部分有限多元化社會。二是當代中國社會，已不是「後期極權」社會。他們中間的主要分歧是，有些人將其命名為新的極權社會，而吳思則稱其為半極權半威權社會。在這裡，我首先要指出，既然當代中國連「後期極權」社會都已離開了，他們的命名嘗試中還出現「極權」字樣，在邏輯上是說不通的。

「新極權」命名者事實上明白這一邏輯困難。其中的崔鶴鳴先生，主張棄用林茨框架中的極權定義，通過另行定義「極權」來將其命名

為「新極權」，如極權「可以接受多元化的存在」，極權允許「實現一定程度的多元化和開放度」等等。但這麼做，就違背了基於西方轉型理論尋求命名的初心，並與立足於林茨框架的論說無法對話和互動。

吳思的命名依然採用轉型理論的概念，但他的「半極權半威權」提法，在邏輯上站不住腳。一方面，由於存在有限的社會、經濟和體制多元化，當代中國社會已毫無懸念地失去了極權社會的會籍。並且正如他指出的那樣，也已回不到極權社會。另一方面，由於官家鐵了心地使出渾身解數，就是不走威權主義和民主憲政的「邪路」，因此目前的中國社會，離威權邊界足有數十箭之地，又豈能稱其進入威權領域已達一半之遙？換句話說，當代中國社會，既不是中等強度的極權社會，也不是中等硬度的威權社會，更不是中強極權與中硬威權的半極半威混合體。

最後，我想再次強調，用林茨框架中「極權之後、威權之前」的後極權概念來命名當代中國社會，至少到目前為止，是相對而言較為確切和精當的。不過，如能找到比它更好的概念，我則樂見其成矣。

2018 年 3 月 23─26 日 於北京家中

（自由亞洲電臺 3 月 26 日播出）

參考文獻：

[1] 張顯揚《歷史決定論批判》，香港東西文化事業有限公司，2013 年，第 175 頁。

[2] 劉軍寧〈權貴資本主義，還是官商社會主義？〉，上網搜索，立等可取。

[3] 胡安・林茨《民主轉型與鞏固的問題》，浙江人民出版社，2008 年。

厲害了，美國憲法第一修正案

自 2016 年美國大選以來，川普就一直備受爭議，一直處在國際和國內輿論場的風口浪尖上。總的來說，對他的評價是毀譽參半，反差極大。譽之者中，有人大讚川普為「特有譜」，是堪比邱吉爾（Sir Winston Leonard Spencer-Churchill）、雷根的偉大政治家。毀之者中，有人痛貶其為「特沒譜」，稱其為瘋子、傻蛋、渣男式的無良政客和外交白癡。看來，能為大多數人接受的、相對中性的評價是：牛人特朗普。（陸譯特朗普，台譯川普）

川普的牛，還真不是吹的。他最牛的地方是什麼呢？是他真的和老布希（Bush Senior）、柯林頓（Bill Clinton）、小布希和歐巴馬不同，居然一一兌現了自己在競選時所作出的承諾：退出 TPP，退出巴黎氣候協定、退出伊核協議、修建美國和墨西哥之間的邊境牆、成功推出和實施大減稅方案、對朝鮮進行動真格的極限施壓……然而，國際江湖老大、美國總統川普再牛，也牛不過美國憲法第一修正案。

2017 年，在被川普拉黑的美國推特用戶中，有七位將其告上法庭。幾天前的 5 月 23 日，紐約曼哈頓的聯邦地區法院法官布赫瓦爾德（Naomi Reice Buchwald）作出裁決：美國總統川普在推特上拉黑批評他的用戶這一行為，違反了美國憲法第一修正案。法官明令川普及其下屬，不得在推特上通過遮罩使用者的方式來阻止批評者發表評論。1791 年生效的美國憲法第一修正案全文如下：

國會不得制定關於下列事項的法律：確立國教或禁止信教自由；剝奪言論自由或出版自由；剝奪人民和平集會和向政府請願伸冤的權利。

由於推特上的川普私人帳號，已經成為眾人議論紛紛的公共平臺，因此川普的拉黑行為，也就觸犯了第一修正案對保障言論自由原則的

確認與捍衛。換言之,第一修正案如同罩住牛人川普的鐵籠子,使其不得濫用權力去傷害信教自由、言論自由、出版自由、集會自由和請願自由等基本的公民和政治權利。

事實上,不僅是美國憲法第一修正案,整部美國憲法和美國的憲政制度,共同起到了把公權力關到籠子裡去的劃時代作用!

美國總統和美國的國會議員們,可以是政治遊戲的玩家甚至是世界級的大玩家,但是,他們絕對不能玩憲法。美國憲法絕不是他們的道具或撲克牌,可以拿來捏去,說修就修,說變就變。

在美國的憲政制度下,司法巋然獨立。一如布赫瓦爾德,美國的法官們根本無須仰仗行政權之鼻息,只須依據憲法和法律作出自己的裁決;判國家元首敗訴,遠非不可思議,如同小菜一碟。

在憲法第一修正案所確立的人權至上保護傘下,美國公民批評川普,無關勇氣也無需勇氣。你批評川普,或「妄議」川普,他哪怕再不爽,充其量也只能和你對罵,或任性一把,將你拉黑而已。他不能做也做不到刪你帖、封你號;他不能做也做不到將你記過、調離科研崗位、取消教師資格;他更不能做也做不到請你「喝茶」,誣你「尋釁滋事」,將你投入監獄。

在憲法第一修正案所確立的人權至上保護傘下,美國公民狀告川普,同樣無關勇氣也無需勇氣。你狀告川普,他,是一點轍也沒有。他敢去,或託人去紐約聯邦地區法院打招呼嗎?他敢找那七位民告官的推特用戶碴、給他們小鞋穿嗎?無疑,借川普十顆豹子膽,他都不敢。

顯然,在美國,遠比牛人川普厲害得多的,是美國憲法第一修正案;是美國憲法;是美國的憲政制度。這一點,連中國官方的新華社都摸得門清,也知道被川普拉黑後,要拿第一修正案來壓川普一頭,

以迫使川普乖乖就範。只不過，新華社這麼做時，那毫無恥感的樣子，讓我噁心和來氣。

在我看來，比起作為國之重器而令人生畏的美國核武庫，久經歷練的憲政制度，更是美國的國之重器，而且是排在第一位的、具有巨大威力和深厚潛力的國之重器。法國啟蒙思想家孟德斯鳩在他《論法的精神》一書中，說過兩句至理名言，一是「**一切擁有權力的人，都有濫用權力為自己謀求私利的傾向。**」；二是「**任何專制國家的教育目的，都是極力降低國民的心智。**」而美國的憲政制度，有的放矢、卓有成效地遏制了有權者的濫權傾向，並反專制其道而行之，通過對人權的切實保障，大力提升國民的心智。這樣的國之重器，高端、大氣、上檔次，能不厲害嗎？這樣的國之重器，是強國之本、創新之源。有這樣的國之重器，什麼樣的晶片不能造出來？又何需擔憂會被別人掐住脖子呢？

先前的世界上，以專制或專政作為傳國玉璽的國家，曾經占壓倒多數。而如今的世界上，以憲政作為傳國玉璽的國家，已經是壓倒多數了。憲政優於專制，或憲政優於專政，已是不爭的事實，宇宙的真理。哪裡還會有專制引領世界，或馬克思的「無產階級專政」引領世界的好事呢？死抱著專政不放，高喊「遲早有一天讓美國人叫我們爸爸！」——這種中國夢，能有戲嗎？

2018 年 5 月 28 日 於北京家中
（自由亞洲電臺 5 月 29 日播出）

答日本《東京新聞》記者問

2018 年 5 月 29 日下午，日本《東京新聞》駐京記者中澤穰（Nakazawa Minoru）先生對我進行了面對面採訪。這篇答問錄乃根據採訪錄音整理而成。

問：六四事件 29 周年紀念日很快就要到了，我們想首先請你就這件事談談自己的看法。

答：29 年前的八九民運，是一場驚天地、泣鬼神的偉大運動。執政當局於 1989 年 5 月 20 日悍然發布戒嚴令，充分表明其絕不會順應學生和民眾爭自由、要民主的強烈訴求。但是，絕大多數人（包括我在內）想不到的是，它竟然會在光天化日和眾目睽睽之下，向手無寸鐵的示威民眾開槍，一手製造了慘絕人寰的六四大屠殺事件。

六四鎮壓已快 29 年了，然而，29 年來，年年歲歲的這個日子，都是趙家超級敏感的日子。實際上，每年從清明前後到 6‧4 前後，都成了趙家的敏感日，極難脫敏。他們，包括以前的江澤民、胡錦濤和現在的習近平，最害怕 6‧4 這一天。我以前好幾次說過，他們最希望今天是 6 月 3 號，而明天，就是 6 月 5 號，出廠的日曆上最好沒有 6‧4 這一天！這說明什麼呢？說明 6‧4 那一天，他們的確幹了件大壞事，壞得連他們自己都不敢回頭去看看。

29 年前，他們幹了大壞事；那麼，中國民眾幹的什麼事呢？幹的是大好事。29 年前的八九民運，表明中國人和前東歐各國、前蘇聯的民眾一樣，也會覺醒，也會覺得人權是個好東西。當然，29 年來，中國沒有出現像八九民運那麼大的民主運動。但是，它並不表明中國民眾的心裡，就再也不想去爭取自由、追求民主。中國人當然希望富起來，不希望窮。但中國人也希望人有尊嚴，有

人權，希望有朝一日，可以無需鼓足勇氣把心裡話說出來。

中南財經政法大學有個翟桔紅副教授，她在課堂上說了自己的一些心裡話——針對中國的三月份修憲，批評了中國的人大制度。說出與當局不同的意見，這在民主國家，太正常了。一個民主國家的老師，為什麼非要說與官方一樣的看法呢？他完全可以毫無恐懼地說出自己的不同見解。但是在中國，說這樣的真話，是很有風險的。翟桔紅那麼做，表明了她對言論自由權的內心認同和大膽追求。我認為，她對被學校處分，被取消教師資格，應當是有心理準備的。

翟桔紅事件，是半個月以前發生在中國的事情。它表明了一部分中國知識分子的勇氣和擔當，它也同時表明了：現在的中國，人們還是沒有言論自由權。當局非要別人與它保持一致，不一致，就懲治你。而在美國，最近也發生了一件事。總統川普有個推特帳戶；有人在推特上跟帖批評川普，川普就把他拉黑了。川普挨批，他不開心，一任性就把別人給拉黑了。其實也沒什麼，被拉黑就拉黑，也傷不到什麼。但美國那幾個人就是不服氣，到法院去告川普這麼做不對。法院裁定：川普這種拉黑行為違反美國憲法第一修正案，侵犯了言論自由權。這兩件事，非常簡明地凸顯了專政國家與憲政國家的基本分野。

問：也有這樣一種說法：什麼事情都由中國政府說了算，民眾要與政府保持一致，這樣國家才能夠富裕，才能夠穩定。

答：這是中國官方的說法。它是一黨專政，就不允許有不同聲音。不僅民間不允許有不同聲音，它的隊伍裡也不准有不同聲音。它認為這麼做有利於中國，但我不這麼看。我認為，這麼做，有利於他們趙家，並不有利於普通民眾。一個人連心裡話都不敢說，這是一種什麼樣的穩定？表面上很穩定，鴉雀無聲、一呼百應。但

這種穩定，是劣質的穩定，是民眾心裡彆扭、窩囊的穩定，是道德滑坡、奴性氾濫的穩定。還有，在這種穩定之下，中國能有真正的創新力嗎？能搞出高端的晶片來嗎？能真正追上美國嗎？

前幾天，我碰上幾個從日本旅遊回來的朋友。他們說，你到日本去，隨便看什麼地方都一樣，沒有門面與不是門面之分。荒野的地方，都很乾淨。你看這裡，門面上不錯，裡頭就不知道是怎樣了。朋友對我說：「還有 100 年，不知道中國能不能追上日本！」所以，如官家所說的這種富強、穩定，能管多大用？國家或許軍事力量在增強，但人民並不見得多富裕。好多人把所有資產用來買了房子，其它內需就顧不上了。而且，中國的稅收占 GDP 的比例，中國的吉尼係數[1]（Gini coefficient），恐怕都是世界上最高的。

中國應當走什麼路，我與習近平有不同的看法。作為一個中國人，我當然希望中國好起來。但中國要好起來，中國要富起來，就要走憲政民主的道路。要與美國、日本、德國、加拿大、法國友好，不要跟朝鮮友好，不要與金三胖友好，不要給他喝 128 萬元一瓶的茅臺，給他一個漢堡包就夠了，他的臣民許多還在餓肚子。

中國的問題其實並不複雜，並不是中國的國情不適合中國搞民主，只是中國的官情不適合搞民主。

問：剛進入 21 世紀及後來的好多年裡，有不少日本專家、學者，認為中國當局是會走向民主化的。但是，最近幾年放棄了這類想法。對此，你怎麼看？

答：不僅是日本，美國和世界上其它發達國家中，都是這樣。包括中國的一些知識分子，也是這樣認為的。應當說，有這種善良願望，可以理解。中國加入 WTO 後，美國、日本等希望中國會慢慢按世貿組織規矩辦事，這是一。第二，如果經濟上按照世貿規則辦事，

政治上是不是也會慢慢按國際規則辦事？中國如果能這麼走，他們就省事了，大家都省事了，喝喝下午茶，看歷史的終結。

當然，現在看清楚了，不行！加入 WTO，中國獲得許多經濟上的好處，但中國政府的承諾始終不兌現。開放金融、開放通訊等，都不兌現，這是經濟上。政治上是與普世價值唱反調，而且到習近平手裡，更是要推出中國智慧、中國模式，要把中國道路提供給世界，就是要走馬克思主義之路。不用說，現在誰都看清楚了，所以也沒有什麼幻想了，態度也硬起來了——好吧，咱們就較量吧！經濟上你不能光得好處，不承擔義務。你搞國家補貼、傾銷，搞變相的貿易保護主義，不按照市場經濟規矩辦事，我們美、日、歐盟就不能承認中國是完全的市場經濟。這種不承認，乃是基於事實。而長期對美國的貿易順差，美國經常的貿易逆差，到了川普手裡，他不幹了。所以，經濟上再也不能由你佔便宜。

政治上的分野很清楚，習近平也不藏著掖著，他明明白白地說，我們玩我們的那一套，就是要堅定地走馬克思主義的道路。原先，中國趙家的態度半明半暗，對方拿不準他的算盤，現在對方清楚了，你趙家就這個德行，接下去的較量，就比較有意思了。

現在雙方都把問題放在桌面上了，恐怕更有利於中國走向憲政民主。不慍不火，不死不活，問題不放在桌面上，一拖五年，一拖十年。朝鮮的核武器，在金正日手上，一拖拖了十幾年，一直解決不了。川普上來不跟你那麼玩，你不棄核，我要想辦法施加強大的經濟制裁。這下好了，6 月 12 號要見面了，加快了進程。把問題都捅破，都放在桌面上，加快了進程。川普對金正恩說：「我要你棄核，是要公開、不可逆、完全，不能在表面上棄了，實際上還在幹。」金三胖說：「這個問題可以商量，就看你能否保證我的政權安全，另外，也請幫助朝鮮富起來。」川普說：「這個

可以啊！」金三胖說：「這你要說話算數，一方面我滿足你的棄核要求，另一方面你得保證讓我統治下去，幫我把經濟搞上去。」看樣子，兩方面問題都能解決。我舉這個例子說明什麼呢？說明當問題都擺到桌面上，在底下藏不住的時候，就快解決了。

中國的事情，看來也不會太慢了。1991年蘇聯解體後，世界上民主國家都鬆了一大口氣，我們贏了，社會主義陣容要完了。鄧小平比較鬼，韜光養晦，裝傻不出頭，不得罪人，埋頭發展經濟。外國人心想：「這沒什麼不好啊，你還挺乖的，埋頭搞發展。」現在不是了，現在習近平是要與別人叫板，還要引領世界、構建人類命運共同體。人家不幹了，憑什麼你的一黨專政要來壓倒我的民主憲政呢？有人覺得，中國有了習近平不利於中國走向民主，我不這麼看。他把事情捅破了，把趙家的本質越來越暴露了，讓全世界都看得更清楚了——這其實有利於中國的變革，從專政走向憲政的變革。

問：你對習近平上臺後的一些做法，有什麼看法？

答：習近平上臺後就是一條道，就是要走共產黨領導的社會主義道路，明顯比胡錦濤牛，比胡錦濤張揚。他更強調意識形態，但經濟上還只能對外保持開放。不開放不行，能源要進口，糧食要進口，晶片要進口。他做不到毛澤東的閉關鎖國，但意識形態要加強。七不講麼：憲政不能講、公民社會不能講、共產黨歷史上的錯誤不能講……。他覺得這麼做，有利於中國更好地掌控在共產黨手中，30年，50年，都是共產黨掌權。

但我不這麼看，你這種落後的政治制度，落後的經濟制度，是較量不過比它優良的制度的。而且由於國家的開放，由於資訊通道的相對多元化，中國的老百姓有可能、也有機會瞭解到世界的真相。像我就不說了，我天天翻牆。電腦上有翻牆軟體，趙家的防火牆擋不住我。中國起碼有幾百萬人像我一樣，有個軟體放在電

腦上。還有大量的人出國旅遊，還有留學，還有電子郵件的溝通。雖然他們儘量過濾和封鎖資訊，但遠做不到把大家都給矇了。課堂上可以讓老師不講；課堂下面呢，老師怎麼會不講？

要我說，習近平這些人活得真是很累，晚上睡不好，恐怕要吃雙倍的安眠藥。民眾說什麼，要管；民眾想什麼，也要管。不該管的，都要管。而食品安全等，哪會有功夫去管呢！

政治上是這樣，經濟上他也很累。企業的自主行為，市場行為，政府不該管，可他偏要管。官員去管，老闆就得給他塞好處。你不去瞎管，老闆給你塞什麼好處？

一個縣一個市長，十個副市長，還有書記，幾套班子，養了一大堆官。他要瞎管，沒有這麼多官不行。你到日本、美國去看看，會有這麼多官嗎？北京大學一個校長，有八到九個副校長；一個書記，好幾個副書記。這樣的制度先進嗎？可持續嗎？

這個帳有什麼難算的？比一比，就清楚了。我們年輕時，沒辦法比，不知道外面情況，他封鎖得厲害。現在他怎麼能封鎖得了？

問：去年十九大時，習近平曾經講共產黨執政到 2050 年，會更加強大，會成為世界中心，你怎麼看？

答：他公開說要成為世界中心，這是他可愛的地方（中澤穰笑了），他不玩貓膩。至於對不對，成不成，另說。到 2050 年，還有 22 年。我還真說不好，或許，共產黨一黨專政早就崩潰了；或許，共產黨還在執政。但是，要成為世界的中心，肯定辦不到。那起碼得美國衰敗了，德國衰敗了，法國衰敗了，日本衰敗了，它才能成為世界中心。我看不出現在的民主國家，20 幾年後就趴下了，不行了。它要成為中心，那肯定是扯蛋。我知道你也不會信。我這

個話可以公開，可以放在那裡經受時間的檢驗。

問：民主國家也有它的問題，川普上臺後，出現了問題，歐洲也存在著問題。是不是說西方民主制度也有它的問題，你怎麼看？

答：剛才說到民主制度與專政制度不同，總體上說專政制度遠不如民主制度。但是，民主制度也有自己的問題。我們看到，有些民主制度運行得不好的國家，如菲律賓、泰國；運行得比較好的，如美國、歐洲、日本，但當然也還有問題，不可能沒有問題。他們也要解決自己的問題。民主制度的好處是，允許問題暴露出來，大家來聚焦，大家提出不同意見，報紙上能談，國會能談，學校能談，怎麼把民主國家問題解決好。民主國家是有問題要解決的，它不是天堂，但它的社會制度是相對較好的。

問：六四過去 29 年了，我們再回顧一下當時學生提出的要求，哪些實現了，哪些還沒有實現，你怎麼看？

答：要說學生當時要求的東西，應該說，真正實現的很少。政治上，20 幾年前，學生要求加快政治體制改革，希望共產黨裡出更多像胡耀邦那樣的人，更加有人性，政治上更加開明；學生要求找出更好的辦法來反腐敗反官倒；學生要言論自由、遊行自由、結社自由，現在基本上都沒有實現。經濟上，通過鄧小平南巡以後，經濟上的改革力度，超過了 80 年代。但它有底線，也是一條不能逾越的紅線──絕不能搞完的市場經濟，只能搞社會主義市場經濟。什麼叫社會主義市場經濟呢？就是官方的手，一定要管住市場，要深深地掐到市場裡去。

六四鎮壓後，趙家在政治上並沒有向好的方向發展。不過，官方沒有長進，不等於中國的民間不在逐步地覺醒、成熟。就像我 29年前時，我認為鄧小平的垂簾聽政是不行的，當時的政治體制是有問題的。但當時的我，並沒有看出這個政治制度根本上是不可取的，我只是希望它加大改革力度。後來的我，包括現在的我，

就很清楚：這個一黨專政制度是不行的。

還有，你從這個咖啡館窗戶看出去，或坐上公車轉轉，或到一些公共場合去，你是看不出老百姓心裡在想什麼的。但你如有機會與他們聊聊，你就會遇上明白人，明白一黨專政與多黨民主還真不是一回事的人，並且，這還真不是小概率事件。這個很重要，意識的改變是促成現實變革的種子。中國人現在對川普與中國打貿易戰，關注的人很多。像我一樣，很多人要看究竟是什麼造成了美國要動真格地與中國計較，很多人不會再單方面相信官方的一面之詞了。

29 年過去了，中國的制度框架並沒有變，這是事實。但普通人的內心在變，覺醒的程度在起來。一定會有這麼一天，憲政民主制度在中國成為現實。但不會這麼快——你也應該知道，中國有一個律師，3 年前他寫了一本書，說共產黨快完蛋了，到了 2017 年 12 月 31 日，肯定歇菜！不能這麼寫麼，你是誰啊，你是上帝？他很急，最好趕家趕快完蛋。但這麼說，讓人笑話。他還說是上帝的意志，上帝只讓共產主義制度存活 100 年，把上帝的名聲也弄壞了。沒這麼快，但註定撐不長。

專政制度不符合人性，不尊重人權，不可能比現在的民主制度更好、更長遠。在日本，你們體會不到我們的處境，從小到大，人權有保障，發表不同看法，用不著害怕。1987 年，我到英國去當訪問學者時，與英國高中生聊天。那是 31 年前，還沒到八九民運。我對他們說，我們中國與你們不同，一個人說真話，要惦量惦量，沒有勇氣還真不敢說。那些英國孩子們打死也不信，怎麼會有這樣事情？說真話要有勇氣，你不是騙人嘛。

你們生活在民主國家的人是很幸福的，免於恐懼，所以你們也更

有創造力。現在中國的強大，並不是因為創造力了不起，而是可以歸結為：第一是中國人的勤奮。週一到週五不休息，私企週六也不休息，有的私企周日都不休息，玩命幹。第二是模仿力、山寨力強。第三是想方設法偷人家的。這幾條加在一起，自然就要富一點了。主要靠創新驅動是不容易的，有可能十年都出不來成果。但你老這樣，人家創新，你跟著，就不可能趕到頭上去，你永遠也不可能成為領頭羊，你也走不到世界舞臺的中央。只能是在低端、中端徘徊，高端上不去。中國的中興通訊牛得不得了，出了手機，很便宜，很好使，佔有很大的市場份額。結果這次露餡了，你的晶片是美國的。人家一不賣你，你就完蛋。除了晶片，還有作業系統，也很要命，也是美國的。還有很多高科技的東西，你都不行。

由此看來，習近平的智商不怎麼樣，王滬寧和智囊團們的智商，不怎麼樣。他們明明知道高科技的許多領域中，命脈握在美國人手裡；照理的話，你就不要牛了，應該謙虛些，不要揚言走到世界舞臺中央，走到舞臺邊上就不錯了。厲害了半天，晶片一掐，馬上吱哇亂叫，舉白旗了。做人要老老實實；國家也一樣，也要老老實實，是一個道理。正如你們日本那樣，低調做人，埋頭做事，20 多年在發展自己，鞏固自己。不出頭，不張揚，也不想走到舞臺中央，當配角挺好。沒這麼牛，小日子過得挺好。以後再把北方四島給要回來，就更好了。

問：《零八憲章》問世已經十年了；去年，劉曉波不幸去世了。《零八憲章》給人們一個什麼樣的影響？

答：《零八憲章》是十年前出來的。《零八憲章》的問世，可以看作八九民運後的第二個重大的歷史事件。從 1989 到 2008 年，將近 20 年後，具有獨立人格的一部分中國知識份子，集中地、系統地、鮮明地表達自己的不同政見，批判一黨專政，肯定民主憲政。《零

八憲章》是向全社會發布、向全世界宣告的。《零八憲章》的發起人明明知道當局不僅不會採納,而且定會抓人,但還是要公開發表。後來,曉波為此被重判了 11 年有期徒刑;去年 7 月 13 號,因肝癌不幸死在監禁中。因此,《零八憲章》事件,也是中國民眾反對專政、追求憲政的一個可歌可泣的悲壯事件。10 年前我就說過,《零八憲章》的文本是經得起檢驗與推敲的;《零八憲章》的影響力是持久和深遠的。今天,我依然這樣認為。

我堅信,《零八憲章》的基本原則和政治主張,今後必定會在中國大地上逐步實現。

問:關於你自己這一塊,你今後還會考慮怎麼做?怎麼去推動?
答:作為我個人,自 2006 年真名實姓當自由亞洲電臺特約評論員,至今已有 12 年了。我會堅持做下去,我會每個月發聲,明確表達我崇尚和服膺普世價值的不同政見。我這個人一無所有,只有肚子裡的幾句真話。這輩子,我一定要說真話。不說不行,不寫不行。你不讓我寫,除非把我抓進去。此外,當局不給我養老金,我得養活自己,靠稿費養活自己。養老金沒有,那我就得寫,靠章虹的養老金來解決我的溫飽問題,我怎麼好意思?不過,我能否不向國外投稿這件事,還是可以商量的。我寫的東西,如果《人民日報》敢發表,那我就不往美國投稿。然而,《人民日報》有這樣的膽量嗎?

我堅持在國內用真名實姓表達我的不同聲音,這是會起作用的。堅持在國內,並且尖銳地說出自己的不同看法,這對其他人是有鼓舞作用的。比我年輕的人,人權律師、維權人士和其他人,他們還會做更多的事。但我堅持發出自己的聲音,包括接受你們的採訪,無懼風險,真話實說──就是我的態度。
第二、保持一些很好的朋友圈,互相通氣,而且不管趙家監控不

監控。微信群也好，郵件聯絡也好，大膽說真話，知道他們在監控，還是光明磊落說真話。第三、保養好自己的身體，鍛鍊好自己的身體，跟一黨專政較量下去。你不給我基本醫療保險，我就好好鍛鍊身體，待一會兒我就會打乒乓球去，我幾乎天天去打。這麼多年來，我幾乎不去醫院。他不讓你活好，你要自己設法活好；他不讓你活得有尊嚴，你要自己活得有尊嚴些。這是中國真正的出路。

我很同情中國的訪民，但見到有些人動不動就跪下去，心裡真不是滋味，實在不想看到那一幕。你不敢反抗，我理解，但不要下跪了，行不行？所以，中國人的事情，最後要靠中國人自己。美國人幫一點，日本人幫一點，那只是幫，中國的事還得靠中國人內心尊嚴的煥發，慢慢地，慢慢地把腰桿挺得更直些。不反抗，可以理解，但不輕易順從，不輕易合作，總還是可以的吧？這個不算難，應該能慢慢做到。

問：今天的採訪，我們準備 6 月 4 號前發表，沒問題吧？
答：沒問題！

2018 年 6 月 8 日 於北京家中

註釋：

[1] 吉尼係數（Gini coefficient），是 20 世紀初義大利學者科拉多・吉尼（Corrado Gini）根據羅倫茲曲線所定義的判斷年所得分配公平程度的指標，是比例數值，在 0 和 1 之間；吉尼係數越大，年所得分配越不平均。

劉亞東主題演講之我見

6月21日下午,由《科技日報》社主辦的科學傳播沙龍在中國科技會堂召開。《科技日報》總編輯劉亞東先生在他的主題演講中,宣示了《科技日報》最遲於今年3月就已持有的主張:公眾有必要瞭解更多的東西,尤其應該知道,「我的國」也有「不厲害」的地方,甚至還受制於人!劉亞東認為:「中興事件無論最終結果如何,都是一件大好事。好就好在它讓更多的國人正視了中美科技實力的巨大差距,驚醒夢中人!」劉亞東將主題演講聚焦於「為什麼我們有那麼多的核心技術亟待攻克?是否有一些共性原因阻礙了我們攻克這些核心技術?」並給出了他的三點回答。

讀罷演講全文,我有一個強烈的印象:劉亞東雖與胡鞍鋼、胡錫進一樣,同屬體制內,但還真不是一路人。劉亞東坦然承認差距;承認被卡了脖子;敢於正視「在某些關鍵領域」,中國與美國的差距不但沒有縮小,反而呈現出擴大的趨勢——這就比睜眼說瞎話的胡鞍鋼們強了遠不至一星半點。劉亞東主張讓國人知道「我的國」也有「不厲害」的地方,並說到做到,已在《科技日報》上對29項卡脖子技術做了報導——這就把胡錫進們甩開了好幾條大街。

此外,我特別注意到,當天下午由劉亞東請去作關於航空發動機專題報告的,是王光秋先生。王光秋是北京航空學院77級本科生,1978年春天和我同時入讀北航五系。他學固體力學,是7571班班長;我學流體力學,是7561班班長。在1978–1979和1979–1980兩個學年中,我們兩班與北航基礎部的兩個班,一起在主樓大教室裡學數學、物理、化學等基礎課。可以說,在那兩年中,我和他就是同班同學。縱觀王光秋的報告,通篇實話實說,既不誇大,也不縮小;結尾處還說了一句大實話:「航空發動機領域的技術發展日新月異,很多技術我們沒想到,人家把產品拿出來了,我們感到非常驚訝。」看來,劉

亞東先生請的，的確是做人比較實在的一路人。

那麼，劉亞東先生就「共性原因」給出的三點回答，我又怎麼看呢？劉亞東說，中國科技界有「三缺」——缺乏科學武裝、缺乏工匠精神、缺乏持之以恆的情懷，這「三缺」就是阻礙中國攻克核心技術的「共性原因」。

首先我想說，劉亞東的回答明確具體，無忽悠之意；並且很個性化，沒什麼官腔和套話。而作為官媒總編的他，能公開如實說出中國四大發明「跟科學沒有半毛錢關係」，尖銳指出「我們祖先發明了火藥，所以才有了後來工業和軍事上用的炸藥」這一說法之錯誤，當屬比較難得。

其次，他的回答中有兩處小硬傷，似不應放過：一是不該把「持之以恆」與情懷扯在一起，而應表述為「缺乏持之以恆的意志」；二是不該把賽車用語「彎道超車」用於道路交通。

最後，在「我們還缺的到底是什麼？」這個焦點問題上，我要坦率地說，劉亞東的三條回答均沒有真正說到點子上。

在我看來，劉亞東的第一和第二條回答將問題歸結為古代傳統的差勁和韌勁，並沒有切中肯綮。只要看看一衣帶水的東鄰日本，就能明白這一點。就「缺乏科學武裝」而言，同樣自古以來沒有科學傳統的日本，為什麼現在能在科學的指引下使技術發展走在世界的前列？就「缺乏工匠精神」而言，日本傳統文化中匠人的地位也相當低賤，為什麼日本工匠精神現在聞名世界？顯然，在科學東渡已 100 多年後的今天，中國仍缺科學武裝和工匠精神，其板子不應打到祖宗和傳統頭上去，而應問責今人在建構激勵知識和技術創新制度上的缺失。

　　現代日本的創新能力，不是來自基因傳承，而是由良好的體制和制度源源不斷地激勵出來的。其工匠精神的培育，則離不開對人的等級貴賤觀念的逐步摒棄，離不開對創新、精造的不斷追求和突破。古代沒有四大發明的日本，現代製造出了世界上第一個三角插頭，第一張光碟，第一隻石英手錶，第一台錄影機，第一台液晶電視，第一台筆記型電腦，等等。由路透社（Reuters）評選出的《2015 全球創新企業百強》榜單中，日本有40家企業入圍，力壓美國的35家而高居榜首。祖宗和傳統比中國強不到哪兒去的日本，以其良好的體制和制度保障思想自由，尊重智慧財產權，播揚工匠精神，這是別人卡不了其脖子的根本原因。

　　思想自由是創新之本。棒喝思想自由，強行高度統一，就是對創新的釜底抽薪。這本來是常識，不是問題。可是，當代中國偏偏有一些人，把思想自由視若洪水猛獸，為此不惜和《國際歌》大唱反調，大築牢籠關住思想。此外，還大費心力，動用維穩經費和「工匠精神」構建網路柏林圍牆，遮罩 google 搜尋引擎和臉書、推特等社交媒體，這就成了大問題。中國的科技攻關者既不得「妄議」，又愣是用不上領先和卓越的 google 搜索，而只能靠熱衷於拉廣告、按付費排名的「百度一下」，這是一幅多讓人添堵和鬧心的圖景啊！事實表明，中國的問題首先不是被人卡住了脖子，而是自己卡自己的脖子。中國創新能力的低下和工匠精神的匱乏，與祖宗和傳統無甚關涉，主要是今人作繭自縛、自我戕害的結果。

　　劉亞東的第三條回答，則失之膚淺，沒有觸及深層原因。就「缺乏持之以恆的情懷（意志）」而言，中國科技界流行的瘟疫——浮躁和浮誇，又從何而來？

　　只把板子打到科技工作者身上，公平嗎？合理嗎？依我看，這場瘟疫源自引領科技工作者前進的官吏們。他們急功近利，老想以第三

梯隊的身份，擠進科技第一梯隊競技場去「彎道超車」，短平快地出成果、出政績，儘早由「跟跑為主」變成「領跑為主」。在他們的指引和把控下，別說因各種後顧之憂而定力不夠的人了，即便其中很有意志力的持之以恆者，也很難咬定青山，坐住冷板凳。那麼，官吏們又為什麼急呢？發達國家一般的先進技術，能用市場去換、用金錢去買、或用其它手段去獲取，這時，官吏們不急。而關鍵的核心技術，上述招法往往不能奏效，這時，他們急了。急了，也要「四個自信」，不能變革不良的體制和制度。於是，就浮躁和浮誇。

在主題演講的最後，劉亞東將中國科技創新的希望寄託在「科技工作者能持之以恆，鍥而不捨，百折不撓」上。恕我直言，他的這種希望並不靠譜。我的另一位北航同班同學昨天對我說，在現有的體制和環境下，「真正的科技創新對我們來說，就是天上的月亮，只能在井裡看看。」他的話，我信。

2018 年 6 月 28 日 於北京家中
（自由亞洲電臺 6 月 29 日播出）

從疫苗事件看共同底線

長生生物疫苗造假事件的曝光，使我看到了兩幅耐人尋味的罕見圖景：一是五毛們的整體消停和趴窩；二是各類微信群的明顯同質化。五毛趴窩，或表明他們的利益受到了直接傷害，或表明他們尚存未泯之良知——如果為疫苗造假行為還去進行粉飾和洗刷，那就真不是人了。在各類微信群中，則均未出現以往司空見慣的撕逼翻臉之事；歷來的「光明面」和「正能量」擁躉都不再老調重彈，而是同樣發出譴責和討伐之聲。

　　這兩幅圖景告訴我們：國人擁有一條共同的底線；而疫苗造假之缺德擊穿了這條共同底線——無怪乎這些天來，除極個別「愛國賊」發出不和諧怪論外，神州大地民憤四溢、民怨炸鍋，連輿情員、網警和檢察官們也不例外。

　　然而，我要坦率地說，國人的這條共同底線太低了。換句話說，就是國人在總體上對生存品質或生活品質的要求太低了。這一次，是幾乎與每個人都息息相關的、喪盡天良的疫苗造假，才觸及和擊穿了共同的底線，才引發了對苟活和賴活將無以為繼的舉國恐慌和震撼。在這之前，有地溝油，有毒奶粉，有毒霧霾，有三色幼稚園……都沒能觸及和擊穿共同的底線。

　　也是這一次，才沒有人敢說，打了假疫苗，「做鬼也風流」。在這之前，可真有人堂而皇之地兜售「眼中有霾，胸中無霾」，「回到內心，管好自己」。還就這一次，才沒見小粉紅好意思再吹「歲月靜好」。在這之前，五毛黨都會奉命用「正能量」去淹沒負面評論，小粉紅們則夜夜笙歌，「歲月如歌」。

　　底線過低，理應提升。而所謂提升共同底線，就是降低對缺德行為的總體容忍度。如今，國人的共同底線是：不能容忍長生生物、武漢生物疫苗造假的缺德行為。現在，讓我們來點頭腦風暴，不妨試想這條底線會往上一步步提升：

不能容忍國家食藥監督管理總局局長、副局長拒不引咎辭職的缺德行為；
不能容忍光說不練的國務院總理拒不向國人道歉的缺德行為；
不能容忍對 2010 年曝光疫苗造假的記者王克勤和總編包月陽加以撤職和免職的缺德行為；
不能容忍在全民免費醫療實現之前對國外大撒幣的缺德行為；
不能容忍中國貨幣發行量達到美歐日總和的缺德行為；

不能容忍官員拒不公示財產的缺德行為；

......

這樣的提升，是很不靠譜的天方夜譚嗎？我認為不是。這樣的提升，具有現實性和可行性。而在這樣的提升中，國人的精氣神，是不是一步步高大上了？國人的正義感，是不是一步步增強了？是不是終究會，吹響能與別的民族比肩的集結號了？

提升底線要靠誰？主要靠國人自己。思想的覺醒，觀念的變化，問責意識和權利意識的增長，會在一部分國人中首先發生，會在一部分微信群裡率先出現；而上述敢怒又敢言的現象，會繼而滲透到已經不怎麼傻的其他民眾或瓜眾中；最後是，除了死不改悔的周小平們，五毛黨也開始分化和裂變——結果就是國人的共同底線提升了。

國人現在的共同底線，是不能容忍某些導致身殘的缺德行為，要求能夠「放心吃飯，放心打針，放心生娃」。底線的提升，是要達至不能容忍導致腦殘的缺德行為，要求能夠像正常國家的國民那樣，免於恐懼地放心思考，放心說話，放心發稿，放心教書……取法乎上，得法乎中——國人的腦殘問題解決了，才能出現沒有特供制度的食品藥品安全之朗朗晴空，才能真正杜絕各種傷天害理、人神共憤的公共安全事件。

2018 年 7 月 26 日 於北京家中
（自由亞洲電臺 7 月 26 日播出）

專政才是核心價值觀

8月19日，「深圳7‧27維權工人被捕事件」全國高校聲援團代表、北京大學2018屆本科畢業生岳昕發出了〈致中共中央和習近平的公開信〉。岳昕在信中鄭重宣示：「我與聲援團的全體成員將堅定政治意識，堅定馬克思列寧主義和毛澤東思想的信仰，堅定站在偉大的工人階級的立場上，堅決維護我國社會主義和人民民主專政制度。」岳昕同學大概壓根兒不會想到，當我在8月20日上午品讀她的公開信時，她上述政治表態中的「專政」二字，會一下子從字裡行間蹦將出來，成了我寫作本文的關鍵觸媒。

事情還得從20來天前的7月30日說起。那天上午，我與崔衛平在地鐵六號線花園橋站A出口會合後，沿著久違的七賢村路，依著10年前那條熟悉的時空軌跡，步履沉沉地邊走邊聊。到了北窪路，見到牆上所謂24字「社會主義核心價值觀」後，心緒凝重的我，才露出笑意對衛平說：「趙家還真是煞費苦心，搞了那24個字。」在我看來，那24個字，有的與社會主義毫不相干，有的則完全不是社會主義的要旨。

現實社會主義真正的核心價值觀，如果用兩個字來概括，那就是「專政」；如果用四個字來表達，那就是「一黨專政」；如果用七個字來描述，那就是「共產黨一黨專政」。當然，「專政」有兩種模式，或寡頭共治，或個人獨裁。衛平聽了，會心而笑，點頭稱是。之後，我倆進一家京味餐廳，邊吃邊聊，盡興而別。

有了上面的故事，岳昕公開信中的「專政」二字，在別人看來不過是左翼青年的照本宣科，姑妄聽之即可；在我眼裡卻很有權重，理當言說一番了。

8月1日晚，山東大學退休教授、84歲的孫文廣先生在接受美國

之音直播採訪時，濟南公安人員強行闖入家中將其帶走——這樣的事情，民主國家或憲政國家中會發生嗎？絕對不會。這決然是「人民民主專政」或「無產階級專政」核心價值觀之蠻橫體現。

8月13日晚，美國之音記者葉兵、攝影助理艾倫在孫文廣家門口進行合法採訪後，被國保、保安強行扣押數小時，採訪器材和私人物品遭暴力搶劫——這樣的事情，憲政國家中會發生嗎？絕對不會。這同樣是「人民民主專政」或「無產階級專政」核心價值觀之精準體現。

8月15日，貴州大學經濟學院楊紹政教授因揭露和譴責「公款養黨」被開除，以及先前中南財經政法大學翟桔紅副教授被解聘，北京建築大學許傳青副教授受處分，重慶師範大學譚松副教授、山東建築大學鄧相超教授、北京師範大學史傑鵬副教授和廈門大學尤盛東教授被整肅……這樣的事情，憲政國家中會發生嗎？絕對不會。這只能是「專政」核心價值觀之邪酷體現。

在中國，媒體只准官辦，不准民辦——這樣的事情，憲政國家中會發生嗎？絕對不會。非但不會，有些憲政國家還立法規定媒體只准民辦，不能官辦。並且，幾百家媒體可以串通一氣，毫無懼色地萬炮轟總統。而在中國，官媒一統天下，民媒則無立錐之地——這與24字「社會主義核心價值觀」能對上號嗎？這只能是「專政」核心價值觀之霸凌體現。

進而，不看央視《新聞聯播》，還要被譏為「下等人」，譏為「永遠都是渣」——這樣的事，憲政國家中會發生嗎？絕對不會。這只能是馬克思主義的靈魂——「無產階級專政」核心價值觀之粗鄙體現。

最後我要說，刻意把「專政」神隱，盡挑「民主」、「自由」、「法治」等好聽的說，是做人不實誠、不地道的表現；自然也是——缺乏自

信的表現。

2018 年 8 月 21 日 於北京家中

（自由亞洲電臺 8 月 21 日播出）

知青生涯九年半

引子

2016 年春夏之際，我與一些中學老同學、老校友在家鄉常熟相聚時，大家專門熱議了一件事——抓緊時間回憶、反思自己的知青生涯，且一定要動筆寫下來，並在 2018 年 10 月前結集出版，以紀念下鄉插隊落戶 50 周年。

說來愧疚的是，作為始作俑者之一的我，雖然著手收集和整理了不少資料，也曾認真列出了寫作題綱，但直至 2018 年 1 月，還遲遲沒有動手開筆，而參與討論的一些老同學們，從 2016 年秋天開始，就陸續交出了他們的文稿！

2018 年 1 月，我對自己說，絕不能以任何理由再拖宕下去，必須立即動手兌現自己的承諾。於是，我在 1 月下旬寫出了〈我看知青生涯〉一文，並隨即將其公開發表。接著，從戊戌狗年的大年初五即 2 月 20 日開始，動筆寫作《知青生涯九年半》。3 月 3 日，我和章虹去北京昌平的紅爐溫泉山莊小住，繼續命筆；到 3 月 14 日，完成絕大部分初稿。餘〈很想有所作為〉和〈不能安分〉、〈難以守己〉兩節，是 4 月上旬在北京家中寫畢的。

一、下鄉第一天

人的一生中，有些日子是終身難忘的。1968 年 10 月 11 日，就是我一輩子都忘不了的一個特殊日子。

將近 50 年前的這天下午，在紅旗招展、鑼鼓聲聲的常熟南門總馬橋堍，我和林生弟帶著至為簡樸的行裝，上了停泊在護城河中的練塘公社路北大隊來接知青的木船。在略帶激動地與去練塘公社其它大隊的校友道別後，我和林生平靜地與前來送行的母親及弟妹們揮手告別，邁開了插隊落戶下鄉當農民的第一步。當時的我，一名縣中 66 屆高中畢業生，離 20 周歲還差 25 天。而林生是縣三中 67 屆初中畢業生，出生於 1951 年農曆三月三，剛滿 17 周歲半。

練塘公社路北大隊地處常熟縣城西南約 16 公里處，毗鄰無錫縣羊尖公社麗華安定大隊。木船啟程後，經九萬圩、山前河西行，進入碧波粼粼的山前湖，也稱尚湖——相傳商代姜太公曾因避紂來此垂釣的地方。不久，有東風吹來，船老大遂微笑著扯起風帆，大家也因「借東風」而發出一陣會心的笑聲。風不大，船老大端坐船尾悠然掌舵，木船穩穩前行徐而不疾。坐在船艙中，我不時和同船的知青沈榮、吳漢、呂稼祥、周惠玲、蔣根才、葉順龍、嚴雪祺等人聊，也與後來變得很熟的船老大季小弟的兒子季世雲聊。雖然已經不記得聊些什麼了，但我至今清楚記得，當時我的心境是相當平和的。而同船的男女知青，事實上也大體如此。既沒有人愁眉苦臉，也沒有人歡天喜地。

和大家聊了一陣後，我走出船艙，站立船頭。當東邊的常熟城與我們漸行漸遠時，北面的十里虞山卻與我們若即若離，一路相伴。那時的我，胸中自有對巍巍方塔和山水城廓的依戀之情，但心中還真沒有什麼悲切之感：插隊地方離家才 30 多里地，而出身福建永定農家的母親，又很支持我們兄弟倆去當農民。同時，我也沒有多大的豪邁感，覺得「大有作為」的前程就要來到了。我當時的心態是，既然大學關門，

又當不了兵、進不了廠，那麼，下鄉當知青就很正常。此外，可能與不少知青有所不同的是，我和林生弟的心中，懷有一種特別的寬慰感：終於能夠獨立生活、自食其力，為母親分擔一些家庭重負了。

1963 年 6 月 27 日夜，父親因突發腦溢血而昏迷。雖由鄰居緊急送往常熟醫院救治，但三天後就溘然長逝了。父親過世後，母親頂班工作，雙肩扛起上班和家務的兩副重擔，靠微薄的工資加大哥的貼補，養活她自己、外婆和我們兄妹五人。即便完全以當年的眼光去衡量，母親之艱辛，也實在是太沉太重了。而現在，我們兄弟倆一起去農村掙工分吃飯，這對母親來說，真的是很靠譜的減負啊！

過了不到一個時辰，木船穿越尚湖，在寶岩船閘前落帆。過閘進入望虞河後，東風已不可再借，船老大和另外兩位農民改為替換搖櫓推進木船。船隻在望虞河中往南偏西方向勻速前進，與狀如臥牛的虞山亦漸行漸遠。薄暮時分，經姚家橋、大壩上，我們平安抵達路北大隊大隊部所在地——大壩橋。曾在橋上等候多時的農民們已經散去，但仍有少許孩童，終於好奇地等到了城裡知青的到來。其中一位來自我所插的生產隊，叫季連雲。他那天在橋上奔來跳去、大呼小叫的情形，至今還印在我的腦海裡。

大隊書記姜林生、大隊長周根興和大隊會計羅永良在大隊部迎接我們，並已臨時支起大鍋，給我們熬煮大米稀飯。吃過晚飯，顯然已沒有時間一頭紮到各生產隊去了。姜林生對我們說，你們中間誰去哪個生產隊落戶，明天上午宣布。今晚，你們就在小學教室裡將就一夜吧。我們聽了，覺得在理，就各自動起手來，將課桌相拼成床，放上自己帶來的鋪蓋卷。經簡單洗漱，又熱烈地侃了一陣大山（「侃大山」北京土話，意指長時間沒完沒了地說些瑣碎、天馬行空的話，與台灣的「打屁」一詞語意接近。）後，大家就很快進入了知青歲月的第一個夢鄉。

我的初中畢業證書。畢業證書中的三分子字樣，
是文革早期我的弟弟寫上去的

我的高中畢業證書

父親江潔民遺照

二、插到生產隊

10 月 12 日上午，姜林生宣布了知青落戶的具體安排，沈榮去 4 隊，葉順龍去 8 隊，呂稼祥去 9 隊，蔣根才去 10 隊，周惠玲去 13 隊，等等。我和林生弟則上了 12 生產隊的水泥船，往西再往南，幾分鐘後就到了季家塘（12 生產隊的村宅名）的濱梢頭。我一眼看到，昨天去城裡接我們的那條木船，已經撤去了紅旗和標語，素顏地泊在那裡。

當時，按政策每個知青應有的一間房，還沒來得及蓋。隊裡騰出了存放農藥的一間小隊倉庫房，放了兩張新購的單人竹榻床，作為我們的臨時住所。我們的吃飯問題，則暫時由隊裡安排去農民家搭伙來解決，我們付農民錢和糧票。那天下午，小隊會計季明保帶我去認領分給我們的自留地；每人一分半，我們兄弟倆有三分自留地：七塊大小不一的分布在村宅四周的旱地。我一一記住，心想以後吃菜和吃南瓜、山芋、玉米，就全靠它們了。隊裡也給我們備好了各種幹活用的農具，如垡田用的鐵鎝，挑泥用的泥籃，施肥用的糞桶，挖溝用的湖鍬，割稻用的鐮刀及毛竹扁擔等，都暫放在小隊倉庫房中。

上述數項，與其他插隊知青的經歷，大同小異。然而，隨後發生的一件事，我敢說，那是插青中幾乎沒人做過的。我們下鄉後，很快給母親寄出了一封報平安的家信。數天後，母親來信了。母親在信中說，由於為我們兄弟倆置辦插隊所需的生活用品，現在連最必要的家庭開支要用的錢，都快拿不出來了。她不得不要我向生產隊實話實說，開口問生產隊借 30 元，以解燃眉之急。

接信後，我深知母親已經到了萬不得已的地步：親朋好友處都已去借過；為了外祖母和家中的三位弟妹不至於挨餓受凍，她想到了這個唯一還有可能的救急辦法。然而，儘管如此，要我向生產隊貿然借錢，到底是一件很讓人糾結的事。城裡人到鄉下來還沒幾天，活還沒怎麼幹，就要張嘴借錢了？這種開口很不好意思，這是一。更主要的

是，隊裡幹部若是信不過你說的話——他們有充分的理由信不過，委婉地不借給你，那會是多麼尷尬啊！

起碼躊躇了一整天。第二天中午，我找到生產隊長季洪興和政治隊長邵全保，忐忑地將我這個城裡人的家中困境如實相告，提出了借款 30 元以補無米之炊的要求。使我備感欣慰的是，那天下午，隊裡就答應了我的請求。我鄭重立下借據，從小隊出納員手裡拿到了沉甸甸的、也是很有溫度的 30 元。

不久，母親特意趕到鄉下來，當面向季洪興和邵全保致謝。半個世紀以來，我對此一直懷有不敢淡去的感恩之心。而隊裡的農民，後來與母親一直有走動和交往。他們對母親的一致評價是：她是一個最看得起農民、對農民最實在的城裡人。

母親與孫女江宇蘭、曾外孫女吳遙和玄外孫李元康
在常熟森林大酒店。攝於 2015 年 4 月 8 日

三、不甘人後

知青下鄉，不管你是否對「大有作為」有想法、有憧憬，都首先要過兩個關：生活關和勞動關。

對我來說，過這兩關，並不算難。我從小就過十分清貧的生活，帶到鄉下去的棉襖，上面的補丁比農民棉襖上的還要多，直引得他們議論紛紛，感嘆不已。此外，我從小幫著母親做家務，不僅會炒菜、洗衣、搞衛生，連一般的縫縫補補也都拿得起來。所以生活關，說過就過了。

過勞動關，也並不太費勁。1963 年秋讀高一時，我就和全班同學去王莊公社盛家橋大隊參加過秋收秋種；我在界涇岸生產隊勞動，學會了割稻、盆田等農活。1964 年夏，我們高一（1）班又去城郊公社夏收夏種；無論是割麥還是挑擔，我都幹得很歡。讀高二、高三時，我們也一樣去王莊、福山和謝橋參加「雙夏」和「雙秋」。雖說 1966 年夏天由於複習迎考，我們未去福山公社參加「雙夏」，但在 1966 年 10 月底的文革風暴中，我仍和全班同學去了吳市公社 6 大隊 14 生產隊——夏家宅參加了秋收秋種，學會了摘棉花、種小麥。1967 年 10 月至 11 月，我和一些同學還自發地去王莊公社尤巷大隊前介莊生產隊割稻、種麥。1968 年 5 月至 6 月，我們又自發地去謝橋公社勤豐大隊割麥、蒔秧。有了上面的豐富「學徒」經歷，1968 年 10 月插隊落戶到季家塘生產隊時，我雖說尚不足 20 周歲，但已是城裡人中會幹農活的一枚老司機了。

我的問題不在於過關，而在於性格中的爭勝好強、不甘人後。生活上，我當然不能爭，也無法爭。而勞動上，儘管我沒有壯實的身板，但我要自己幹得和農村中的全勞力（每天能掙 10 分工）一樣，甚至，能超則超。不過這一來，我的苦就吃大發了。

先說割稻、割麥和蒔秧。為了不讓別人追上，也為了追上別人，你的動作必須更得法、更敏捷，同時要儘量減少直起腰來休息的次數。在這種原始勞作中，揮汗如雨是小事；要命的是腰酸背痛難忍，你得咬住牙根，才能長時間堅持下去。那個時候，你會將直腰視為人生的莫大享受，將平躺在鬆軟的稻草上，視為人生最大的幸福。

再說岔田。新裝的鐵鎝柄不夠光滑，手上又沒有老繭，不用多久，兩隻手就打起了一排血泡。起了血泡，不是歇工的理由。你得繼續奮臂揮動鐵鎝，將收割後的水稻田翻個身。於是很快血泡破裂，嫩肉碰上鐵鎝柄，疼得鑽心。而這也不是不甘人後者歇工的理由。怎麼辦？墊上手帕或手套，在流血流汗中咬牙硬挺。收工後的當天夜間，血泡開裂處仍一直作痛。如果不是累得精疲力盡，你根本無法睡去。

接說挑擔。挑河泥、豬窩灰、糞水或挑稻、挑麥，每擔都要一百多斤重。在肩上沒有磨出繭子前，你會經歷起血泡和血泡裂開的痛苦過程。肩上有了隆起的厚實繭子後，「百步無輕擔」依然是一直管用的常識和真理。你要和壯勞力幹得不分上下，就得把擔子生生扛住，且要學會換肩——不歇腳，將擔子從右肩換到左肩，過一會再從左肩換回右肩。挑著一百多斤重擔不換肩，能走上五里平地，那就算天下無敵了。扛著 200 斤東西走十里山路不換肩，那必定是瞎吹。老實說，即便會換肩，在活緊任務重的農忙時節，長時間挑擔也直使你汗流浹背、氣喘吁吁、腿酸腳脹、舉步維艱。

說到挑擔，還不能不提到「發水擔」。小滿節氣過後，經太陽曝曬後的大田裡放了水，這時，要由男勞力把農家的豬窩灰（豬糞肥）按合適的稀密度挑到水田裡，再由婦女和老人用雙手去撒灰，即將豬窩灰均勻地撒在田裡。挑豬窩灰都採用傳擔方式或接力方式來完成。第一位挑夫將豬窩灰從豬圈裡挑出來，擔子不著地傳到第二位挑夫肩上，再依次傳到第三、四、五……位肩上，最後一位挑夫在田岸（田埂）

上接到擔子後，光腳將擔子挑到水田裡，一腳深一腳淺地走到合適地點將豬窩灰倒掉，這就叫發水擔。發水擔時，會發生挑夫身子傾倒而渾身濕透的事。更不幸的是，不像耙田或蒔秧時，你可以輕輕移動雙腳以避免劃傷，肩負重擔在水田中跋行，雙腳容易被碎玻璃、碎瓷片或碎瓦片劃破而鮮血直流。我自己就曾好幾次雙腳被劃破而留下了慘痛的記憶。

最後說罱泥。罱河泥是將河底的浮泥搞起來，用作莊稼的有機肥料。罱河泥有兩種方式，一種是站在船上，使用長柄鐵畚箕伸到河底去扒，一畚箕一畚箕地將河泥倒入船艙中；滿艙後，再將河泥舀甩到岸邊的河泥簑上。這種方式技術含量不高。另一種方式是用罱網去罱。一人將船撐住，另一人站在船頭，將裝在兩根連結成叉狀的竹竿頭上的罱網，順著船頭方向緊貼河底推進一段距離，然後將分叉的罱竿收攏並夾緊，並將罱竿往上提；當網兜被提至水面時，巧使爆發力一下子將網兜提進船艙，鬆開罱竿將河泥一卸入艙。

這種方式頗有些技術含量，知青一般不願去學。而我既想幹得不輸農民，就一定要學會這項農活。為此我先置辦屬於自己的罱網（罱竿為生產隊所有），花了 2 元錢。再就是請人為我撐船，找時間下河去多多練習。練得七七八八了，在別人罱泥時，上船志願幫他罱幾把，用以檢驗自己對技術的掌握程度。基本過關後，就向隊裡提出要正式成為一員罱泥「戰將」，並尋覓到不怕吃虧、願和我這個新手配對的搭檔。幸運的是，和我差不多同齡、為人憨厚的邵阿弟成了我的罱泥夥伴，直到我於 1972 年年底離開生產隊去當亦工亦農電影放映員，他一直是我的好搭檔。

應當補充說一下的是，比罱河泥更有技術含量的，還有犁田、開灰潭和在秧板上播撒稻種這幾項農活。隊裡養了一條老水牛，在秋種時用於犁耕一些小田塊。我注意到，這項活計專由飼養員吳生生幹，

別的社員都不碰。每當看到吳生生給老牛套上犁鏵，發出指令讓老牛前行、駐足、轉身返回時，我總心裡癢癢想嘗試，但終未開口提出。而在秧板上撒稻種，既要控制總量，更要疏密合適，這項活計也是由一、二位老農專任。與很想人牛一體地馭牛扶犁不同，我沒有生發要試一把播種的念頭。

開灰潭是江南水鄉的一項體力活，更是技術活。晚春時節，要在每塊大田的一個角落，由一人或一人為主，用鐵鍬將泥塊翻起，再將泥塊築成一定高度的、圓圓的潭沿，踩壓結實並細細敲打內沿，以保證潭沿不漏水。以大田平面為基準，潭底深約60—70釐米，潭沿高出約40—50釐米。潭沿並非垂直，向外有傾角。過些時日，待潭沿收水、定型後，就要幹一項叫做醃灰的農活了。所謂醃灰，就是將種植的一種綠肥——紅花草，與被加進稻草纏裹的河泥築上的半乾河泥，一層夾一層地放進醃灰潭，最後放水浸泡，使潭中的綠肥和河泥分解發酵，成為較好的有機肥料。大約半個月至20天之後，男人們就要「發擔」，就是用長柄鐵鍬將潭中有機肥放入泥籃，再一擔擔挑到大田裡，使其均勻分佈。最後，將潭沿搗毀並填埋入潭，使灰潭之處複成大田的一部分。

開灰潭這項活計，我是認真學了。但實話實說，我一直未能獨自勝任開出一隻完整的灰潭，總是與人合作，且打下手的時候居多。

四、白流的汗水，白吃的苦

我們下鄉當知青時，正逢「農業學大賽」口號被玩命勁吹的「火紅年代」。於是，本來應該順應規律、因地制宜去辦的事，在戰天鬥地、其樂無窮的豪情驅使下，會變成「人定勝天」、「以糧為綱」的偉大工程。這方面，我們親身經歷的最為典型和勞民傷財的一件蠢舉，就是常熟縣革命委員會作出的重大決策：將尚湖竭澤以造萬畝農田。這是一項當時看來頗為正常、現在看來十足迷狂的決策。在不同意見

和反對意見無從發揮作用的大環境下，上述決策很快就被不打折扣地付諸實施了。

從 1968 年 12 月中旬開始，剛累死累活完成雙秋大忙任務的農民，被成千上萬地、幾乎無償地派往尚湖工地，用手挖肩挑的原始方式，在朔風凍雨之中構築圍湖大壩。待大壩成型後，就晝夜不息地用水泵將湖水抽乾。當自古以來未曾與人謀面的湖底，或許連同姜太公垂釣時墜落的魚鉤，處女般地顯露出來之後，再開始營建按毛澤東「五七指示」命名的「虞山鎮五七農場」。

1969 年 1 月，我與季家塘生產隊的農民一道被發往圍湖造田第一線。當年的我，毫無反感、且不惜力地投入了光榮的學大寨工程之中。比起秋收秋種，挑泥築壩的勞動強度，實有過之而無不及。我至今記憶猶新的是，在陰雨綿綿的寒冬臘月，腳穿套鞋（雨鞋）肩挑濕泥時，套鞋會時不時深陷泥濘的爛淖中，於是只能不穿套鞋，光腳在冰涼的泥水中或長長的打滑的挑板上行走。沒幹幾天，體力消耗很大不說，我的手上和腳上都生了凍瘡，先是紅腫，再是慢慢潰爛。晚上，睡在虞山腳下廢棄軍營中用稻草鋪成的地鋪上，我因凍瘡之潰而夜半驚夢之事，並不鮮見。

民工們流了那麼多汗水、吃了那麼多苦，加上耗費了那麼多物資、破壞了那麼多生態所建起來的五七農場，號稱擁有農田一萬九千畝，但產出極不理想。「艱辛探索」、勉力維持了 10 多年之後，有關決策者終於在 1985 年順應自然：放水淹場，退耕還湖。30 多年後的現在，與姜太公、黃公望、錢謙益、柳如是的名字和靈魂相連的浩渺尚湖，已是遠近聞名的 5A 級風景區了。

我們在當知青時，還遇上一件典型的學大寨蠢舉，那就是由上而下推行「雙季稻」的種植，強行將一年兩熟改為一年三熟。自周朝泰

伯、仲雍來到古吳之地，以先進的耕作技術把一年一熟改為一年兩熟始，千百年來的農耕實踐表明：在江南水鄉的自然氣候條件下，每年一熟稻一熟麥的耕作安排，是合適的。但是，在執意通過「與天奮鬥」來增產糧食的頂層規劃下，那種沿襲了三千年之久的耕作方式，就必須乖乖讓位了。

1970 年，黃大榕、吳漢所在的楊家塘生產隊，被路北大隊黨支部定為百分之百種植雙季稻的試點單位。季家塘生產隊的雙季稻種植面積定為 50% 左右。路北大隊的其它生產隊，也都被強制安排種植雙季稻。雙季稻的前季稻，必須在氣溫偏低的 4 月底就蒔秧，於盛夏酷暑的 7 月底收割。收割之後，需用人力或手扶拖拉機翻耕稻田，在施肥、耘平後，將後季稻秧苗蒔下去；全部蒔完的日期，一般不得超過 8 月 10 日。於是，在「雙夏」（夏收夏種）和「雙秋」（秋收秋種）的名稱之外，又多了一個新的名稱——「雙搶」，即搶收搶種。孰不知勞心者嘴裡的一個「搶」字，讓農民和知青多流了多少不該流的汗水，多吃了多少不該吃的苦啊！

在「雙搶」時節，我們需在凌晨 4 點左右晨曦初現時就下地幹活。7 點左右回家吃早飯，半小時之後又將衝向田間。中午 11 點吃中午飯，並午休到下午 2 點半後，再冒著酷熱、頭頂毒日接著下田大幹，到晚上 8、9 點鐘才能收工回家，吃上晚飯。經歷過雙搶的人們，終生都不可能忘記——烈日炎炎之下，身上的衣衫濕了又乾，乾了又濕，多層白白的鹽霜覆在其上。高強度、長時間勞動中，一桶又一桶涼涼的井水，被大夥迅速瓜分喝盡。在歇晌哨子未被吹響之前，男女老少誰想方便，都只能田頭就地解決，哪有時間奔向茅房？而晚上 10 點之後，屋內依舊熱哄熱哄，剛洗完澡的身子，很快又到處冒汗。於是，只得將竹榻床搬到屋外，掛上蚊帳，躺下睡去。5 個多小時後，即第二天凌晨 3 點半，東方天際尚未泛白、啟明星還未退隱之時，生產隊長催人起床準備早餐的哨聲驀然在耳邊響起，把你從格外辛勞之後的沉沉酣

睡中強行喚醒。

汗流了，苦吃了，收益如何呢？先說稻草。無論是前季稻還是後季稻，稻草長度均只及單季稻的二分之一左右，且明顯不如單季稻草耐燒。再說稻穀。前後兩季的畝產量，加起來有 1000 斤左右。但是，兩季的稻種加起來達 80 來斤。一畝地 900 來斤的收穫，與單季稻的畝產量相差無幾，而稻米的品質，則遠遜於單季稻。此外，與種植單季稻相比，有機肥、化肥、農藥等的施用量都顯著增大。這筆帳算下來，連小學生都不難明白，種雙季稻是大大的不划算。曾經大張旗鼓提倡的雙季稻種植，硬撐了 2 年就壽終正寢了。而百分之百種雙季稻的楊家塘生產隊，則第二年就偃旗息鼓了。

除了上述兩件典型的蠢舉外，在「農業學大寨」的旗號下，農民和知青在幹正常農活時，也會白流許多汗，白吃不少苦。什麼「薄片深翻」啦，「麥田泥塊要一律弄成雞蛋大小」啦，「麥溝開到兩尺半深」啦，等等，都要使我們額外多出力，多流汗。再有，無論是農忙還是農閒，總有形式主義的檢查團來隊查看。有時明明沒有活幹，為了讓公社檢查團看到熱氣騰騰的「學大寨」情景，全隊男女老少都得下地幹瞎活、廢活。大家邊幹邊發牢騷，邊幹邊說黃段子打發時光。你還別說，在政治禁忌極多、文化幾近荒蕪的年月裡，平民百姓法不責眾地說黃的、談葷的，還真是一條自娛自樂的不二法門呢。

1980 年，農村實行包產到戶、農家能自主種田後，白流汗白吃苦的傻事，就基本絕跡了。

五、光吃素，頂不住

在修理地球的第一線幹得累死累活，光意志堅強不行，還要有營養和能量做後盾、當保障。我作為一個強勞力，隊裡每年冬天分給我 600 來斤稻穀，折合 430 斤大米。每年夏天，還能分到幾十斤小麥和 4

斤半菜籽油（每月 4 兩）。顯然，光靠這些碳水化合物和植物油脂，我是難以掄起鐵鎝、當薄片深翻的領頭羊，或挑著重擔步步不落地行走在田埂上的。在不能指望家庭出手相助的情況下，我是如何基本吃飽，並努力設法吃好一點的呢？

第一條靠譜的辦法是：種好自留地。首先，我必須將廚餘垃圾漚好，人糞尿存好。其次，是向農民認真請教。在鄉下的幾年中，我按季節的不同，先後種過青菜、蘿蔔、韭菜、茄子、豇豆、萵筍、辣椒、香麥菜（萵苣）、西红柿（番茄）、土豆（馬鈴薯）、大蒜、南瓜、玉米、山芋等。我對這些東西很有親切感，它們實實在在助我填飽肚子、增加營養。當南瓜、山芋喜獲豐收時，我還托搖船進城辦事的農民捎一些到常熟家中，讓母親和弟妹們分享我的勞動果實。

當然，出大力，流大汗，光吃素是頂不住的。如果光吃自留地產出的素菜和用主食填飽肚子，在勞動中能管用大部分時間，但隨後就會有饑餓感襲來，最後一定會直犯嘀咕：肚皮（子）餓得呱呱叫，為啥隊長還勿吹叫叫（收工哨）？說實話，那些年頭，我是多麼饞肉啊！然而，雖說帶骨豬肉每斤才七毛五分，但我實在是囊中羞澀，每隔一、兩個月才能去趟翁莊街頭的豬肉鋪，買上一斤豬肉回來打牙祭。至今想來，我都能記得：鍋裡做上紅燒肉的日子，是我和林生弟眉開眼笑、直想放歌的好日子。

除自己買些肉吃外，我每年能兩次吃到隊裡分的鹹豬頭和鹹黃花魚，一次吃到隊裡分的鮮魚。在夏收夏種和秋收秋種這兩個大忙時節到來之前，生產隊會採買一批鹹豬頭和鹹黃花魚分給各家各戶，在年終分紅時，再將相應款項扣除。於是，每年兩次香噴噴的鹹豬頭肉，就成了我可以期盼的美味佳餚。而燉在飯鍋中的鹹黃花魚發出的誘人香味，則會繞梁三日，經久不散。此外，每當春節臨近之際，隊裡會抽乾一口名叫「水渠河」的水塘裡的水，把在淤泥中蹦躂的各類淡水

魚捉將上岸，按人頭免費分給各戶（每人大概能分到 1-2 斤左右），我因此得以在知青小屋中，美美地品嘗河鮮，外加一斤米酒伺候。

在那樣的年代，普遍貧困的鄉村中還存在兩種能吃到葷腥的難得機會；那兩種機會可遇而不可求，但遇上了，便能大快朵頤、一飽方休。一是農民蓋房後辦豎屋酒的時候。一家蓋房，各戶幫忙。我和林生或幫忙用農船裝運石頭回來打宅腳（築屋基），或幫忙挑泥將地基填高，或給泥水木匠當下手等等。新房蓋好，須辦酒席。房主人動用多年的積蓄，加上親朋好友隨的一些分子，買上雞、鴨、魚、肉，請來鄰近村宅的廚師，辦上 10 多桌或 20 來桌豎屋酒。作為幫工，我坦然入席，大碗牛飲農家自釀的米酒，大口狼吞各種鮮美的葷菜。尤其是廚師最拿手的紅燒肉，又爛又甜，又肥又膩，正好適合自己身體的特需。

在酒席上，我唯一婉拒的，是主人派發的香煙。鄉下辦酒，用的都是八仙桌，每桌坐 8 人。主人每隔一段時間，會到各桌去派發一次香煙。主人到我面前派發時，我會笑著接受。與別人不同的是，我會依舊笑著不讓他幫著把煙點燃，而是隨後悄悄將煙放在桌面下的橫檔上。吃罷酒席，我將積攢下的 10 多支煙分送給同桌食客，皆大歡喜。

我不抽煙，是因為下鄉前在同學面前發過誓：「這輩子絕不抽煙！」我為什麼會發那個誓呢？在等待下鄉的日子裡，由於無所事事，不少同學就偷偷抽起煙來了。對此我有反感，還不客氣地說過他們。同學們笑著對我說，你也堅持不了幾天了，下了鄉貧下中農請你抽，你還能抵擋得住？這句話激出了我的男子漢氣概，我當即發誓，下鄉後也絕不抽煙！誓言把我的後路、退路都堵死了；而在信守誓言這件事上，我的意志力得到了農民朋友的理解和尊重。

另一個能坦然大吃大喝的寶貴機會，是農家娶媳婦或嫁女兒辦喜酒的時候。辦喜酒是農家的大事，也是全村宅的喜事。平時省吃儉用、

花每分錢都得惦量的農民，會一擲經年積蓄，盡可能將喜酒辦得像樣些、體面些。在喜宴開張的頭天上午，廚師們照例來到當事人家中，提前做起各種準備工作，名為「落作」。「落作」開始後，隨著油炸爆魚、肉皮和走油肉，燉草雞和煮排骨……的依次或同時展開，沁人的香味在村宅裡四處飄溢，不由得讓人直嚥口水。一般來說，出席婚宴的人，要比吃豎屋酒的人多不少，因此需要將吃喜酒的人分兩批或三批入席。第一批入席的，是從外村或鄰近公社來的親朋好友，他們吃過後能有時間步行回家歇息。自己村裡人，則第二批或第三批入席，都是可以的。關於吃喜酒，至今印象最深的，是我和大家一樣，痛快開心地把雞鴨魚肉大嚼一通，且酒足飯飽後大呼過癮。我在隊裡四年多，遇上了吳金保、季永全、季雪元、張（季）世雲、邵阿弟娶媳婦和吳琴寶招女婿，遇上了季妹華、吳和保、季明娣、季阿大、季阿二外嫁，算是有點口福的。

不過，靠隊裡分的一年兩次鹹豬頭，靠一年遇上 3 至 4 次豎屋酒和喜酒，是很難打發一個壯勞力的消化系統的。食色，性也。心裡就是還想多吃點葷腥，怎麼辦？自小就相信辦法總比困難多的我，找到了能夠具體實施的兩條補救措施：抓田雞（青蛙），逮麻雀。在江南水鄉的大田中勞作，最倒楣的，要數被螞蟥叮咬；而最讓人樂的，是能抓到田雞。初夏大田上水之後，一直到盛夏時節，人們在地裡幹活的時候，是不難抓到田雞的。一旦田雞到手，我就將其捲入長褲褲管中。而農民們抓到田雞後，一般都會走到我身邊，將田雞遞給我；我則照單全收，統統捲入褲管。收工回家後，別的事都暫放一邊，第一時間將田雞從褲管中取出，取一隻，宰一隻。工序是：去頭、剝皮、開膛、破肚、洗淨。不多一會，白皙鮮嫩的田雞肉，就上了小小的餐桌。野生田雞，是一等一的美味。不過，現在的田雞，已屬保護動物了。

那麼，我又如何逮麻雀呢？我置不起昂貴的鳥網，也買不起射鳥的鳥銃，只能等到隆冬下雪時，用小時候熟知的辦法去逮雀。那年月，

雪的其它意象，對我來說都不重要，什麼祥瑞高潔、靜遠空靈、除舊佈新、潤澤大地，都不重要。重要的是，下雪天，麻雀難以覓食。如果頭天夜深人靜，雪落大地，那麼，第二天一早，我會在知青屋門前清掃出一小塊場地來，支上竹條編制的篩子，在篩子底下和週邊，撒些穀子和礱糠。再將一根小細繩埋入雪中，其一頭系在撐住篩子的小棍上，另一頭握在躲在門後的我手中。雪後的田野和村宅，一片白茫茫，唯有我家門前，風景煞是不同。

在天上轉悠的麻雀，在我的設局誘騙下，很快就無奈作死，三三兩兩俯落下來了。它們先是在篩子週邊啄食稻穀，再慢慢地、小心地跳躍進篩子底下，但很快又扭頭轉出來。這時，你不能性急，只能耐心盯著。饑餓迫使麻雀再次步入篩子底下後，則要當機立斷扯繩子。說時遲，那時快！小棍一撤，篩子應聲落下，將內中麻雀統統罩住。大受驚嚇的雀兒，在篩子圈定的狹小空間裡撲通蹦跳，你得及時用早已備好的民間紡紗用的鐵製錠子——兩頭尖的小細鐵棍，隔著篩眼將麻雀一一扎死。親手零距離殺死狂蹦亂跳的小生命，當時的我，心裡真不好受；現在想來，依然如此。那時，我給自己找了一個心理安慰：權當麻雀還像 1958 年那樣，是「蒼蠅、蚊子、老鼠、麻雀」中的「四害」之一吧！既然，竊書不能算偷，那麼，除害不叫殺生。

問題是，雪天其實很少，知青屋門前又常有行人路過。於是，這種逮雀方法，除了能真切地圓一下孩提時代的夢想外，對改善伙食作用不大。

還有沒有更好的逮雀之法呢？應該算是天賜機緣：在知青小屋的北面，就是生產隊的倉庫房。庫房裡長年存放稻種、麥種和應急用的少許稻穀。透過北邊的小窗，我見到冬天有人進庫房後，麻雀會迅速從敞開的庫房門飛進去，叼啄稻穀後再快速飛出來。很快，我竟然想到一個頗有專利意識的妙法：如果將庫房門打開半扇，我躲在那開啟

的庫門後，待麻雀飛進倉庫後，突然將庫門閉上，不就可以關門逮雀了？謀定而後動。我去找掌管鑰匙的生產隊長季洪興，將心中想法如實相告。老洪一直心疼我這個不惜力的窮光蛋，又信得過我的人品，二話沒說就將倉庫的鑰匙偷偷給了我。

拿了鑰匙，我馬上悄悄地一人開練。啟門設局不多一會，10 多隻麻雀就閃電般地進了庫房。我心一橫，「砰」地一聲用力將門關上，庫房內頓時一片漆黑（我事先將庫房窗戶給遮擋了），麻雀們瞬間墜入黑暗的深淵，胡飛亂撞，其中好幾隻撞到了我的身上。我打開手電筒，逮一隻，就狠狠心往地上摔一隻。比起甕中捉鱉，這關門逮雀要難一些，但也很快收兵，無一漏網。

每個冬天，我都幹上幾票，次次成功。不過不能多幹，畢竟你一人進庫，是違反隊裡規矩的。除了抓田雞、逮麻雀，理論上還存在通過捕魚捉蟹來補充動物蛋白的辦法。然而，捕魚要魚網，捉蟹要蟹擋。而這些，我都置辦不起。

六、勤讀書，常寫信

一個城裡孩子，居然能不怕苦累、不落人後，過得慣農村的窮日子，這多少使村裡人感到意外。而這，也是他們對我認可和肯定的首要依憑。即便是半個世紀之後的今天，練塘翁莊村一帶上了年紀的農民如果提起我，他們首先會說：「這個插隊青年做生活硬氣個，他能和我們一樣吃苦，甚至更能吃苦。」

在農民們眼裡，覺得我多少有點與眾不同的另一個特點是：只要一有空，不是讀書就是寫信。在那個「讀書無用論」盛行的年代，即便城裡的昭明太子讀書台還保存完好，書台腳下的小弄堂還叫讀書裡，讀書，已不是什麼讓人看得起的活計了。我對讀書的愛好，主要出於從小養成的習慣，再加上多少存有的求知欲，和不能讓自己的腦袋太

閒著而生鏽的想法。

和現在比起來，當時的書實在少得可憐。整個社會，書少；我的屋裡，書更少。我有些什麼書呢？《毛澤東選集》四卷，這是每家都要恭請入戶的。我還有《馬克思恩格斯選集》、《列寧選集》和《聯共（布）黨史簡明教程》，有梅林（Franz Mehring）寫的《馬克思傳》及艾思奇的一些哲學著作。我還有些魯迅作品。此外，有點唐詩、宋詞和一、二本明清小說。我沒有世界文學名著。我也沒有數理化的任何書籍，沒有外文書。一門心思當農民了，那類書還有何用？就是拿來放在屋裡，也沒有興趣讀了。

自己的書這樣少，為何農民們卻常見我「有空就讀」呢？原因有兩條。一條是天天要念經，就是天天讀毛選；還要照毛的親密戰友林彪說的那樣：帶著問題學，活學活用，學用結合，急用先學，立竿見影。另一條是，老同學之間將各自藏書互通有無。從我所在的生產隊出發，可以步行去路北大隊各生產隊，去本公社的路南大隊、道林大隊、查村大隊、紅光大隊、羅墩大隊、南莊大隊等。也可以步行到王莊公社的金家橋大隊、河西巷大隊、東陳巷大隊，及冶塘公社、張橋公社的幾個大隊。這樣，就可以與插在那些地方的同學、校友交換和共用稀缺的書籍。而每次回城返家，又能與插在更遠公社的同學、校友以書換書。這樣一來，就總有書可讀了，儘管品種有限、品位不高。

農忙時，不能讀書，既無時間也無精力。農閒時，白天從自留地裡忙乎一陣回家後，有空就讀，但主要是在吃過晚飯之後讀。那時，整個農村沒有電燈，更沒有電視。我沒有收音機，甚至屋裡連公社的有線廣播喇叭也沒裝。夜幕降臨後，就點上自製的小油燈。雖然置有，但一般不用比較明亮的美孚燈，怕費煤油；而且一不小心，前額處的頭髮梢還會被烘焦。冷壁孤燈之下，我讀毛選，讀其它書籍。如果外面颳風，風會從門縫、窗縫甚至屋簷縫中潛入；在燈火飄忽不定時，我便閉目沉思，作很有心得狀。在知青小屋外路過的農民，從木門的

明顯縫隙中瞧見我的用功樣，常常會對我說：「不要太累了！」有的則乾脆敲門，進來和我聊一會，說是讓我的眼睛歇歇晌。下鄉後不久，有位愛開玩笑的老農邵阿弟就對我說：「你那麼喜歡看書，是不是胸前掛塊小木板，上面放上書，岔一會田，站定休息時就看一會書。那樣的話，看書幹活兩不誤，如何？」

讀書時，我也做點筆記。但是，我的動筆，主要是寫信。那個年代，沒有電話，人與人之間的遠距離資訊傳遞，只能靠郵件。除了給母親、大哥寫信外，我主要是與插隊下鄉的同學、校友通信，也與1968年3月當兵入伍的同學、校友通信。對我來說，這是一種不能缺少的精神交流，也是堅持用腦的一種有效方式。此外，我的硬筆書法還能拿得出手，也是我樂於筆命的一個原因。至今，我還存有別人寫給我的100多封信。而我在知青小屋中寫的信，肯定超過200封。

寄出一封信，須貼8分錢郵票。說來難以使人相信，我有過幾次特別窘迫的情形，信寫好了多天，兜裡就是拿不出8分錢！我和林生分紅所得的錢，大部分給了母親。剩下的錢，要買最基本的生活必需品：牙膏、肥皂、食鹽、醬油、食糖、煤油、毛巾，還要備些回城及去老同學處的車費。日常生活中，茶和醋是沒有的，更甭提水果什麼的了。除了分紅，一年中我還能存有幾元私房錢：我有分作口糧的稻穀開礱後的米糠，還有小麥磨麵後的麩皮，及從自留地上拿回家曬乾後的山芋藤。將他們賣給養豬的農民，兜裡就不是空空如也了。一斤米糠的錢，可買3枚8分錢郵票。但是，當私房錢也告罄時，寫得的信就寄不出去了。

下地幹活，需營養。讀書寫信，費心力、腦力和體力，同樣需營養。我這樣幹活、讀書兩不誤，對營養需求就更大了。幸運的是，在下鄉種地的四年中，我有過四次集中補膘的時機，那就是1969、1970、1971和1972年春節期間。那四個春節，叫「革命化春節」。革命化春節怎麼過？就是幹活要幹到臘月二十九，而到正月初四，則又

要下地了。於是乎，大年三十上午，我和林生從翁家莊乘車回城。到家與母親及弟妹們大團圓後，歡歡喜喜吃年夜飯；再與家人和老同學們開開心心度過初一、初二和初三。初四上午，我倆就動身回到隊裡。而真正的補膘，就是從回到隊裡開始的。

不錯，革命化春節的口號是喊得十分響亮，但說句實話，從正月初四到正月十五，農活的確是有，但都是短活、輕活。農民們壓倒一切的活動，還是利用一年中這段難得的時光，善待自己，款待來客。農民們在家中擺桌招待親戚時，就叫上插隊青年作為賓客一起入席，並且，絕不期待知青們的回請。這種風俗不是使我心中竊喜，而是讓我樂不可支。在那幸福感爆棚的十來天裡，農民們提前和我們打好招呼，約定時間去吃一頓午餐或晚餐。這樣輪著到各家去吃，20多戶人家吃下來，已是元宵節前後了。

春節時間到農民家中去吃的，可不是一般的便飯。辛勞克儉了整整一年的農民，要好好犒勞自己，要讓親情和友情得以熱絡和昇華，因此，傾力辦好春節家宴是沒有商量的。坐上他們的八仙桌，自釀的米酒管夠不說，冷盤、炒菜、蒸菜、甜點，品種齊全。雞、鴨、魚、肉，樣樣不缺。什麼叫大補？那就叫大補。什麼叫長膘？那就叫長膘。和我們一起插在季家塘的周培文、周培明姐妹倆，也是臘月二十九還在地裡幹活，大年三十才返城。不過，她們在城裡的活動比我們多，一般要到初八或初十左右才回到隊裡。她們回來後，農民們當然也請她們共赴家宴。於是，在炊煙裊裊的喜樂氛圍中，我們四個插青占了八仙桌半壁江山，頻頻舉杯與農民們共度「革命化」的新春佳節。

樸實的農民對我們的誠意款待，我一直銘記在心；50年來，未敢相忘。

弗·梅林的《馬克思傳》

朱虞英給我的來信

祁玄豹給我的來信

陳瑞鐘給我的來信

王瑞銘給我的來信

七、命運有坎坷

我幹活勤快、讀書不少的兩大優點,農民們和大隊幹部都看在眼裡,且評價一致。因此下鄉不久,我就當上了基幹民兵排長。除了有機會去實彈打靶、組織隊裡民兵訓練和辦掃盲班外,我至今記憶猶新的,有兩件事。

一件是中蘇邊界爆發流血衝突的珍寶島事件後,我對隊裡挖防空洞一事負有全責。現在看來,那樣的「深挖洞」當然只是一場兒戲而已。那時,我把洞址選在牛棚下面,帶領幾位基幹民兵動手開挖。挖洞是政治任務,當然給記上工分。挖了數米,想到應拐彎。拐過去之後,為了節約手電筒,我想到用小鏡子接力反射太陽光的辦法去照明,為此曾得意了好幾天。然而好景不長,儘管防空洞的頂部被挖成拱形,但沒加任何支撐,沒作加固處理,幾場雨一下,我和吳俊保等基幹民兵掙了不少工分的防空洞就坍塌了,牛棚也被迫從知青小屋旁遷移到河東隊裡的豬棚附近。

另一件事是,1969年4月下旬九大「勝利閉幕」、林彪的名字被寫入中國共產黨黨章時,我按照大隊黨支部要求,組織基幹民兵連夜在季家塘田頭遊行,出自內心地、狂熱地歡呼和慶祝。現在看來,那只是一齣荒誕鬧劇而已。

下鄉10個月之後的1969年8月,我有了更大的「榮譽」——被「選為」活學活用毛澤東思想積極分子,並出席「常熟縣首次活學活用毛澤東思想積極分子代表大會」,代表證編號為:1009。1969年10月下旬,我作為知青代表出席練塘公社首次活學活用毛澤東思想積極分子代表大會,並作為先進典型登臺作大會發言。我記得省中知青王淳和縣中知青邰潔也是大會代表。

我當時還不認識蘇州高級中學66屆畢業生、家在練塘街市的插隊青年姚潤華,不知道他也是大會代表。近50年後,他對我說:「你的

發言，使我認識和認可了你。」1969年10月29日，我應邀去練塘中學，給全校師生「講用活學活用毛主席著作的經驗」。我的脫稿演講結束後，在「一片熱烈的掌聲中」，練塘中學貧下中農宣傳隊和校革委給我頒發了蓋有紅戳公章的感謝信。

1970年春，所謂「一打三反」運動開展後，我被路北大隊黨支部抽調進大隊的專案組，協助大隊治保委員季全觀搞外調、寫材料，每天記10分工分。

如果我的性格中沒有其它多少與眾不同的特點，我的知青生涯將很可能比大多數人要短得多。因為，如果農民們和大隊、公社幹部對我的評價一直相一致，且我又不打算紮根農村一輩子的話，我會很快被上調回城當工人，或被推薦進大學當工農兵學員。事實上，1970年秋天，常熟城裡就曾風傳我即將上大學的消息，儘管我自己未曾動半點腦筋去爭取。

或許是遺傳因素在起作用，我的為人脾性，比較看重分是非、說實話，而從來不把「與領導搞好關係」放在第一位。隨著和農民們越來越走近，越來越貼心和越來越投緣，我與後來的生產隊長和大隊書記的矛盾，不斷加深和凸顯。再後來，由於練塘公社黨委副書記、公社革委會主任來路北，依照千年傳統官官相護地為大隊書記月臺撐腰，我與社主任又公開槓上了。2017年春天，當我和一些知青去翁莊村一家農家樂相聚時，一位原路北大隊張巷生產隊的農民認出了我，他很是動情地對我說了一件他從未忘記過的事：有一天他正好有事去大隊部，親眼見到、親耳聽到了我和公社革委會主任唇槍舌劍火辣交鋒的一幕。他說：「那時真為你擔心，為你捏了好幾把汗。」

快半個世紀了，當年那些人生坎坷的細節，我早就給忘了；當初的一些恩恩怨怨，我也早就釋然了。不過前不久，我為寫作本文而在

家中尋找自己的「歷史檔案」時，找到了一封我於 1973 年 2 月致常熟縣委負責同志信之底稿，才使我對自己當年的命運跌宕有了一個完整的重新瞭解。現將信件摘要刊錄如下：

　　下鄉的第一個年頭，我特別注意磨練自己的吃苦精神，猛幹農活，無論寒冬酷暑，還是滿手血泡，我都堅持。也搞一些群專工作和文藝宣傳工作。這年春節，都是在鄉下過的。小隊的地主婆送來米花團，被我怒罵揮退。1969 年 8 月，我出席了縣首屆「積代會」（自然無人說我壞話）。但是，在和貧下中農一起勞動和生活中，我逐漸瞭解了大隊學大寨為什麼沒有起色，大隊支部書記貪吃懶做，只愛恭維、不喜歡批評等情況，這些事情引起了我的深思。1969 年冬，軍宣隊來開展整黨，解放軍同志也和我談起了「領導班子的不團結，支部書記不熱心搞社會主義農業（例：三麥產量是全公社最末）」。在整黨中，我提出了自己的不少意見。

　　果然如群眾所言，實事求是的批評（即使方式很平和）使他很不舒服，他女人隨即發出了聲音：「懊惱待好了他，想不到好心沒有好報。」她的所謂好報，無非是指吹吹拍拍而已。一個青年人，沾上這種惡習，固然於己有益，但是還算有半點革命志氣麼？1970 年年初，開展整頓領導班子，大隊書記在大會上表態：「歡迎貼大字報提意見，大字報出了銅鈿買不到。」我少年氣盛，相信他的誠意，就貼了兩張。一張批評他多占自留田不對，一張批評他極少參加勞動，卻要比最高勞力多拿 25% 的工分。

　　誰知，這下闖下了禍。三、四天後，在他也在場的情況下，他女人抱了小孩直衝過來，一邊破口大罵，說：「你想香火人趕出和尚來！你是要我俚死！你當我男人劉少奇的官，你索性把我和三個小孩都扔在井裡弄死好了！」他女人罵不絕口，而他卻一言不發。我氣憤地對他倆說：「照你們這樣，誰還敢提意見，貼大字報呢？」和他的關係

一下子就惡化了，但是我並不懼怕。大叛徒劉少奇曾經對知識青年說：「你們下去以後，如果發現了大隊、公社有什麼問題，不要在下面提，只要向縣政府告狀就得了。」這就是要知識青年拋棄革命的鬥爭哲學，和下面搞好虛偽的、喪失原則的和睦相處。對於劉修這一套，我決心反其道而行之。我決心遵照毛主席「青年應當把堅定正確的政治方向放在第一位」的教導，使自己在鬥爭的風浪中成長。

當時，「一打三反」運動開展起來了。群眾提出了要搞清發生在兩年半以前的兩椿存款單失竊案，我在一張大字報上支持了這個意見，大隊也表示堅決支持搞清案子，並且為此成立了專門小組，負責人是大隊長周根興，我是小組成員之一。

剛著手搞時，12隊生產隊長（四清落選，以後又被大隊書記一手硬塞上去。發案當初，群眾曾對他很懷疑）威脅我們：「這次，你們如果弄不清，就敲掉你們的牙齒！」過不了幾天，他就躺倒不幹，說是等你們弄出來了再講，企圖要脅。我批評他態度惡劣。我說：「你心中如無鬼，應當隊長照做，坦然接受審查。」他竟當著大隊長和小隊群眾之面對我破口大罵，造了我許多謠言，我當然不能容忍而加以駁斥。四月初，隊裡的擔子由副隊長季洪興挑起來了。那年的水稻產量是全大隊第一。

對專門小組的工作，大隊書記是表面上支援，實際上反對。經過一個月的調查，小組確定了重點懷疑對象是12隊生產隊長。在剛發動群眾排查分析時，他就背後去散佈肯定不是。他當面講相信12隊群眾，背後出去說：「12隊裡群眾一片風，吃倒那個隊長。」後來，材料交大隊以後，我們要求大隊舉辦小型學習班，進一步審理。提了好多次，他都敷衍推託。而他女人卻在田間散佈：「他們出去搞材料是用逼供信的。」生產隊長當時在田間揚言：「你們做的材料我都看到了」，他還說出了有關的旁證如何如何，加以威脅。

後來，他更鬧到我門上，說：「臭插隊，你去搞什麼材料我都知道，你敢說我是賊嗎？」我一面感到極為奇怪；一面怒火胸中升起。第二次他再來無理取鬧，我便衝口而出：「姓季的，我就說你是小賊，偷100元錢！你敢拿我怎樣？你不要嚇唬人，你敢去上告說冤枉的麼？」他豈敢上告？我是料定他不敢的。不過，從那時起，我就不再要求大隊書記來解決了，而開始向公社反映大隊書記在這件案子上的問題了。

1970 年 5 月以後，我要求公社不要迴避矛盾，要以積極的態度來12 隊解決矛盾，我本人向公社幹部口頭要求達20 多次。7 月，我寫信兩封要求公社派韋良寶同志來瞭解了一下，但他來了沒作任何處理。一個青年人應當接受什麼處世哲學？為什麼有些人對待群眾意見要口是心非？為什麼光明磊落反遭冷遇和打擊？既然大家都說此案子要搞清，為什麼公社也怕解決？一連串的問題在我的腦子裡迴旋。

我一面和貧下中農風裡去雨裡來，堅持勞動，而一休息就讀書、就分析。下鄉不到兩年，我讀了《毛選》四卷和數十篇馬、列著作，也讀了魯迅先生的書。我也跟貧下中農商討。每天晚上，我的屋裡是高朋滿座，談笑風生。如果不是導師的教誨，領袖的指示，很難設想，我會變成一個多麼心灰意冷、暮氣沉沉的少年老頭！怎麼還會有堅持真理、堅持勞動、堅持襟懷坦白的精神呵！

1970 年 8 月，貧下中農讓我出席了縣上山下鄉講用會，參加給全縣上山下鄉人員倡議書的起草工作。我是滿懷革命激情進行起草的，並在大會上宣讀了倡議書。

1970 年 11 月，我和同學們給周總理寫了近萬字的彙報。對知青下鄉落戶的根本目的何在，和知青在農村中應當怎樣幹，談了自己的看法，也反映了存在問題。

　　問題再說回來。1970 年 9 月，人民日報發表了《農業學大寨》的社論，指出要搞好農業學大寨，關鍵在於要有一個革命化的領導班子和要有一個很大的幹勁。公社提出了「兩年成大寨」的口號，大隊好久都沒討論本大隊學大寨規劃。相反，在全國熱氣騰騰的形勢下，大隊書記帶頭賣黑市米、黑市柴，拖欠集體資金、私藏公家木料，溜出縣整黨學習班回家大興土木，他的所作所為在幹群中產生了極為不良的影響。大家說：「幹部不學陳永貴，怎能帶領社員學大寨？」我向他提出了嚴肅的批評意見，但是，由於他的世界觀，只是加深了對立的裂痕。

　　我對他說：「現在進一步開展學大寨，你應當多參加集體生產勞動。」他竟回答說：「難道我以前沒做過？」我批評說：「為什麼大隊副業總要抽農業上的錢？」他說：「那你來搞！」我指出他帶頭賣黑市米不對，結果他女人見我後大罵：「要他多管！我的米又不是去偷的，是自己草窩裡搾的！攢長袋倒凶嗨！」更有不堪入耳的話。我覺得奇怪，為什麼好多問題總是他女人出面來鬧？後來知道，大隊書記怕老婆，怕到出賣靈魂的程度。有一年深秋晚上，他女人吵罵，他竟投河尋短見，群眾聞訊趕來，他也實在熬不住凍，就從河裡爬起來了。

　　1970 年年底，縣召開四級幹部大會，我們向常熟縣委負責同志寫了一封信，反映了大隊學大寨冷冰冰的情況，表示了我們的決心和焦慮，提出我們的希望。（信件附錄於本篇文末）

　　之後，由於公社曠日持久拖著不辦，我不得不向縣運動辦公室寫了第一封信。3 月 4 日，公社終於派副書記、公社革委會主任來解決路北 12 隊之事。但他下車伊始，剛剛說完自己還沒調查研究，便又說他傾向於否定生產隊長是賊。我自然和他發生了完全正常的爭執。這樣，他也剛說我經過文革鍛煉，這次又投入「一打三反」，敢闖敢幹，很好，便又勃然變色，說我竟「目中無他」，說我是來「接受再教育」的！

說「12隊的事全部是我搞壞的！」。我當初血氣方剛，也大聲叫他不要光扣帽子，要他擺事實。他沒有事實，結果弄得狼狽了。他到12隊，我隊社員都叫他「老黃」，誰知他馬上發牢騷說：「我到別處，人家總是叫我黃書記的，怎麼這裡政治空氣是這樣的？還有一點革命者的風格嗎」

過幾天，在一次小隊社員會上，也許是因我公開跟他據理力爭的緣故，他在我不在場的情況下，把我說得很壞很壞，甚至連要深挖小隊裡的5‧16分子都說出來了。社員們來告訴我以後，我真氣得厲害。我想，為什麼要背後把我說得這樣壞呢？光明正大一點不更好嗎？既如此，我當然不甘示弱，貼了他一張大字報。如果要說我和他真有什麼不可開交的矛盾，我真是什麼「無法無天」的話，那麼說到底，就是曾經貼過他一張大字報，此外沒有更為過火的行為。其實，依我看，就是他絕不允許一個青年人敢這麼對待他而已。

誰知道，兩年多了，他還對我懷著嚴重的個人情緒，對我招工、上大學都橫加阻止。他驕橫自恃，愛慕虛榮，杜絕批評啊！我把他跟我在文化大革命中熟悉的縣委領導同志比較，但是，又如何能比！有誰像他那樣，氣量如此小，心地如此窄啊！我固然為此而遭到不幸，但是，我更為他感到羞恥！

以後，我繼續向縣運動辦公室反映情況，白雲同志派了一位同志下來瞭解情況，幫助公社解決問題。公社派出了兩個人，開了好幾個會，再三表態，調查了一個多月，什麼都沒搞清，他們悄悄地離開了12隊。後來，我給他們兩人寫了一封邀請信，他們也不作答，更不見重來。事情實際上就一直拖下去了。

團員們仍然要我當團小組長。1971年來，大隊搞整團，同志們提名我為支委候選人，正式候選人名單出來時，我的名字給拿掉了。但

是，無記名投票選舉的結果，恰恰跟個別人的願望相反，我被同志們以多數票選進去了。這使我很受感動和鼓舞。然而，團支部委員的名單上報以後，公社團委拖了一年多，既不批准又不批駁。誰會相信，他們竟是這樣幹的啊！但是，我並不理會這一點，既然同志們信任我，我也就毫無愧色地開展工作。

可以作為對比的是，1971 年 12 月 14 日，12 隊生產隊長賊性不改，居然乘賣稻之機，偷了練塘糧站大麥 30 多斤。此事第二天就被群眾揭穿，他被迫退回贓物。因為注意方式方法問題，我沒有貼大字報，我給公社黨委寫了信。黨委也認為此事性質嚴重，讓其受到了群眾的批判教育。存款單案雖然未破，但是這個人的本質使大家更清楚了。

1972 年 2 月 5 日，我給紅旗雜誌編輯部寫了一封信。信比較真實地流露了我當時的心情（信件附錄於本篇文末）。

1972 年 3 月，我申請讀大學，被無端拒之門外。今年亦如此（詳閱前信所述）。

回首往事，檢點自己四年農村生活的一頁，我感到自己無愧於培育自己成長的黨和養育自己的人民。我看到自己政治上成熟，也看到自己的弱點和缺點。但是，我堅信自己絕沒有在路線上、根本原則上違反了黨的教導。今年是我最後一個上學機會，然而，個別人故態復萌，要無理剝奪之。我是不能再默默地忍受下去了。如尚有一線上學之機，可算是我之萬幸。如終不成，則請你們將我此信和附信都轉給縣上山下鄉辦公室。這一次我是下定決心，要把問題拿到桌面上，適當的時候，我還準備將我此信送我大隊和公社，與大隊書記和公社副書記當面對質。難道我還甘心再為此事幾次三番受累遭罪、磨盡我的朝氣？

　　得罪了大隊和公社幹部後，我就再也當不成什麼「先進人物」了。民兵排長也給免了，也不要我去專案組搞階級鬥爭了。不僅如此，在1971年的一次大隊社員大會上，大隊幹部還把我的行為與「階級鬥爭新動向」聯繫起來，威脅要專我的政。好在我這個人的心理抗擊打能力還可以，加上我對自己去大隊裡搞材料掙工分，本就覺得不是滋味；而越是接近大忙，我的心就越不安——農民們都在地裡幹活，我卻占便宜吃省力飯！現在，我不吃省力飯了，完全和農民一樣，靠流汗幹活掙工分，心裡反倒輕鬆而舒坦。

　　因性子直而造成人生的坎坷，我無怨無悔。至今想來，還是如此。事實上，因我的為人和我的遭遇，農民們待我更好了。農閒時節，我的小屋裡，幾乎夜夜都有農民來聊天，說心裡話。老的，有季根興、季小弟、季洪興等。中的，有邵全保、季明保、季開元、吳金生等。青的，有吳俊保、張世雲（季世雲）、季雪元、季齊元等。而農忙中，當時還是少年的季世興、季連雲、季玲玲、季正良等，在我做中午飯和晚飯時，總會輪流前來打下手，幫我將柴薪送入灶膛，將灶火燒得旺旺的。雖說談笑無鴻儒、往來皆草根，但那種情景所富蘊的真心和真情，我每有憶及，便會心緒難平，慨然動容。

　　此外，每當有開船出門的活，農民們也更願意叫上我同行了。比如，去木瀆太湖邊的採石場裝石頭，去上海自行車三廠運廢氨水，去望亭發電廠挖未燃盡的煤渣，去無錫城區河道中取河泥，去常熟化肥廠裝化肥和去六里塘外的周塘裝上海運來的糞肥等。在船上，農民們和我不僅可以海闊天空地神侃，更可以無所顧忌地發牢騷、說真話、吐心聲。而船上的活計，從扭繃到把櫓，再到豎桅桿、扯風帆、當舵手，我都學會了。

　　命運的坎坷，使我和生活在社會最底層的農民成了貼心的朋友。這就是為什麼我在成了一名77級大學生之後，半個世紀以來從未與他

們失聯，且常常去鄉下「走親戚」看望他們的原因。這也是為什麼我在 2013 年 12 月 8 日舉辦兒子江楓的婚禮，和在 2015 年 4 月 18 日操辦母親蘇淑蓮的百歲壽宴時，一定要恭請他們出席的原因。

常熟縣首次活學活用毛澤東思想
積極分子代表大會代表證

練塘中學貧宣隊和校革會給我的感謝信

原季家塘生產隊的季妹華出席母親百歲壽宴

季家塘農民與培文、培明、棋生、林生
在母親百歲壽宴上

八、很想有所作為

　　1968 年至 1972 年的四年中，我間斷地寫有一些日記，但可惜已經全部丟失了。好在如今還存有一些文字資料，可藉以一窺我當時的心路歷程，描畫我當年的人生軌跡。

1、1969 年 5 月 20 日，我以「練塘公社路北大隊插隊知識青年」的名義，給縣革委及影管處寫信，希望他們能派人到鄉下放電影，豐富一下貧下中農的文化生活。5 月 24 日，我以「本縣練塘公社一插隊知識青年」的名義，給縣革委政治工作組寫信，批評了他們工作中的一處失誤。這封信全文如下：

縣革委政工組：

我們生產隊於五月二十四日拿到了你們五月十四日印的毛主席最新指示。這些最新指示除第一條外，其餘都是引自林彪同志《在中國共產黨第九次全國代表大會上的報告》。

引自上述報告中的六條最新指示，頭五條是第一次公開發表；但是第六條：「總而言之，我們要有準備。」卻不是最新的，而是毛主席早在一九四五年八月十三日題為《抗日戰爭勝利後的時局和我們的方針》演講中就說的（見毛選第四卷橫排本第 1080 頁，倒數第二行）。林彪同志在報告中引用了毛主席的這句話。

因此，我們不能把它歸入最新指示一項。這一點是有必要指出的。從這一點上說，你們的工作確實還有不夠的地方。我們需要認真地而不是草率地、嚴格地而不是馬虎地做好應做的工作。

順致
革命的戰鬥敬禮

本縣練塘公社一插隊知識青年
1969 年 5 月 24 日夜

我的信於 5 月 26 日在翁莊街上寄出。縣革委政工組於 5 月 27 日寫了回信，5 月 28 日寄至路北大隊革委會轉「插隊知識青年」收。應當說，信中對我提出的兩條意見，均作了認真的回應。如說：「這位同志指出我們最近印發的最新指示中的『總而言之，我們要有準備』這一句，已經在毛選第四卷中發表了。我們看到，這位同志嚴格認真的態度很好。」

2、1969 年 10 月，我給丹陽縣珥陵公社農技站去信，討教「水浮蓮越冬保種」問題。10 月 15 日，農技站來了回信。

3、1970 年 5 月下旬，蘇州專區教材編寫組《農業基礎知識》組給我來信，要我就他們編寫的初中《農業基礎知識》上、下冊（討論稿）提出修改意見，於 6 月 5 日前寄給他們。我很認真地讀完全部書稿，並提了意見。

4、組織 1970 年的七‧三座談。

1970 年年初，我萌生了一個想法：組織老同學們相聚一下，交流下鄉心得體會，就「如何為農村的前進作出應有的貢獻」進行坦率的溝通和討論。我馬上與插在隔壁生產隊的黃大榕和吳漢談了自己的想法，得到了他倆熱烈的回應，並立即開始一起著手籌備七‧三座談。取名「七‧三」，是因為毛澤東有個七‧三指示——對當時的我們來說，那個指示是極有鼓舞和激勵作用的。另外，農村雙夏大忙到 6 月底，也就差不多結束了。7 月 3 日大家回城相聚，是比較恰當的。

我們三人的籌備工作，主要做了四件事。一是分頭給老同學們寫信，告知我們的座談建議，聽取他們的意見。二是步行去老同學插隊的地方，當面徵求意見。不太遠的王莊公社河西巷大隊，我們三人去過多次。到了那裡，與董勇興、姚貫華、屈敏、楊復、史薇清、程森元、張椿元等暢懷聚談，坦率交流，有時甚至通宵達旦。我還步行去王莊公社東陳巷大隊，和俞敏等人聊七‧三座談事。我和大榕、吳漢、董勇興等人，最遠步行到沙洲縣（現為張家港市）的楊舍鎮，和插在泗港大隊的邵子秦商討七‧三座談事。三是召開小型討論會。

5 月 25 日關於七‧三座談的討論會，參加人員有顧志堅、李志強、邵子秦、朱敬亦、錢文明、朱虞英、潘麗華、周建東、朱壽年等。四是完成了三份相關文本。第一份是 1970 年 5 月 4 日定稿並油印的《關

於七‧三座談的幾點意見》（附錄一）。第二份是 1970 年 5 月份編定並油印的《世界偉人語錄選》。第三份是 1970 年 6 月 25 日油印並寄發的〈關於七‧三座談的幾點意見〉（附錄一）。第二份是 1970 年 5 月份編定並油印的《世界偉人語錄選》。第三份是 1970 年 6 月 25 日油印並寄發的〈關於七‧三座談致同學的信〉（附錄二）。信是這樣開頭的——「親愛的戰友：離我們的『七‧三』座談，時間越來越近了。對於這件多麼平常和自然的戰友間的交流，我們怎麼也想不到竟會在社會上引起一場軒然大波。非難四起，障礙重重。因此我們認為，很有必要進一步闡明其出發點，批判和澄清非難，掃除那些思想上的障礙。」

〈關於七‧三座談的幾點意見〉發出後，很快就引起了縣革委的高度警覺。他們派專人進行調查，看看有沒有「長鬍子的人」在暗中操控，查查是否有「階級敵人」伸出了黑手。事情倒是給查清了，他們承認，只是我們這些 20 歲出頭的人，自發和獨立搞的活動。但是，他們不願意讓這類活動搞起來。為此，他們不僅做有些同學的工作，勸他們不要出席座談會，還專門派人到季家塘生產隊找到我，在抽象肯定我的良好動機之後，要我改變主意，停止操辦和運作。見我不答應，就向縣中校方施壓，要他們拒絕我們借用會議室的要求。

縣中校方在縣革委的壓力下，別無選擇地對知青們說不。1970 年 7 月 3 日，日子沒變，但地點變了，我們改上虞山，去維摩寺附近相聚。當然，只能是相聚，不能座談了。

5、1970 年 7 月 15 日，我和黃大榕、吳漢以「繼紅兵」的筆名向《紅旗》雜誌投稿，題目是〈提高接受再教育自覺性〉。所謂「繼紅兵」，就是繼續革命的紅衛兵。48 年後的今天重讀這篇文章時，雖有精神準備，但仍讓我始料未及：該文濃烈的黨文化八股味，直令我掩鼻難忍，噁心反胃。此文是精神領域中的一件出土文物，它權威地見證了我們

的大腦曾被洗到何等可悲的程度。或許可以聊以自慰的是，當年的我們，身上有股初生牛犢不怕虎的氣息，不甘平庸，要想有所作為，20郎當歲就敢向中共中央的機關刊物投出自己的稿件。

6、1971年1月21日，我與黃大榕、董勇興和李紹箕從路北大隊出發，步行去吳縣龍橋大隊「取經」。當時，蘇州地區有兩個著名的「先進典型」，一是太倉洪涇大隊，一是吳縣龍橋大隊。我們商議的結果是，龍橋大隊更實在，因此舍洪涇而赴龍橋。1月23日至25日，我們在龍橋第四生產隊度過了三天，與社員們同吃、同住、同勞動、同學習。1月28日，我們給第四生產隊隊長吳水根寄出了我們的〈決心書〉，表示：「我們一定會以你們為榜樣，大踏步地趕上來的！」

1969年5月24日我給縣革委政工組的信

1969年5月27日縣革委政工組的覆信

1969年10月15日丹陽縣珥陵公社農技站給我的回覆函

1970年6月5日蘇州專區教材編寫組給我來函

關於《七・三座談》的幾點意見
由我和黃大榕起草並敲定

世界偉人語錄選，由我和黃大榕編定

1970 年 6 月 25 日關於七・三座談致同
學信，由我和黃大榕起草，黃大榕刻
寫，董勇興印刷

王建煜關於七・三座談給我的回信

仲麗芬關於七・三座談給我的回信

1971 年 1 月 28 日致龍橋大
隊，第四生產隊信之草稿

11970 年春
作者籌備七・三座談時

九、當上知青工

1970 年的招工和上大學，我沒有動心，也沒有輪上。1971 年的招工和上大學，我仍未動心，也肯定沒我的份了。1971 年秋，有些老同學進了城——插在古里公社常豐大隊的沈國放和插在楊園公社張巷大隊的李志強，進了常熟半導體廠；插在古里公社紅衛大隊的顧志堅，進了常熟花邊經理部；插在楊園公社漁業大隊的周建東，去楊園商店當了售貨員；插在冶塘公社的張耀明，成了冶塘藥店營業員，等等。

在文化大革命的頭兩年中，常熟出現了「973」和「516」兩派群眾組織，也可稱常熟的「支派」和「踢派」。由於文革派性的存在，加上我曾是常熟縣知識青年代表大會主席團成員，常熟縣革命委員會上山下鄉辦公室比較瞭解我在鄉下的境況，知道抽調我上城當工人，阻力一定很大。於是，他們向練塘公社黨委提議，是否讓江林生趕上 1971 年招工的末班車，他們為此願意專門給練塘公社加放一個招工名額。

林生弟於 1970 年夏天離開季家塘，去望虞河邊的練塘公社磚瓦廠老實幹活掙工分，與大隊、公社幹部未有任何過節。而且，兄弟倆插隊，二抽一，也合情合理。對縣革委上山下鄉辦公室的提議，練塘公社黨委書記嚴耕福表示同意。然而，副書記、公社革委會主任卻出面阻撓。雖然理由根本擺不上桌面，但就是愣不同意。事實上，林生先前已經有過一次很不愉快的人生經歷。那是 1969 年春，駐在東北的空軍地勤部隊來常招兵，林生報名參軍，過了體檢關和初審關，但最後因所謂「海外關係」而被人武部卡掉了。在林生面臨又一次厄運的時候，我再也不能保持沉默。我先是信訪，給縣革會寫信，狀告公社革委會主任無理阻撓；再是面訪，上城去找有關部門，當面告他搞誅連。幸運的是，多種因素較量和博弈的結果，是林生弟終於進了常熟縣衡器廠。

1972 年的招工和上大學，自然不會有我的份。不僅大隊、公社幹部肯定會卡住我，我自己心裡也不可能太動心：插在季家塘的培文、

培明姐妹倆，連「二抽一」都還沒輪上，我怎麼能好意思在林生上調後，自己又緊接著來個「農轉非」呢？

當然，我對「農轉非」不太動心，並不表明我想把根在農村紮下去；更不表明我要紮根農村一輩子。與大隊和公社幹部鬧僵後，我已經清楚：自己在鄉下是不會真正有所作為了，更不可能「大有所為」了。不過，不管今後的人生之路會是啥樣，我的性格，決定了我不會為了回城而違心地搞妥協，與大隊書記和公社革委會主任「修復關係」；我的性格，也決定了我不會私下去縣革委找 973 派熟人運作，謀求由上而下的施壓去突破阻力，達到使自己回城當工人的目的。

林生回城後，我在鄉下一如既往地賣力幹活、認真讀書、勤於寫信。不用說，一向走得很近的老同學當了工人、進了大學，的確使我心生波瀾，引發遐想。比如，1972 年春，李志強從半導體廠進上海紡織工學院當大學生了。而插在白茆公社和平大隊的倪洪元，則進了江蘇師院數學系。消息傳來，我這個常熟縣中 1965—1966 學年的學生會主席、曾經的「高材生」，怎麼會仍舊心如止水、無動於衷呢？

但是，絕大多數插隊青年，絕大多數縣中的老同學，無論哪一派，不還都在鄉下種田嗎？插在白茆公社 13 大隊的孫建華，我曾在他那裡吃過平生第一頓金華火腿肉，不還在地裡幹活嗎？插在白茆公社 3 大隊、我的小學同班同學何敏，我在她那裡聽過她上的關於電解水的課，不還在鄉下當民辦教師嗎？插在任陽公社吳巷大隊的朱敬亦，我在他那裡吃到了燉得爛爛的、味道最佳的鹹豬肉，不還在豆腐坊和代銷店裡忙著嗎？插在楊園公社漁業大隊的陳友松，我在他那裡品嘗過極其正宗的菜花甲魚，不還在南湖蕩裡捕魚捉蟹？插在王莊公社河西巷大隊的楊復，我在他那裡吃過好幾次鮮美的青菜燒豬肉，不還在當赤腳醫生嗎？……我對自己的現實際遇，實在沒有太多想不開和抱怨的理由。

　　出乎我意外的是，1972 年 12 月中旬，縣革委上山下鄉辦公室主任陳福鴻和副主任徐春陽把我找去，當面告訴我：常熟縣影劇管理處下屬的農村電影放映隊亟需人手，但由於沒有招工指標，他們將以「亦工亦農」的方式將插隊青年要去上崗。上山下鄉辦公室為此專門派人到練塘，與公社黨委「協調」；雖然比較費勁，但終於將我的名字也列入其中了。聽聞消息後，我的第一感覺是：真有點像天上掉餡餅，得來全不費功夫。不用說，我很是感激上山下鄉辦公室人員的好心和好意，但是，當時我的心中也真的很有糾結：就這麼說走就走，覺得對不住已經結下真摯情誼的農民，他們是只能面朝黃土背朝天啊！而面對仍在鄉下的大榕、吳漢、沈榮、培文、培明、周惠玲等知青，也確有愧疚之心。不過，我拒絕不了。我當時就表態接受這一安排，很快當了「亦工亦農」合同工。

　　所謂「亦工亦農」，是指幹的是城裡的工人活，但戶口還在農村，身份依舊是知青。類比於現在的「農民工」稱謂，對當時的我們，我認為可稱「知青工」或「插青工」。

　　知青工與知青，雖僅一字之差，但差別還真不小。第一、在自己的感覺上和親人及別人眼裡，似乎已經回城了，至少是正式進入了回城的預備期。第二、每月工資 26 元，遠超鄉下種地每月不到 15 元的收入。且工資由本人直接領取，而不是影管處將工資匯到生產隊，生產隊給記上工分，等年終分紅時再結算。第三、身上更有知青味了，因為我們與物理學上的聲、光、電打交道了。

　　1973 年 1 月，11 位亦工亦農知青工：馮泉南、呂熹、許勝雲、王覺民、孔祥瑞、鄒偉民、張明生、邢仁民、蔣學雷、翁文正和我，開始了為期半個月的學習期——學習使用 16 毫米放映機放電影；學習使用單缸汽油發動機發電。教放映的師傅是顧興周和高根和，教發電的師傅是袁萬興。機會實在來之不易，我們這些知青工無一例外，如饑

似渴地啃書，目不轉睛地觀察，全神貫注地聽講，加上反覆動手苦練巧練，到 15 天學習期結束時，在顧、高、袁三位師傅咧開大嘴發出的朗朗笑聲中，全部如期取得了《江蘇省電影放映人員技術合格證》。

十、兩件花絮

　　學到了放映和發電的本事後，知青工們很快將被分配到各農村電影隊去。一個農村電影隊是由什麼構成的呢？首先是一條放映船，那是影管處從鄉下租用來的小木船，外帶兩位農民船工，管搖船和做飯。做飯用的煤爐放在後艙甲板上，船工分別睡在船的前艙和後艙。第二是三位放映員，都睡在中艙。第三是放映設備，放映主機殼子、擴音機箱子、帶音箱的大喇叭放在前艙；單缸汽油發動機立在船頭，裝汽油的加侖桶放在船頭甲板下，張掛銀幕用的兩根毛竹竿，分置在船的兩舷。一個放映隊的活動範圍是兩至三個公社，每次到其中一個大隊去露天放映，並向大隊收取 15 元放映費。常熟縣影劇管理處下屬 12 個上述電影隊，分別叫 1 隊至 12 隊。所放映的電影膠片，均為 16 毫米寬，放映機被稱為提包機，係仿蘇產品，挺皮實。另外還有 13 隊，也叫機動隊。其放映船屬影管處所有，由柴油機驅動，放映的電影膠片寬度為 35 毫米，放映點為每個公社行政中心所在地，一般均為室內放映。

　　1973 年春節過後，11 位男性亦工亦農知青工中的 10 位，分別去了機動隊之外的 10 個電影隊。每個電影隊的另外兩位放映員，是在編的影管處正式員工，一般為退伍軍人，其中一人擔任隊長職務。而同樣懷揣《江蘇省電影放映人員技術合格證》的我，沒有下隊。影管處的黨支部書記王鳳英要我留在影管處宣傳組，協助體弱多病的老幹部李立奇做些事——這是一件花絮。誰知沒幹幾天，縣革委政工組副組長高鳳寶找到王鳳英，將我臨時借調到共青團常熟縣第六次代表大會籌備組，在那裡幹了近一個月——這是又一件花絮。

早在 1972 年初冬，常熟縣第六次團代會籌備小組就已成立了。按既定套路，這個小組要做十件事：

一、擬訂和發布關於召開共青團常熟縣第六次代表大會和建立新團縣委的宣傳提綱；
二、擬訂和發布共青團第六次代表大會宣傳口號；
三、起草縣委書記嚴毅在開幕式上的講話稿；
四、起草候任團縣委書記邵永華在代表大會上的工作報告；
五、起草縣委常委宮本階在閉幕式上的講話稿；
六、修改、潤色大會交流材料 10 份；
七、起草《關於深入開展向雷鋒同志學習活動的決定》；
八、起草《關於表揚先進團支部、先進團小組和優秀團員的決定》；
九、起草共青團常熟縣第六次代表大會傳達提綱；
十、確定出席會議的 848 名正式代表和 152 名列席代表，確定共青團常熟縣第六屆委員會的委員候選人名單，確定要表彰的先進團支部、先進團小組和優秀團員名單。

人員少，事情多。忙不過來，怎麼辦？有法寶，無償借調人手幫著幹。我於 1973 年 2 月下旬進入團代會籌備組後，除參與起草嚴毅、邵永華、宮本階的講話稿和報告外，還和陳德麟去了福山、淼泉等公社，和朱成煜去了周行等公社，瞭解和「指導」那裡「迎接團代會召開」的活動。現在還印象深刻的，是在福山公社革委會食堂裡，吃到了十分鮮美的草頭燒刀魚；以及在周行極為簡陋的小客棧中，我和朱成煜在昏暗的燈光下邊泡腳邊聊天的情形。

3 月 23 日至 27 日，我作為常熟縣影劇管理處團支部「選」出的團代會正式代表，參加了共青團常熟縣第六次代表大會。

實話實說，當時的我，對官場的那一套運作，談不上有什麼多大

的反感，籌備組分配我做的事，我是一一認真幹的。今天，46 年後的我，打開塵封已久的《中國共產主義青年團常熟縣第六次代表大會資料彙編》，裡面的東西，對錯就不必去說了，光是那官話、套話、大話、瞎話，就使我的鄙夷之情，不打一處來。此外，最能說明官方「選舉」性質的，莫過於宮本階在 3 月 27 日閉幕式上講話中的一段話：

「這次大會，代表們根據毛主席關於無產階級革命事業接班人的五項條件，經過充分發揚民主，反復醞釀協商，選舉產生了共青團常熟縣第六屆委員會。委員會由四十九名委員組成，平均年齡不到二十四歲。大部分委員不脫產。委員中有具有一定團工作經驗的團幹部，大多數是無產階級文化大革命以來湧現出來的積極分子，還有可以教育好的子女。女委員占 32.6%，是歷屆團縣委所從來沒有過的。」請大家注意，宮本階的講話稿是由籌備組在 3 月中旬大會「選舉」前敲定的，他 3 月 27 日拿到大會上去宣講，完全可以篤定、淡定地一字不改！

共青團常熟縣第六次代表大會「勝利閉幕」後，我如期回到影管處宣傳組上班。影管處在常熟城裡有 5 個下屬單位，分別是東方紅電影院（現為京門影城）、工農兵劇場（現為虞山大戲院）、人民劇場、春來書場和地處中巷 3 號的農村電影隊換片及維修點。從週一到週六，除了坐辦公室（設在工農兵劇場樓上），我就在這幾個單位轉悠，幹些文宣方面的雜活。從孩提時代開始，直到初高中時期，進電影院看電影，一直是件比較奢侈、讓我心跳會加快的樂事。

如今，我是一個與影管處簽了用工合同的宣傳組工作人員，有資格堂而皇之免費進入影院、劇場和書場。但是，我基本不進去看白戲、聽白書。因為電影也罷，劇團演出也罷，說書也罷，主要就關涉那幾個革命樣板戲，「封資修」的東西已完全絕跡。沒有古裝戲，沒有好萊塢大片，沒有蘇聯電影；在西門大街的春來書場中，說的依舊是吳儂軟語，但道的卻是橫掃一切。會有幾部歐洲社會主義明燈——阿爾

巴尼亞的影片，如《地下遊擊隊》、《海岸風雷》等。不知為什麼，金日成的北朝鮮雖然疏中親蘇，其影片倒也放過好幾部。1973 年 8 月中旬上映的《賣花姑娘》，居然虞城紙貴、一票難求，風頭蓋過了故事取材於常熟的、一度紅得發紫的《沙家濱》。

我有事進東方紅電影院幹完正經活後，必去兩個地方。一個是影片廣告畫工作室，看小個子畫師蘇大衛遒勁揮毫，不用多久就能完成我兒時曾為之驚嘆的畫作。另一個是去二樓放映室，看兩台 35 毫米座機交替放映。老放映員錢元椿和陳鼎元幹活認真，技術嫻熟，每隔 10 分鐘一次的交接，穩穩做到觀眾不察、了無痕跡。中巷 3 號也是我比較願去的地方，除了順便多看看放映機、發動機的維修外，我還能時不時碰到上城換片的知青工夥伴們，聽他們說說各自的開心或煩心事。事實上，從內心傾向來說，我自己更想像他們一樣學以致用，上陣去證明自己是一個合格的放映員和發電員。

共青團常熟縣第六次代表
大會資料彙編

我的第六次團代會代表登記表

十一、電影隊生活

1974 年元旦過後，我先是跟李立奇表明了自己下隊意願，再是向影管處一把手王鳳英明確提出了下隊要求。性子直爽的她很快就答應了。

　　1974 年開春，我先是被派到一個臨時組建的電影隊裡幹活，隊長叫俞振國。有生以來我放的第一場電影，是在王市公社的一個大隊。凡是大隊裡放電影，文化生活極度貧乏的農民，便會早早吃罷晚飯，兜裡放了炒得的南瓜子，從四面八方步行趕來。離放映點較近的，自帶凳子來坐著看；較遠的，就只能空身前來，站著看了。隨著觀眾的不斷聚集，我邊用留聲機播放「革命歌曲」，邊將放映和換片程式，一遍遍地垂目默誦。我對自己學得的本事有自信，但壓力也是明擺著的：在電力供應正常的情況下，若影片放不出來，或雖放出來但畫面、聲音品質不過關，或影片沒有放完就被迫收場，其全部責任就在放映員一人身上。而如果讓超過千人以上的農民們白來一趟、掃興而歸，你雖不至於重蹈「千夫所指、無疾而終」之覆轍，但無地自容、夜不安寢，肯定是跑不掉的。

　　除了必須做到正常放映，放映員要做到的另一點是：盡可能縮短換片時間。用 16 毫米提包機放電影，每隔半小時要換一次片。換片時，放映燈關閉，工作燈亮起。漆黑的夜幕下，站在全場唯一的亮點旁，放映員要依次完成：將剩下的片尾扯下，讓其自行通過放映機；取下空盤，換上滿盤，並扯下片頭掛在那兒；將放映機後部已經收滿膠片的片盤取下，放上空盤；把新換上的膠片之片頭部分拉下適當長度，先將片梢纏在機後部的空片盤上，再將其裝入放映機。做完上述工作後，放映員就要啟動放映機馬達，在影片片頭部分快速滑動時，雙眼盯著；當見到片頭部分即將瞬間過完時，立即開啟放映燈，進入新的放映週期。

　　等看電影的人，特別容易性急。即便是看過不知多少遍的《紅燈記》、《智取威虎山》和《奇襲白虎團》，以及《地道戰》、《地雷戰》和《南征北戰》，他們也希望換片時間越短越好。於是，放映員就得練就過硬本事，在周邊觀眾盯著看、全場觀眾等著瞧的情況下，準確、快捷地將片子換好。我們知青工在學習換片時，高根和師傅常常站在

一旁，手掐碼錶使大夥你追我趕、縮短時間。至今我還記得，當我第一次在放映場上換好片子後，身邊有位親眼見到我眼明手快把活幹完的農民誇我說：「老師傅手腳劈脫來！」「劈脫」一詞是常熟方言，意思是麻利。放鬆下來後的我告訴他，這是我第一次放電影時，他說什麼也不信，笑著說：「老師傅，騙人是不作興個。」「作興」這個常熟方言，意思是應該。

沒隔多久，臨時電影隊就完成了使命。它被撤掉後，我去機動隊幹了一個月。機動隊隊長叫尤志明，張橋人，綽號尤三斤。這個綽號的由來是：1958 年農村辦共產主義食堂時，因為吃飯不要錢，年輕力壯的尤志明放開肚子玩命吃，一頓吃掉了三斤大米做出來的飯，胃腸出事，險些喪命。在總共 13 個電影隊中，唯有機動隊沒有農民船工，全是放映員。於是，大家輪流做飯，有人還兼當駕駛員。在機動船上當放映員，讓我幾乎跑遍了常熟 33 個公社的行政中心所在集鎮，幻燈片製作技藝也有了不少提高。

離開機動隊之後，我去了電影 12 隊，轉遍了練塘、楊園兩個公社的所有大隊。1974 年 10 月，蔣學雷被抽調進常熟印花廠後，我被調到電影 5 隊，在張橋、辛莊及楊園各大隊放映，直至 1976 年 3 月所有放映員知青工被辭退為止。

電影隊一天的工作，大致可以描述如下：

在天氣允許的情況下，大約下午 4 點左右（夏天為下午 5 點左右），船工上岸去架好銀幕，掛好喇叭。他們回到船上做晚飯時，放映員就要去借得桌子，將擴音機、放映機、留聲機、幻燈機一一架好，並進行對光試聲。發電員的工作，是首先查看大隊電源的電壓是否達標；若不達標，就要用汽油發動機拖動自帶的發電機發電，供放映員試機。吃過晚飯，放映員就要到崗，播放樂曲，打出幻燈，營造氣氛。夜幕降臨後，一般先放 10 分鐘至 20 分鐘的新聞記錄片，再用一個半小時

至兩個小時放映故事片。電影放完之後，船工收銀幕和喇叭，放映員將各種機子一一入箱，拎到船上，發電員收好電源線，關閉發動機。大夥下船後，如果想連夜趕到另一個放映點，那就立即出發。如果想休息了，那就馬上簡單洗漱，然後各就各位躺到自己的鋪位上，天南海北、葷的素的瞎聊一陣，進入夢鄉。

第二天早上起床後，船工邊做早飯，邊搖船去當天的放映點。有時，大夥在途中就吃完早飯，有時則到了再吃。每天上午，發電員要檢查、清潔發動機。放映員則要做兩件事：一是檢查、清潔放映機。二是倒片，將放過的影片倒回來。在倒片過程中，若發現膠片有破損或邊上的齒孔有斷裂，則要將其切除，再將膠片粘接起來。幹完這兩件事，一般需要三刻鐘到一小時左右。

此外，每隔 10 來天或兩個星期，放映員要回城去換片，順便領取一些勞保用品。當天去，當天回。

與種田相比，當放映員的體力消耗簡直不值一提。而可自主利用的時間，則要富餘得多。在盡職做好謀生工作的前提下，作為一個從小就立志不能虛度光陰的人，我是如何度過飄泊生活中的業餘時間的呢？

第一、讀書。從上午 9 點半讀到 11 點半。午睡起來後，從下午 1 點半讀到 4 點半。自林彪事件後，我對毛澤東的看法有了較大的改變。我認為毛的眼光絕不是「洞察一切」，選錯了劉少奇不說，接著又選錯了林彪，誤把「大野心家、大陰謀家」選作接班人，還鄭重其事寫入黨章。因此我帶到電影船上的，不是毛選而是馬恩選集、列寧選集及《資本論》。那個時候，我對馬克思、恩格斯、列寧和史達林，依然是崇拜的：讀《資本論》時，我一臉虔誠，作亦癡亦慧狀；苦思之後，或有腦洞大開之感，並為自己能與唯一的宇宙真理傾心相擁而興奮不已。

別的放映員，常常自嘆不如我，但從不想學我。船工們，一個叫張阿生，另一個叫張小炳，則一個勁兒瞎誇我，說他們張橋公社東村大隊的知青，沒人像我那樣，有空就拿著書不放的。另外，當知青工回城後覓得的《斯巴達克斯（Spartacus）》、《紅與黑》、《戰爭與和平》、《安娜·卡列尼娜（Anna Karenina）》、《拿破崙傳》、《愛德華·希思（Sir Edward Richard George 'Ted' Heath，又譯奚斯）》，以及沈國放從北京外國語學院給我寄來的《悲慘世界》、《九三年》、《福田糾夫傳》和《第三帝國的興亡》等，我也把它們帶上船了。

第二、搖船。我常常自願幫船工搖船，美其名曰「學雷鋒」。雖說與幹農活相比，船工的活計一點也不重，但是，別人主動幫他們幹，他們還是眉開眼笑蠻高興的。我之所以出手相幫，主要原因是鍛煉身體，出身汗。我哼著小曲，把櫓搖船，他倆歇著，嘴叼劣質煙，邊抽邊聊黃段子，兩得其便。其次是，船上配給的菜籽油太少，炒出的菜不好吃。而由我出面動員船工，讓他們去大隊小賣部與女售貨員套近乎，使其私售半斤計畫供應的菜籽油給我們時，欠我情的船工不好意思說不，只得無奈生智，上岸去使出本能的解數，把油給打回來。

第三、訪友。若要去訪友，則不再讀書，且中午飯也不回到船上吃。電影船到了某個大隊，有時，我會以不速之客的身份，去找插在那裡的同學和校友；而大多數情況下，他們都在隊裡，我能如願以償見到他們。相見之後，邊興奮地聊天，邊一同去自留地上取菜蔬。回到知青屋中，一起動手摘菜、洗菜後，老同學再趕緊跑一趟大隊小賣部，買些米酒和一小塊鹹肉。接下去，裡鍋燜飯，外鍋炒菜。不多久，兩人就對酒暢敘，半醉方休了。有時候，我會去找縣中的回鄉知青一聚。

在辛莊公社，我去過紅星大隊朱雲根家。1965—1966 學年，他是縣中學生會副主席；我去找他時，他當大隊書記。當我們兩位學生會老搭檔久別重逢時，他的老母親加炒了好幾個菜。我還從辛莊步行去

毗鄰的橫涇公社，看望過縣中校友馬興生。在楊園公社，我去過趙洪生家，當時他是楊園文化站工作人員。在臨河而居的西巷大隊洪生家中，我們有了一次分手 10 年後的難得聚首。在張橋公社，我去過高中同班同學張建民家和初、高中同班同學杜雪元家，他們對我的真情相待，使我難於忘懷。

第四、垂釣。我朝夕與水相伴，晝夜與水相依，按說，學一把姜太公下鉤垂釣，應是再正常不過的事了。但在那個年代，垂釣是很有小資味和奢侈味的，是公然悖逆文化大革命氛圍的。現在細想起來，兩年的水上生活中，我總共只釣過五次魚，其中四次在張橋水域，一次在辛莊水域。第一次下鉤，是在張建明家附近的河中，釣到一條 3 斤多重的草魚。另一次是在張橋市鎮附近的一個大隊，釣到一條 5 斤多的鯉魚。其餘兩次，是在一條比較寬闊、種了不少水葫蘆的河中，分別釣到了武昌魚和鯽魚。我記得，一條足有兩斤重的武昌魚被我拎出水面，脫鉤後掉在密密的水葫蘆上，船工張小炳見狀，衣褲未脫就縱身跳下河去，雙手將魚牢牢抓住。每當活魚到手，我便叫船工上岸打酒，於是全船就樂樂呵呵過節了。在辛莊的那一次垂釣，可以說是如有神助。我和船工齊動手，一小時之內，三人竟釣到了 20 多條魚，每條都有兩斤多重。喜出望外的船工趕緊上岸買大顆粒粗鹽，回船把木製浴盆洗刷乾淨，將魚醃了，慢慢受用。

第五、打牌。文革風暴剛刮起來時，搓麻將有「封建色彩」，打撲克是「資產階級玩意兒」，因此，革命群眾是不會去觸碰紅線搓麻、打牌的。到了我當放映員時，麻將仍未開禁，但打牌已然成風。三名放映員都在隊裡時，另兩位和兩位船工在艙裡玩牌，名稱叫「打四十」，我則坐在後艙甲板的小凳上看書。當有一名放映員休假時，另一位和兩位船工照樣可打牌，名曰「爭上游」。我，還是看我的書。什麼時候我會參與打牌呢？如果碰上連續兩、三天中雨下個不停，電影放不成，船也不用挪，那麼，吃過晚飯，當船上的自發電使全船燈

火通明時，我也會「和群眾打成一片」，從晚上8點，一直打到午夜12點。

在我的電影隊生活中，還有過2、3次相親活動。那是在電影5隊隊長瞿興福的好說歹說下，我實在情意難卻，才勉強去的。相親對象，有樸實的農家姑娘，也有洋氣的上海知青。但那幾次活動，都稱不上是我的情感經歷，因此點到為止，略而不敘。

十二、二次插隊，戛然而止

電影隊的生活，算不上有什麼出息，但過得比較順當，舒心。而且我還必須說，在吃的方面，也明顯比在隊裡幹活時強。影管處給每人每天補貼兩毛錢伙食費，這主要用於購買葷菜。新鮮蔬菜呢，一半買，一半在晚上放完電影前往另一個大隊途中，船工上岸「順手牽羊」，將青菜、蘿蔔、毛豆等竊些回來。對此類三隻手行為，我們絕不唆使，但肯定眼開眼閉。那時的鄉下，沒有工業，河水清清的，可以直接舀到鍋裡做飯、做菜。船工張阿生學過烹飪，每隔10來天左右，他就會燉上一鍋香得不能再香的豬腳爪，供大夥美美地享用。記得有次阿生提議，做上三斤上好紅燒肉，三個放映員每人攤上一斤，他做裁判，看誰最先吃光。比試下來毫無懸念，我奪冠。當然，看似清綠的河水，也不見得有多乾淨，因為生活污水是往河裡直排的。而且，我們生活在船上，不時能見到前面船上有人往河裡撒尿的事。不過，由於環保和養生意識薄弱，過一會兒口渴了，我們就會沒有任何糾結地俯下身去，雙手捧水喝。一句話，電影船上的漂泊生活，不見得能使我樂不思家，但肯定能使我樂不思隊（生產隊）。

從1973年1月開始，在三個春夏秋冬中，作為亦工亦農知青工的我們，一邊盡職幹活，一邊以平常心等待更好命運的降臨。所謂更好的命運，是指或被影管處轉為正式員工，或像蔣學雷那樣，被別的單位招為正式員工。無論哪一種，當時覺得都順理成章，不會落空。誰

也沒有想到的是，1976 年 3 月，影管處會突然變臉，將男知青一律辭退；而且是一退到底，回到生產隊。影管處承認，知青工的工作表現無可挑剔，但告訴我們說：由於各公社相繼組建了自己的電影隊（配備 8.75 毫米放映機），因此縣裡的電影隊要縮編；另外，還有退伍軍人必須要安排。在這樣的情況下，只得無奈讓你們走人。而四位女知青工：王麗芳、沈莉萍等，則繼續留在影院、劇場中亦工亦農。

儘管理由聽上去實在又充分，但是對我們來說，這一突然變故，不啻於晴天霹靂，心理上斷難接受。當影管處在言子故居所在的東言子巷食堂裡設下豐盛的告別宴時，有好幾位知青工全無食慾，拒絕前往；另有幾位則是含著眼淚去的。練塘公社四位知青工中的三位：呂熹、許勝雲和我，去喝了被辭酒。說實話，我們哥仨當時心情都不好，但事已至此，不妨想開點，先把酒喝了再說。

回到闊別三年零三個月的季家塘生產隊，大為意外的農民見到我，以為我又是禍從口出，再遭厄運。我將原委如實相告後，他們惋惜不已，勸慰不停。在農民家裡吃過午飯，我著手收拾已經閒置多時的各種農具。鐵鎝、鐮刀已鏽跡斑斑，泥籃繩斷了，糞桶則明顯開裂。樹扁擔依舊那樣，但我的肩，還能挑多重的擔子？再去巡視荒置多年的自留地，但見雜草叢生，面目全非。而知青小屋中，涼鍋冷灶，了無生氣。竹製的碗櫃，空寂的竹榻，滿是塵垢。看來，二次插隊，一切得從頭再來。

1964 年就下鄉插隊的老知青呂熹，比我這個身上殘留書生氣的人，更懂得如何應對生活中的困境。他先是請我一起去金星大隊的老知青宋義中那裡作客，小住幾天作個過渡。再是拉我一起去找分管知青的公社幹部王偉倫，陳述被一紙辭退令澆得透心涼的無奈窘境，當場寫得並遞交困難補助申請書，經王簽字蓋章後，我們隨即去練塘信用社，每人領取了可算雪中獲炭的 30 元。

在九年半的知青生涯中,我是第一次,也是唯一一次,領到生活困難補助費。

不過,領了補助費之後,我卻沒有再「插」到季家塘生產隊去。

在1976年波詭雲譎的政治氣候中,我這個知青,已經再不能平靜地待在知青小屋裡了。事實上,自1975年毛澤東關於電影《創業》的批示傳開後,圍繞江青等人的「政治謠言」,就在社會上不脛而走了。我記得,在老同學楊復的東太平巷家中,我和他父親、常熟縣第一人民醫院副院長楊定貽先生也幾次聊過對江青、張春橋等不利的小道消息。1976年1月8日周恩來的病逝,似乎預示了多事之秋的來臨。在所謂「四‧五天安門反革命事件」被碾壓後,顧志堅等老同學特意來到我家中,對身在北京的李志強和沈國放,表達了牽掛和擔憂之情。當時,志強在輕工業部第二設計院工作,國放則在北京外國語學院讀書。在隨後的日子裡,我去季家塘待過幾天;但更多的時間,是用來和中國科技大學的蘇慶德等人通信聯絡,和常熟縣博物館館長陳博學、縣上山下鄉辦公室的王治平、梅李醫院內科醫生徐峰、縣農具社工人周天錫等人聊政治風雲,議政局動向。

是年4月底,又是呂熹第一個向我透露了好消息,說是新的招工計畫快實施了,且縣上山下鄉辦公室會優先考慮被影管處辭退的知青們。

果不其然,他的說法到6月份就應驗了。常熟縣肉類聯合加工廠要招一批亦工亦農知青工,練塘公社的知青呂熹、許勝雲和我被列入招工名單,6月下旬去報到。

二次插隊,戛然而止。

十三、在肉聯廠的日子

常熟肉類聯合加工廠是一家新建廠,廠址在常熟南門外滬宜路旁,

永濟橋附近。該廠承擔在常熟城區統一收購、宰殺生豬的任務，除將鮮肉和豬下水投放到城區和城郊各銷售點外，還將富餘豬肉速凍後冷藏，以備隨時調用出廠。此外，還生產定向出口香港的白條肉、分割肉和兔子肉。廠子建起來後，先是從食品公司原有部門調來一些老職工、招收了一些「土地工」和退伍軍人，接著就是用亦工亦農方式要到了不少知青工。呂熹、許勝雲和我於6月底進廠時，早先幾批知青工中，有的已經在廠裡幹了近兩年了。

肉聯廠的一把手是黨支部書記徐彩堯，廠長是袁坤生，政工組長是蔡培興。我與他們三位素不相識，從未謀面。然而，當呂熹去冷庫班，許勝雲去製冷車間，及我們這一批的其他知青工都下車間當工人時，我卻被宣布留在政工組，成為坐辦公室的行政管理人員。這，絕非我的意願。我既沒託人走關係，更沒因自己被破格安排而得意和炫耀。然而，一場風波還是難以避免地發生了。

在私下洶洶地議論一段時間之後，以製冷車間主任為首的退伍軍人進了書記辦公室，尖銳地向他提出：「為什麼我們正式職工沒有資格上樓坐辦公室，而亦工亦農非正式職工江棋生卻有這個資格？他到底有什麼背景？廠裡對他的安排究竟有多少貓膩？」徐彩堯在文革中經歷磨難、見過世面，更重要的是，他在這件事上心中無鬼。他平靜地對他們說：「江棋生沒有背景，我們是量才錄用。我們瞭解到，他的一支筆有功底，字寫得好，口才也不錯，還有組織能力。廠裡政工組只有蔡培興一人，是忙不過來的，因此，我們決定讓他進政工組。廠裡的亦工亦農知青比較瞭解他，沒人向廠部提出質疑。你們要是不服氣，我可以組織你們和他比試比試，比書法，比寫文章，比演講……甚至，和他比象棋、比游泳都可以。」徐彩堯不打哈哈，用擺事實講道理的一番話，使質詢者默然而退。我事後知道，是與我下過象棋的廠供銷組的陳志皓和許國寧，與徐彩堯聊過我的象棋水準。而老徐本人，曾幾次在中午時分，親見我和電工夏興保在廠子後面的河道中互

相追逐、奮臂嬉水的情景。

按我的性格，既接受安排進了政工組，那是絕不會混飯吃的。而上述風波的發生，則激勵我更要通過實幹拿出「實績」來。我進政工組後，在蔡培興的大力支持和信任下，無論是大飯堂中用毛筆書寫的政宣標語，還是廠裡用排筆刷出來的大幅標語，都出自我一人所為。廠裡本沒有黑板報，我請木工和泥水匠在飯堂東牆上修建了大幅黑板，由我一人完成組稿、編排和用粉筆抄寫全部文章的任務。

美工方面，我則商請朋友來相助。已從白茆公社抽調進常熟漂染廠的邵墨寅，我就曾幾次請他前來肉聯廠給黑板報配以畫作。我在廠裡不定期組織徵文比賽；鼓勵和組織寫作愛好者對外投稿。王莊公社金家橋大隊的知青工秦維康，就得過廠裡的徵文獎。我白手起家建起廠裡的圖書室，騎自行車去縣西街的新華書店一次次購書回廠，供職工閱讀和外借。我提交圖紙，請廠裡木工和泥水匠製作籃球架，並豎起來用作打半場。我組建了廠籃球隊，成員有朱壽年、夏興保、毛兆源等，且帶領球隊與常熟醫療器械廠和常熟汽車站的籃球隊舉行過友誼比賽。我數次舉辦全廠職工象棋賽；組建了廠象棋隊，成員有王文森、秦維康、章以誠、呂熹等，並帶領廠象棋隊與常熟水泥製品廠隊進行對抗賽。我請廠裡木工製作了乒乓球台，準備將仍未開工的動物飼料車間權作乒乓球室。此外，我還著手進行編寫廠史的準備工作，等等。所有這些實實在在幹出來的業績，都在廠裡贏得了肯定和公允的評價。

在肉聯廠，我曾多次去屠宰車間二班義務勞動，也去過冷庫班義務幫忙幹活。這既不是出自廠部的要求，也與前述風波毫無關係。這，應該是出自我的一種做人本性：覺得自己坐辦公室，不論幹得多麼賣力，也多少有些愧對天天在車間幹活流汗的知青工們。我下車間勞動，是在吃過晚飯之後。二班姚班長對自願幹活的我，安排了相對少累也

較易學會的活。那就是，站在二班第一個流水線崗位上，當先後經過打毛機和松香池脫毛後的豬胴體，由導軌從一班工作面帶到你面前時，手持酒精噴燈，將豬體上殘留的細毛全部燒掉——這是生產出口香港的白條肉所必須的一道工序。胴體雖移動比較緩慢，但留給你燒毛的時間其實很緊，你得圍著胴體轉一圈，不停地從豬屁股燒到豬頸項。一旦動手幹活，中間可沒什麼停歇。幾百頭豬燒下來，手酸腳脹，汗濕全身。但是的的確確，我和藍領大夥們的關係更融洽了。

幹了一陣燒毛工作後，我主動向姚班長提出，要學習手持利刃，將豬頭從豬體上割除的技術活。這是與我緊鄰的二班第二個流水線工作崗位。但見工人左手執豬耳，右手庖丁解牛般熟練地下刀運刀，三下五除二豬頭就落地了。我在旁邊看得多了，心中直癢癢，也想過把屠夫癮。姚班長幾經猶豫，還是答應了，但是告誡我：「如果運刀動作稍有差池，刀尖就很有可能刺傷左手。」隨後，他讓一位老工人手把手教我。學習時我十分認真，不久，就經姚班長允諾上崗了。上崗真幹時，我小心謹慎，動作合格，一介書生終成冷面屠夫。事情，出在技術相對熟練之後。那時，我有了想法，想儘快趕上老師傅的工作效率，於是在運刀時就提了速。提速提得合適，自是贏來不少點讚。但有一次，提速過快，結果刀尖刺破左手上的微動脈，隨即飆出來的小血柱，足有 7、8 釐米高！後來，我再去二班幹活，姚班長說什麼也不讓我當屠夫了。

肉聯廠建有高大的冷藏庫，冷庫班工人常年穿著厚厚的棉工作服在庫裡幹活。他們的活計分三種：一是將速凍後的豬胴體存放進庫房中。二是有外單位來提貨時，將庫中冷凍豬肉運至裝貨平臺，放入冷藏車。三是不定期入庫房進行倒庫。冷庫班中除呂熹外，還有早先就進肉聯廠的縣中校友饒桐和管景清，也有上海回鄉知青。我選擇冷庫班，是認為那裡的工作條件比較艱苦，勞動強度也比較大，我應當去那裡義務勞動。我親身體驗到，進庫幹活時間稍長，哪怕你幹得十分

賣力，寒氣也會透過棉衣棉褲侵襲全身，使你因寒而慄。

我去義務勞動，無半點作秀之意。我這個「白領」自願當一陣「藍領」，真的能使我有所心安。而工人和知青工們，也自然而然和我更親近些。

與在影管處時相比，我進肉聯廠後，老朋友、老同學更樂於來找我一聚。那個年代，豬身上的食材，全是緊缺物資，一律憑票供應。而大家都知道，肉聯廠食堂裡的肉菜，既便宜，量又大。他們來了，我作東，點上紅燒肉、溜肥腸、兔子肉等，大家吃得腹中瓷實，齒間留香。對我來說，這是樂事，也是小事。如同我在影管處工作時，有朋友託我買座位上佳的電影票，我通過當售票員的知青工王麗芳或沈莉萍，就能輕鬆搞定一樣。

我進肉聯廠後，真正使我為難的，只有一件事，那就是：逢年過節，或家中辦喜事等，親朋好友託我買肉聯廠裡的特有產品。在那個物資稀缺和匱乏的年代，除豬血和高溫灶裡出來的處理肉品外，肉聯廠生產的豬肉、豬肝、豬腰、豬肚、豬心、豬肺、豬爪、豬頭、豬油、豬皮、豬大腸、豬尾巴、豬蹄筋，都屬緊俏物品。說實話，肉聯廠的員工是有一點特權，能在節日前夕從廠裡購買一些上述產品。但是，數量很有限。滿足家用之外，能勻給朋友的份額，少得可憐。坐在肉聯廠辦公室裡的人，要比一般員工能多買一些，但是，也多不到哪兒去。也因此，多數情況下，朋友開口之後，我只能對他們說明實情，表示歉意。有些不好推託的，如母親的老鄰居找上門來了；或我不想推託的，如季家塘的農民開口了，我就只能硬著頭皮，找廠長袁坤生或書記徐彩堯批條子解決一下。

有時候，好幾家親朋正好都有急需，撞在一起都要我一定設法相助，而批條子的路已行不通時，我怎麼辦呢？他們要辦事，急；我幫

不上忙，急。但光急不解決問題。有道是：「急中生智。」我終於想到了兩條輕易不會被別人察知的辦法。

　　一條是，與我有工作關係的單位按慣例派人來肉聯廠求購時，我私下與來者商量，請他們在蓋了其單位公章的購物單中添加些品種；可能的話，不露痕跡地改動一下數字。若帶來的購物單已不能做手腳，則乾脆請他回去重寫後再來。因職責所在，我會領著來者進廠長或書記辦公室，由他公事公辦遞交求購單，廠長、書記或打折扣、或不打折扣簽批後，他就下樓購買並自行離去。我會在午休時間或下班後，騎車去他家中或他單位，付錢拿我加進去的份額，然後給朋友們送去，兌現自己的承諾。

　　由於和我有工作關係的單位屈指可數，因此，上述辦法有時並不能全部解決問題；那時，我就啟用第二管道。肉聯廠屠宰車間的周主任和我關係不錯，他有親戚在城裡的肉類供應點上班。提前與他說妥之後，我便按約定的時間前往特定鮮肉鋪或鹹肉鋪，不動聲色地無票購物後，悄然離去。1977 年 12 月 20 日，汪峰小娘舅顧志堅與王克芬結婚，汪峰外婆在泰安街熙春橋弄 3 號家中辦喜酒，我就是通過這一「胡志明小道」，相幫買了點肉類食品。

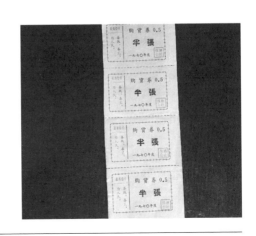

那個年代的購物券

十四、不能安分，難以守己

　　當好一名知青工，無論是電影隊的知青工，還是肉聯廠的知青工，都只是我起碼要做到的事，只是我不想虛度年華的一條剛夠及格的佐證而已。我的人生志向還要更「高大上」些——它決定了我不能安分，難以守己。

　　在當知青工的日子裡，我會抽空去看望關係不錯的母校老師，如戴政良、卞永樑、邵憲詢、施一鳴、李潔等，將心裡的一些想法無保留地說出來，再認真聽取他們的看法。我也去看望過時任蘇州地區師範學校校長的縣中老校長龐學淵。龐校長在文革初期吃了很大的苦頭，並因跳樓而傷重致殘，對我的為人是比較瞭解的。我見了他，當然也是實話實說。他聽了我對社會問題的一些另類看法後，與人為善地勸導我，要我注意把握好「度」，收斂些鋒芒。他的好意，我當然明白，但我覺得他太過謹小慎微了。後來，我就不去他那裡了。為什麼？我不從師言，沒改脾性，再去，就尷尬了。

　　縣委宣傳部、農工部裡有我的熟人，我會去坐坐聊聊，問些頭腦中思而不解的問題。而正是在那裡，我平生第一次讀到了《參考消息》。當時，見到上面竟刊些我聞所未聞的來自外媒的出格新聞和消息，我曾大為驚詫，斷難相信那是一份官方正式出版物。自讀到《參考消息》後，每逢調休，直奔那兩個地方去滿足精神上的需求，就成了我的第一要務。憑交情，我能在辦公室裡坐定，邊喝他們給我沏上的虞山綠茶，邊將十來天的《參考消息》細細讀完。但借出去，是萬萬不行的。一旦他們那樣做了，定會遭查處，受懲罰，搞不好還會丟掉烏紗帽。現在想來，在愚民政策大行其道、資訊被嚴密封鎖和過濾的年代，一介平民能讀到《參考消息》，其意義委實不可低估。讀《參考消息》，使我受益匪淺，既擴大了眼界，又提升了獨立思考的意願和能力。

　　在當知青工的日子裡，我堅持了在鄉下種地時的習慣：與朋友們

保持通信聯繫，有話直說，真誠交流。檢索我現在存有的信件，可知我與周政保、楊一飛、李志強、毛興無、徐峰、馬石、陳瑞鐘、朱虞英、邵渠、祁玄豹等，一直有頻度較高的書信往來。寫信，除了必然體現極權時代被洗腦後的蠢笨之外，畢竟也要開動腦筋，也會有思想上的撞擊，並能多少擦出一些火花來。

當知青工的日子裡，我一直堅持游泳和打乒乓球。我最主要的泳友，是縣中校友陸正方。我們在環城北路旁的菱蕩沿中，先作南北游，再搞東西游，最後索性繞圈游。游完上岸，到鄰近的正方工作單位——常熟縣紡織機械廠，痛痛快快沖個澡。有時候，覺得光在菱蕩沿中游泳不過癮，我倆就騎車去尚湖和東湖（昆承湖），在碧波千頃的湖面上，揮臂擊水，縱情暢游——或蛙泳，或仰泳，或自由泳，或潛泳（當時我還不會蝶泳）。

後來，熱心的正方還成了我和章虹的紅娘。1968 年冬，作為一名蘇州市第一中學的 67 屆初中生，章虹別離觀前街附近建新巷 29 號熟悉的家院，插隊到昆山城南公社團結大隊第四生產隊；1972 年，回到老家常熟梅李公社四大隊十小隊；1975 年時，她是常熟紡機廠的知青工，在金工車間當車工，成了正方的廠裡同事。

對我來說，游泳，不光是愛好，主要是為了強健體魄。立秋以後，我照樣堅持。我一直自信此生會有出息，但真要有出息的話，沒有好的身體，那是肯定不行的。與游泳一樣，打乒乓球也是我從小就有的愛好。影管處、肉聯廠沒有乒乓球室，我就到別的地方，比如食品公司、工人文化宮等處去打。最小的弟弟江達生曾在少年體校中學打乒乓球，後來他奪得了常熟縣男子乒乓球單打冠軍，這就更激勵我要將這一愛好保持下去。

與堅持打乒乓球的做法正相反，為了省下時間用於讀書、會友，

我這個本是為棋而生的「棋生」，忍痛放棄了從小就有的下象棋愛好。不僅如此，我還對自己說：「時間不夠用，不能再去學圍棋了。」即便四弟江華生成了常熟頂尖的業餘圍棋高手，我也沒在智力交鋒之黑白紋枰上，擺弄過一顆圍棋棋子。

當知青工的日子裡，我還做過一些別人很少會去做的，或遇到過別人不太會遇到的事情：

一、1973 年 9 月下旬，我在《文匯報》上讀到一篇署名「王仁福」的談反潮流與服從決議的文章。我對文中的見解有些不同看法，就於 10 月 1 日給《文匯報》去信，請他們轉給「王仁福」。10 月中旬，我收到了上海自動化儀表一廠劉達臨寫於 10 月 12 日的來信，原來那篇文章是他和另外幾個人一起寫的，他對我的看法作了認真的回饋。後來，我又給劉達臨回了信。

二、我對大學辦學問題有自己的一些看法；我對如何落實知青政策一事，也有些自己的想法和建議。與別人不同的是，我沒有停留在私下議論上，而是分別在 1974 年 9 月和 1974 年 12 月，給《新華日報》去信，如實表達了自己的意見。同年 9 月 13 日和 12 月 20 日，《新華日報》寄出了給我的回覆函件。

三、1977 年 7 月 27 日和 8 月 3 日，我和邵墨寅分別給中國醫學科學院日壇醫院和《光明日報》去信，表示願意在攻克癌症的隊伍中，成為「一名百折不撓的戰士」，希望得到專業部門「嚴謹的指教」。邵墨寅是插在白茆公社的知青，1972 年我在影管處宣傳組幹活時與他結識，後來過從較密。正是在常熟小東門外小河頭他家中，我多次與白茆公社知青金立群和後來成為他妹夫的橫涇公社知青言鞏達相聚，知道立群專攻英語名不虛傳，曉得鞏達苦練書法日有長進。對比金立群和言鞏達，自己沒有明確專長的問題就突出來了。當得知周恩來的

遺願「一定要攻克癌症」之後，我和邵墨寅決定投筆學醫，並獻身攻癌事業。1977 年 8 月 6 日，我們收到了日壇醫院的回覆：

邵墨寅、江棋生同志：

　　來信收悉。你們這種熱心研究腫瘤的精神是值得我們學習的。目前，全國各省均已成立省腫瘤防治研究辦公室。今後，你們研究腫瘤的有關問題，請與當地衛生領導機關或省腫瘤防治研究辦公室聯繫。

　　　　此致
　　　　　禮！

日壇醫院
1977 年 8 月 1 日

　　1977 年 8 月 11 日，我們又收到了《光明日報》群工組的覆函：

江棋生、邵墨寅同志：

　　你們關於防治腫瘤的來信，我們已轉全國防治腫瘤辦公室參考。特告知。
　　　　敬禮！

光明日報群工組
1977 年 8 月 5 日

　　1977 年 10 月上旬，當我確知 66 屆高中生也有資格報考大學後，我和墨寅理想主義的自發「攻癌」行動，就無疾而終了。

　　四、1976 年 4 月天安門事件後，遭到原大慶布店職工張永興的誣告陷害。1976 年 1—3 月份，我不時會去縣南街的大慶布店，找亦工亦農知青工任宇勁（章虹弟弟，隨父姓）、顧敬凡聊天。見我們對「反擊右傾翻案風」有不以為然之意，張永興對我們說：「鄧小平百分之

百下臺，肯定倒！」，我們頂了他一句：「鄧小平有錯誤，但七五年的成績客觀存在。」不曾料想，1976 年 4 月 8 日，心術不正的張永興寫了「人民來信」投寄給常熟縣委，實名舉報我和任宇勁、顧敬凡三人擁護鄧小平，破壞「批鄧」，並竟卑劣地捏造事實，說我們在數天前的深夜，將鄧小平在總理追悼會上致悼詞的照片，重新放進東方紅影院門前的宣傳櫥窗中，稱這是「一起嚴重的東方紅櫥窗反革命事件」。這件事，是紡織品公司政工組的老王事後告訴我們的。好在當時縣委的有關部門，在查清「櫥窗事件」乃不實之詞後，對張永興的其餘「檢舉揭發」進行了冷處理，我們三人才沒吃到什麼苦頭。也算是惡有惡報吧，1976 年 6 月，張永興因流氓行為敗露而被抓，後來吃了長達 10 年的官司。

周政保給我的來信

李志強給我的來信

楊一飛給我的來信

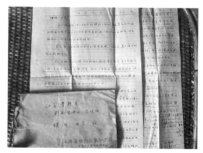

1973 年 10 月 12 日劉達臨給我的覆信

1974 年 9 月 13 日《新華日報》
給我的覆函

1974 年 12 月 20 日《新華日報》
給我的覆函

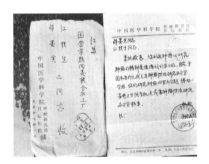

1977 年 8 月 1 號日壇醫院之回覆

1977 年 8 月 3 日致《光明日報》信

1977 年 8 月 6 日《光明
日報》之回覆

十五、搏擊 1977

從1977年入夏開始，關於恢復高考的消息和傳聞就一直不絕於耳。作為一名66屆高中生，我是太有理由關注這場已經延宕了11年的高考了。整整11年前的1966年夏天，針對66屆高中生的「推遲半年舉行高考」的決定出籠了。其後，「停止高考」的決定，則將66至68屆高中生的高考之願完全澆滅了。1970年，開始用推薦方式招收工農兵學員。到1974年夏，大學招生有了一些形式上的考試。我明知自己不會被「組織推薦」，但對於上大學，我是人還在，心不死。我利用休息時間，去戶籍所在地練塘公社報了名，並如期到練塘中學參加了入學「考試」。和其他考生一樣，我在當堂交上理工類卷子後，按規定將應試作文抄成大字報，張貼在練塘街面的鬧市區。儘管我的理工試卷可得滿分，儘管我的作文引爆街市，還有，儘管大榕和沈榮全力出手相助，但是，大隊和公社推薦名單中，就是沒有我。

1977年8月底，恢復高考一事已是板上釘釘。但是，已達30來歲的66屆高中生也能參加高考的決定，卻姍姍來遲。在我的記憶中，一直到9月底，才有確切消息傳來。10月上旬，在肉聯廠政工組辦公室裡，蔡培興問我：「小江，你準備參加高考嗎？」沒有半點猶豫，我給出自己的回答：「一定參加！」在事關命運轉折的時間節點到來之際，我唯一的選擇只能是：抓住機遇，奮力搏擊。

志向定了之後，隨即要解決的是，考理工科，還是文科？從我的內心來說，我喜歡讀理工科。但是，出於現實考量，則應該選擇文科。為什麼？七七年高考將在12月份舉行，滿打滿算，我只有2個來月複習時間，且只能將週一至週六的晚上和周日整天用以複習。在少得可憐的時間裡，我有什麼可能，將已荒廢了11年的中學數理化知識撿起來，並如願實現自己的上學夢？在頗為糾結、難以定奪的情況下，我專程去自己的母校——常熟縣中，找到我高一和高二時的班主任、數學老師戴政良。

　　戴老師像是早已算定我會去找他一樣，他毫不含糊地對我說：你當然應該考理科。那樣的話，你今後可離政治遠點。這些年來，你還不清楚政治是怎麼一回事嗎？另外，照你的底子，只要擠出時間來好好複習，肯定能考過其他往屆生和在校應屆生。這一點，你不一定清楚，但我很清楚。戴老師的話說得這樣實誠和肯定，我當即表態一定報考理工科。

　　報考方向定了之後，頭一件事就是尋覓初、高中的數理化教科書。我自己的書，在弟妹們中間過手幾次後，多數已不見蹤影。自 10 月中旬開始，我向老同學朱壽年、張振邦借了一些。興沖沖將書抱回塔弄 17 號家中，馬上翻了翻其中的一本初中《代數》，發現自己竟連一元二次方程式的運算式都已忘得乾乾淨淨！那時的我，頓覺一股涼意襲上心頭：初中的東西都全忘了，高中更為複雜的東西肯定也都忘了，我該怎麼擠時間一一將數學、物理、化學知識拿回來呢？照我的脾性，我不可能向肉聯廠請事假，以便留在家中複習，更不會設法請「病假」來達到目的。那麼，難道我就只能「病假」，複習到什麼程度就是什麼程度了嗎？

　　十分幸運的是，徐彩堯和蔡培興理解我的心志，並及時雨般對我施以援手：10 月 20 號左右，在徵得徐彩堯同意後，蔡培興對我說：「小江，你每天正常來上班。到廠後，你就去廠裡的工具倉庫安安心心複習功課，我已和保管員老陳和老鄧都打了招呼。如果有事要辦，我會給你打電話，或去庫房找你。」——這是多麼驅愁雲、暖人心的一席話啊！

　　為了在有限的複習時間裡收穫最佳成果，我給自己定下了複習路數：語文、政治不必複習，全部時間用於複習數理化。先是按數、理、化順序一門門從頭複起。這樣打下基礎後，每天再作三門學科的穿插、交替複習。我還給自己定下兩條規矩：第一條是，每晚複習不超過 11

點。白天和晚上，極高強度的迎考複習已進行了 10 來個小時，再要熬夜，身體吃不消，也不會有效率。第二條是，堅持午休，雷打不動。每天吃過中午飯，我就去分割肉班男工宿舍，見有空鋪，便和衣躺下，並囑咐工人小劉，務必抽空在下午一點時將我叫起。

複習進行到 11 月初，我除了去東太平巷登門拜訪過縣中的查理教師外，還開始主動和別人交流心得，並邀人同做模擬試題，進行實戰練兵。我記得自己與高中同班同學蔣兆頤、鄒耀洪、丁兆銘等，有過好幾次商討與切磋。在這一階段，已從江蘇師院畢業、擔任大義中學數學老師的倪洪元，每週專門為我出兩份難度不斷提升的數學試卷。我或去南面店弄他家中，或由他帶到塔弄 17 號，我當場動手解題，他在一旁監考並記錄我的用時。記得我做完第三張卷子，他就大呼道：「不得了！比我預想的要快多了！」此外，他還為我找來了歷屆高考物理試題。一些因各種原因不參加高考的老同學，像邵子秦、董勇興、張振邦、顧志堅等，不時為我送來複習資料或測試題卷。振邦和志堅還拉我去常熟有名的新雅點心店，讓我吃上一頓十分美味的小籠饅頭（包子），說是助我將電充足，把油加滿。

高中同班同學吳惠國退伍回來後，有工作，已成家，不復再有參加高考之願。而他，卻存有全套教科書。我聞訊於 11 月 10 日趕往東倉街 203 號他家中求借，他二話沒說，就將我所需要的、封皮還是好好的教科書交到我手中，且對我說：「相信你一定能考上大學，等你的好消息！」

在滿打滿算兩個來月的超高強度複習中，由於母親和章虹的全力支持，加上徐彩堯、蔡培興和老同學們的寶貴相助，抱定宗旨、以命相搏的我所做的迎考功課，明顯比一般人做的要更為扎實、更為高效和更為漂亮。

1977 年高考，由於江蘇省的報考人數太過巨量，省招生辦只得先用初考來過一遍篩子。當年 11 月 27 日下午，我動身去練塘。當天可口的晚飯，是姚潤華母親做的；當晚，我借宿在練塘街市旁的姚潤華家。11 月 28 日上午，我在練塘中學考場考了數學，下午考了作文。常熟城不大，很快從內部傳出消息說，我的數學成績是 119 分（滿分 120），作文是 95 分（滿分 100）。後來知道，我初考時的作文試卷，是由縣中語文老師張振寧批閱的。據說，他在閱卷過程中，就已猜到是我寫的。之後，他又把我的作文用作範文，給人進行高考輔導。

初考小試鋒芒的成功，使我更為堅定了本來就有的信心——正式考試要拿全縣總分第一。

12 月 23 至 24 日，我在地處大田岸的縣三中考場依次交出數學、語文、理化、政治四份試卷。雖然由於完全不該有的粗心大意，將一道勢在必得的數學題審錯了題意，白丟了 10 分；雖然作文考題〈苦戰〉，使我苦苦思考半個多小時後，無奈先去完成附加題，才開始動筆寫作——這在 77 年高考的全部考生中，恐怕也是絕無僅有的，但是，我還是比後來進了清華大學的吳憲微微略勝一籌（他的成績總分是 357 分），四門學科成績總分為 359 分，如願以償地實現了自己的目標。

1977 年的高考賽場，是空前絕後的。從 66 屆到 77 屆總共有 12 屆高中畢業生紮堆角逐、同場比拼。全社會高度矚目之下我所取得的成功，使熱望或認定我會有出息的朋友興奮異常、奔相走告。高考成績正式公布後，親朋好友發自內心的祝福紛至遝來的情景，我至今歷歷在目。當時，我的高中同班同學宋慶動情地對我說：「你為縣中高三（1）爭了光！不，你為全常熟的 66 屆高中生爭了光！」1978 年 1 月 4 日，《人民日報》頭版發表長篇文章，題目是：〈砸爛「海外關係」的枷鎖〉。當天晚上，我一氣呵成寫就給《人民日報》編輯部的長信；第二天修改、敲定後，一溜小跑去縣南街郵電局，鄭重地掛號寄出。

1月9日，我給常熟縣招生辦公室去信；信不長，這裡全文照錄如下：

縣招生辦公室：

我想就我填寫報名表上「主要社會關係」一欄事作如下說明。我在填寫時，僅寫上了嫂嫂、叔父、表哥的情況，並有意識地在前面冠以「主要的」三字。我為什麼不把在海外的阿姨寫上去？理由是：1、欄中寫不下。2、我認為是非主要的。3、「海外關係」是可詛咒的。這裡，最主要的是第三點。不寫上豈非不老實？於是，我就再加上「主要的」三字以避嫌。

東風一笑花千樹。黨中央重申毛主席制定的僑務政策，給我們這些在國外有親屬成員的人，帶來了一片光明和希望。我於一月五號給《人民日報》編輯部寫了信，並請他們轉中央華僑事務委員會。

情況簡要說明如上。並附上我給《人民日報》的信。

致

禮！

練塘公社考生　　江棋生
1978 年 1 月 9 日

壓根兒沒想到的是，《人民日報》編輯竟將我 1 月 5 號的去信作了摘編，用我信中的一句話「真叫人氣順勁足呵！」作為標題，於 1 月 22 日公開刊出：

真叫人氣順勁足呵！

編輯同志：

展開一月四號的報紙，我們全家立刻沉浸在節日般的歡樂之中。我們含著激動的淚水，一字一句地讀了僑務會議預備會的報導，讀了《人民日報》社論，讀了廖承志同志的文章。越讀，對華主席、黨中

央越愛;越讀,對林彪、「四人幫」越恨。多少年積聚起來的疑慮廓清了,久在心頭的壓抑解除了,黨的政策的溫暖像金色的陽光灑滿心田,真叫人目展眉舒、氣順勁足呵!

我們的老家在福建永定。父親出身中農,母親出身貧農。在黑暗的舊中國,我們家鄉因生計所迫而漂洋出海謀生的人比比皆是,我的姑媽去緬甸,一個阿姨去印尼,一個阿姨去泰國,小娘舅去香港,父母來到常熟經商。這種離鄉背井、骨肉分離的悲慘情景,完全是反動統治者一手造成的。然而也因此,在我們尚未出生之前,所謂「海外關係」已成鐵的存在。我們兄妹五人都生長在社會主義的新中國。一九六八年徵兵時,我剛好二十歲,積極報名應徵。可是,因為我有「海外關係」,沒有被徵召。一九六九年,弟弟的參軍也遭到了同樣的命運。以後,招工、上大學以及入黨,都因有「海外關係」而受了影響。

現在,玉宇澄清,疑慮盡掃。黨的英明的僑務政策象春風一樣暖人心懷:我們年逾六十的老母親,心情難以形容的暢快;我們兄妹充滿了前所未有的青春活力。我們決心以實際行動報答華主席、黨中央的親切關懷,以加倍的幹勁投入到社會主義革命和建設中去!

國營常熟肉類聯合加工廠

江棋生

那天下午,當郵遞員將報刊送達肉聯廠後,因幹木工活致殘而在傳達室上班的知青工陸師傅,奔到政工組辦公室,一臉喜慶又頗顯神秘地要我自己下樓去取今天的報紙。我倆到傳達室後,他指著被他打開的《人民日報》,要我去看第三版。難以置信地,我見到自己的文章竟赫然居於其上!隨後,廠裡一下子就鬧騰開了。當天晚上,則是全家都樂開了。幾天之後,小小常熟城中的居民,大多數應該都知道了。其中,縣中老同學和我的老師,影管處的原同事,我的小學老師和同學,縣南街 53 號、東門大街 345 號和塔弄 17 號周邊原先和現在的鄰里街坊們,肯定都知曉了。我的好友,梅李公社衛生院的內科醫

生徐峰，下了夜班不休息，急急趕到城裡，動情地當面表達他的慶賀之意。

很快得知，消息在路北大隊的農民中轟然傳開了。當然，也在我支過農的吳市 6 大隊 14 生產隊、王莊尤巷大隊前介莊生產隊和謝橋勤豐大隊傳開了。而原先並不相識的福建老鄉吳家哲，逕自摸到東門大街 345 號，用福建普通話與母親和弟妹們暢懷聊開了。在北京的老同學李志強和沈國放，還有我的初中同班同學、北航發動機系的沈建新，都為我感到由衷的高興。

接下來，我陸續接到了好多封來自全國各地的信件。除來自新疆的老同學楊一飛和好友周政保，來自安徽的慧日小學校友蘇慶德和來自蘇北的好友毛興無、王鑫林等外，其餘來信者，都是與我同命運的、有所謂「海外關係」的人——他們的來信，尤其使我心潮起伏，感懷不已。我所能做的，是認真地給他們每個人都寫了回信。

2 月下旬，我接到了北京航空學院的錄取通知書。徐峰聞訊，馬上給我送來了他的讓人豔羨的海軍軍大衣，說是北方寒冷，我特別用得上。周培文、徐健等朋友，送來嶄新的筆記本，希冀和熱望我代表讀不上大學的他們，一定把書讀好。徐健還笑著對我說，他等著看我設計的飛機從常熟上空飛過呢。

3 月上旬的一天，我和章虹騎自行車同赴練塘。在明媚春光與熙和春風的陪伴下，我倆先去季家塘生產隊付清口糧款，與農民們一一深情話別；再去練塘公社戶籍管理部門，將我的戶口，從沒縈下根的泥土中輕輕拔起，由路北大隊遷至北京航空學院。

1977 年的人生搏擊，給長達九年零五個月的知青生涯「圓滿」劃上了句號。懷揣戶口遷出證明、百感交集的我，當時已沒有時間也沒

有心思，去回憶和反思那一段銘心刻骨的青春歲月。在與家人和朋友歡宴數天、合影留念後，3 月 9 日，我借住在上海四川北路吳家哲的岳母家。3 月 10 號晚上，我手持章虹伯母陳行之為我代購的硬座車票，帶上母親和章虹給我打點的行裝，在上海頓上了福州至北京的 46 次特別快車。在呼嘯北上的列車上，奮夜遠奔的我，難以入眠。不過，在我腦子裡來回轉悠的，就只有一件事：而立之年負笈京城，一定要「搶回被耽誤的 10 年光陰」，一定要實現兒時就已萌生、但被文革深埋的「當科學家」之夢。

2018 年 9 月 9 日
定稿於北京家中

1977 年 11 月再次發給我的高中畢業證書

1978 年 1 月 5 日致《人民日報》信

《人民日報》群工部給我的來函

于秀珍於 1978 年 1 月 22 日寫給我的信

赴北航讀書前與老同學合影照，攝於常熟盧山照相館
後排左起：蔣學雷、馮恩偉、周建東、周培根、吳惠國
中排左起：俞　敏、陸正方、湯　培、王瑞銘、陳友松
前排左起：朱傳香、張振邦、江棋生、顧志堅、張文虎

附錄一

關於《七‧三座談》的幾點意見

（一）

今後的幾十年對祖國的前途和人類的命運是多麼寶貴而重要的時間啊！現在二十歲的青年，再過二、三十年，就是四、五十歲的人了。我們這一代青年，將親手把我們窮白的祖國建設成為偉大的社會主義強國，將親自參加埋葬帝國主義的戰鬥。任重而道遠，有志氣有抱負的中國青年，一定要為完成我們偉大的歷史使命而奮鬥終身。為完成我們偉大的歷史使命，我們這一代要下決心一輩子艱苦奮鬥。

親愛的戰友，我們偉大領袖毛主席對我們——在社會主義的陽光下成長起來的中華民族一代年輕人——寄予了多麼深切的期望！光輝的《七‧三》指示將永遠激勵我們滿懷革命豪情為真理而鬥爭！將永遠鼓舞我們為人類最崇高的共產主義事業而大無畏戰鬥！

今天，在我們插隊來到農村近兩年之際，重溫毛主席的親切教導，聯繫我們的鬥爭實際，進一步錘煉我們馬列主義——毛澤東思想的宇宙觀，無疑是極為有益和具有深遠意義的。

我們要為鞏固無產階級專政而鬥爭，我們要為建設偉大的社會主義新農村而鬥爭，難道這僅僅是我們嘴上的響亮口號嗎？難道我們能夠置毛主席《七‧三》指示中託付給我們的偉大任務而不顧嗎？難道我們不應該只爭朝夕地將自己投身於革命鬥爭的激流嗎？「無限風光在險峰」。鬥爭就是我們的哲學。鬥爭就是我們的生活。鬥爭就有無窮的樂趣。對市儈、庸人、懶漢、懦夫的哲學，我們應該天經地義地鄙視和毫不容情、毫無留戀地拋棄。

我們的同志和戰友有一個共同的熱烈的願望和要求：最好能有一個機會，很好地、明朗地、坦率地談談下鄉一年多來的體會，交流一下彼此所處的環境和親身的實踐。這就是《七·三座談》打算的由來。希望這樣平等的、活潑的、充滿朝氣的和完全出於自願的座談，能夠盡可能地使大家對農村現狀有比較正確的認識，對我們之中的各種糊塗觀念和錯誤思想能給予毛澤東思想的解剖和批判，對今後如何「一輩子艱苦奮鬥」能有更明確、更堅定的方向和意志。毋庸諱言，我們不可能把一切問題都討論得很好。但是，我們可以把目前看來一時難以認識清楚的問題提出來，留待今後自覺地在我們的實踐中解決。

（二）

我們把一些經過不成熟考慮的東西提出來，擬作為座談的輪廓。

一、所處生產隊的基本情況

1. **概況**：人口、勞力、田畝、養豬情況，隊裡生產水準，農民居住條件，階級成分，集體積累多少？儲備糧多少？合作醫療實行情況怎樣？教育革命實行情況？社員分配水準？

2. 生產隊政治面貌：

   A. 歷次運動（四清、文化大革命、清隊、整頓領導班子、整建黨、整團和經濟領域的階級鬥爭）開展得如何？群眾一般地對這些運動評價如何？運動的收效和結果如何？分析動力、阻力在何？為什麼會有這樣的結果？

   B. 你對小隊領導班子的看法，對大隊黨支部的看法，對小隊政治、思想工作的看法。農村幹部、社員對農村前景有什麼看法和說法？生產隊團結情況？所處生產隊在大隊中的地位？大隊在公社中的地位？

3. **生產隊生產情況**：綠萍、自然肥料情況；在農業生產中有什麼最先進最突出的措施？生產水準在大隊裡處於什麼位置？什麼原因？大、小隊集體副業如何？對副業生產有什麼不同看法？

社員家庭副業如何？科學實驗活動開展如何？

二、個人有關情況

1. **概況**：1969 年工分數，實際參加勞動大概天數；學農活情況，一年中回城次數和上城大約總天數。本人糧食、柴草、吃油情況？房屋如何？自留田情況？本人現在生產隊任何職？

2. 你下鄉近兩年來，頭腦中思考最多的是啥問題？你對農村和個人前途的認識和看法？對改革農村面貌的關鍵，你的看法如何？你對農村政治生活的態度？你對自己的政治要求如何？有沒有發現自己身上的弱點？隊裡不做生活時，你在做啥？你當前準備在生產隊中做些什麼有意義的事？你認為最值得向貧下中農學習的是啥？舉例說明。

三、**老插青情況如何？各級革委會、貧下中農隊插青再教育的說法級對插青實際關心如何？**

上述問題凡下標示黑體字者用書面說明。因為第一、都是識字人。第二、使《七・三座談》能節省時間，以便集中精力討論思想方面的問題。第三、這些內容對於端正大家對農村的認識也是十分重要的，有書面東西更能供大家參考。

我們花了一些時間，把問題列得較細，為的是作些必要的提示和減輕一下大家腦子的麻煩。為了使大家更正確更周密地瞭解農村生活情況，每個人都應抱實事求是、老老實實的態度，把情況儘量反映得客觀全面。因為，實際上這是一堂毛主席所提倡的省工省力的合算的農村調查。

（三）
座談時間：一九七〇年七月三日上午七時

座談地點：縣中

最遲於七月二日在虞取得必要的聯繫。

各人書面材料最好於六月二十日之前送交遞送此件者。

上述意見當否？望及時來信告知，如：時間是否恰當，內容是否完善？對座談是否還有其他要求等等。

一九七〇年五月四日

附錄二
1970 年 6 月 25 日關於七‧三座談致同學信

親愛的戰友：

離我們的《七‧三座談》，時間越來越近了。對於這件多麼平常和自然的戰友間的交流，我們怎麼也想不到竟會在社會上引起一場軒然大波，非難四起，障礙重重。因此我們認為，很有必要進一步闡明其出發點，批判和澄清各種非難，掃除那些思想上的障礙。

《七‧三座談》，絕不是個別人靈機一動的產物，絕不是少數人冥思苦想的產物，而是出於農村革命鬥爭的需要，出於決心獻身於社會主義新農村偉大事業的戰友們共同的熱烈願望。

曾記否，在紅旗飛舞、人群如潮的六八年十月，我們響應毛主席的偉大號召，高興地奔向那廣闊的農村！我們第一代繼續革命的紅衛兵，滿懷「接受再教育，建設新農村」的火熱情感來到農村的最基層，

踏上了農村三大革命的征途。一年半多來的實踐，使我們基本掌握了各種農活和習慣了農村生活。嚴酷的勞動，艱苦的生活，使我們經受了不少磨練。生動的農村三大革命運動的實在情形，使我們深深認識到：農村確實是大有作為的，農村無產階級專政和社會主義陣地的鞏固，農村廣闊的領域和無量的前途需要我們年輕的一代為之奮鬥。基於這點，就使我們進一步想到，究竟怎樣正確理解「再教育」？究竟如何認識貧下中農、並和他們緊緊結合在一起？究竟怎樣正確認識農村的現狀和怎樣才能為農村的前途作出應有的貢獻？究竟要不要和能不能為之出力？歸根結底一句話，究竟怎樣正確理解和執行毛主席號召數百萬知識青年上山下鄉的偉大戰略部署？

在我們以前的通訊交往和直接接觸中，我們是經常圍繞這些問題進行探討和爭論的。對於我們 20 多歲經受文化大革命洗禮的青年人，這些都是亟待解決的迫切問題，它們對於我們世界觀的確立有著嚴重的意義。這樣一個嚴肅的極為重要的問題，在這樣的時候，能夠得到志同道合的戰友真誠的幫助和啟發，得到相互鼓舞和促進，必定會給大家今後的一生帶去重要的意義和影響。

但是，為什麼分手才一年半，以前很熟悉的戰友，在認識上述問題時就有了很大的差距？為什麼有些人的精神狀態已經起了很大的變化？例如，為什麼有的人很快就接受了「多吃飯，少開口」的處世哲學？「做出頭椽子不值得，插青說話沒有用」等等就盛行起來？為什麼有的人認為在農村找不到知心朋友、立志改革行不通，還是老老實實「同化」吧！等等。

為什麼我們不時地會產生種種不正確的思想呢？「人們的社會存在，決定人們的思想。」顯然，如果不清楚地瞭解每個人所處的社會環境和不瞭解每個人所受的社會影響，是無法找到產生這些錯誤思想的根源的，也就不能切中要害地解決這些問題。

以前我們碰頭比較匆促，接觸也不廣，一見面話題又多，七拉八扯，問題不可能談得全面深刻，得到正確的結論。

戰友們的足跡踏遍琴川水鄉，我們一直在想，能夠有個適當機會多好，讓我們能比較充分地就彼此碰到的最主要最有意義的問題，暢懷而抒——在生動活潑、嚴肅認真的氣氛下，力求得到比較一致的看法，給我們以後的改造主、客觀世界的鬥爭帶去朝氣、勇敢、幹勁和智慧，拋掉空虛、苦悶、頹廢和胡混。我們相信，在毛澤東思想的陽光照耀下，我們一定會天天向上，一定會「在自己的工作和學習過程中，逐步地樹立共產主義世界觀，逐步地學好馬克思列寧主義，逐步地同工人農民打成一片」，從而為祖國和人類作出較大的貢獻，為中國革命和世界革命作出必要的貢獻。這就是說，代表先進階級的正確思想，一旦被群眾掌握，就會變成無窮無盡的物質力量。

我們向戰友們提出這個不太成熟的座談想法後，收到了大家熱情洋溢的來信，大家表示了熱烈的贊同和支持。為了使大家事先有較充分的準備，使座談更有收穫，我們於五月四日商討了〈關於七・三座談的幾點意見〉，僅僅因為寫信的重複和不便，我們才將其油印寄發。我們也鄭重地考慮到：如果我們的座談反映出了有價值的問題，應該向上級革委會如實彙報，幫助他們做好下鄉知識青年的工作。

然而，伴隨戰友們熱烈的贊同和支持一起到來的，還有種種莫名其妙的非難。

這種非難來自那些對毛主席偉大戰略思想很不理解的人及社會上的庸人們，他們對待這一革命的新生事物，對於知識青年的這種革命抱負和革命歷史自覺性，簡直鬧到了混淆黑白、顛倒是非的程度。請允許我們在這裡預先分析一下這類人的心理狀態。

　　他們對於毛主席號召數百萬紅衛兵上山下鄉的偉大戰略思想是極不理解的，對毛主席要求知識青年接受再教育的認識是糊塗之極甚至是曲解的。他們對於知識青年下鄉一年半來的狀況、他們的生活，特別是思想和要求是一知半解和全然無知的。當然在口頭上有時也談得很動聽，但是在思想深處、在實際行動中，往往把知識青年當作包袱、負擔。他們壓根兒沒想到，對這一支農村中最積極最有生氣的力量，應該滿腔熱情地加以關懷、教育、引導，讓他們在三大革命運動中發揮應有的作用，使他們健康成長。正因為在這方面他們缺乏遠大政治目光，因此他們就單純地要求知青「好好勞動」、「聽話」、「順從」、「少插幾句嘴，接受再教育」，他們就只會看到知青中的一些陰暗面，做了群眾的尾巴。因此，他們看到我們有這種政治抱負，就感到突然、不理解，反而把我們符合毛澤東思想的行動當成不合理的，並必然要搜尋各種藉口來進行否定和非難。

　　他們說：「某地、某處，插隊青年中有反革命黑線，你們這樣做，也很危險。」顯而易見，處在比過去的武裝鬥爭還深刻、複雜的社會主義時期的階級鬥爭中，知識青年中出現階級分化，出現新生的反革命勢力是毫不足怪的，也是應當引以為訓的。但是，小小的反革命逆流怎能掩蓋住革命的洪流呢？因為會有反革命產生而扼殺一切革命行動的觀點和做法，是多麼片面，可笑。決心刻苦實踐毛澤東思想的敢作敢為的青年，是絕不會有什麼「危險」的，我們絕不能被他們的嚇人戰術唬住，而在革命鬥爭中畏首畏尾，變成不活的岩石泥沙。

　　有些「好心人」規勸我們：「你們開什麼座談會，不管內容、目的怎樣，反正在風頭上。等到替你們弄清，苦頭也吃著了！」

　　社會上確實流行一種庸人的政治哲學：害怕政治烈焰燒傷手指。我們立誓把老一代革命事業繼續下去的年青一代，應當同這種資產階級的庸人哲學作徹底的決裂。任憑風雲多變幻，胸懷朝陽志不移。如

果真的說，因為堅決、忠實執行毛主席的光輝指示而要吃苦頭的話，那麼，無論何種苦頭，我們都心甘情願、毫無怨言！

還有人荒謬地指控我們是「派性死灰復燃」（當然有的人僅有這方面的誤解，這是不難消除的）。

我們要問問這種人：難道僅僅因為昔日文革戰友碰碰頭，座談座談，就不必去分析座談的真正動機和實在內容，而就可以武斷地扣上什麼派性的大帽子嗎？照這種思想方法，那世界上一切科學豈非統統成為多餘的了。這些先生應該懂得，表像和實質絕不是直接合二而一的，宣揚表像等於實質的人不是無知就是別有用心。值得注意的是，某些至今還派性十足的人聽到我們的座談遭到阻礙而大為興高采烈，大叫什麼「七‧三肯定是黑會！」等派性口號。我們要那些阻擋我們座談的同志想想，究竟誰在使派性死灰復燃？

某些人竟對一份普普通通的《意見》表示出極大的目瞪口呆的驚奇！他們吃驚地說：「你們怎麼把題目列得這麼細？我們向下瞭解一些情況，也從沒這麼詳細全面過。」

我們姑且不提他們平時的工作一向是多麼脫離群眾和十分粗糙，僅想談談我們為什麼要把題目列得這麼細。

問題很明顯，要改造客觀世界，首先有一個認識客觀世界、使主觀認識和客觀存在相適合的任務，只有完成了這個任務，才能在改造客觀世界中取得勝利。既然我們想為農村的美好前景出力，不瞭解農村的過去和現在怎麼行呢？這是偉大領袖毛主席在《改造我們的學習》等光輝著作中反覆強調的。我們正是遵照毛主席的這一指示去做，這有什麼難以理解的地方呢？

　　某些人在言談中流露出：「農村調查是不必由你們去做的。」這種人頭腦中有不少框框，他們也為我們安排好了一定的框框。他們認為，我們大大超越了他們所框定的關心政治的範圍，居然侈談起什麼「再教育」的真實意義何在，居然抨擊起什麼對待知青問題上的「機會主義」等等，而搞農村調查則更是「超越」了！我們要問，這種框框是誰定的？毛主席定過嗎？黨中央定過嗎？建議他們好好找找這些框框的來源。

　　某些人以「苦口婆心」的態度來勸阻我們七‧三座談的舉行，說什麼：「你們這樣做雖然自認為光明磊落，但外界會這樣看法嗎？肯定有種種誤會。」這是無需多說的風向計的態度。我們選編的《世界偉人語錄選》中馬克思的一句名言：「走自己的路，讓別人去說吧！」，足夠擊破他們的「苦口」了。

　　他們還驚呼：「你們一開先例，知青都這樣搞，那還怎麼收拾？」奉勸他們好好對待群眾的自發行為，不要害怕群眾，不要忘記領導者的責任，是引導呢？還是壓制、恐懼和束手無策？

　　他們還有一個認為最硬的理由，那就是，現在要加強黨的領導，增強黨的觀念，紅色政權成立了，不要另搞一套。

　　什麼叫「黨的領導」？我們直接按照黨中央毛主席的指示精神辦事，難道倒不是接受黨的領導嗎？處在許多領導同志對毛主席的這一偉大戰略措施不理解的時候，我們這種舉動更是可以理解的。忠於毛主席就是最高的黨性，難道我們不去緊跟偉大領袖毛主席、而跟著某些人一同去糊塗甚至歪曲理解毛主席的偉大戰略部署，倒反而是「有黨的觀念」、「有黨性」？

　　鼓舞人心的中發〔1970〕26號檔的傳達使我們的思想更堅定了。

但奇怪的是，那些對毛主席偉大戰略部署不理解的人們就是不願觸及一下靈魂，好好作一番自我批評，卻仍然對我們的義舉充滿疑慮、百般阻撓。我們考慮到，中央文件的下發多少會使他們清醒一些，因此也信任他們，希望他們列席或乾脆領導我們這次座談，但他們仍然加以拒絕。他們口頭上承認我們「方向對的，方式不對」，究竟是什麼含義？令人費解。

他們的「勸阻」中還有一個理由，就是「現在我們對這個問題（知識青年工作）重視了，你們完全可以不必開什麼座談會了，有意見可以向上提麼，而且公社大隊也會辦學習班……」。這些辦法固然很好，但是目前看來，這幾種形式還不能包括我們七・三座談的內容，不能完成七・三座談的歷史使命，這在我們對七・三座談的闡述中是很易看出的，因此我們認為，七・三座談仍有它的必要。我們的七・三座談絕非什麼發牢騷會，而是相互較瞭解的戰友間的交流、幫助和促進，是有它特殊意義的。

在這裡，我們要奉勸那些「慣性」太大的人們，你們與其喋喋不休地指責我們「黨的觀念薄弱」，不如捫心自問一下，為什麼過去自己想的和做的和黨中央、毛主席的正確路線相距很大，和廣大知識青年想的和做的差距極大？為什麼老是對群眾的革命自覺性充滿恐懼、不理解，老是需要別人擊一猛掌，甚至老是要毛主席黨中央直接提醒才清醒一點呢？

種種情況表明，中央文件的出現，僅僅是新的鬥爭的開始，必然還有不少嚴重的鬥爭，因為正像《十六條》一樣，總有那麼一部分人不願執行，因此以為中央文件一下達就萬事大吉的想法是天真、幼稚的。

七・三座談完全是光明磊落的進步活動，非難、勸阻對它是無用

的。我們對種種非難進行了義正辭嚴的批判和澄清，就更能使大家對座談有進一步的正確認識，並能以正確的態度來參加。《幾點意見》發出後，我們接到了戰友認真的回信，他們提出我們還應當知道農業合作化運動，因為這是我國農業社會主義革命的第一次生產關係的重大變革。此外，他們提出我們還應瞭解和討論大寨評工的情況。我們認為提得很好。

農活甚忙，時間緊迫，精力有限，回信粗糙。有錯誤不當之處，請來信直言。座談見！

　　順致
　　　　革命敬禮！

幾戰友
1970 年 6 月 25 日

附錄三
1978 年 1 月 5 日致《人民日報》信

編輯同志並請轉華僑事務委員會：

展開一月四號的報紙，我們全家立刻沉浸在節日般的歡樂之中。我們含著激動的淚花，一字一句地讀了僑務會議預備會的報導，讀了《人民日報》社論，讀了廖承志同志的文章。越讀，對華主席為首的黨中央越愛，對萬惡的林彪、「四人幫」越恨。黨中央重申毛主席、周總理制訂和批准的僑務方針和政策，句句說到了我們的心坎上。多少年積聚起來的疑慮廓清了，久在心頭的壓抑解除了，黨的政策的溫暖像金色的陽光灑滿心田，真叫人展目舒眉，氣順勁足呵！

我們的老家在福建永定。父親出身中農，母親出身貧農。在黑暗的舊中國，我們家鄉因生計所迫而飄洋過海謀生者比比皆是。姑母江愛芸、姑夫劉定昆去緬甸仰光，阿姨蘇翠蓮、姨夫游盛宏去印尼三寶壟，阿姨蘇富嬌、姨夫江遠安去泰國曼谷，小娘舅蘇儒福去香港，而父母則來常熟經商（解放前三年中，小煙店的全部資產僅值數百元，靠父、母兩人辛苦操持得以勉強維持）。這種離鄉背井、骨肉分離的悲慘情景，完全是反動統治者一手造成的。而也因此，在我們尚未出生之前，「海外關係」已成鐵的存在。我們兄妹五人生長在社會主義的新中國，我們從不迴避國外有我們的親屬戚友這一事實。

記得在我懂事以後所填的第一張學生登記表中，就如實寫上了我家所有的「海外關係」。在毛主席革命路線的照耀下，我們幼小的心靈中對華僑親眷問題非但不感到壓抑，反而充滿了幸福感。1957年，姑父、母回國觀光順便來常熟，我們在一起度過了幾天歡樂的日子。在三年國民經濟暫時困難時期，姑父、母和千萬個愛國的華僑一樣，一次又一次地給我們寄來生活必需品……

可是，誰能料到，當林彪、「四人幫」橫行起來的時候，我們極為正常的「海外關係」竟成了反動的政治關係？無恥奸毒的林彪、「四人幫」顛倒敵我關係，擾亂階級陣線，幹了帝修反想幹而幹不到的事。他們的罪惡行徑，在我們的心靈上造成了幾乎難以癒合的創傷。《人民日報》社論就像親知我們的事一樣，指出了由於「四人幫」干擾破壞所造成的違反僑務政策的現象：「在一些地區和一些單位，只要有所謂『海外關係』就不能入黨、入團、參軍、升學、就業和正確使用。」

1968年春季徵兵時，我剛好二十歲，我積極報名應徵。在一個極為偶然的機會下，我看到一份花名冊上我的名字後面註上了「海外」兩字。這是什麼意思？我年輕的心靈第一次為此而受到了巨大的震動。原來我被命定不能參加光榮的中國人民解放軍了！1969年春，林生弟

的參軍也遭到了同樣的命運。當時，我們援引了最有說服力實例（即表哥蘇汝華於 1968 年 12 月在家鄉參軍。他是大娘舅的兒子，我們的阿姨即是他的姑母），母親又含淚述說了兩個阿姨從小當童養媳出洋的事實情形，然而這一切都無濟於事。以後，在我的招工、上大學問題上，在我的入黨問題上（我在 1963 年初中畢業時入了團），「海外關係」都成了我不可逾越的障礙。

更有甚者，為了使我們的「海外關係」確實像可怖的反動的政治關係，還把我們祖父之兄（地主）解放前夕逃亡臺灣的事也加到我們頭上。小娘舅孤身一人，已於 1965 年因肺病死在香港，當時還是同住地下室的夥計將他送的葬。而在林彪、「四人幫」橫行時，還要莫名其妙地牽他的頭皮。華生弟 1970 年進常熟水泥製品廠，進廠以後年年被評為先進生產者。擔任粉船車間主任後，改變了他的「老大難」面貌，現在又擔任了金工車間副主任。然而，僅僅因為有所謂的「海外關係」，他的入團問題被拖擱幾年才解決，他的入黨問題不予考慮。更加使我們憤鬱的是，有人公開向他的女友（廠生產組工作人員，共產黨員）施加壓力，說什麼以「組織名義」不允許她保持這層關係！⋯⋯

事實上，1963 年父親病故後，我們和姑母就失去了一切聯繫（和兩個阿姨的聯繫自解放初就斷了，小娘舅 1965 年已病故香港）。但是，所謂「海外關係」總是像魔影一樣纏住我們不放。它使我們精神受創，平添心事，它使我們的政治進取心遭到無情的摧殘。我們一直想不通，阿姨她們出洋謀生時，我們還未來到人間，為什麼一而再、再而三地受到莫名的牽累？而且看來要牽累一世？我們百思不得其解。

在極為痛苦的思想鬥爭中，我們竟違心地「希望」阿姨她們早早從世上消失，或者，我們的「海外關係」中有誰當上了第三世界某一國家的總統，被邀來北京，我們的這種難言的困境才得以解脫⋯⋯自然，幻夢代替不了現實。1975 年以來，當我們通過福建的親友和阿姨、

姑夫取得聯繫以後，方才知道阿姨、姨夫雖已雪染雙鬢，仍須去廠作工方能度日，就是老母（我們的外祖母，她於 1977 年 6 月去世）在常熟，也無力匯款以贍；而親愛的姑母已於 1973 年病逝了。

還有，我們覺得最倒楣的是，其它什麼「黑幾類」的還可寫上歷史「清楚」的字樣，而唯有這個「海外關係」似乎註定要永世成為一個解不開的謎……

這一次，我參加了高考（我是 66 屆高中畢業生）。初考通過以後，在省統考中也發揮尚好。雖然知道這次是「不拘一格選人材」，但我們全家仍不無擔心，擔心那可詛咒的「海外關係」又一次成為我望而興嘆的障礙。

現在清楚了！使我們因所謂「海外關係」而遭罪的一切，都是萬惡的林彪、「四人幫」的干擾破壞造成的。現在，玉宇澄清，疑慮盡掃，黨中央如此明朗、堅定地重申毛主席制訂的僑務政策，嚴肅指出必須糾正「四人幫」干擾破壞所造成的違反僑務政策的現象，編輯同志，你們一定可以想見，我們該是多麼感激華主席，感激黨中央，我們又是多麼痛恨林彪和「四人幫」呵！如果不是華主席為首的黨中央一舉粉碎「四人幫」，我們這些被列入「另冊」的人，該何時能得到完全的精神解放？我們鬱積在心頭的陰雲，該何時得以驅散？

黨的英明的僑務政策像春風一樣吹暖心懷。我們年逾六十的老母親，心情是難以形容的暢快。我們兄妹的身上，充滿了前所未有的青春活力。我們決心以實際行動報答華主席、黨中央的親切關懷，以加倍的幹勁投入到社會主義革命和建設中去，為抓綱治國三年大見成效，為祖國的四個現代化貢獻一切！

致

禮

國營常熟肉類聯合加工廠

政工組工作人員（臨時工） 江棋生

1978 年 1 月 5 日

附：阿姨詳細通訊位址及家庭主要成員概況（略）

（2019 年 11 月 13 日，由美國華盛頓的公民社將《知青生涯九年半》公開出版，在亞馬遜全球電子書店排版上線）

在知青插隊五十周年紀念會上的演講

作者導讀：2018 年 10 月 11 日，部分常熟老三屆知青相聚於尚湖鎮翁家莊村，紀念上山下鄉 50 周年。我在會上用常熟方言作了演講，其文字整理稿基本保留了演講的原汁原味。

各位父老鄉親、知青老朋友：大家好！

今朝俚個日腳，天氣靈足。雲淡風輕，秋高氣爽。但不過，即使今朝落雨落雪，我俚也是會相聚一堂的！

今朝俚個日腳，是 50 年前的歷史決定的。

整整 50 年前的今朝，也就是 1968 年 10 月 11 日的黃昏頭，我，還有江林生、吳 漢、沈 榮、呂稼祥、葉人龍、周惠玲、蔣根才……到了練塘公社路北大隊的大隊部所在地——大壩橋，它就是此地往北兩里路的地方。在座的當年的大隊長老周、大隊主辦會計阿良，一道

接待我俚。我現在還記得，稼祥當時騎了路北小學趙老師的腳踏車，在操場上一圈又一圈大秀車技。那天，大家吃飽了用大鐵鑊子燒個大米粥後，就地取材，用課桌拼成床，被頭鋪蓋一放，蚊帳一掛，在教室裡睏只一夜。

半個世紀過去了，小青年全部變成了老老頭、老太婆。從今朝算起再過25天，到11月5日，我的常熟公交老年卡，就可以換高齡卡了。一句話，好人變老了！變老，總歸讓人少烏心。最好是啥呢？壞人變老，好人永保青春。

講到好人、壞人，自己心裡最有數，知根知底的朋友最有數，父老鄉親最有數。我看在座的，全是好人。壞人的話，我俚老早就搭給（與其）撇清哉！半個世紀以來，一直鎬（交往）到現在，肯定是好人。

但是，光做好人，不夠點。還要活得明白，做個明白人。在座當中，有交關就是明白人。

活得明白，勿見得是因為年紀大，閱歷廣。有人活到頭髮雪白，也勿曾活個明白。

活得明白，也勿見得是因為書念得多。清華大學有個教授，叫胡鞍鋼，書念只總算多哉，但他非但勿活明白，還是馬屁精一個，專拍權貴的馬屁。

活得明白，主要是敢於獨立思考，善於獨立思考；肩架上頭，長的是自己的骷郎頭（腦袋瓜）。

今朝在座的明白人當中，有人還動筆寫了文章，把刻骨銘心的插隊生涯寫了下來。這種寫作所展現的，是一種有風采、有昇華的夕陽紅。

　　不過，我要講句老實閒話，寫文章的人，的確嘸沒幾個。以縣中為例子，1966 年，縣中有 6 個高中班，12 個初中班，一共 18 個班。每班以 50 人算，總共有 900 位老三屆生。扣特當兵去的，初中升高中的，身體實在勿好而留城的，剩下插隊插場的，至少有 800 位。而現在寫了紀念文章的縣中校友，只有 11 位，占 1.4% 還不到。

　　但是，寫出來，意義重大。大家曉得，中國有本最有名的歷史書，它就是司馬遷寫的《史記》。《史記》有 52 萬 6 千 5 百字，但不過，《史記》勿曾為任何一個普通老百姓立傳。現在，馬上要舉行首發式的我俚寫的《青春足跡》，共 19 萬 5 千字，是普通民眾自己為自己立傳！裡面講的全是真話，沒有假話、空話、屁話。在現代中國，普通人書寫自己的歷史，從而匯成民族的記憶——這是資訊時代和公民精神的共同體現。這樁事體，在 5000 年中華文明史上，具有里程碑式的重大意義。

　　對《青春足跡》這本書，我可以負責任地講，它有質地、有價值，是每個作者心血團團寫出來的。在座的各位蠻想要，我也完全清楚。我要告訴大家的是，書的 17 位作者，每個作者都有他的自主支配權。啥人要書，就問自己鴿緊的作者要。

　　哪嫩（怎麼個）要法呢？比如講，吳漢是作者之一。嫩（你）對吳漢講：「弄本書吾哉歪。」如此口輕飄飄，恐怕嫩弄不著。嫩作興要請頓飯，讓吳漢吃得面紅堂堂，嫩的書才有可能著杠。有人要講哉，代價大嘿歪！個麼我要講句老實話——50 年前，偉倫、老周、阿良就曉得我歡喜講老實話——至少，嫩要將廿塊工本費付給吳漢吧。

　　好！就此打住，勿講下去哉……
　　謝謝大家！

《青春足跡》17位作者合影照
左起：沈　榮、黃大榕、江棋生、陸正方、諸葛時、孫仲安、許勝雲、呂稼祥、
朱敬亦、宗祖型、羅永良、吳　漢、蔣學雷、吳大雄、仲偉行、俞　敏、姚潤華

出席翁家莊紀念會的部分知青合影留念
前排左起：邵子秦、吳大雄、杭　煜、陳義群、陳婉冰、張正玉、趙菊萍、朱
虞英、童佳英、王珠芬、陳佩芬

後排左起：蔣學雷、吳　漢、陳友松、許永興、宗祖型、黃大榕
朱敬亦、周培根、江棋生、俞　敏

蝴蝶效應的本質特徵

2017 年 9 月底，就人們對蝴蝶效應的一些普遍誤識，我寫了一篇文章〈說說蝴蝶效應〉。當時我覺得，自己把該說的都說了。前不久，讀到一篇在微信群中廣泛傳播的熱點文章，題目是〈直面這場難看的軍隊反腐戰〉。在該文接近結尾處，作者「木偶」寫道：「頂端郭（伯雄）徐（才厚）兩名副主席一貪婪，便層層傳遞貪欲瘟疫，放肆放大成蝴蝶效應，最少可能把 3.6 萬人拉下水。」讀罷作者此言，我能有把握地斷定，他不懂蝴蝶效應。進而，在狂轉此文的眾多微友中，不懂蝴蝶效應的，是否也大有人在呢？答案應當是肯定的。他們之中或有人與我一樣，認為作者對蝴蝶效應這個概念的使用，是以訛傳訛。但我猜測，持有上述認知的微友，占比恐怕不到萬分之一。

郭伯雄、徐才厚一貪婪，至少把 3 萬 6 千人拉下水的「震驚世界的歷史性腐敗醜劇」，應當怎麼看？中國有句古話「上樑不正下樑歪」，可以對此作出定性說明。阿克頓勳爵的名言「權力趨於腐敗，絕對權力絕對腐敗」，應是給出了更好的定調揭示。兩種定調闡釋，都直指腐敗醜劇的肇因。而這種肇因，不僅能夠事後加以確認，且可以事先作出明察。什麼叫事先作出明察？那就是，當你發現上樑不正時，你即可斷言：它必將導致下樑歪，導致腐敗醜劇。即便在你斷言時，下樑還沒歪，醜劇還沒發生。並且你還可斷言：權力腐敗面必將逐級放大，層層放大。

然而，上述「震驚世界的歷史性腐敗醜劇」，卻與蝴蝶效應風馬牛不相及。

眾所周知，蝴蝶效應的一個特徵是：「原因極不起眼，後果十分巨大」。位高權重的中央軍委副主席郭伯雄、徐才厚之貪婪這個原因，是很有分量的，絕不是甚為渺小、很不起眼的。據此而言，人們就沒

有道理將「腐敗醜劇」與蝴蝶效應扯上關係。

不過，更為重要、也是我想在本文中刻意強調的，是我們應當悟透蝴蝶效應真正的本質特徵。我願意坦率直言，囿於我的閱讀範圍，我還沒見到過別人做過類似的強調。在我看來，大自然和人類生活中實際發生的蝴蝶效應，其肇因的極不起眼不能算是本質特徵，它真正的本質特徵是：其肇因不具備通常因果關係中「因」的特質，從而人們對蝴蝶效應的肇因，事先既無法察知，事後亦無法確認。

換句話說，現實中的任何事件，凡事先能設法察知其肇因的，概非蝴蝶效應；事先雖無法察知，但事後能確認其肇因的，亦概非蝴蝶效應。「南美洲亞馬遜河熱帶雨林中的一隻蝴蝶，不經意間搧動幾下翅膀，造成了兩周後美國德克薩斯州的一場龍捲風。」──這一形象化的喻說，對混沌系統的本質特徵給出了生動的展現。試想，人們如何可能事先察知或事後確認，正是毫無人煙的南美洲熱帶雨林中一隻蝴蝶翅膀的偶爾搧動，造成了北美大地上的一場破壞力巨大的龍捲風呢？即便窮盡理性之威力，恐怕你也只能仰天長嘆：二者之間，哪裡有什麼通常的因果關聯呢？

悟透了蝴蝶效應的本質特徵，我們就能不費吹灰之力地將偽蝴蝶效應一一提溜出來：

起因十分清晰的中國軍隊歷史性腐敗醜劇，不是蝴蝶效應。

「丟失一個釘子，壞了一隻蹄鐵；壞了一隻蹄鐵，折了一匹戰馬；折了一匹戰馬，傷了一位騎士；傷了一位騎士，輸了一場戰鬥；輸了一場戰鬥，亡了一個帝國。」被作為蝴蝶效應典型事例的上述「釘子」理論，事後確認了事件的起因（儘管十分微小），所以它所描述的，就不是蝴蝶效應。順便說一下，在「釘子」理論的因果鏈中，「傷了

一位騎士，輸了一場戰鬥」，是嚴重缺乏說服力的。

　　類似地，事後確認了起因的突尼西亞的「茉莉花革命」，當然也不是蝴蝶效應。

　　萬曆年間的援朝戰爭，引發了明朝的衰退和日本的崛起——因果關係十分顯然、明確，那不是什麼蝴蝶效應。

　　第二次世界大戰時，日本在諾門罕戰役（日本稱「諾門罕事件」，日語：ノモンハン事件），蘇聯與蒙古稱「哈拉哈河戰役」、「哈拉欣河戰役」，是大日本帝國和蘇聯在遠東發生的一場戰爭。）中敗於蘇聯，轉而向南發動進攻——這一演變之起因明晰且重大，不是蝴蝶效應。

　　……

　　此外，我在《說說蝴蝶效應》一文中提到的〈說說蝴蝶效應〉一文中提到的「廣東百億級文化基金引發蝴蝶效應」、「英國脫歐蝴蝶效應」等等，顯然都不是蝴蝶效應。

　　作為科學概念的蝴蝶效應，不是不能引用到其它領域中。但是，似懂非懂的引用，以訛傳訛的擴散，則是不可取的。

2018 年 10 月 26 日 於江蘇常熟
（自由亞洲電臺 10 月 26 日播出）

再次檢視台海兩岸關係

台海兩岸關係,是 20 世紀 40 年代的中國內戰遺留下來的重要政治關係,也一直是中美關係中的核心議題之一。

面對台海兩岸已長達 69 年的分裂分治狀況,兩岸三黨現在各自踐行什麼樣的政治主張呢?

先說臺灣民進黨。

民進黨踐行的政治主張是拒統不獨。民進黨的「拒統」,是拒絕兩岸統一:既拒絕「一國兩制」的專政統一,也不把民主統一作為自己的選項。民進黨的「不獨」,不是不想獨,而是想獨不敢獨。根據台獨黨綱,民進黨就是想把中華民國變為臺灣共和國,但除了搞一些「文化台獨」的小動作外,民進黨事實上不敢將上述黨綱付諸行動。

再說中國國民黨。

國民黨踐行的政治主張是不獨不統。國民黨的「不獨」,是反對將中華民國更名為臺灣共和國,稱臺灣和大陸同屬中華民國。國民黨的「不統」,是拒絕「一國兩制」的專政統一,雪藏「一國良制」的民主統一。

繼說中國共產黨。

共產黨踐行的政治主張是反獨促統。共產黨的「反獨」,是反對變中華民國為臺灣共和國,稱臺灣和大陸同屬中華人民共和國。共產黨的「促統」,是促成「一國兩制」的專政統一。如何促?主要用和平手段,但不排除武力手段。

最後說說我的觀點。

我的觀點與民進黨、國民黨和共產黨所踐行的主張均有所不同。我的觀點是，應當將台海兩岸分裂分治的狀況導向「一國良制」的民主統一：既不是像民進黨那樣，拒不考慮民主統一的選項；也不是像國民黨那樣，將民主統一的主張雪藏起來，而是臺灣和大陸崇尚憲政價值觀的力量攜起手來，堅決反對專政統一，積極追求民主統一。

我的觀點是一以貫之的。21 年前，我在〈我看一國兩制與中國統一〉一文中，主張中國像東、西德合二為一那樣，走「和平統一、一國良制」的道路。13 年前，我在〈和臺灣同胞說個事〉一文中明確表示：在臺灣獨立訴求和一國良制訴求中，我贊成一國良制訴求。11 年前，我在〈一國良制，人間正道〉一文中說：「大陸像香港那樣，建立起按尊重和保障人權的明規則運行的良好制度，又有什麼不妥、不當、不好呢？大陸民主化了，臺灣問題也將迎刃而解。我認為，對中華民族來說，一國良制，方是人間正道。」5 年前，我在〈聞連戰出招有感〉一文中寫道：「隨著大陸民主憲政的夢想成真，臺灣和大陸實現一國良制下的和平統一，也將水到渠成、夢想成真。」3 年前，我在〈台海兩岸政治博弈之我見〉一文中指出：「在普世價值普照星球的今天，『兩岸一家親』的精義何在？就是台海兩岸連著筋的民眾齊心協力，爭取民主憲政的優良制度在大陸建立起來，從而將兩岸關係導向『一國良制』的治本之道。」

在重申我的觀點之後，我想強調以下三條：

1. 奉行「一個中國」政策的國際社會，不可能背書臺灣獨立訴求。但是，卻必定可以光明正大地支持民主統一訴求。
2. 已經覺醒了的大陸民眾中，除了極個別人會擁護專政統一外，絕大部分會旗幟鮮明地力挺民主統一，反對專政統一。

3. 不管出於何種考量，今天，臺灣的各種政治力量對「民主統一」
　三緘其口，是缺乏政治智慧和政治勇氣的表現。

2018 年 11 月 30 日 於北京家中

（自由亞洲電臺 12 月 3 日播出）

就零八憲章發布十周年專訪江棋生

　　2018 年 12 月 10 日，是一批中國自由派知識份子發布零八憲章十周年紀念日，也是世界人權宣言發布 70 周年紀念日。中國持不同政見者江棋生先生日前接受美國之音記者的專訪，談了零八憲章發布十周年紀念感言。江棋生是零八憲章的共同發起人之一，也是已故諾貝爾和平獎得主劉曉波博士的生前好友。2017 年 7 月 19 日，曾不顧國保員警的阻攔，在北京參加劉曉波逝世後的「頭七」追思活動。

記　　者：今天是 12 月 9 日，零八憲章正是在十周年前的今天公諸於世的。江棋生先生，你是零八憲章共同發起人之一，想請你談談自己的想法。

江棋生：零八憲章發布已經十周年了。十年前的今天，由於劉曉波的被抓，本來打算在 12 月 10 號世界人權日發布的零八憲章，就提前一天面世了。憲章發布十年來，簽名的人數大概有 15,000 人左右；當然，簽名活動是在極其困難的情況下進行的，就簽名人數而言，跟 14 億人口相比，大概每 9 萬人中間有一個簽了名。零八憲章首批簽名人並不多，僅 303 人，但是，它的發布具有劃時代意義。十年前的 2008 年，中國民間追求多黨憲政的力量，再一次亮明自己的整體主張，提出中

國應該走零八憲章的道路。也就是說，應該從一黨專政向多黨憲政或者民主憲政。

當然，現在的中國依然是一黨專政，而且在政治制度上，要比十年前，顯得更野蠻了。然而中國民間並沒有從零八憲章的立場上退回去。十年來，雖然沒有發生像零八憲章那樣又一次集中的系統的鮮明的政見表達，但是，民間始終持守零八憲章的宗旨和它的基本主張，通過各種方式傳佈和宣揚。

記　　者：現在來看，習近平上臺執政六年，政治局面也像你所說的，但是現在的國際局勢、國內經濟和十年前很有些不同，以及社會各種各樣的矛盾不斷浮現，你覺得現在對於零八憲章的實施和推進，會不會是一個更好的時機？

江棋生：現在顯然不是實施憲章的時候，但是一個應該喚起大家關注的重要時機。對實施和推進零八憲章，以習近平為代表的執政者壓根兒沒這個想法，並且對民間任何推進的行動都加以嚴厲打壓。

但是就像你說的，十年後今天的國際社會，跟十年前的國際社會有了比較大的不同。現在的國際社會已經公開表示，對於執政者不想改變中國政治制度的意圖，已經看得很清楚了。十年前的話，不少人一定程度上還抱有一種良好的願望，期待他們自己會變好。今天，抱持這種願望的人少之又少了。

國內來說，經濟方面、結構方面的矛盾只會越來越凸顯、越來越深化，再以 GDP 的增長來掩蓋這些東西，應該說越來越難了。

在國內外這種新的情勢下，零八憲章所指明的中國應該走什

麼樣的道路，應該更會引起國內外人們的關注。但是推進它
（零八憲章）的主張，現在看來還不行，習近平會硬著頭皮
死頂的。

記　　者：目前這種局面下，零八憲章的一些主張，尤其是有關制度變
革的主張，會不會對當局也是一種方法，或者一劑良藥？他
們有沒有膽識朝著這個方向去做這件事？

江棋生：應該沒有。最近清華大學的許章潤發表了幾篇文章，可以看
作就是重申了零八憲章的主張。旅美學者鄧聿文在紐約時報
上發表的文章，與零八憲章也很有相近和一致的地方。但是，
現在的執政者聽不進去。他沒有這個胃口，沒有這個智慧，
也沒有這個勇氣，聽不進類似零八憲章的主張。對習不能抱
有幻想。不能像馮勝平那樣對他抱有幻想。（記者註：馮勝
平是美籍華人政治活動人士，2013年曾致習近平萬言公開信，
促其走民主憲政之路）

當然，這個習有可愛的地方，他不再韜光養晦，把話挑得很
明朗，19大報告也好，馬克思誕辰200周年紀念報告也好，
把話說得都很直白。不過，他居然認為馬克思主義是完全正
確的，（笑）這就太過了，讓人笑掉大牙。

儘管他似乎顯得很強硬，但是在更為強大的力量面前，在真
正能拿得住他的地方，他也會認慫。

記　　者：從長遠來看，零八憲章對中國的社會或者政治前景的影響，
你怎麼看？

江棋生：零八憲章的基本理念、基本主張，無論是從當時還是現在，
你只要根據現代政治文明理念，用起碼的理性去審視它，應
該說它是完全站得住腳的。而且我認為，今後的中國，也唯

有按照零八憲章的方向走，才真正有出路，中國才能真正在世界上站得住腳。

記　者：你簽署零八憲章到劉曉波被抓後，你有沒有在這方面受到壓力，或者遇到麻煩？

江棋生：第二天，就是 12 月 10 日下午，國保員警就來找我了。有一個全國範圍的大規模的喝茶嘛，員警把首批簽署者都問了一遍，施加壓力，要簽名的人改變態度。但是據我所知，沒有一個人表示要收回簽署零八憲章的態度。我自己則更是發表了文章，題目是〈堅毅前行是對曉波最好的聲援〉。稍後，我又坦陳自己在最後敲定零八憲章文本的階段，付出了不少心血。

一年後，當局加罪於劉曉波的時候，關於零八憲章就摘了兩句話，一句話叫做「建立中華聯邦共和國」，還有一句是「取消一黨壟斷執政特權」。這第二句話，就是我加進去的。現在我還是這個主張，都 21 世紀了，怎麼還可以一黨壟斷執政呢？應該讓選民用選票決定誰執政，誰在野。現在臺灣不是剛選嘛，對比很清楚嘛。

記　者：現在在社會上，零八憲章是不是還是禁忌的話題？

江棋生：那絕對是的，媒體，自媒體，都不能觸碰。當局怎麼可能允許微信和微博談論零八憲章呢？不可能的，官辦媒體更是半個字都不能談的，那是肯定的。如果當局敢於把零八憲章放在《人民日報》上，同時對其進行「革命大批判」，我就一定要好好表揚官方了。

寫於 2018 年歲末

今天是 2018 年 12 月 29 日，是 2019 年元旦前的倒數第 3 天。

值此 2018 年歲末之際，我首先想做的是：警策自己。

在已經過去的 362 天中，雖然我並沒有隨意放過哪一天，但自我約定要完成的一件堪稱「重中之重」的事，即要在年內寫出一篇關於倒計時的物理學論文，卻肯定無望如願以償了。在我們這個星球上，知道「倒計時」的人，數以億計。然而，人們卻從未對其進行過認真的探究。而我發現，在看似平淡無奇的倒計時中，竟然內蘊顛覆現有時間反演理論的重大玄機。

為此，我撰寫過論文，但幾無任何收效。習慣性地受挫不頹的我，決定再出發。2018 年 8 月 23 日，我給自己設定了一個目標：要在 2019 年到來之前，用相對淺顯的語言，就「倒計時」這個眾所周知但又無人問津的課題，寫出一篇先知先覺、具有經典意義的論文。如今，眼看著 2018 年的歷程將在倒計時的滴答聲中收官，而我魂牽夢繞的「倒計時」論文卻八字還沒有一撇，我的心中沒有辯解，唯有愧疚和自責。在此，我願意手按 2019 年的嶄新日曆，和世人做一個公開約定：在 2019 年 2 月底之前，我一定要實現自己的夙願，完成上述物理學論文。

其次，我要為中國人民大學校友向松祚教授點讚。

我先前知道人民大學有兩位敢言教授，一位是張鳴，另一位是何光滬，他倆均為《零八憲章》首批簽名者。聽了向松祚先生 12 月 17 日在人民大學的演講，我認為他是當之無愧的第三位敢言教授。向松祚開篇直言「2018 中國有三個嚴重誤判」，毫不客氣地直接問責最高當局，一點不買「高瞻遠矚、嫻熟高超」的帳，可見其膽量非同一般。

　　接著他提出官方不願、不能正視的五大問題，並尖銳指出：官方的老一套手法根本不能解決中國的深層次問題。最後他建議當局實施三項實質性改革：稅改、政改、國改。不過，他並沒有對當局「吹響進一步深化改革的號角」抱多大希望，他演講的最後一句話，是當局和御用經濟學家很不愛聽的：如果沒有改變（指不吹響號角），則黑天鵝與灰犀牛齊發，「中國經濟將陷入非常糟糕的境地」。

　　第三、我要向身陷囹圄已達 1268 天的王全璋律師致敬。

　　王全璋律師是 709 政治迫害案的最後一位當事人，他於 12 月 26 日上午 8 點 30 分走上天津市第二中級「人民」法院的法庭，旋即四兩撥千斤似地解聘了官派律師劉衛國。王全璋律師以自己的勇氣和智慧，捍衛了中國人權律師的尊嚴，捍衛了中國政治犯的尊嚴，捍衛了漢語世界中人存在的尊嚴。

　　全璋律師在 2015 年 7 月被抓捕前留給父母的一封信中寫道：

　　從事捍衛人權的工作，走上捍衛人權的道路，不是我的心血來潮。隱秘的天性，內心的召喚，歲月的積累，一直像常青藤慢慢向上攀爬。

　　全璋從心底裡流出的話，我深信之，共鳴之。

　　第四、我想表達自己的一個願望：敢講真話的國人，請努力把真話說好。

　　為了和同圈於網路柏林圍牆之內的國人及時聯絡，我和大家一樣，也使用微信這個即時通訊平臺。但是，我主要將其用作觀察視窗，而不是發聲通道。我參與的微信群中，有兩個群比較特殊，一個是北相群」，全稱為「北京相對論研究聯誼會群」，群聊成員幾乎都是搞自

然科學研究的。另一個是「鐵窗義士群」，成員都是因反對一黨專政或因執著維權而坐過牢的。與別的群相比，這兩個群的特殊性在於：群聊成員更能免於恐懼地說真話。

在「北相群」中，人們不談政治，只談科學。談科學，當然可以無所顧忌。有人說，牛頓三大定律是錯的。有人說，根本不存在萬有引力。有人說，馬克士威方程組電磁理論（Maxwell's equations）站不住腳。有人質疑、反對現代物理學的兩大支柱──相對論和量子力學。但令人遺憾的是，符合科學規範地把自己的質疑或反對好好說清楚、說明白的，實在不多。而且，有時還會冒出諸如「相對論不是物理學」、「愛因斯坦是騙子」一類讓人實在無法苟同的斷語。

在「鐵窗義士群」中，人們無視監控，大談政治。不怕坐牢，自然能夠有啥說啥。但我看到，持不同觀點的人之間，總有些人說著說著就不對勁了，就掐起來了，互相給對方扣帽子。例如，無神論者和有神論者之間，常常就很難有效溝通和對話。先是在表述各自觀點或主張時，雙方往往都不夠平正，不夠嚴謹。接下去很快就互挑對方毛病。最後難以避免地開罵起來，話趕話之後，有些無神論者罵有神論者為「神棍」，後者就回罵前者為「義和團」。結局：或互不搭理，或一方退群。

我總覺得，好不容易有機會在一畝三分地上大膽說真話，國人太應該要求和規訓自己好好說話了。倘在這件事上老是不過關，恐怕是怪不得、也怨不得別人的。

第五、對於改了 40 年據說還要進一步全面深化的「鄧記改革」，不說也罷。

2018 年 12 月 29 日 於北京家中
（自由亞洲電臺 12 月 31 日 播出）

小議中國經濟自由度

對於經濟問題，我一向關注，但基本上只看不說。為什麼？因為我是外行。在學理知識上，我既沒受過正規的科班訓練，也沒下苦工夫去惡補過。此外，我也幾乎沒在經濟領域中摸爬滾打過。1990 年秋我在秦城監獄坐牢時，倒曾如饑似渴地讀完了薩繆森（Paul Anthony Samuelson）的三卷本《經濟學》，還數度發出過「朝聞道，夕死可矣！」的長嘆；但光憑這點底子，不足以使我具有置喙的自信。

1989 年春夏至今 30 餘年來，我寫了 300 多篇文章，其中唯有1993 年 8 月和 2015 年 7 月的兩篇，是議論經濟問題的，題目分別是〈也論社會主義與市場經濟〉和〈賭場資本主義，還是圍場社會主義？〉。1993 年 8 月，針對中國官方就「社會主義市場經濟」優越性給出的「科學論證」，我指出：「社會主義」與真正的「市場經濟」在本質上不能相容。2015 年 7 月，在中國股市歷經斷崖式暴跌之後，我斷言：中國的股市，絕不是資本主義賭場，而是社會主義圍場。我現在動筆寫下的，是我有生以來關於經濟問題的第三篇文章；其寫作衝動的激發，源自我讀到了具有國際影響力的〈2019 經濟自由度報告〉。

1 月 25 日，美國智庫傳統基金會按慣例發布了上述年度經濟自由度報告。報告將中國（大陸）的經濟自由度列入「基本上不自由」層級，排在第 100 位。而香港的經濟自由度一如既往地高居榜首，臺灣的經濟自由度排名則首次躋身前 10 位。

我認為，這樣的排名是客觀的，可信的。因為我清楚，中國經濟「基本上不自由」的定性，正是「一個中心，兩個基本點」黨國綱領和國策的如實體現。所謂「一個中心」，就是「以經濟建設為中心」。所謂「兩個基本點」，就是「堅持四項基本原則」和「堅持改革開放」。應當說，「堅持改革開放」這一基本點，決定了中國的經濟自由度能

夠大幅領先於「完全不自由」的朝鮮等國家。而「堅持四項基本原則」這一基本點，則決定了中國將長期滯留在「基本不自由」層級，實難前行邁上一個新的臺階成為「適度自由」的國家，更不可能進而達到香港和臺灣所具有的亮麗、驕人的經濟自由度。

根據四項基本原則，中國改革開放要錨定和實現的，不是民主憲政國家的完全市場經濟，而是彰顯「中國智慧」的所謂「社會主義市場經濟」。這種經濟制度的基礎，必須是生產資料的公有制，即國有制和集體所有制。而國有經濟，又必須是國民經濟中的主導力量。上述兩個寫入憲法的剛性約束，使得私企和外企壓根兒不能成為「社會主義市場經濟」中的平權主體，同時令「使市場在資源配置中起決定性作用」之宣稱如果不是淪為一張完全無法兌現的空頭支票的話，也必然會被充分注水而大打折扣。試以經濟自由度指數所涉 12 項指標中的「投資自由」和「金融自由」而論：在私企和外企明擺著受到中國憲法、法律和法規歧視性對待的情勢下，投資自由度的十分糟糕難道不是題中應有之義嗎？而由於國有經濟「依法」獨家掌控了中國的金融業，則金融自由度的特別差勁也就絲毫不會出乎人們的意料。

針對中國經濟自由度長期不見持續改觀的狀況，傳統基金會國際貿易和經濟中心主任泰勒‧米勒（Tyler Miller）直率地坦言道：「在政策變化方面，我不認為我們看到中國做出了重要的改進。」但是，米勒接著善意地表達了他的期盼：「希望看到中國的經濟自由度分值能夠提高 10 到 12 分，甚至 15 分，這樣便能進入『適度自由』的第三層級。」不過在我看來，米勒先生的希望多半是會落空的。因為中國經濟自由度的提升空間，是由社會主義市場經濟的本質特徵所限定的。而「生產資料公有制為基礎」和「國有經濟為主導」這兩條本質特徵，則居於官方「不該改、不能改的」核心部位。

米勒先生還希望中國能看到，美中貿易爭端中美方提出的要求，

其實將惠及中國經濟，促使中國實施改革。有人認為，米勒是在居心叵測地忽悠人。但我認為不是，米勒是好心好意地在說大實話。的確，如果將美方對中方提出的「結構性改革」要求付諸實施的話，定能惠及中國經濟，增進國民福祉，並使中國的經濟自由度產生第二次歷史性飛躍。

然而在這件事上，好心並不管用，甚至還會被當成驢肝肺。這是因為，美方的上述要求是排在官方「堅絕不改」名單前列的。趙家人太明白了：那些以自由、平權和公正為主體訴求的「結構性改革」，明顯危及社會主義市場經濟的憲法地位，危及必須確保的國有經濟的主導地位，危及「中國模式」和「中國道路」的安身立命之處。一句話，危及趙家至上的特權原則和趙家的根本利益。

在經濟領域中，存在品種多樣的各式排名。而在各類排名中，我最為看重的，乃是經濟自由度排名。因為我確信，自由的價值高於一切。我的上述信念，既是出於自然天性，也是出於對《論自由》一書的作者約翰・彌爾（John Stuart Mill）、《自由的歷史》一書的作者阿克頓和《以自由看待發展》一書的作者阿馬蒂亞・森（Amartya Sen）所持見解的高度認同。

2019 年 1 月 29 日 於北京家中
（自由亞洲電臺 1 月 30 日播出）

遙送李銳老

對我來說，這個己亥新年過得相當不尋常。

2 月 6 日大年初二下午 4 點 20 分，我的正直、達觀和堅強的老母親在常熟仙逝，享年 103 歲。我和章虹於 7 日傍晚趕到家鄉，與弟妹、侄子女們一起為她辦理後事。7 日子夜至 8 日凌晨，常熟漫天飛雪，城廓山野皆白。

10 天之後的 2 月 16 日上午，我在趕往蘇州北高鐵站準備回京的路上，得悉「保持了獨立的頭腦，宣講常識的、有著真性情的」李銳老駕鶴西去，享年 102 歲。17 日夜，北京四處飄絮，六環內外俱素。

2 月 9 日大年初五中午，我和親友們在常熟市殯儀館送別了老母親。隨之登臨一片白茫茫的虞山公墓，在青松翠柏之下，安葬了她的骨灰。2 月 20 日上午，我因故未去八寶山殯儀館見李銳老最後一面。現在，就讓我以這篇小文，遙送已然坦蕩遠行的老先生吧。

關於李銳老，我首先要提他那本不可多得的傳世之作——《廬山會議實錄》。大約 26 年前，我讀到河南人民出版社出版的《廬山會議實錄》。當時，我因振聾發聵而捧讀恨晚的情狀，至今歷歷在目。廬山會議上一幕幕迷信驅逐理性、媚骨羞辱風骨、「大局」霸凌公道、指鹿為馬取代實事求是、落井下石壓倒仗義執言的歷史真相，從此在我心中留下了永難磨滅的深刻印象。

關於李銳老，我最想說的，是他對人類近現代政治文明優秀成果——憲政的認同、褒揚和呼喚。2005 年 4 月，李銳老為自己的米壽即 88 歲誕辰作了兩首詩。一首七律的最後兩句是：「唯一憂心天下事，何時憲政大開張。」2005 年 5 月 17 日，他在香港出版的《廬山會議實

錄（最新增訂版）》的代序中說：「中國現在仍是有憲法而無憲政；仍是沒有最為關鍵的言論自由與出版自由。連《廬山會議實錄》這樣的書都要封殺，似不僅要封殺我這個人，而是要封殺歷史了。」在上述代序的最後，李銳老擲地有聲地表態道：「為了繼承和發揚民主與科學的五四精神，建立一個真正實施憲政的現代民主國家，我的嘴巴和筆頭是絕不願被『嚴格控制』的。」

要憲政，就是不要專政；就是要對一黨專政制度進行根本性變革。從這一點上來說，李銳老這位身在體制內、心在體制外的異見人士，已經和身心俱在體制外的持不同政見者極為一致了。然而，也正是基於這一點，2 月 16 日溘然長逝的李銳老實難瞑目，也實難安息。因為碰巧也是在這一天，所謂《求是》雜誌發表了習近平在「中央全面依法治國委員會」首次會議上的講話。那篇講話亮明和重申了 2013 年 4 月中共中央辦公廳下發的九號檔的核心主旨：「絕不能走西方憲政、三權鼎立和司法獨立的路子。」

不讓憲政開張，能算「求是」麼？不，根本不能算。不僅不能算，還恰恰是反「求是」之道而行之。在我看來，「求是」，乃是求憲政、反專制、反專政。無論是在地球的西方，還是在東方，這個道理都是對的，都是硬的。無論是在 1898 年的清末，在 1919 年的五四，還是在 2019 年的當下，這個道理都是對的，都是硬的。在不少人眼裡，中國憲政路之難，似乎難於上青天。但是，君不見臺灣的中國人已於 30 來年前率先鑿破堅冰，成功實現了中華五千年文明史上的劃時代憲政轉型，那麼，中國大陸的憲政，又豈會被永遠阻隔、始終停留在李銳老的「立言」階段呢？我相信，告慰李銳老在天之靈的憲政大開張那一天的到來，是不可抗拒的歷史潮流的體現，是不以任何人、任何政黨的意志為轉移的。

李銳老與世長辭後的這些天裡，我忍不住時不時問自己一個問題：

我家在首師大，李銳老就住在木樨地，相隔不過數公里之遙，我怎麼會竟一次都沒造訪過復興門外大街 22 號樓、見一見敢說真話的李銳老呢？因寫作《毛澤東執政春秋》與李銳老過從甚密的單少傑，對李銳老做口述往事的丁東和崔衛平，與我都很相熟，找他們領一領，帶一帶，不就可以去了嗎？但是，我就是未能成行。令人遺憾的是，現在的我無從通過查探自己的日記來消弭心中的困惑。因為我的日記，是寫完一本就要堅壁清野一本的。

不過，在李銳老生前，我還是有緣與他見過一面。那是 2010 年 5 月 10 日的上午，朱厚澤先生遺體告別儀式舉行之前，我陪同許良英先生到了北京醫院告別廳門外，與先期到達的李銳老當面打了招呼——在我報了自己的名字後，他若有所思地朝我點頭示意。

與百歲人瑞僅有一面之交的事實表明，我與李銳老這位秦城校友和學長不能算是相識，只能算是遙識。但是，遙識並不妨礙心通。「憲政大開張」的政治主張，就是我倆最重要的心通之處；也是我在遙送李銳老時，心中唯此為大之事。

2019 年 2 月 25 日 於北京家中
（自由亞洲電臺 2 月 26 日播出）

新聞自由，太值得擁有

3 月 21 日下午，江蘇鹽城響水陳家港化工園區內發生特大爆炸事件，瞬間烈焰騰飛，火光沖天，大地震顫，哀魂悲號！據最新披露的資料，這起由人禍造成的災難已至少奪去了 78 人的生命，另有 600 多

人受傷和 28 人失聯。

響水大爆炸的震撼力和衝擊波，在我心中激起了無法平復的思緒。數天來，我都在思考一件事：這本是一起完全應該、也可以避免的慘劇；它之所以似乎註定會發生，其中一個重要的原因，是中國嚴重缺乏新聞自由這個好東西。

我堅信，假如中國有及格線以上的適度新聞自由，響水悲劇的發生率就將大為降低。

首先要提的是，今年 2 月份，響水民間出現了要發生大爆炸的傳言。在輿論引導霸凌輿論監督的中國，針對上述傳言而來的，只有官方的「闢謠」和對「惡意傳播虛假恐怖資訊」行為的追查。而如果有說得過去的新聞自由，公眾就能在自媒體和民辦媒體上進行正常表達，就「危險將臨」一事給出自己有根據的質疑、判斷和示警。不僅如此，還會有民辦媒體記者依法去相關公司一探究竟，查明真相，並自主公諸於世。在這樣的公眾輿論監督之下，大爆炸的隱患得以及時排除，無疑將成為一個大概率事件。

今年 2 月份之前，在圍繞天嘉宜化工有限公司安全生產和環保問題的一系列環節中，人們都見不到輿論監督的身影。據悉，該公司曾因違反環保法而多次受到處罰。違了罰，罰了違；又是違了罰，罰了違……就是不怕關門，也關不了門。不用說，這裡面肯定有貓膩，有見不得人的東西。如果有說得過去的新聞自由，那些見不得人的東西還能被捂得嚴嚴實實嗎？種種按潛規則進行的「搞定」運作，還能順順當當悠然得逞嗎？

就在過去不久的 2018 年，該公司被國家安全監管總局查出了 13 項安全生產隱患。在沒有輿論監督的大氣候下，公司大小頭頭顯然沒

把它真當回事，而上上下下的安監機構，也顯然沒對整改一事實行有效的監管。如果有說得過去的新聞自由，這家隱患頗多的公司被維權民眾和媒體記者盯上，就不會是一個小概率事件；而隱患被公眾輿論曝光並招來眾目睽睽與洶洶民意之後，被及時消除的可能性也就會大大提升。

事實上，陳家港化工園區曾多次發生過安全事件。但是，每當事件發生之後，對官方來說，比吸取教訓更為緊要的，是掩蓋真相，「立即啟動禁止記者採訪的應急預案」，是儘量設法把喪事當成喜事辦。這一次響水 3‧21 特大爆炸事件發生後，官方故伎重演，禁止記者進入現場，部署反無人機干擾器，規定只許發政府提供的「權威訊息」。

好在《新京報》和《北京青年報》等媒體的數位記者，趕在應急預案啟動之前突入爆炸核心區域，對事件慘狀作出了未加掩飾的第一手報導。除此而外人們見到的，就都是輿論引導下的官方「通稿」了。如果有說得過去的新聞自由，每次事件的真相無法被遮罩和隱瞞的可能性，就會大大增加；造成災難的真實原因得以被查明的可能性，就會大大增加；而真正記取教訓以免事故再次發生的可能性，也就會大大增加。

新聞自由的重大價值，實在是朗若白晝，不言自明。無怪乎在現代文明社會中，由新聞自由所表徵的公眾輿論監督權，成了立法、行政、司法三大權力之外的第四種權力。而無論是憲政國家中的正面示範，還是專政國家中的負面清單，茊茊都告訴我們，新聞自由與正義的實現密不可分；新聞自由也是其它一切自由和安全的保障。

從以自由看待保障的新視角出發，國人當不難明白：有了新聞自由，民眾的生命財產安全才有真正的保障；而自由度越高，保障度就越高。從這個意義上來說，全球新聞自由度的排名，也就是民眾生命

財產安全度的排名，就是民眾福祉度的排名。

令我此生不能忘懷的是，在 30 年前波瀾壯闊的反腐敗、爭自由的八九民主運動中，我在十里長街上所親身見證的最為強烈的訴求之一，正是大學生、媒體記者和各界民眾對「新聞自由」發自內心的呼喚。30 年後的今天，我依然無改初衷，篤認這個道理；並願坦坦蕩蕩地直言：無論是對當年的中國，還是對當下的中國來說──

新聞自由，太值得擁有！

2019 年 3 月 26 日 於北京家中
（自由亞洲電臺 3 月 27 日播出）

六四 30 周年感言

六四事件 30 周年了。

30 年後的今天，一個關於六四的重要史實值得我再次對其聚焦、將其剖析。這一事實是：把六四事件定性為「平息反革命暴亂」的中國政府，一直怕六四，躲六四；除了在極個別萬不得已的情況下，絕不去觸碰六四，提及六四。我在〈重要的是奠定民主社會的基石──六四 5 周年感言〉中曾寫道：「我揣摩當局的心態，是巴不得每年的日曆從出廠時就沒有 6 月 4 日這一頁。」30 年來的史實表明，他們的心態還真就是這樣的。

極度怕六四躲六四的原因，恐怕只有一個：因為「事已做絕」（李

銳語），且做得很無恥，故而心虛得慌，「何以對天下」（李銳語）。

當年的中國政府，對學生和市民在天安門廣場請願和抗議很不爽，很惱火，一心想把他們收拾掉——這是誰都知道、也是不難理解的。出於對歷史沒有如果，但反思歷史不能沒有如果」的理性認知，我想說，如果當年是動用棍棒、高壓水槍和橡皮子彈去實現「清場」的，則他們的虛心程度勢將大為減輕。而如果當年是直言警告「你們還賴在廣場上不走，我們將子彈伺候！」後再開槍殺人的，他們也不至於虛心到如此之地步。編織彌天大謊「發生反革命暴亂」，將其加罪於手無寸鐵的民眾後再揮刀屠城——這種殺人的虛心度，深不可測。

幹壞事的人心虛得慌，決定了無論他們多麼處心積慮地掩蓋真相、抹去記憶，把六四弄得似乎從未發生過一樣，正義的歷史法庭也必將會鳴鑼升堂，標誌歷史轉捩點的歷史大審判也必將會到來。雖然，現在還未到來。

六四事件後，美籍華裔建築大師貝聿銘先生曾在《紐約時報》上以〈中國將永遠不再一樣〉為題撰文，表達了他對六四屠殺的震驚。他在文中痛切地寫道：「殺害學生和市民讓給中國的未來帶來希望的一代人心碎。而今天我要說的是，殺害學生和市民也使『謀求中國社會制度根本變革』的政治主張，從此成為八九民運不少參與者和其他人士的核心訴求。」

在八九民運中，要求共產黨「反腐敗、反官倒，加快政治體制改革」是絕對的主流政見，只有很少很少的參與者認為「共產黨必須下臺，一黨專政必須讓位與民主憲政」；並且，他們幾乎都只是私下而未曾公開表達過這樣的政見。

六四屠殺之後——被迫流亡海外的八九民運參與者，幾乎無一例

外地成了制度根本變革論者。

中國國內異議者群體中的八九民運參與者，幾乎無一例外地成了制度根本變革論者。

中國國內並未成為異議人士的八九民運參與者，如《愛爾鎮書生》的作者曹旭雲等，成了制度根本變革論者。

趙紫陽、鮑彤、胡績偉、李銳、朱厚澤等，成了制度根本變革論者。

《零八憲章》發起者、簽名者群體中的八九民運參與者和未參與者，無一例外都是制度根本變革論者。這是因為，《零八憲章》直言不諱地要求「取消一黨壟斷執政特權」，要把中國「建成一個自由、民主、憲政的國家」。

中國的制度根本變革論者持有一些很基本的政治信念。在六四 30 周年到來之際，我特別想言說其中的兩個基本信念：

一、中國大陸民眾不是只配永遠生活在專政制度下的人類族群

雖然與臺灣民眾相比，與韓國民眾相比，與前蘇聯和東歐的民眾相比，中國大陸民眾在實現民主轉型的歷史征程中落伍了，但是，他們同樣會愈來愈明白，憲政不是將陷中國大陸於萬劫不復之地的洪水猛獸，而是彰顯現代政治文明精華的良好制度安排。與地球上的其他人類族群一樣，中國大陸民眾同樣有資格生活在憲政制度之下。而中國大陸民眾也遲早會歷經萬難，在中國大陸上建成合格、健全的憲政制度。

二、用憲政取代專政，才有可能使中國從一個創新能力深度匱乏的國家，變成擁有豐沛原創驅動力的國家

　　在 2018 年學生畢業典禮上，吉林大學經濟學院院長李曉教授作了一個很不錯的講話。就〈圍繞創新問題我們需要做些什麼？〉，他直率地坦言道：「在國家層面，我們必須改革、破除一切不利於創新的體制和制度安排。」接著，他進一步論述了問題的要害所在：「經濟全球化時代國家間競爭的本質是什麼？二十幾年前我就提出是制度競爭，即看誰的制度安排更有利於經濟增長和發展。因此，改革那些阻礙創新的制度安排，創建更加包容、可以自主經營、自主選擇和自主流動的現代市場經濟體系是至關重要的。」身在體制內的李曉先生能把話說到這個份上，應當說是頗為難得了。然而，中國的制度根本變革論者自然更能把李曉不想說或不敢說的話說透、說清楚、說到位。他們早就明確認定，「那些阻礙創新的制度安排」正是一黨專政的基本社會制度。而在這樣的社會制度下，李曉先生所鍾情和心儀的「現代市場經濟體系」，乃是無法創建出來的。

　　1999 年 6 月 3 日，紐約六四 10 周年紀念委員會與《中國和平》授予作者的獎牌

　　六四事件 30 周年了。作為一個願意也敢於直面六四的人，寫下自己心中的一些感言，或可視為家國情懷的一種表露；不過，也更是對至今不能安息的六四英魂的一種祭奠吧。

2019 年 5 月 28 日 於北京家中
（自由亞洲電臺 5 月 29 日播出）

1999 年 6 月 3 日，紐約六四 10 周年紀念委員會與《中國和平》授予作者的獎牌

這裡是我的祖國，這裡就應當自由起來

一個多月前，我讀了余東海的一篇文章，題目是〈懷念劉曉波〉。東海先生在文中說：「哪裡是我的祖國，哪裡就必須自由起來。」他還說：「讓祖國自由起來，是我們這些後死者當仁不讓、義不容辭的責任。」東海先生所表達的心志，對我的脾性，對我的胃口。

前些天，我又讀了野渡的一篇文章，題目是〈那個打撈光明的結巴〉。野渡先生在文中坦陳的「這是我的祖國，我要讓它自由」之信念，再次激起我的共鳴，並引發我的命筆。

在自由與祖國的關係上，有一句話是深為打動人心、一直不脛而走的；那句話就是美國近代政治家班傑明·富蘭克林（Benjamin Franklin）的名言：「哪裡有自由，哪裡就是我的祖國。（Where there is liberty, there is my country.）」按我的理解，這句話的意思是，一個勇於追求自由的人，為了能享有做人的基本自由，尤其是為了擺脫嚴酷的政治迫害，他有權去國；這種去國，理直氣壯，無可非議。即便他隨後入籍他國，也同樣理直氣壯，無可非議。

很顯然，對於這種去國之人，「叛國」的帽子根本扣不上，「有奶便是娘」的指責，也完全站不住腳。愛因斯坦於 1932 年 12 月離開德國去美國，1935 年 5 月正式提出定居美國申請，1940 年 10 月入籍美國，1955 年 4 月 18 日他的骨灰撒在美國——對此，除了納粹政權和極少數腦子大量進水的人外，還有誰會說愛因斯坦是一個可恥的「德奸」，是一個人格上很不足道、誰給好處就投靠誰的見利忘義之徒？

從義理上講，只要這個世界上還存在不自由的國家，還存在由專制政權所施加的政治迫害，「哪裡有自由，哪裡就是我的祖國」這句話，就沒有過時，也不會過時。

　　然而，我說這句話沒有過時，並不等於說人們就不能有別的選擇。尤其是在地球上的右翼極權已經消失、共產極權已經蛻變為後極權的時代，人們作出其它選擇的可能性就更大了。就我而言，我在理解和尊重別人去國抉擇的同時，十分贊成和認同余東海、野渡的選擇。多年來，我的志向、我的言說和我的行為是一致的，它們三者所表明和體現的，都是一個主旨——這裡是我的祖國，這裡就應當自由起來。

　　我作出這樣的選擇，不是因為它似乎顯得高尚些，而是基於現實的考量。我從不相信大陸中國人不配享有基本自由，也清楚心中嚮往自由的大陸中國人，事實上多得不可勝數。倘若世界上的自由國家不加限制、不設門檻，對前去移民的外國人能夠統統照單全收，我想，保不齊會有高達上億的國人躍躍欲試，將願景化為行動。

　　然而，世界上的自由國家雖然絕不會設置禁錮本國國民的柏林圍牆，但無一例外都有入境限制和移民限制。他們這麼做，並不是如有些人指責的那樣，表明他們對人權原則的偽善和背離。這是因為：如同公寓處於管理者的監護之下和社區處於物業公司監護之下一樣，自由國家處於其民選政府的監護之下。誰都知道，外人不能不受限制地進入公寓，更不能不受限制地留宿公寓；非社區業主不能不受限制地進入社區，更不能在社區空地上搭建小木屋供棲身之用。依據同樣的道理，外國人也無權不受限制地進入任何他們想去的國家，更無權不受限制地成為他國的成員。入境限制和移民限制的嚴格存在，決定了不自由國家中能夠通過去國獲得自由的人，只能是占比極小的一部分人。於是乎，「哪裡有自由，哪裡就是我的祖國」的名言，就不可能落實到不自由國家中絕大部分追求自由的人身上。

　　哪裡有自由，但哪裡我去不了，怎麼辦？

　　如果未曾絕望，如果不想苟活，如果依然想享有自由，那麼就將

自然地導向如下選擇：這裡是我的祖國，這裡就應當自由起來。

誠然，讓祖國自由起來，實非易事。但是，難，就不做了麼？近200 年來，在世界上第一波、第二波和第三波民主化浪潮中自由起來的國家，有哪一家碰上的是小菜一碟、輕而易舉的歷程？

有人說，讓中國自由起來，更難。然而，更難，就要放棄嗎？就要認命嗎？就只能交由上帝或上天來解決嗎？

更難所造成的，很可能是我們自己無法親眼見證中國實現自由起來的全過程。但是，我們的後代呢？我們的後代會不會是壯麗的第四波民主化浪潮的弄潮兒呢？

我相信是。

2019 年 7 月 30 日 於北京家中
（自由亞洲電臺 7 月 31 日播出）

讀〈巫寧坤與李政道〉有感

8 月 10 日凌晨，巫寧坤先生平靜地仙逝於他的美國寓所。很快，我就見到了一些情摯意切的悼念文字，並隨之重讀了余英時先生為巫先生的自傳——《一滴淚》所寫的長篇序言。8 月 22 日下午，巫先生的葬禮結束後，我又下載了自由亞洲電臺記者申鏵對巫一毛的採訪錄。接著，我就讀到了來自《經濟觀察報》書評的〈巫寧坤與李政道〉這篇短文。

短文開篇介紹說，1951 年 7 月中旬，時年 31 歲的巫寧坤終止

了在芝加哥大學攻讀英美文學博士學位的學業，取道三藩市（San Francisco，又譯舊金山）返回中國大陸。他與前往送行的芝大校友李政道合影留念後，問政道：「你為什麼不回去為新中國工作？」年僅25歲的李政道笑了笑，說：「我不願讓人洗腦子。」那時，巫寧坤不明白腦子怎麼洗法，並不覺得怎麼可怕，也就一笑了之，登上克利夫蘭總統號郵輪，回歸一別八年的故土。

短文所描述的上述史實，不由得令我對當年的年輕小夥子李政道心生嘆服之意。他雖然專攻物理學，但他在政治上的成熟與明白，實在是超乎許多年長者之上的。他已然確認，一個人可以不被洗腦與必須被洗腦，實有天壤之別。如果一個人成功被洗腦，就只會與官家保持一致，而不再擁有獨立之精神，自由之思想。如果一個人在被洗腦上不合作，則受到劫難和凌辱將鐵定是大概率事件，也必然難於成就開創性的人生事功。

與李政道相比，巫寧坤在政治上的確顯得天真幼稚。但是，由於1951年回國之前，「他的價值意識及由此而衍生的人生觀與世界觀也已大致定型」（余英時語），故回國不到六個星期，他就開始感知李政道說的「洗腦子」前景就要成為現實；並從1954年到1979年長達四分之一世紀的時光中，由於對洗腦子「偉業」的天然不合作、不配合，而受盡了極權制度施加的各種政治迫害。十分難能可貴的是，他經過無數劫難而始終保持住原有的價值系統（余英時語）。1980年12月，巫寧坤在成都全國外國文學會議」上，公開說出了許多人心中想說而不敢說的話：「選取自由的文學，謝絕奴役人的革命！」

正是這樣一位對「洗腦子」斷然說不、對「奴役人」決然謝絕的巫寧坤先生，贏得了我的敬重。即便他於1991年去國赴美定居，我依然敬重他。於是，便有了下面這個多少染上點傳奇色彩的小故事。

　　1996 年 6 月號《英語世界》雜誌上，登載了一則簡訊：為慶祝商務印書館建館 100 周年，慶祝《英語世界》出版發行 100 期暨創刊 15 周年，本刊特舉辦 100 名幸運讀者抽獎活動。雜誌社要求相關讀者於 1996 年 9 月 5 日前將答卷寄往其抽獎活動組。答卷列有 7 道必答題，其中第 3 道題是：我最喜歡的《英語世界》作、譯者是誰。出於實話實說的脾性，我給出的回答是：我最喜歡的《英語世界》作者是方勵之，譯者是巫寧坤。

　　1996 年 11 月號《英語世界》雜誌第 96 頁上，公布了百名幸運讀者名單。可以說完全出乎我的意料，我居然中獎了，而且我的名字竟「幸運地」赫然位列第一！（見附照）

筆者的中獎通知邀請函

1996 年 11 月號《英語世界》
雜誌公布幸運讀者名單

　　雖然雜誌社說：100 名幸運讀者是 1996 年 9 月 20 日在北京國際飯店舉行的慶祝招待會上抽獎產生的，但我一直不能相信這一說法。我更願意相信，至少我的排名，不是冥冥之中被抽出來的；而是對方勵之、巫寧坤懷有同樣敬重之心的《英語世界》工作人員，刻意違反抽獎規矩人為內定的。

　　2007 年秋冬，我有幸與巫先生的女兒巫一毛共過事。我還記得，自己曾將上述故事簡要告訴了一毛，並要她向父親轉述。

　　讀了〈巫寧坤與李政道〉之後，有一件事在我的心頭來回轉悠，那就是：認定一個國家的先進與落後，斷言一種制度的優良與差勁，看來存在簡明易懂的客觀判據。而且我覺得，下面兩條判據是比較合適的：一是 68 年前李政道一語中的提到的判據，即看一個國家中，一種制度下，民眾是必須被洗腦，還是能夠免於被洗腦。二是看一個國家中，一種制度下，官員是必須依法公布財產，還是能夠免於公布財產。基於這兩條判據，人們不難明白：民眾能夠免於被洗腦、官員不能免於公布財產的國家，是比較先進的國家；其制度，是比較優良的制度。而民眾必須被洗腦、官員卻能夠免於公布財產的國家，則無疑是落後的國家；其制度，乃是差勁的制度。

2019 年 8 月 27 日 於北京家中
（自由亞洲電臺 8 月 28 日播出）

做個明白人

　　作為一個被置身於網路柏林圍牆內的中國線民，我有一條做法是與《環球時報》總編胡錫進完全相同的，那就是：幾乎天天設法翻牆

出去，領略一番多元並存的域外網路風光。而我與胡錫進完全不同的是：我之翻牆，是為了踐行《世界人權宣言》第十九條所說的「通過任何媒介和不論國界尋求、接受和傳遞消息和思想的自由」，以便能在第一時間瞭解事情真相，兼聽不同聲音，從而免於被官方一家之言所愚弄和忽悠，做個明白人。至於胡總編輯，當屬奉命翻牆，他的職志所在，乃是琢磨如何改進官方的大外宣，如何升級愚民的手法和如何「裝修」忽悠的技巧。

敢於翻牆的中國線民都知道，每當某些時間節點臨近時，中國網路柏林圍牆的封鎖力度就會明顯加大。前些天，就連肩負組織重任的胡錫進也忍不住抱怨說：最近一段時間以來，上外網是越來越不易了。當然，翻牆不易一事，也會公平地落到我的頭上。有時，翻了半天也翻不出去，怎麼辦？那就在牆內找好東西，繼續讓自己能拎得清，做明白人。儘管在網路柏林圍牆內，各種資訊的存活和流通處於官方的審查、篩選、遮罩及封殺等管控手段之下，但是，只要你有心，就不愁找不到頗能助你免於被洗腦、受愚弄的好東西。

幾天前，我就看到了一個很不錯的視頻資料，內容是長江商學院的許成鋼教授解答聽眾的提問，談「中國經濟持續下行的原因」是什麼。成鋼教授得乃父許良英先生真傳，敢說真話，而且把話說得簡潔明快、切中肯綮：「中國經濟持續下行最大的原因，是內需不足。而內需不足的最大原因，是全體居民收入在國民經濟中所占比例過低，而且是全世界所有國家中最低的。收入低，消費就低；消費低，生產的東西就過剩；生產的東西過剩，經濟就不能增長。」最後，成鋼教授微微一笑，深為自信地強調說：「就這麼簡單！」

試問，在這樣有理有據的簡單大實話面前，那些出於洗腦目的而編出來的假話瞎話，那些掩蓋真相、混淆視聽的忽悠之詞，其愚民之效，能不大打折扣嗎？它們能不加速提前歇菜嗎？

此外，當代中國還很有一些把《世界人權宣言》第十九條真當回事、勇於追求真相、真知和真理的電腦高手，他們頻頻穿越反人權的網路柏林圍牆，理直氣壯地「竄訪」各種外網，不辭辛勞地將有價值、有意義的資訊搬運回來，並且技術嫻熟地在網監和網警的眼皮底下，使那些資訊在牆內有效地傳播開來。每當我受困於翻牆之苦的時候，我總能得益於上述網路俠客的熱誠義舉，而不至於使自己復又眼不明，耳不聰。

時至今日，我已經走過了人生旅途的一大半。我從自己的切身經歷中感悟到，由一個在愚弄和忽悠下常常中招的糊塗蛋，變為一個輕易不受愚弄、不被忽悠的明白人，這在做人品格和生活品質上，都是一種可貴的質的飛躍。而這種質變的現實性，早已不是極權時代令人望而卻步的「極不可能」了。基於這樣的認知，我在去年曾經三提「明白人」：

去年1月28日，我在〈我看知青生涯〉一文中寫道：「應當說，除了少數幸運者，已是花甲或古稀老人的當年知青們，現在活得並不富有更不精緻，但是，他們中的不少人已經有了能夠告慰此生的寶貴依憑：從被深度洗腦、愚弄、忽悠而過低品質、低尊嚴乃至無尊嚴的生活，一步步走向了較有品質、品味和尊嚴的明白人的生活。」

去年10月11日，我在常熟翁家莊的一個老三屆知青插隊50周年紀念會上說：「但是，光做好人，並不夠。還要活得明白，做個明白人。在座各位當中，有不少就是明白人。活得明白，主要是敢於獨立思考，善於獨立思考；肩頭長的，是自己的腦袋瓜。」

去年11月5日，我在家鄉老朋友為我舉辦的生日聚會上，在祝願大家今後的人生應當怎麼過時，送給在座諸位六個字：「健康、明白、開心。」

重要的事情說三遍。這三遍說的就是：「做個明白人」。

整整 20 年前，李慎之先生發布了一篇名滿天下、萬口傳頌的〈國慶夜獨語〉。今天，我要套用一下那篇傳世佳作的標題說一句心裡話——在風雨蒼黃七十年之際，我願與當年的知青夥伴、我的舊雨新知們共勉：「可以不提君子豹變、暮年壯心了，但是，一定要做個、也能做個曉事理、開心智的明白人。」

2019 年 9 月 29 日 於北京家中
（自由亞洲電臺 9 月 30 日播出）

從復旦大學修改章程說開去

12 月 17 日，教育部在官網上發布了關於同意復旦大學章程部分條款修改的批覆。從內容公告中可以看出，復旦大學的這次章程修改，絕不是虛與委蛇，而是動了真格、確有乾貨的。在這次修改中，復旦校方破字當頭，立在其中：

破——將原版章程中的「思想自由」、「師生治學、民主管理」、「學校是以學術為核心的共同體」和絕大部分「獨立」字樣刪除了；

立——增加了「學校堅持中國共產黨的領導」、「為中國共產黨治國理政服務」、「堅持用習近平新時代中國特色社會主義思想武裝師生員工頭腦」和「以思想政治教育為根本」等內容。

對復旦校方和教育部共同完成的上述章程修改，我首先將給出嚴

屬差評，然後會真心賞個點讚。

　　我的差評為：那些改章程者是鐵了心不學好了。21 世紀的地球人都知道，思想自由是個好東西。沒有思想自由，作為基本人權的言論自由、學術自由、出版自由都將成無源之水，無本之木；沒有思想自由，人格無法形塑，無從談起；沒有思想自由，人將不人，校將不校。在大學章程中抹掉「思想自由」，是向人類常識宣戰，向現代文明宣戰，向普世價值宣戰，是表明他們鐵了心一條道走到黑，不學好了。

　　我的點讚是因為：他們就此能夠終結虛偽人生，活得比較實在了。他們在章程中信誓旦旦，要用某個人的思想武裝復旦大學師生員工的頭腦。這項活計具體操作起來就是：他們要把教授、講師、研究生、本科生和學校編制內各類人員的頭腦進行格式化，不讓任何另類思想存活下來，然後將某個人的思想灌輸進去。

　　而這麼做的話，他們就必須把「思想自由」生生打入冷宮沒商量。如果在章程中依然保留「思想自由」的刺眼提法，第一是邏輯上明顯說不通，第二是做人上的確不實在。擼起袖子，刪去「思想自由」，就不必再假裝什麼，不必再搞虛的偽的那一套了，只須以本來面目為定於一尊而向自由開戰就行——不論我對他們的作為多麼不認同、不看好，但多年活得不實在的他們，開始做一回實在人了，這就值得我點個讚麼。

　　在這個世界上，做個實在人，委實不容易。朝鮮的金正恩，堪稱如假包換的當代牛人。他在國內一言九鼎，手執生殺予奪之柄；在國外與大國首腦周旋，玩得風生水起。但是，這個牛人卻並不實在。誰都知道，朝鮮這個國家，哪裡有半點民主主義？又哪裡有什麼共和的影子？但是，朝鮮的全稱是：「朝鮮民主主義人民共和國」。當然，這個全世界最為響噹噹的國名，是金正恩的爺爺金日成定下的；但是，

如果孫子金正恩是個實在人，則理應有自信、有底氣地將國名改為「朝鮮獨裁主義金家王國」。這個名稱雖然難聽，但名實相符，不虛不偽。明明是獨裁王國，卻偽稱民主共和，金正恩做人不實在之底色，盡顯無遺耳。

在中國大陸，也頗有些人不實在。其中，很有必要拿來點評的，是「黨的領導和人民當家作主有機統一」論的炮製者。

什麼是黨的領導？就是東西南北中，一切姓黨，一切由黨發號施令，人民只能「聽黨話、跟黨走」。

什麼叫人民當家作主？就是一切姓民，一切由民作主，黨必須聽命於民。

顯而易見，「黨的領導」和「人民當家作主」互不相容、不能並存。也就是說，在黨的領導下，人民只能是聽喝的小跟班而已，根本無從當家作主。而一旦人民當家作主，黨的領導也就隨之吹燈了。由此可知，那些炮製者們可不是什麼實在人。如果他們是實在人，就不會刻意違反事實違背邏輯，煞費苦心去編織忽悠人的「有機統一論」，而只需一根直腸子，有啥說啥：在中國，就是共產黨說了算，誰也別想和共產黨爭高下，誰也別想和共產黨爭頭把交椅，誰也別想取代共產黨去當家作主。

的確，21 世紀的地球人都知道，在中國大陸，大權獨攬、當家作主的就是共產黨。在中國大陸，要是人民當得了家作得了主，特權至上、等級森嚴的官本位體制，還能安然無恙嗎？在中國大陸，要是人民當得了家作得了主，上上下下各級官員還能有恃無恐、拒不公布財產嗎？在中國大陸，要是人民當得了家作得了主，還能出現神州之內貪官恆河沙數、清官無處可覓的制度性腐敗奇觀嗎？在中國大陸，要

是人民當得了家作得了主，醫療保險、退休養老、喪葬待遇等等方面彰顯官貴民賤、與公平正義對著幹、讓民眾氣不打一處來的雙軌制，還能大行其道嗎？……

在這篇短文中，我用大部分篇幅說了一件事：做人要實在，不要虛偽。然而，我最後必須加上一句話──同為實在人，為自由而戰（fight for freedom）的實在人，較之向自由開戰（fight against freedom）的實在人，乃有天壤之別，雲泥之分。

2019 年 12 月 21 日 於北京家中
（自由亞洲電臺 12 月 22 日播出）

只要還捂得住，疫情就不是命令

1 月 23 日己亥豬年小除夕那天，武漢由封口導致封城。消息傳來，我就再無心思過年了。在庚子鼠年春節門可羅雀、院可羅雀、巷可羅雀乃至路可羅雀的日子裡，我只做兩件事，一是儘量宅在家裡，力求不被感染；二是揪心地關注愈演愈烈的新冠病毒肺炎疫情，對親朋好友發來的拜年問候不想回覆，也一概未作回覆。

2019 年 12 月 1 日，第一例原因不明的病毒性肺炎在武漢被發現。而最晚於 2019 年 12 月 23 日，就已發現此類肺炎開始流行擴散。從 2019 年 12 月 1 日算起，48 天後的 2020 年 1 月 18 日，武漢市還在喜氣洋洋地舉辦百步亭四萬餘家庭共吃團年飯活動；51 天後的 1 月 21 日，湖北省春節團拜會文藝演出在洪山禮堂圓滿舉辦，「舞臺恢弘大氣、表演精彩紛呈」，「營造出喜慶、歡快、奮進的良好節日氛圍」。而正是在這要命的 51 天裡，新冠病毒壓根兒沒閒著，他們喜慶、歡快、

奮進地在武漢民眾中大肆傳播，並由離開武漢的不知情的攜帶病毒者傳往全中國，播向全世界。

有道是，疫情就是命令。但是，這 51 天裡鐵的事實清楚地表明，對於維穩至上、摀蓋子第一的人來說，只要他們以為還能摀得住，疫情就不是命令。真相被摀住，還「整個不讓說」。有位良心醫生將疫情視為命令，於 2019 年 12 月 30 日在其大學同學微信群中發布「**華南水果海鮮市場確診了 7 例 SARS，在我們醫院急診科隔離**」，並隨後糾正為「**是冠狀病毒，具體還在分型**」。2020 年 1 月 3 日，武漢警方將其叫到派出所進行訓誡，認定其「發表不屬實言論」的行為「嚴重擾亂了社會秩序」，責令其「中止違法行為」。有八位武漢市民將疫情視為命令，發布相關資訊提醒大家早做防備，也被警方迅速加以懲處。

社會不知情，民眾不設防，歌女不知城已殤，登臺猶唱後庭花——結局只有一個：新冠病毒肺炎疫情註定不會在最佳時機被撲滅在萌芽狀態，而只會順溜地擴散蔓延，釀成肆虐武漢、威脅全球的高風險公共衛生事件。

不用說，誰不把疫情當命令，誰就該挨板子。

第一個該挨板子的，當然是對公眾隱瞞真相的武漢市委、市政府，這是跑不掉的。如果武漢市委、市政府不僅瞞下，而且欺上，那麼，板子也就只能打到他倆身上。因為上峰不知情，不知不為過。然而事實表明，他倆沒有欺上，而是將疫情如實上報給了湖北省委、省政府。於是，第二個該挨板子的，就是湖北省委、省政府。由於湖北省委、省政府也只是瞞下而並未欺上，疫情是如實上報給國家衛健委和中國疾控中心的，因此，第三個該挨板子的，當是國家衛健委和中國疾控中心。

　　而在「忠誠不徹底，就是徹底不忠誠」的新時代，國家衛健委和中國疾控中心敢欺上，不將疫情如實報給國務院嗎？繼而，國務院敢欺君，不將疫情如實上報總書記習近平嗎？

　　我的看法是：國家衛健委和中國疾控中心不敢欺上，國務院不敢欺君。我的依據是：「湖北省武漢市等地近期陸續發生新型冠狀病毒感染的肺炎疫情以來，習近平總書記始終高度重視，多次召開會議、多次聽取彙報、作出重要指示」；「在黨中央堅強領導下，國務院多次召開會議研究部署，深入學習貫徹習近平總書記重要指示精神，充分發揮聯防聯控機制作用，加強統籌調度，及時研究解決防控工作中的問題，各項防控措施正有力有序開展。」（參見《人民日報》，2020年1月26日）這就是說，國務院和習近平都沒被下級欺蒙，都一直是瞭解疫情真相的。但是，他們卻都沒把疫情當命令。因此，第四個該挨板子的，是國務院。第五個該挨板子的，是習近平。

　　自2019年12月1日到2020年1月20日前後的50多天裡，以為能捂得住蓋子的中國官方，上上下下高度一致地奉行不把疫情當命令的治理模式，導致了極為嚴重的殃民後果。到實在捂不下去、也根本捂不住的時候，官方就再也不能不把疫情當命令了，於是在1月25日成立應對疫情工作領導小組，「對疫情防控特別是患者治療工作進行再研究、再部署、再動員。」

　　我確信：在終於把疫情當命令之後，在付出本不該付出的生命和財富巨大損失的代價之後，「就一定能打贏疫情防控阻擊戰」。我也確信，疫情防控阻擊戰打贏之後，官方一定會慶功祝捷，大力表彰本不想成為英雄的「英雄」們。此外，官方還會「認真反思總結，吸取深刻教訓」。不過我深知，不可期待官方會省察到其治理模式的根本缺陷，不可奢望官方會放棄被其視為至寶的治理模式。2003年非典疫情事件殷鑒不遠，當時曾痛心疾首的官方，事過之後並沒有改弦易轍，

棄用「一出事就摀蓋子」的治理模式；我認為，這次新冠肺炎疫情事件的沉痛教訓，同樣不會使官方出現實質意義上的真正長進。

有鑑於此，中國民間又如何去遏制和減輕上述模式必將帶來的下一次公共衛生危機呢？

普世常識告訴我們，新聞自由是其它一切自由和安全的保障。但是，當下中國沒有及格線以上的適度新聞自由。

能否企盼出現一位像 109 年前的錫良，或 102 年前的閻錫山那樣的板蕩能臣呢？我覺得，這種企盼不靠譜。

在我看來，比較現實、比較靠譜的辦法有兩條：

一是出現良心醫生，如非典時期的蔣彥永，如這次疫情中的被訓誡醫生；或出現所謂「傳謠者」，他們從親朋好友處得知實情，但轉述時可能不夠準確、出現偏差。當官方在路徑鎖定下重蹈覆轍摀蓋子時，良心醫生和「傳謠者」以疫情為命令，勇敢披露真相，讓民眾及時知情。

二是知情後的民眾以疫情為命令，迅即實施自救：帶口罩、多喝水、勤洗手、常通風；有條件不上班、不外出的，則做到雞犬之聲相聞，愣是不相往來。

2020 年 1 月 28 日 於北京家中

（自由亞洲電臺 2020 年 1 月 29 日播出）

不鄙視這樣的肉食者，我還真做不到

一個來月前，我在寫作〈只要還捂得住，疫情就不是命令〉一文時，還不知道那位被訓誡的良心醫生叫李文亮，也不知道他就是那八位「散播謠言者」之一，更不知道那八位「散播謠言者」其實都是貨真價實的武漢醫護人員！

說實話，中國的肉食者們搞言論鉗制和言論管控，打壓和封殺他們不喜歡聽的真話，包括用「打擊造謠傳謠」的旗號查處和懲治敢說真話的人，足已使我對他們鄙視有加了。我未曾想到的是，他們在實施打擊時，還那麼有心機，那麼不實在。新年伊始，在向武漢和全國播報他們的「依法查處」，並以「絕不姑息」厲聲警示別人時，他們還刻意遮蔽關鍵真相，故意將醫生含混地說成線民，從而如願以償、頗有成效地使國人欣然中招——在相信「八名違法人員」的確是「散佈謠言」後，悠然失去戒心，坦然不作防範。試想，如果他們在實施打擊時不再玩花樣，而是難得「實事求是」一把，照實宣佈是「八名醫生散佈謠言」，別人還會那麼傻傻地輕信他們而毫不設防嗎？這種從骨子裡透出來、從血液裡流出來的肉食者之不實在，使我對他們有了雙倍的鄙視。

在動用員警和央視把吹哨人或準吹哨人死死摁住後，又輕描淡寫地放出「人不傳人，可防可控」八個字，然後是祭出「莫讓流言沖淡了春節的年味」之輿論導向——肉食者們三箭繼發，「將武漢人害得慘不忍睹」（方方武漢日記，2月27日），也使神州之大，安放不下幾張平靜的書桌；地球之廣，難有幾方未被襲擾的淨土。

不鄙視這樣的肉食者，我對不住自己；不鄙視這樣的肉食者，我還真做不到。

　　前天，浙江大學王立銘教授說：「新冠疫情發展到現在，數萬人得病，數千人死亡，可能還伴隨著數萬億人民幣的經濟損失。但我們沒有看到任何一個相關責任方出來說是我的責任，或者至少我有責任，並且向老百姓道歉。」王教授說的是真話，是事實。中國的肉食者們一向惜歉如金。時至今日，他們甚至對殉職的李文亮醫生都沒道過歉！套用一下易中天先生的說法：「道個歉，會死人嗎？」

　　我必須再說一句：不鄙視這樣的肉食者，我還真做不到。

　　對我來說，鄙視肉食者的理由至少還有下面兩條：

　　一是肉食者們構築網路柏林圍牆，阻斷資訊自由流通，踐踏國人的知情權。由「自由之家」所做的 2019 年全球新聞自由度排名中，中國列在第 177 位，幾乎與朝鮮不分伯仲，真是丟人現眼哪。都 2020 年了，肉食者們還在搞 2000 多年前「民可使由之，不可使知之」那一套，中國的社會能健康嗎？這樣的肉食者，能不讓我鄙視嗎？

　　說到知情權，上文談及的「三箭繼發」，就是對國人知情權的踐踏。昨天方方「要一個說法，要一個結果」和「先等城開，再等交代」，同樣事關知情權。就方方的吶喊，有個叫「月泉吟客」的線民留言道：「可是，能消除大家心中疑問的坦陳交代等得到嗎？人民的知情權能夠得到保障嗎？？」留言最後的兩個問號，是「月泉吟客」放上去的，表明了他的認知是：「國人的知情權是得不到保障的。」當然，我贊同他的看法。

　　二是救災明明是他們起碼應盡的職責，卻要說成了不起的功績。老實說，即便是遭遇純粹的天災，救災得當也僅是盡責，沒什麼好吹好誇的。面對「三分天災，七分人禍」的疫情國難，就更是如此了。在近 3000 名「他殺」的亡靈和他們的家人面前，在 900 萬苦熬日子和

500 萬流浪的武漢人面前，在高達數億被禁足的國人面前，怎麼能好意思批量炮製「暖新聞」，致使黨天下的電視螢屏中，「民眾」的感恩戴德之聲不絕於耳、國人的起而問責不見蹤影呢？

這樣的肉食者，能不讓我鄙視嗎？

對於這樣的肉食者，勸他們退位，他們不會聽。趕他們下臺，目前做不到。我們可做的，是理所當然地鄙視他們。

鄙視這樣的肉食者，不必具有心繫蒼生的高貴品格，而是對得住自己，真把自己當人看。鄙視這樣的肉食者，不見得是彰顯錚錚之風骨，但肯定可以有效減低苟活度，提升尊嚴度。

鄙視這樣的肉食者，也是通往健康社會的必由之路。鄙視他們的人多了，並且越過臨界點之後，就算他們有三頭六臂，也決然無法使中國社會倒退到極權狀態。鄙視他們的人持續不斷增多，中國就真有希望了⋯⋯

畢竟，不能把中國讓給你所鄙視的人，對不？

2020 年 2 月 28 日 於北京家中
（自由亞洲電臺 2 月 28 日播出）

方方說的真話，他們不愛聽

我沒有讀過方方的任何文學作品。但是，我讀完了方方的 60 篇封城日記；讀完了每篇日記後的網友留言。現在，我也來寫一篇方方日

記讀後留言。

為什麼方方日記那麼受歡迎？華中師範大學國學院院長唐翼明先生說：「一句話——講真話。」

什麼叫講真話或說真話？巴金先生說：「我所謂真話不是指真理，也不是指正確的話。自己想什麼就講什麼，自己怎麼想就怎麼說，這就是說真話。」

真話的分量有多重？索忍尼辛說：「一句真話，比整個世界的分量還重。」我連發三問，並引述三位先生對說真話的看法，目的是想強調我的如下認知——我認為，三位先生對說真話的肯定，都有一個隱含的前提，一個不可或缺的硬核前提，那就是：「自己怎麼想就怎麼說，但是，說的必須是人話。」

基於上述前提，讓我們來逼視一下瀋陽太原街上楊媽媽粥店的店長。那位店長「自己想什麼就講什麼，自己怎麼想就怎麼說」，於是就掛出了大幅標語：「熱烈祝賀美國疫情！祝小日本疫帆風順長長久久！」店長先生並沒有說假話，他說的就是心裡話。然而，人們能稱那位店長在「說真話」嗎？不，不能。那位店長對別人的苦難如此幸災樂禍，完全喪失了起碼的同情心和同理心，他說的不是人話，而是人渣話，簡稱「渣話」。無疑，絕不可把說渣話的人，稱為說真話的人。一句渣話，比屁還輕。

走筆至此，我不得不再次提到魯迅的一篇散文——〈立論〉。在那篇文章中，魯迅講了個小故事：一家人家生了一個男孩，全家都非常高興。滿月的時候，主人迫不及待地抱出來給客人看。客人中恭維「這孩子將來要當官的」和說「這孩子將來要發財的」，都得到了一番感謝。有個客人說：「這孩子將來是要死的。」他於是得到了一頓

痛打。不少人據此得到的結論是：瞧，這就是說真話的代價。對此，我不能苟同。

那位客人「自己怎麼想就怎麼說」，還說出了貨真價實的「正確的話」，然而，人們能把他稱為說真話的人嗎？不，不能。說那句話的人（我假設他精神正常），情商歸零：在別人孩子滿月的時候，他居然說出不見一絲人間常情和真情的話，一句沒事找抽的作死話！自孩提時代起，我就不愛說恭維話。但是，一般的恭維話，不讓人雞皮疙瘩掉一地的恭維話，仍不失為質地偏差的人話。而那位客人的惡語，不是人話，近乎渣話。

回到我在文中的第一問「為什麼方方日記那麼受歡迎？」這個話題。除了唐翼明至為簡明地說了三個字外，我還見到：南京大學丁帆教授給出了貼切的點評；編輯方方日記的二湘女士道出了四個很有說服力的理由；閻連科、張抗抗、戴建業、馮天瑜、徐景安、劉川鄂、陳家琪、梁豔萍、苗懷明……說了中肯到位的話。我更見到：成千上萬子夜無眠的網友，在殘冬吞噬春意的凌晨星空下，在他們的潛然淚目中，留下了發自內心深處的肺腑之言。我，不能答得更好。

那麼，為什麼60篇方方日記中，大半被刪、小半存活？為什麼在《觀察者網》及類似的網站上，對方方日記全都是差評、惡評？為什麼「恨她的人，罵她的人，不屑她的人，不可枚數？」

仿唐翼明之簡明，我的看法是：「一句話，方方說的真話，他們不愛聽。」方方說真話，揪住「瞞」不放，「瞞」的兄弟「刪」就迅速上場了。二湘用微信轉發了幾篇，很快悉數被刪。後來，二湘啟動了一個沒用過的微信公號發方方日記，前幾篇都刪了，有一篇只存活了一個小時。之後，在物理學超弦理論所限定的十一個宇宙維度中（十個空間維，一個時間維；二湘寶貴的十一維，超生了），二湘騰挪變維，

「刪」弟如影相隨：日記一篇篇被刪，有一天，二湘一下收到三個刪帖的通知。怎一個刪字了得？

方方說真話的尺度稍微放開了一點，「瞞」的另一位兄弟「封」，就厚顏出面了。方方日記本來是在她的微博上發的，李文亮醫生去世那天，她的微博被關兩周，封號禁言。之後，二湘的七維公號兩度被封；十維不能留言，文章後臺發不出去，留言被封。那篇〈借陸游三個字：錯，錯，錯〉，二湘一直發了十多次都沒發出去。封，封，封，真是無恥又下作。

不必諱言，如果方方說真話的尺度再放開一點，那麼，還有一位「瞞」的兄弟「訓」，就會走上前臺。方方會被有關方面或警方「請」去，接受訓誡，責令閉嘴。借用一位網友的話，這就叫：「你要交代，給你膠帶。」

如果方方答覆「不能」、「不明白」，回到家裡乾脆放膽說真話，那麼，最後一位「瞞」的兄弟「關」，就將赫然亮劍。在當代中國，以言治罪、把說真話的人關進監獄這件事，一點兒也不夢幻。不是連魯迅都不能倖免麼？王誠不是早已在大聲嚷嚷方方「顛覆國家政權」了嗎？

再把話說透一點。在先前的極權社會，「瞞」還有一位最蠻狠的兄弟，它叫「殺」。3 月 5 日方方日記裡提到的遇羅克，就是因為說真話表達自己的人權覺悟，而被它殘忍地奪去了年僅 27 歲的寶貴生命。那個年代，如果你說了官家不愛聽的真話，而且抓進去後堅不認錯、拒不認罪、死不低頭，那麼，縱使你像九頭鳥那樣有九顆高貴的頭顱，也會被統統剁掉。

方方說真話，網友留真言。少數留言的尺度，已明顯超越方方的

文字。不過，方方和網友終究沒想、也沒有惹毛和逼出「訓」「關」兩兄弟，儘管張宏良等人已然咬牙切齒，恨不得要將被其誣為「階級敵人、文化漢奸」之方方活活埋掉。

在長達 60 天的日日夜夜裡，方方和站在她身前身後的千千萬萬網友，與「刪」「封」兩兄弟大戰 60 回合，演繹了一場不期而遇的 2020 庚子大博弈；中間和王誠、齊建華、張頤武及假冒高中生的山東摳腳大漢等也過了幾下招。在這場堪稱自媒體時代奇蹟的交鋒中，卓越的記錄者方方「用自己的文字和情懷打動了千萬人心，也連接起千萬人心」（二湘語）。然而，我必須坦言：最為觸動我的心弦、也是最使我感佩的，是許許多多普通網友的精彩留言。他們說真話，說實話，說人話；且因良知之殷、三觀之正而說得超乎想像的好！

方方日記和網友留言，不經意間成了時代畫面的重心。與方方日記相比，與網友的留言相比，以「瞞」、「刪」、「封」、「訓」、「關」五兄弟為堅強後盾的所有官媒，除極少數例外，都令人鄙視，輕如鴻毛。

最後，我想把我 3 月 12 日自己日記中的一首詩，用作這篇留言的結束語：

艾芬發哨文，
一秒一枯榮。
網管刪不盡，
接力催又生。

2020 年 3 月 27-29 日 於北京家中
（自由亞洲電臺 3 月 29 日播出）

還能有誰，比邱毅更像蔡莉？

今天上午，我在讀完方方日記接力之 29〈雖不想回憶，卻時常憶起〉，並動筆寫下留言時，邱毅在我的腦子裡，還只是一個臺灣文人，在央視四台中常常露一小臉，對海峽此岸的權貴盡顯諂媚之能事。所以，我把他稱為金庸筆下的「星宿派」現代傳人。

然而，到了下午，當我看了《今日頭條》上〈邱毅說方方日記〉的視頻後，才終於意識到，我實在是低估了他壞的程度。我想在金庸的書上再給他找一個角色，遍尋而不得。原來邱毅之惡，已經遠遠超出了金庸老爺子幾十年前所能預想的極限，以至於都沒能在書中給他安排一個類似的角色。

眾所周知，方方先生的〈我的書跟國家之間沒有張力〉一文，一直在網上掛著。方方先生〈我如果不交待〉一文，雖說已被 404（http 找不到網頁之錯誤碼，表示內容已刪除）而國人見不到，卻也曾在互聯網上存活過幾個小時，在台海兩岸間光鮮游走的邱毅，根本不難讀到。但是，惡人邱毅卻對此都完全選擇性失明，直接就在視頻中信口雌黃，造謠胡說。

關於「約稿」一事，方方先生在上述二文中，都已經反覆說得清清楚楚：是《收穫》雜誌主程式設計永新約的稿。而這個邱毅，先是胡說方方對此「語焉不詳」，接著完全無視方方的如實交代，振振有詞地說：「根據結果來推斷，應該就是方方應美國一家出版社之約，而動筆寫下所謂的武漢日記。」

邱毅搖唇鼓舌，以冒充內行的口氣信誓旦旦闡述道，什麼叫做「約稿」呢？約稿，就是按出版社定下的框架、方向，還有一些準則，在出版社給定的鳥籠子裡寫東西。這個定義定得實在是好，把邱毅自己

平時被「約稿」的真相一不小心都給洩露出來了！

到這裡還僅僅是不小心洩露了自己，然而再說下去，邱毅其人之陰毒立即就開始顯現。他陰險地說，約稿幫方方出書的那家美國出版社，可是與美國中情局有密切關係的哦。於是，在邱毅嘴中，證據鏈」就已然完整了，「案情」到此明朗——陷在武漢城裡被封城禁足了76天的六十五歲的方方，不折不扣，乃是美國中情局早早在背後就安排好的碼字傀儡，是美國用來打擊、甩鍋、抹黑中國的工具、棋子、馬前卒，至高利器！

面對他自己惡意編排出的如此巨大陰謀，邱毅自己都被感動到不行，他對著失足的方方痛心疾首，大聲怒斥：「利字當頭的方方啊，你是太想一鳥在手了，明知美國人別有居心，你卻置國家大義於不顧，天天繼續寫，寫，寫！」

邱毅文人，文人邱毅，我忍不住要來問你，你來到世間一趟，好不容易做一回人，怎麼可以像蔡莉對待艾芬那樣，鼓著魚眼說瞎話？造謠誣人不臉紅？

你這樣一幕羅織罪名欲置人死地的把戲，我早就在幾十年前就親眼目睹。只是任我再見多識廣，都還沒見過你這樣編排的惡人。

50多年前，我是一名被捲入文革的高三學生。當時，我曾經說過不少錯話，幹過不少錯事、甚至壞事。現在回頭看，著實痛心。但是，縱然打死我，那時候的我也不會像你這樣，道貌岸然、明目張膽地造別人的謠，誅別人的心啊！

那十年裡，跳出來的各類小丑不勝枚舉。但是，即便像姚文元這樣的超級文痞，似乎也沒能像你邱毅這樣，把自個兒的底褲，扯得如

此果敢乾脆，掉得如此徹徹底底。

邱毅文人，不但造謠說是美國人向方方約的稿，還指控方方日記在國外的出版，等於坐實了一個十分嚴重的問題——病毒的起源在武漢。

邱毅好像什麼都敢說，但他還是只敢說方方日記在國外的出版，而沒敢直接說是方方日記的內容本身，坐實了病毒的起源在武漢。確實，60篇方方日記，已然從她每天記錄的時刻起，就傳遍了全國甚至全世界。白紙黑字，一字一句，記錄的是武漢的疫情和被封在城裡的武漢人的心聲。60篇裡，沒有任何一篇，任何一句，她有說了、提了、定了新冠「病毒的起源在武漢」。就連中國駐美大使崔天凱先生，也從來沒說過：「病毒的根源在哪裡？就在方方的日記裡。」大使先生說的是：「*病毒的起源在哪裡，由科學家去解決麼。*」

然而，方方日記在國外的譯本，真的就如邱毅所一口斷言的那樣，坐實了病毒的起源是武漢嗎？

尚處在翻譯中的方方日記英文版和德文版，在一開始曾將日記封面的副標題，分別定為 "Dispatches from the Original Epicenter（來自最初震央的報導）"，以及 "Das Verbotene Tagebuch aus der Stadt, in der die Corona-Kirise begann（來自新冠危機始發城市的禁忌日記）"。武漢是最早爆發疫情的城市，最初的震央是武漢，後來震央到了義大利，再後來紐約成了疫情震央。無論是英文版和德文版封面，他們都沒有說：日記是「來自一個病毒根源城市的日記」。然而即便如此，面對國內很多對最初封面設計的不同解讀聲音，方方還是立即聯絡了出版社，要求他們將副標題修改。英文版副標題已經改為 "Dispatches from a Quarantined City（來自一座隔離中的城市）"。

　　邱毅文人我問你，你自己的英文和德文不及格可以去找會的人，怎麼就敢愣是瞎說最初封面上的副標題，是「來自一個病毒起源的城市」？文人邱毅，你又怎麼可以那樣，「滿懷悲情」、竭力煽情地說，譯本的副標題的就「等於坐實了對中國的指控」呢？

　　邱毅的上述莫須有加罪，自然十分荒唐。但是，還真不能說他是「精神病」。說他精神病，就全給他解套了。精神病人這麼說，你能說他壞嗎？精神病人這麼噴，也沒有人會理會。但是邱毅這麼說，是刻意歪曲和扭曲事實，真是壞到家了！

　　當初蔡莉訓誡艾芬的那三個排山倒海般的排比句，到今天還在我的頭腦中嗡嗡作響：

> 「你視武漢市自軍運會以來的城建結果於不顧！
> 你是影響武漢安定團結的罪人！
> 你是破壞武漢市向前發展的元兇！」

　　邱毅一定也記得這三個排比句，因為他就像蔡莉當初對待艾芬那樣，往方方頭上砸下重重的罪名！他以堪比蔡莉痛斥艾芬的兇狠，「大義凜然」地訓誡方方：

> 「你使武漢壯士斷腕封城的犧牲，變得毫無價值！
> 你把中國抗疫成果的一切，都給抹殺了！」

　　最後，邱毅似乎比英國軍情六局的人還要胸有成竹，一本正經地說：是美國總統川普要把方方捧成世界名人，來幫助其抹黑中國、甩鍋中國，並使現代版的庚子八國聯軍，能夠師出有名。
　　就差直接指著方方的鼻子怒吼：

「你是要八國聯軍的鐵蹄再次踐踏中國的元兇！」

邱毅文人，你告訴我，還有誰比你更像蔡莉！

今天下午，清華大學的孫立平教授在他的微博中寫道：方方日記在國外出版，「有人說，這是給敵人遞刀子。我只想說一句，除非敵人是像你一樣的蠢蛋。」孫教授，你可看錯了，邱毅他可不蠢，他是歹，他是壞！

邱毅在視頻中還造謠說，方方日記在西方的銷售，已經位列暢銷書排行榜的第一位。我請他給我們看看，這第一位的排名，是在哪裡？他還繼續造謠說，方方日記以創金氏世界紀錄（Guinness World Records）的方式，兩個禮拜就可以出書了。他的眼睛就沒有看到 "Pre-order（預售）" 這個詞嗎？他鸚鵡學舌地誣衊說：方方是憑「道聽塗說」，以接近寫小說的方式，寫下的所謂「日記」。對於這一點，我已經毫無駁斥的必要。我們的讀者裡早就有專業的新聞工作者，站出來做了最有力的駁斥。（見方方日記接力之 23:〈我記得你的好，沒忘記你遭的罪〉）

謝謝你邱毅，你今天如果不奮不顧身站起來秀你的下限，我們還不知道：原來，之前的蔡莉還沒有下臺，新的蔡莉又已經橫空出世！

只是，你的如意算盤打錯了！一千多萬普普通通的武漢人和億萬國人經過了這幾個月的慘痛教訓，已經不會再讓你這個蔡莉堵住嘴：

老子就要說！

2020 年 4 月 24 日夜 於北京家中
（自由亞洲電臺 4 月 25 日播出）

平權是一切自由的根本

胡適是中國自由主義的代表人物，他有一個獨樹一幟並刻意強調的見解：容忍是一切自由的根本；容忍比自由還更重要。

胡適的上述見解，雖未在自由主義學界中受到多少青睞，但對其信服者，還真大有人在。最近，我讀到「沉雁」的一篇文章，題目是〈方方和梁豔萍的「錯誤言論」〉。我欣然認同她的看法：梁豔萍不需要平反，這個處理結果，對她來說不是恥辱，而是光榮。然而，作者對「容忍比自由更重要」的引述，則促使我再一次認真考察了胡適的相關論述。

胡適從自己的切身經歷中，從人類的宗教、思想和政治自由史上，找到了不容忍的根源——都由於這一點深信自己是不會錯的心理。因為深信自己是不會錯的，所以不能容忍任何和自己不同的思想信仰了。胡適斷言：「一切對異端的迫害，一切對異己的摧殘，一切宗教自由的禁止，一切思想言論的被壓迫」，都出自這一心理。

深信自己是不會錯的心理，可稱之為理性的狂妄。然而，胡適把人類社會不容忍、無自由的狀態，皆歸結為源自理性的狂妄，這就大可商榷了。

同樣基於自己的切身經歷和人類的宗教、思想和政治自由史，我的看法是：人類社會不容忍、無自由的狀態，應當歸結為源自理性的狂妄和權勢的狂妄；而且，與理性的狂妄相比，權勢的狂妄更是問題的真正要害所在。

無權無勢的人，深信自己是不會錯的，就會不容忍任何和自己不同的思想信仰，從而去迫害、摧殘、禁止、壓迫別人了嗎？顯然，他們有心無力，辦不到。他們充其量只能吵個不亦樂乎，吵急了再加點

人身攻擊，然後各自保留意見，誰也不服誰罷了。當然，有些無權無勢的人，也會幹缺德事，損害更為弱勢者的利益。但是，胡適所說的「四個一切」，他們是幹不出來的。

有權有勢的人，情況就不同了。莫說深信自己掌握了宇宙真理的，會去迫害、摧殘、禁止、壓迫別人；即便明知自己是錯的，也會不容忍和自己不同的思想信仰，也照樣會去迫害、摧殘、禁止、壓迫別人，搞順我者昌，逆我者亡。

周靈王二十四年，齊國大臣崔杼弒殺齊莊公後，把專管記載史事的太史伯找來，說道：「昏君已死，你就寫他患病而亡。照我說的寫，我一定厚待於你；如若不然，可別怪我不客氣！」說罷，崔杼拔劍在手，殺氣逼人。崔杼明知自己是錯的，但他要以權勢的淫威逼迫別人從命。太史伯秉筆直書，在竹簡上記錄崔杼的惡行：「夏五月，崔杼謀殺國君光。」崔杼大怒，揮劍殺了太史伯。隨後，崔杼又怒殺太史伯的二弟太史仲和三弟太史叔，因為，他倆照樣秉筆直書。最後，崔杼令四弟太史季補缺。鮮血淋漓的劍鋒之下，太史季寫下的，依舊是那幾個字。崔杼見太史們個個鐵了心，寧死不失天職，無奈長嘆一聲，令太史季退下。

此外，趙高指鹿為馬的故事，更是盡人皆知。權勢熏天、但仍心有疑懼的秦朝大宦官趙高，當著秦二世的面，愣把鹿說成馬。這個趙高，明知自己是錯的，但他故意顛倒黑白，讓那些敢於不順他意說出實話的人一一亮相。然後，趙高對他們痛加收拾和迫害，甚至滿門抄斬。

趙高之後，2000 多年過去了。山東濟寧實驗中學的班主任邱印林，以及他身後一條龍作業的有權有勢的人，明知自己是錯的，卻在 20 多年前以權勢的狂妄，矇騙、坑害、摧殘了滿懷憧憬的寒門學女苟晶；如今他們明知自己是錯的，但為了使悲憤莫名的受害者鉗口結舌，竟

然威脅她的母親和親友們。

由此可見，人類歷史上所發生的迫害、摧殘、禁止和奴役，固然或有理性的狂妄在作祟，但是，其中決然少不了的、也是最關鍵的原因，乃是權勢的任性和狂妄，是特權的傲慢與霸凌。

胡適說：「人類的習慣總是喜同而惡異的，總不喜歡和自己不同的信仰、思想、行為。這就是不容忍的根源。」而不容忍，則無自由。按照胡適的見解，人類社會從不自由走向自由，是因為「人類的習慣」改變了，是因為「不容忍的根源」消失了。所以，他順理成章地說：容忍是一切自由的根本。

在我看來，胡適的上述見解是站不住腳的。我認為，人類社會從不自由走向自由，並不是出於植根於人性深處的「喜同而惡異」習慣的改變（看看微信群中和推特上，幾乎天天上演的喜同惡異橋段吧），而是因為人類付出了極大的代價，終於在這個星球上的部分地域，成功地在理念上和制度上，以平等取代了不平等，以平權取代了特權。由於人格平等和機會平等的確認和確立，沒有人再可享有特權，每個人就有了基於平權的自由。

比如說，人的一種基本自由——言論自由是什麼意思呢？言論自由就是：在由良法所確立的言論邊界之內，每個人都有同等權利、同樣資格發表自己的見解，不論其見解是對是錯，也不論其對錯的概率是大是小。言論自由必須得到尊重和保障。你喜同，要尊重言論自由；你惡異，也要尊重言論自由。這種尊重，與你的容人肚量大小無關，與你的忍受能力大小無涉。

對一切其它自由，均應作如是觀：你再小肚雞腸，你再玻璃心脆，也得尊重人權和自由。所以，我的結論是：平權是一切自由的根本。

以平權取代特權，當然就必須把權力關進籠子裡去。被關進籠子裡的掌權者，即便自以為真理在手因而不容忍之賊心不死，即便對別人的言行恨得牙根癢癢，他也很難濫用權力去損害和侵犯別人的自由，很難再去迫害、摧殘、禁止、奴役別人了。

2020 年 6 月 30 日 於北京家中
（自由亞洲電臺 6 月 30 日播出）

胡適：「容忍比自由還更重要。」

一枚園地作者愚石寫的詞

一枚園地作者愚石寫的七絕

曠世奇葩，千古笑料

7月29日上午，我在推特上見到人大校友榮劍先生譏彈《平安經》：

奇葩時代又來大奇葩了，吉林省公安廳常務副廳長賀電，出版一本曠世奇書《平安經》，該書格式是「名詞＋平安」，洋洋幾十萬言，由官家出版社出版，被官媒評價為是跨國傳世的經類力作大作。據說作者系法學博士、書法文獻學博士、教授、博士研究生導師，國務院特殊津貼專家。客官，你可曾見過這樣的神精病？

隨之，我加上一句評論轉了他的推。我的評論是：

「未被關進鐵籠子裡的權力，什麼樣的奇葩事都幹得出來。」

這麼一句話，似乎顯得我很有人生歷練，很有定力。但是，隨後的一整天，我還就被《平安經》這朵奇葩，鬧得什麼正經事都沒幹。

自夏商周後數千年來的中華文化史上，寫爛書的大有人在。但是，我還真沒見到有寫得如此之爛、且還要以爛充好的。

賀電出版的曠世奇書《平安經》

作為公認的儒家經典的四書：《大學》、《中庸》、《論語》、《孟子》，和五經：《詩經》、《尚書》、《禮記》、《周易》、《春秋左傳》，被黎鳴先生說得一塌糊塗，一無是處；然而，即便黎鳴先生所言不虛，

諸位客官，四書五經與《平安經》這部當代「儒林巨制」相比，又如何？是否，二者依然堪有天壤之別、雲泥之隔？是否，後者之爛已達於極致，爛得連渣都不剩了？

自夏商周後數千年來的中華文化史上，出爛書的大有人在。但是，我還真沒見到有出得如此之爛、且還要以爛充好的。

《四庫全書精編》目次

公安部的群眾出版社，曾在 1982 年以「內部發行」的方式，巧妙地出版了索忍尼辛的《古拉格群島》中譯本，傳為一時佳話。1985 年 1 月 3 日，在時任出版社社長兼總編輯于浩成先生的運作下，《古拉格群島》被送到全國作協第四屆代表大會會場京西賓館，作家們爭相購買，先睹為快。事後，未出席會議的巴金先生，專門託人要買《古拉格群島》。于浩成給巴金老寄書後，還收到了巴金老的親筆致謝信。而如今的群眾出版社，可真夠奇葩的，居然不怕丟盡臉面，敢出《平安經》這種曠世爛書；並在「編輯首語」中，對《平安經》加以一通胡吹——這讓九泉之下的于老先生，如何得以安息？

自夏商周後數千年來的中華文化史上，拍馬屁的大有人在。但是，我

索忍尼辛《古拉格群島》中譯本

還真沒見到有像張詠這樣拍得如此之爛、拍得如此荒誕不經的。

今年 5 月 9 日，吉林省應急管理廳官方微信公眾號發布了張詠的「拜讀《平安經》感言」。張詠在感言中寫道：

《平安經》作為跨國傳世的經類大作力作，是歷代和當代僅見的首部平安經書，由人民出版社和群眾出版社聯合出版發行。作者賀電先生博學多識，擁有員警和專家雙重身份，已出版專著 35 部。從他的新作《平安經》中，令人感知到一位學者深邃的靈魂和寬廣的情懷。

我想，這個世界上最為精研馬屁文化的人，恐怕也想不到會出張詠這樣毫無底線的馬屁精，竟然能在讓小學生都會笑掉大牙的《平安經》中，感知到作者「深邃的靈魂和寬廣的情懷」。

可以說，《平安經》的故事之爛，已經大大超出了普通人的想像，甚至超出了最為惡猜公權力的人之想像，超出了最為鄙視舞文弄墨者的人之想像。

無怪乎中國的自媒體上，惡評吐槽之聲如江河洪峰，奔湧而來；無怪乎中國的部分官媒，亦不客氣地大膽開火，口誅筆伐；無怪乎人民出版社站出來公開澄清，明確否認；無怪乎吉林省委緊急成立聯合調查組，要對吉林省公安廳黨委副書記、常務副廳長所作《平安經》有關問題，進行調查核實。

曠世奇葩《平安經》給一級警監、二級教授賀電帶來的，恐怕不再是仕途平安，而是不平安。

奇葩時代《平安經》的故事給中國歷史留下的，將是一場不可多得的千古笑料。

2020 年 7 月 30 日 於北京家中
（自由亞洲電臺 7 月 30 日播出）

追念邵燕祥先生

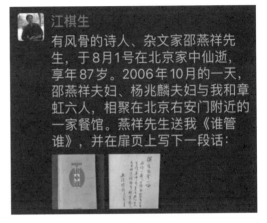

我在微信發文悼念邵燕祥先生

8 月 3 日早晨，我讀到了丁東的〈邵燕祥先生千古〉一文，知燕祥先生於 8 月 1 日在家中仙逝，享年 87 歲。我隨即在微信朋友圈中，發布了我的簡短悼念文字。之後，我又相繼讀到了雷頤、李鎮西、唐宋民、張從文、陳為人等先生的悼念文章。幾天前，當我重讀了楊偉東採訪燕祥先生的訪談錄後，動筆寫出我心中對燕祥先生的追念之情，就呼之欲出了。

整整四分之一世紀前的 1995 年，是聯合國寬容年。那年 5 月初，許良英先生和林牧先生決定發起一項呼籲活動，並由許先生執筆起草了題為《迎接聯合國寬容年，呼籲實現國內寬容》的呼籲書。徵集簽名一事，主要由許先生本人完成。許先生委託我去辦的，是上門徵集我未曾謀面的趙中立、梁志學、茅于軾、邵燕祥和冒舒諲五位先生的簽名。由於寬容呼籲書明確提到最為敏感和犯忌的六四問題，為了避免遭當局阻撓和破壞，許先生事先不打電話，只把地址告訴我，要我作為不速之客登門造訪。

　5月上旬的一天下午，我騎車從首師大家中出發，前往虎坊橋附近的燕祥先生家。到了那裡，對上樓號和單元號後，我就邁開雙腿，直上五層，來到燕祥先生家門口。在我的記憶裡，我不是敲門，而是摁響了門鈴。門很快開了，邵師母問我：「你找誰？」我說：「找邵先生。」師母再問：「是事先約好的嗎？」我說：「不是。」師母面露不悅，說：「沒約就上門，不太合適吧？」聽了這話，我沒生氣。因為這合乎常理，再說我也早有思想準備；正要解釋時，燕祥先生過來了，他細聲軟語地說：「進來進來，進來說。」

　進門坐定後，我對燕祥先生說：「是許良英先生專門委託我來的，可是，不能事先相約。」燕祥先生說：「理解，理解。」在作了簡短的自我介紹後，我拿出呼籲書文本，交給燕祥先生過目。文本不長，燕祥先生看得很仔細。看完後，他坦誠地、緩緩地對我說：「我和許先生很熟，我倆都是『右派』麼。我對六四的看法，與許先生的看法是完全一樣的，那就是一場震驚世界的人間慘劇。而中國需要寬容，這也正是我的想法。許先生和你們做這件事，很有意義和價值。不過，希望你能理解啊，我對自己的定位是有考慮的。請你轉告許先生，在這份呼籲書上，我就不簽名了。我會以自己的方式去發聲，去做事。」

　沒能徵集到燕祥先生的簽名，我心中很是惋惜；這種惋惜之情，盡寫在我的臉上。但是，面對面望著燕祥先生，零距離聽著燕祥先生，我覺得，他說的話是認真的，可信的。

　燕祥先生知道我是騎車去的，他讓我再喝上一杯茶水，對我說：「代問許先生好，路上慢點騎啊。」這時，師母過來了，她笑著對我說：「以後你來，打不打電話，都行。」

此簽名文本由許平先生提供

果然是，燕祥先生這麼說，也是這麼做的。

多年來，他筆耕不輟，寫雜文，發隨筆，作序言。繼《沉船》之後，他又出了一本人生實錄《人生敗筆》，還有一本人生拷問《找靈魂》——燕祥先生真切地審讀和檢視在「欲做人民而不得的時代」中，他那幾十年是如何走過來的。一言以蔽之，在後極權逼仄的言論空間裡，他免疫於犬儒病和軟骨病，儘量說真話，說實話，說人話。他在思想的閃光中，彰顯了讀書人應有的風骨。

2006 年 10 月的一天，楊兆麟、杜婉華夫婦邀我和章虹去他們家作客。83 歲的楊老先生曾任中央人民廣播電臺台長，但他和老伴都十分關念六四死難者家屬和六四受難者。在我身陷囹圄的歲月裡，老兩口多次請章虹去吃飯，詳細地打聽：獄中的我，日子過得怎麼樣？楊老對我說：「中午咱們去附近一家餐廳吃飯，一共六個人，還有兩位是我的好朋友，也是你曾經見過面的廣播電臺老同事邵燕祥、謝文秀夫婦。」

將近 11 點，我們四人到了那家餐廳。進包間不久，燕祥先生夫婦就來了。

燕祥先生知道我因紀念六四 10 周年而銀鐺入獄，被關了四年。他關切地詢問了我坐監獄時的情形，還問我要一本《看守所雜記》。我對燕祥先生說：「與當年的『右派』相比，我吃的苦、受的難，算不上什麼。與你們在文革中的慘痛經歷相比，我的牢獄之災同樣算不上什麼。去年春天，我的《看守所雜記》在香港出版，裡面的內容，不少是我在號房裡寫得的；但要藏好，又能帶出來，我倒是花了不少心血呢。現在的問題在於，那是本禁書，帶進內地來不容易啊。」

燕祥先生笑了，他說，他出的書中倒還沒有禁書，但自己寫的時

候，自然就不能百無禁忌了；而發表或出版時，被刪節的事，照例是會發生的。說罷，燕祥先生拿出他的《誰管誰》遞給我。這是一本他的雜文集，2000 年 10 月出版。在書的扉頁上，燕祥先生寫有：

棋生先生一哂

　　舊作一本，大體為九九年上半年作，其中如〈皇帝熱〉收入此書時，還被編者刪節過了。

燕祥持贈　〇六年十月

燕祥先生贈書《誰管誰》扉頁題字

讀罷贈言，我笑了，大家都笑了。

那天，小包間裡，我們六人敞開心扉，無話不談。而燕祥先生那天說的不少心裡話，在四年零三個月之後，他就無畏地公開說出來了。

2011 年 1 月 18 日，楊偉東、杜青夫婦去潘家園燕祥先生家進行採訪。面對攝影鏡頭，燕祥先生放言無忌；所形成的訪談錄——〈那一夜之後，放風箏的孩子哪兒去了？〉，成了中國大陸上一篇百分之百的禁文。

《立此存照》書中邵燕祥先生的文章：那一夜之後，放風箏的孩子哪兒去了？

在訪談中，燕祥先生說六四：

六四問題一直是我的一個情結，而且是刻骨銘心的。2010 年 6 月，我寫了兩首詩。一首關於六四，具體點了名，可以預見在一個時期內，在內地是不可能發表的。但是，我還寫了另外一首，題目叫作〈放風箏的孩子哪兒去了〉，下款寫為 2010 年 6 月 4 日。出詩選的時候，主編說，保留「6 月」吧，不寫「4 日」了。像這樣一首詩，我還是寫出了真感情。

在訪談中，燕祥先生說憲政：

對於中國幾代愛國者、公民來說，憲政由謊言變成了一個虛幻，

到現在甚至變成了一個禁區。官方不允許它在報刊上出現，不但不允許討論，甚至見到這兩個字都難。

在訪談中，燕祥先生說「為人民服務」：

我早年剛剛參加革命參加工作時，認為「為人民服務」挺好的。但是後來我覺得，其實這非常值得推敲。從言和行來對照，他們並不是服務於人民。因為共產黨給自己定位為領導，那就是「天地君親師」的君和師了，而你們既是我的子民，又是我的學生，這就把「服務」的要義靈魂抽掉了。所以這個「為人民服務」，從頭到尾就是一個虛偽的口號，我們當時信以為真了。

在訪談中，燕祥先生還說：

現在不但追求真理會有阻力，甚至受到傷害，就是追求真相都不能見容於權力者。……

在訪談中，燕祥先生說出的尖銳到位、振聾發聵和啟迪人心的話，還有很多很多，摘不勝摘。

在歌劇《悲慘世界》之後，你可聽到人民在歌唱？

在盛世幻象之中，你可聽到「我死過，我倖存，我作證」的燕祥先生在吶喊？

2020 年 8 月 29—30 日 於北京家中
（自由亞洲電臺 8 月 31 日播出）

略議弗里德曼之「擔心」

　　美籍猶太裔經濟學家密爾頓‧弗里德曼（台譯彌爾頓‧傅利曼 Milton Friedman 1912 ～ 2006）於 1976 年獲諾貝爾經濟學獎，是二十世紀最具全球影響力的經濟學人之一。

弗里德曼之回憶錄中譯本

　　弗里德曼曾在他的一本書中寫道，不用擔心中國偷竊美國技術，因為美國可以很快發明新的技術。最應該擔心的是，中國偷竊了美國獨立宣言、憲法精神等代表美國價值的東西。當中國開始拷貝這些東西的時候，才是中國強大的開始，那才會對美國構成實質威脅。

　　我看到，不少人把弗里德曼這段話，視為真知灼見，讚嘆有加。而我，則對之有不同看法。

　　我相信，人們一般都不會誤解弗里德曼，以為他這麼說，是他對偷竊行為不反感，他主張面對竊賊不設防、抓到了小偷不懲處。很明顯，弗里德曼所強調的，是美國對這類偷竊行為大可「不用擔心」。「不用擔心」的依據是什麼呢？是一個眾人皆知的事實：美國擁有強大的原創驅動力，而中國卻是一個匱乏原創能力的國家。美國除了擁有世界上最多的諾貝爾自然科學獎得主和經濟學獎得主外，無論是硬體還是軟體，美國都手握若干關鍵的掐脖子技術。基於這一事實，弗里德曼認為中國構不成美國真正的對手，中國想「彎道超車」肯定沒戲，充其量只能跟在美國的屁股後面爬行。

　　弗里德曼之「不用擔心」，理由顯然成立。但我覺得，說成是「真知灼見」，過譽了。

　　至於弗里德曼「最應該擔心的是」那句話，我給出的，就只能是差評了。

　　常常洞若觀火的弗里德曼，在頤養天年之際，是真沒必要瞎擔心啊。他說完那句話之後，都快 20 年過去了，共產中國偷竊了美國獨立宣言、憲法精神等代表美國價值的東西沒有？沒有。行動上沒有，動機有了嗎？共產中國開始有想偷竊那些東西了嗎？也沒有。不僅沒有，有人還乾脆扔掉了「韜光養晦」之飾品，一再代表 14 億中國人民旗幟鮮明地堅決拒絕那些東西。

　　而且，正是在堅拒的大前提下，共產中國戰狼般「厲害」起來了；如今，把 16 字校訓中的後 8 個字「獨立精神，自由思想」剔除的清華大學，也自我宣稱為「世界一流大學」了。這麼一來，不就更沒有偷竊美國價值的念想了？

　　事實表明，弗里德曼的杞人之憂，應屬多餘；至少，他老人家無

需那麼焦慮，說什麼「最應該擔心的是，中國偷竊了美國獨立宣言、憲法精神」。否則，他說不定還能寬心地多活 6 年、長命百歲呢。

緊接著，弗里德曼擔心中國強大起來後，「會對美國構成實質威脅」。我對他的這一「擔心」，就更不以為然了。誠如弗里德曼所言，中國如果不偷竊美國獨立宣言、憲法精神，那麼，就算中國科學院信誓旦旦立下軍令狀，就算砸多少萬億下去大煉中國弘芯，也不「會對美國構成實質威脅」。但是，我不能認同，中國偷竊了美國獨立宣言、憲法精神，真正強大起來了，就「會對美國構成實質威脅」。

我的看法是，那時的中國，將會成為美國的真正對手，甚至是公認而不是自封的、貨真價實的一流對手。但是，既然服膺相同的普世價值觀，中美這兩位對手，就不會是有你無我的敵人，而會是朋友，甚至是盟友；中美不僅互不構成對方的實質威脅，反而會使雙方都更加精進。

寫到這裡，我不由得想起，我的一位好友曾跟我提到過的北丐和東邪的故事。金庸先生筆下的北丐洪七公與東邪黃藥師，都是絕世高手，都想爭當天下武功第一。但是，因為二人人品都過關，所以在競技中根本不會去加害對方，反倒是彼此都更為潛心練功，待華山之巔二次論劍時再去公平地一決高下。而當曾以蛤蟆功聞名於世的西毒歐陽鋒──此人為奪得「武功天下第一」的名號，不擇手段逆練九陰真經並走火入魔──也來到華山絕頂的時候，二人則聯手襄助後浪郭靖與黃蓉，共同阻遏了倒行逆施的老毒物。

如果把話說得較有學術味一點，那時的中美關係會是怎樣的呢？我認為，那時的中美兩國，不會宿命般地陷入「修昔底德陷阱」（Thucydides's trap）：一個新崛起的大國必然要挑戰現存大國，而現存大國也必然要回應這種實質威脅，於是你死我活的戰爭就變得不可避免。

平心而論，對智者弗里德曼之「擔心」，我無意苛責，只是略加評議耳。世事，畢竟難以逆料。沒準，有誰瘋愛上了牛頓第二定律。又沒準，在新晉牛頓鐵粉一連串亮麗的加速動作完成後，弗里德曼多年前的擔心之事卻快快靴子落地了呢？

2020 年 9 月 27 日 於北京家中
（自由亞洲電臺 9 月 28 日播出）

庚子歲末之隨想

自愛因斯坦於 1905 年創立狹義相對論之後，光速就成了各種物體速度中的唯一異類。根據光速不變原理，相對於互相之間作勻速直線運動的慣性參照系，真空中的光速保持不變，其量值恆為 c。而其他物體的速度，則必定會和參照系的速度 v 發生疊加。基於上述認知，中科院物理所的曹則賢研究員在「什麼是相對論？」的跨年科學演講中，乾乾脆脆宣稱：「光速不是速度；就算把光速理解為速度，它也不是你們認為的那樣的速度。」

曹先生頗有個性的率真直言彈到了我，且使我忽發奇想——那些把「自由」列入「核心價值觀」的人，是不是可以來個效仿，老老實實地說：寫在牆上的「自由」不是自由；就算把它理解為自由，它也不是你們認為的那樣的自由。

為什麼我會有此想法？這是因為，「自由」被精緻納入「社會主義核心價值觀」之後，中國的自由度不僅沒增，反而更是穩居全球墊底族之列。

曾經當過武漢大學校長的劉道玉先生，是一位令人敬重的獨立思想者和大膽踐行者，他深知中國自由度的現狀。不久前，劉老撰寫了一篇很有見地的文章，他在點讚胡德平先生「為自由鳴炮」之後，詳談了教育與自由的關係，強調自由是教育的核心理念。劉老文章中被引用最多的一句話是：「**自由與教育的關係極為密切，我國當今教育上存在的問題，都與我國教育缺失自由密切相關。**」總覽我國各大學的辦學理念，沒有一所學校的校訓中有「自由」二字。

幾天前，我讀到一篇悼念資深文化人沈昌文先生的文章，題目是〈讀書有禁區，國家應檢討〉。作者「白話」先生就引用了劉老的這句話，並在文章的結尾處推理說：這讓我聯想到，世上的道理，相輔相成的不少。既然一個國家的大學校訓裡沒有「自由」二字，那麼，這個國家給讀書設立禁區也就自然而然甚至是「順理成章」的了。

劉老說的是事實，且因果關係明確。由於教育缺失自由，中國大陸 3000 來所大學的校訓中，還真就沒有「自由」二字；我的母校北航和人大的校訓中，都沒有。不僅如此，我願斗膽斷言：中國大陸近 10 萬所中學和近 17 萬所小學的校訓（如果有校訓的話）中，又何嘗有「自由」二字呢？不用說，我的母校慧日小學和常熟市中的校訓中，肯定都沒有。

「白話」先生通過聯想，把劉老「沒有一所學校的校訓中有『自由』二字」作為「因」來進行推理，他得出的「果」用在中國大陸身上，我認為完全站得住腳。但是，若要推而廣之，則需謹慎行事。

因為從邏輯上說，沒有一所學校的校訓中有「自由」二字，只是很可能與該國或該地區教育缺失自由相對應，但不見得一定是這樣。試舉臺灣為例。臺灣有 170 多所大學，其中絕大多數設置了校訓。但總覽臺灣各大學的辦學理念，沒有一所學校的校訓中有「自由」二字。

例如，臺灣大學的校訓是：敦品、勵學、愛國、愛人。這一校訓是台大校長傅斯年於 1949 年提出，於 1950 年正式訂定的。應當說，這一事實與 1987 年前臺灣處於威權專制時代因而教育缺失自由相對應。但是，這一事實並不表明 1987 年成功啟動民主轉型後直至當下的臺灣，教育依舊缺失自由；更不意味著臺灣至今還會自然而然甚至「順理成章」地給讀書設立禁區。不知「白話」先生以為然否？

臺灣各大學的校訓中至今沒有「自由」二字，應有多種原因。我推測的兩種可能原因是：一是滯後效應，人們還沒想要動手修訂校訓以匹配時代變遷；二是大家覺得算了，不必改了，賦予新意就行了。

從邏輯上說，關於校訓與教育缺失自由的關係，我認為還不應排除另一種可能的情形，那就是，即便一個國家某些學校的校訓中有了「自由」二字，但教育依然缺失自由。不妨設想一下，2012 年成型的「社會主義核心價值觀」中有了「自由」之後，倘若中國大陸果有若干所大學奉命修改校訓，將「自由」二字放進去了，難道就意味著要開始告別教育缺失自由了嗎？難道中國的教育就會如劉道玉先生所希冀的那樣，有望打破禁區，確立自由教育的理念」了嗎？難道重慶師範大學文學院的唐雲老師，就不會被以「發表不當言論」為名而撤銷教師資格並做降級處理了嗎？……

未必。真的未必。
僅僅掛在牆上的「自由」，是失魂的，乾枯的，甚至是譏諷的。
自由是個好東西，應當成為國人靈魂的底色，生命的底色。

我想，正是因為這個道理，重慶的唐雲先生在推介唐門美酒的同時，更在呼喚和尋覓自由的靈魂——天然攜帶，雖經洗腦而倖存，或經開悟而賦歸的自由之魂。

　　我想，也正是因為這個道理，唐雲先生由衷地讚譽作家方方是中國當代文學的榮耀。

　　然而，不知是不是因為，時代的好幾粒灰接連落在方方頭上，她居然都生扛了，都沒能把她硬埋或軟埋，故唐雲先生嘆曰：「**方方之後再無方方，信耶？**」

　　或許是我生性比較樂觀，我認為，在當代中國這片土地上，雖然許多人把見賢思齊視為畏途，但還是會有人起而行之的。這些人不只是心中敬佩方方，而且會毅然拿起筆來，像方方在獲獎感言中說的那樣：關注世道，記錄和憐惜裹挾在歷史潮流中無辜的人，關注他們的被迫和無奈，關注他們的痛苦和悲傷（時值庚子歲末的數天前，方方的作品《軟埋》《軟埋（Funérailles molles）》獲頒 2020 年度法國埃米爾・吉美（émile Guimet）亞洲文學獎）。

　　因此，我相信：方方之後還有方方。

2021 年 1 月 29 日 於北京家中
（自由亞洲電臺 1 月 29 日播出）

我的安迪式救贖：激發和見證生命的異彩

我剛出獄不久的 2003 年 5 月下旬，郝建、崔衛平就約我見個面。至今我依然記得，那天大家相聚於北京東城區的一處如茵草坪上，沐浴著初夏的陽光，朋友們席地而坐，暢懷而聊。除了老友郝、崔、鄧雙林外，我還初次見到了蕭瀚、安替等年輕朋友。聊著聊著，安替的女友脫口而出道：「你太像安迪了！」見我一臉茫然的樣子，大家都笑了——明白我不僅沒看過，也沒聽說過《肖申克的救贖》（台譯《刺激 1995》The Shawshank Redemption）這部影片。衛平說，她來買影碟送我。很快，大家又想到我並沒有 VCD 播放機。安替說，他贈送。幾天後，郝建和鄧雙林開車將機子和影碟送到了我家。

震撼了無數人的《肖申克的救贖》，同樣深深震撼了我。與提姆·羅賓斯（Timothy Francis Robbins）飾演的主角安迪相比，我的牢獄之災根本算不上什麼。追求自由的強大意志力，使安迪創造了罕見的奇跡，把不可能變為可能。安迪的救贖，使他的生命綻放了奪目的異彩，不僅抗衡和拒絕了這個世界對他的改變，還盡可能地改變了世界。

美國影片《肖申克的救贖》
（刺激 1995）

作者江棋生遊桂林灕江，
1999 年 3 月攝

　　那麼，我是否像安替女友所說的，有什麼地方像安迪呢？有一條應該是像的，就是坐得起牢的心態和樂意幫助落難的獄友。不過我想，還有一條似乎更應該能算上，那就是，我在地處半步橋 44 號旁門的北京市看守所中，居然實現過一次安迪式救贖。20 年後的今天，我願意將其稱為半步橋的救贖。

　　一個身陷無產階級專政囹圄的人，不是寫他們要你寫的東西，而是寫你自己想寫的東西，並且還想最終讓手稿如願「越獄」——這是一件（幾乎）不可能的事。正因為如此，大牆之內，很少有人會動筆去寫；極少數寫了的，或屢被查抄，或功虧一簣終究沒能帶出去。也正因為如此，從我心意已決的那一刻起，從我開始命筆的第一時間起，我就啟動了自己的救贖之旅。

　　最為常態的救贖，是確保細水長流寫稿無虞。動手寫的時候，馬虎不得，必須規避盯著我的攝像頭。號裡的攝像頭是盯著每個人的，但更是盯著我的。動手寫的時候，還要留意筒道和上方巡邏馬道中的動靜。不定時巡查的員警是盯著每個人的，但更是盯著我的。一旦被所方獲悉我在寫自己的東西，要再進行下去就難上加難了。

　　最為考驗智商的救贖，是安然躲過清監的劫難。看守所時不時會搞突然清監的搜查行動。他們要搜走打火機、香煙、指甲刀等違禁品，更要翻查檢視我的東西。從有人（主要是「勞動號」：因刑期很短而留在看守所服刑幹雜活）通風報信到員警蜂擁而入，有時只差幾分鐘而已。在毫無隱私可言的方寸之地，我得把手稿及時藏匿，巧妙藏匿。在這件事上，我先是急中生智，後是熟能生巧，因而從沒失過手。而且我至今認為，我在看守所號房裡藏匿手稿的地方，當時他們想不到，現在他們依然想不到。

最為檢驗人緣和魅力的救贖，是能做到無人告我的密。看守所的號房裡，有不同民族、不同背景的犯罪嫌疑人進進出出，他們涉嫌經濟犯罪、販毒、販賣人口、故意傷害、搶劫殺人等等。他們中一旦有人出於不可告人的動機告我的密，我還如何寫得下去？他上午告密，我的救贖之旅下午就會被生生掐滅。無人告密，如果不算大幸、也不算奇蹟的話，那就是緣自我的真誠待人，平等待人。

最為決定性的救贖，是必須找到對的人，把手稿帶出高牆。這一步做不到，則前功盡棄。我手稿的每一頁，都蘊含著希望的力量；手稿的每一行，都閃爍著自由的光輝，因此我的手稿，斷斷不能被關鎖在高牆之內而不見天日。我不放棄，不躁進，大膽設想，多方試錯，小心印證，終於如願以償找到了對的人，讓我的救贖之旅圓滿收官。

20 年前，通過關於自己手稿的安迪式救贖，我把一件不可能的事變為現實。20 年前半步橋的救贖，是我生命異彩的激發，也是我生命異彩的見證。渡盡劫波成功「越獄」的手稿，構成了我的《看守所雜記》一書（2005 年 3 月由香港開放雜誌社出版）的主要部分。

當下的我，則在北京西山腳下，盡可能心無旁騖地進行人生中的第二次安迪式救贖；這第二次救贖，或可稱之為西山下的救贖。

經過多年艱辛的努力，我已經完成了多篇物理學論文，並且是質疑公認定論、挑戰頂級權威的物理學論文。然而，作為一個體制外的物理學個體工作者，無論你的論文寫得有多規範，推理有多謙卑和嚴謹，要想讓主流科學期刊發表你的論文，就是一件（幾乎）不可能的事。面對物理學界無形的高牆，我唯有激發自己生命的異彩，再次以安迪式救贖來穿透高牆，變不可能為可能。

在這第二次救贖之旅中，《肖申克的救贖》依然具有難於替代、不可多得的勵志作用。影片中的金句真是直擊人心：「**要讓素昧平生**

的人在意你生命中的美好事物，原本就不容易」；「這個世界穿透一切高牆的東西，它就在內心深處，他們無法達到，也無法觸及，那就是希望。」既然懷抱希望，既然認准了自己在做一件至為重要、責無旁貸的事，那就要像安迪挖地道那樣，多少年如一日，直到挖通為止。

在這第二次救贖之旅中，伽利略挑戰亞里斯多德（Aristotélēs）、哥白尼（Nicolaus Copernicus）挑戰托勒密（Claudius Ptolemaeus）、黎曼（Bernhard Riemann）挑戰歐幾里得（Euclid），愛因斯坦挑戰牛頓，……也對我具有強大的示範和勵志作用。縱觀近代和現代科學史，質疑定論、挑戰權威，從根本上說，最靠譜的首先還是謙卑、嚴謹的推理。還有，我很欣賞物理學大師費曼（Richard Phillips Feynman）的見解：「如果我們無法把一個理論簡化至大學一年級的程度，我們就不算真正理解這個理論。」

我會一直努力下去。因為，有些鳥兒畢竟是關不住的；有些事情畢竟是擋不住的。

2021 年 2 月 26 日元宵節 於北京家中

兩個「談何容易」

作為一名自帶乾糧的物理學人，我想基於自己的切身體悟，來說說兩個「談何容易」——覓得原創顛覆性成果，談何容易；獲得科學共同體的認可，又談何容易。

先說第一個「談何容易」。

　　一個科研工作者要覓得顛覆性成果，其首要必備條件，乃是擁有獨立之精神，自由之思想。顧名思義，顛覆性成果不是指一般的創新性成果，而是特指叫板和推翻既有定論的原創成果。如果一個科研工作者，其人格為精神不獨立的依附型，其脾性為思想不自由的盲從型，那麼，對於顛覆性成果，他是連想都不會去想的，更遑論動心去尋覓了。

　　人們不難確認，在那些將「聽別人話，跟別人走」奉為圭臬的國家，科研中顛覆性成果的出現，如果不是絕無可能，也是極為罕見的小概率事件。在那些國家中，科研專案服從國家規劃；科研人員要在制度化的跟班式套路中，去實現官方制定的尖兵計畫、翎雁計畫、揭榜掛帥計畫……。在那些國家中，絕大部分科研專案，不僅與「顛覆性」毫不沾邊，且避之唯恐不及。

　　在那些國家中的科研體制內外，也存在少數異類。他們信奉獨立之精神，擁抱自由之思想；他們敢於質疑因襲觀念、既成定論和公認權威，與跟風、跟班無緣無涉。顯然，有望覓得顛覆性成果之士，必出自他們一族。

　　不過，敢於質疑只是一個不可或缺的前提條件，離探驪得珠收穫顛覆性成果，還十分遙遠。理由是：

　　其一，在大膽質疑中，能真正碰上或找到導向顛覆性成果的「問題」、「礦苗」，離不開敏銳之直覺和眷顧之命運。一般說來，多數甚至絕大多數貌似有戲的「問題」、「礦苗」，會經審慎的拷問而被篩選出局。君不見，有人終其一生，也可能因慧眼未開或時運不濟，而碰不上、找不到能導向顛覆性成果的好「問題」、真「礦苗」。

　　其二，有幸抓到好問題」、尋得真「礦苗」的人，能否最終把顛

覆性成果收入囊中，還要靠謙卑之推理和堅毅之定力。

推理的要訣是，擯棄心浮氣躁，淡泊寧靜地慎思、篤問，步步有據地演繹、推敲。否則，就會屢屢受阻而難於過關；甚至顛覆性成果事實上已近在咫尺，卻功虧一簣，失之交臂。例如，在《時空對稱性和守恆定律》這部物理學專著中，兩位作者明確提到了自由粒子定態波函數沒有確定的宇稱、該波函數不是宇稱算符的本徵態[1]，然而，他們竟在只差半步之遙的地方停了下來，而沒有基於這一天賜的反例，得出一個勢在必得的重大顛覆性結論——宇稱算符和哈密頓算符並沒有完全的共同本徵函數系，因此和並不是可對易的，所表示的宇稱並不是運動積分，從而石破天驚地宣佈：幾乎盡人皆知的所謂「宇稱守恆定律」，乃是人們理性迷誤的產物，事實上完全不能成立。

一個人經謙卑之推理得到成果雛形後，還要有堅毅之定力去做三件事：沉下心來與另一個自己反覆博弈；設身處地理解別人的冷漠和靜觀；坦然釋懷地應因別人的譏嘲和反對。如此，方能繼續孤膽前行，最終如願以償地修成正果。

我在得到「T 變換下不存在奇變數」的顛覆性結論後，與另一個自我進行了反復博弈。我相信，察覺到「奇變數」有問題的人，不會多；在那些有所察覺的人中，進一步認定「不存在奇變數」的人，就必定更少了。否則，也輪不到我來顛覆了。但我的顛覆，真能站住腳嗎？實話實說，我曾多次對自己說「是否還是算了吧？」。因為我知道，世界物理學大師中，沒人不認可「奇變數」。波茲曼（Ludwig Eduard Boltzmann）、維格納（Eugene Paul Wigner）、普里高津（Ilya Romanovich Prigogine）、霍金、潘洛斯（Sir Roger Penrose）、李政道、楊振寧……，他們無一例外全都認可。在孤影青燈之下，我曾一再叩問自己：「難道你比他們真的更有眼光？」那麼，是什麼支撐我選擇不順從權威而堅持自己獨立見解的呢？就是認準、錨定一條：「我的

推理很嚴謹、很扎實啊。」而伽利略說過：「在科學問題中，一千個權威也抵不上個別人的一次謙卑的推理。」

在頗為折磨人的與自己的博弈中，在可以理解的別人之冷漠和靜觀、甚至是譏嘲和反對中，我搞定了兩項顛覆性成果：

1、時間反演是誤識，計時變換乃真知 [2]。
2、左右對稱未破缺，上帝不是左撇子 [3]。

如果我是對的，則我的第一項成果，將顛覆現有的時間反演物理學大廈；第二項成果，將顛覆現有的空間反演物理學大廈。

再來說第二個「談何容易」。

一旦科研工作者確認了自己覺得的顛覆性成果，他會做的第一件事，就是按科學共同體的規範，在第一時間將其公諸於世。在預印本系統出現之前，這可是一件如假包換的「談何容易」之事。因為你的成果在正規科學期刊上發表之日，才能被科學共同體承認為成果的首創之時。而顛覆性成果獲得正式發表之難，庶幾可與蜀道之難相提並論。

自打有了預印本系統之後，科研工作者在第一時間將自己的成果公諸於世，就成了舉手之勞。你只要把論文放上門檻很低的預印本服務系統，事情就算辦妥了。這是因為，如果你的成果以後獲得了科學共同體的認可，你的論文被放上預印本系統之日，就算是你的成果首創之時。2010 年 9 月，我把自己的多篇物理學論文放上了（中國）國家科技圖書文獻中心的預印本服務系統中。如果我的成果今後獲得科學共同體的認可，則其首創時間就被定格為 2010 年 9 月。

　　隨著科學共同體謝天謝地的長進，科研人員讓自己的論文面世這件事，如今變得不費吹灰之力了。然而，一個人歷盡艱辛和磨難才覓得的顛覆性成果，要讓科學共同體加以背書，則一如既往的「談何容易」。

　　首先，一個科研工作者會把自己的成果試投到小圈子同行中。這一舉措會激起什麼動靜呢？無疑，他會得到一些勵志的鼓氣話；但是，不能奢望會引來明確的肯定和奧援。這是因為，各人都有自己一攤很費心力的活，難於分身去吃透別人的見解。更由於他們猝然面對的，是默默無聞之小人物與頗有名望之權威的對決，故自然而然會慎之又慎。

　　接下去，他會把自己的成果放上預印本系統。如上所述，放上去不難。但是，會有何迴響呢？不妙的是：一般說來，將會是泥牛入海無消息。

　　第三，他一定會按既定方針，做一件必做之事：向正規科學期刊投稿。然而，十次有九次，會被編輯部直接拒稿。十次有一次，他的論文有幸進入「同行評審」環節；只可惜，大概率的結局將是：不予發表。

　　在屢投屢敗之後，他會想方設法在有關網站上發聲和發稿；自費出版自己的專著，等等。而他如此週邊運作的目的，還是要實現初衷，過一夫當關、眾夫難開的獨木橋，讓自己的論文能在正規科學期刊上得以發表。

　　我敢說，握有顛覆性成果的人，幾乎都曾有過徒呼奈何的銘心之痛：欲過那座獨木橋，真是「談何容易」！

　　然而，堅信自己的確握有顛覆性成果的人，是會不屈不撓的。因為，這是他們的人生意義所在。因為，「談何容易」，還不是絕無可能。

　　就我而言，我對自己有自信。我的態度是：咬定青山，永不言棄，直至完成「西山下的救贖」[4]，以慰值得珍視的平生。

2021 年 9 月 28 日 於北京家中

（自由亞洲電臺 9 月 29 日播出）

參考文獻與註釋：

[1] 卓崇培、劉文傑《時空對稱性和守恆定律 [M]》，北京：高等教育出版社，1982：160。

[2] 江棋生〈倒計時與 T 變換 [OL]〉，序號 1526，自然科學－物理學，中國預印本服務系統，國家科技圖書文獻中心網，2010.09.26.。

[3] 江棋生〈弱相互作用中左右依然對稱 [OL]〉，序號 1510，自然科學－物理學，中國預印本服務系統，國家科技圖書文獻中心網，2010.09.08.。

[4] 「西山下的救贖」，出自我的文章〈我的安迪式救贖：激發和見證生命的異彩〉（發表於 2021 年 2 月 26 日）。它的意思是：我要像安迪挖地道那樣，實現讓主流科學期刊發表我論文的願景。

同道相逢三世親

　　今年 10 月 25 日中午，「一枚園地」耕友一硯翁在他的家鄉盛情設宴，為我和章虹接風洗塵。當我和一硯翁相談甚歡的照片被放進「一枚園地耕耘者群」後，耕友「吟詩作賦」即興為之配詩：

初霜落葉好風景，同道相逢三世親。
無暇理會晚秋色，七零八零正青春。

　　上聯中的「同道相逢三世親」，正是我們與一硯翁朝夕相處時的切身感受和真實寫照。三觀一致的同道之親，跨越家族、時間和國界，不是親情勝似親情。在有幸來到世上走一回的短暫人生中，這種同道之親，尤其是活明白了的人之間的同道親情，應屬最值得珍視的一種人間親情。

　　在我們離開一硯翁家鄉三天之後，我再次體悟到了這樣的同道之親……

　　10 月 30 日，我讀到了一枚寫的〈49 歲的最後一天〉。在她感人的真情傾訴中，她動容地表述了與父母兒女之間由基因所錨定的血緣親情，更娓娓道出了與巫寧坤夫人、一硯翁、胡發雲、于無聲、「吟詩作賦」之間以三觀作依憑的同道親情。

一枚說，今年生日前夕，她收到的第一張生日卡，居然是來自她深深敬重的巫夫人。「那一刻，連日來積累的疲憊一掃而空，多少驚喜和感動，充盈在我心底。」

一枚說，因為方方日記、日記接力和一枚園地，「我的世界被大大挖深拓寬，我接觸到了那麼多從前我只是在書上見過的大寫的名字，那些我從前並不知道存在的『先自由起來的人』，還有那麼多那麼多在各行各業、各個年齡段的園地作者們和讀者們。」

一枚說，她這個奔向五零的中浪，要像「不惜餘生力，傾心傾智添柴薪」的「八零後」前浪一硯翁那樣，在沉沉暗夜裡，從容面對；與同頻共振的人繼續同行，再一起，多走一程又一程。

10 月 31 日，是一枚 50 周歲生日紀念日。恰巧是同一天，我們從常熟前往上海，去看望章虹的舅舅和舅媽。在路途中，我邊觀耕耘者群裡一枚與耕友的誠摯互動，邊構思慶賀一枚生日的祝詞，並在徐匯區章虹的表弟家裡定了稿。賀詞全文如下：

賀一枚五十中壽

今天，我在上海交大本部所在地的徐匯區，遙祝大洋彼岸的園丁一枚五十中壽。

在去年春天之前，我對電子柏林圍牆之內的網路空間有嚴重的閫顧。我以為，那是一個很難說真話的鬼地方，不去也罷。

當方方勇毅地站出來，當二湘和一枚兩位奇女力挺方方，當心靈相通的網友留下肺腑之言後，我對那片空間開始刮目相看，並因此也有了比較傾心的投入。

　　我鄙視柏林圍牆，我會行使翻牆的權利。事實上，我也天天翻牆去獲取真實的資訊。然而，在柏林圍牆內，我們也可以有所作為。我們可以智鬥。我們照樣有辦法說真話，吐心聲，交摯友。我們可以在公民精神的燭照下，自豪地書寫沒有假話瞎話的真正的中國史。

　　不僅如此，我們還能和一枚、佩蓉、世鈺、于無聲等國際友人一起，書寫地球上的真正的人類史。

　　我們，是先自尊起來的國人。我們，是先自由起來的國人。我們，是先自豪起來的國人。我們，而不是他們，將構建真正的人類命運共同體。

　　天命之女，生日快樂！
　　精彩之女，笑傲江湖！

2021 年 10 月 31 日 於
上海徐匯區「尚匯豪庭」社區

　　應當說，我的賀詞所浸潤和表達的，就是最值得珍視的同道親情——先自尊起來、先自由起來和先自豪起來的國人之間的同道親情。
　　我與一枚早已相熟。一枚笑納了我的賀詞後，沒有忘記懟我一句：「中壽，虧你想得出來。」而我成竹在胸，答曰：「你活百歲，五十居中。」

　　章虹的舅舅今年 96 周歲，舅媽 94 周歲。他倆身體康健、頭腦清楚。我和章虹、章虹小妹及妹夫去看望二位人瑞，去和章虹表哥、表弟相聚，自然是出於血緣之親，但更是因由三觀一致的同道之親。血緣再近的人，如果三觀不合，相互之間也會懶得見面；即便見面，也是半句為多。而 10 月 31 日及 11 月 1 日上午，我們與上海親人的團聚，是何等歡欣、何其快活啊！

左起：章虹舅媽、舅舅

左起：章虹、章虹小妹、舅媽

左起：江棋生、章虹、小草、耕夫

　　在同道之親的魔力下，11 月 1 號上午 9 點 18 分，一枚建議上海的兩位耕友「小草」和「耕夫」設法與我見個面。二位從未謀面的同道之友，決然放下手頭之活、推掉家中之事，風塵僕僕提著石庫門黃酒，趕在中午 12 點之前就到了章虹表哥家！見面的情形，後來生動鮮活地展現在他倆合寫的文章〈驚喜在不經意間突然降臨〉中。一枚園地特意趕在 11 月 5 日將其加以推送，是為了圓一枚、小草和耕夫的共同心願：把文章作為送給我的特殊生日禮物。

　　而這份與眾不同的生日禮物，又進一步激起了同道之親的精神漣漪。且容我細細道來。

季林生書「應鳴而尊，迫默則辱。」

　　11月7日上午，章虹的小妹給我發來了一幀書法作品，上書八個大字：「應鳴而尊，迫默則辱。」落款是：琴川季林生書（琴川，曾是常熟的舊稱）。我把作品發給一些朋友後，北京的董盛坤先生對我說：「江哥好！能告訴我這八個字的準確意思嗎？」盛坤與我是相知甚深的志同道合之友，他對「八個字」尚有拿不太準的地方，那我就必須把話說得更明白，更清楚。後來，我給盛坤發去了下面一段話：

　　宋朝范仲淹有句名言：「寧鳴而死，不默而生。」

　　我考慮，對范公的「寧死不默」，只有極少數人能做到；於是我把期許調低，希望人們能做到：應鳴而尊，不默而辱。

去年春天，出於對我提出的「迫默」這個新詞的欣賞，一枚情急之下，誤把上述八個字寫成了「應鳴而尊，迫默而辱」。

我覺得，一枚把「迫默」凸顯出來，的確很有意義；但按語法需改一個字，故成：應鳴而尊，迫默則辱。

以半文言描述的這八個字，到底是什麼意思呢？

用初中生都能明白的語言來說，它的意思就是：迫默——不敢說真話而被迫沉默，是一種屈辱的生存狀態。為了提高做人的尊嚴度，減少屈辱感，應該逐步鼓勇氣、挺腰桿，儘量說真話。

老老實實對待別人，老老實實對待自己的盛坤，很快回覆道：「謝謝！我懂了。」

季先生的作品促成了董盛坤的發問，盛坤的發問進而引出了我的釋義。那麼，又是什麼觸動了常熟的季先生呢？

11月12日下午，書法作品的作者季林生攜夫人來到章虹小妹家，與我如約見了面。季林生夫婦曾是章虹小妹的近鄰；季先生是常熟老年大學書法班的資深班員。我忍不住開門見山就問季先生：「你是怎麼想到要寫這八個字的呢？」季先生回答道：「我在一枚園地中讀到過一枚寫的一篇文章，題目就叫〈應鳴而尊，迫默則辱〉。我打心底裡認同這八個字。前幾天，我讀到了〈驚喜在不經意間突然降臨〉，裡面再次提到的這八個字，一下子撥動了我的心弦。於是，我決定命筆，把它們恭敬地寫出來。」

原來如此！又是同道之親的魔力，在潛行，在發威，在吟唱。

我想，季先生寫下這八個字的本意，乃是自我勉勵。然而，由於同道之親，因為靈魂神交，他的這幅作品恐怕會不脛而走，飄向全世界。聽我笑著道破這一點後，季先生亦面露喜色，撫掌而笑了。

「同道相逢三世親」，說不定，還真能成一句至理名言呢。

2021 年 11 月 26 日 於北京家中

（自由亞洲電臺 11 月 29 日播出）

丹桂飄香建湖行

今年 2 月 4 日，於一硯翁先生八十大壽之際，我寫了簡短賀詞如下：

祝親愛的八十硯翁，我今生難得的「四友」──鄉友、校友、觀友、耕友，生日快樂！

鄉友：江蘇同鄉之友。
校友：人大同校之友。
觀友：三觀同一之友。
耕友：枚園同耕之友。

沒曾想，8 個多月後的丹桂飄香時節，回到家鄉常熟探親訪友的我和章虹，就會在一枚的用心催化和一硯翁的傾情誠邀下，趕赴 360 公里外的建湖，與「四友」全家相會相聚了。

蘇北建湖行前夕的 10 月 23 日拍攝於江邊
背景是蘇通大橋，常熟到南通的長江大橋

一

　　2021 年 10 月 25 日上午 10 點
49 分，我們乘坐的高鐵列車正點抵
達建湖車站。提前在出站口等候的，
是八十高齡的一硯翁、他的兒子和
司機小彭。當我和一硯翁雙手緊緊
相握時，「一見如故」這個素樸的
成語，正是對我內心感受極為貼切、
十分傳神的描述。而接下來秋色染
人、秋韻撫懷的三天，則讓首次踏
足裡下河流域的我們，親身體悟了
「賓至如歸」的人間真情與「識而
相逢更相知」的人生佳境。

左起：一硯翁兒子、一硯翁、江棋生、章　虹

　　離開建湖火車站，一硯翁陪送我們入住九龍國際大酒店。稍後，司機小彭將我們帶到很有名氣的雙湖公館。在公館的恆山廳裡，一硯翁盛情地擺下酒宴，他和老伴，他的大女兒、大女婿，他的兒子、兒媳婦，他的小女兒，舉家齊集一堂，為我們接風洗塵。

　　入座開席後，東道主一硯翁向全家介紹說：「棋生老弟和我是『四友』——鄉友、校友、觀友和耕友。『一友』，我歡迎；『四友』，我更歡迎！」一硯翁話音剛落，笑吟吟的家人頓時開懷大笑起來。隨後，一硯翁又道出了歡迎我們到訪的另一個原因。一硯翁說，上個世紀六十年代，已然成家的他在人民大學讀本科，丁子霖老師是他班上的輔導員。在五年的學習生涯中，丁老師細心關照他；在畢業分配時，又出手相助他。在敘說這段珍藏半個多世紀的記憶時，一硯翁的感念之情，溢於言表。緊接著，一硯翁神情肅穆地對全家說：「30多年前，當丁老師遭難時，難得棋生老弟和她站在一起，關心她支持她。而棋生老弟的夫人，又堅定地和棋生站在一起。這就是我歡迎棋生夫婦的第二個原因。」

　　一硯翁發自內心的真誠話語，使在座的每個人都為之動容，也引出了我心弦觸動後的慨然作答。

　　我說，去年因力挺方方日記，我始料未及地在電子柏林圍牆內結識了不少志同道合的朋友，比如一枚，比如一硯翁，比如一硯翁的兒子「一葦渡江」，比如北京的「安然以待」和威海的「風」……這是我的意外之喜，是帶有永恆意義的人生之喜。今天，我又有幸與一硯翁和一葦渡江，以及你們全家實現了美妙的線下相聚，這真是喜上加喜啊！接著，我簡略談了30多年前那場重大歷史事件後，自己的人生軌跡和基本心態。最後，我說了說自己投入了極大心血的物理學研究一事。

再往下，就是一見如故「老朋友」之間互敬互動、情景交融的歡宴了。一硯翁老爺子本不勝酒力，但既逢知己，便放膽而達「三杯少」的微醺之境。而對我和章虹來說，則是建湖淮揚菜的味道之美，明顯超出了我們的預期。在湯湯水水之中，各色菜品的本真之鮮，直令我這個自詡美食家叫好叫饞。

與一硯翁闔家享用淮揚菜

餐後，我將帶去的記述常熟老三屆插隊生涯的《青春足跡》加以題簽，分贈給一硯翁和他的三位兒女。隨之，司機小彭送我們回酒店午休。午休是我多年的習慣，也是今天的必須。下午的日程是滿棚的：要去參觀南宋丞相陸秀夫故居、當代名人喬冠華故居和一家服裝有限公司。

實話實說，建湖先賢陸秀夫之名，我是前幾天才剛剛知曉的。至今依然記得，1966 年的文革風暴中曾流行一種論調，謂「清官實際上

不如貪官」。理由是：清官麻痺民眾，貪官激起民變。而當年的我，是傾向於認同上述論調的。後來慢慢想明白了，民變不論成功與否，皇權專制制度都是不變的。那麼，在同樣的制度下，比起多數貪官治下之百姓，少數清官治下的百姓之日子，總歸要過得好一些。這恐怕正是普天之下的先賢名錄中，絕無貪官廁身於內的原因。

　　建湖的陸秀夫是位難得的清官。不僅如此，他還在西元 1279 年的崖山海戰後，負帝蹈海，以身殉國（君）。2002 年 7 月，流沙河先生曾賦聯讚陸秀夫：

　　宋滅無降帝
　　陸沉有秀夫

流沙河先生賦聯讚陸秀夫

　　步出陸秀夫故居漫步於專設行道時，一硯翁笑問我是否讀了他寫的〈高處的靈魂引領我們看清人生的底蘊〉。我說不但讀了，還加了凸顯果戈里（Nikolai Vasilievich Gogol-Yanovski）高人之處的十個字轉發了微信朋友圈。那十個字是：「淡化小騙子，強化大騙子。」言罷，我倆仰天長笑。

　　建湖的當代名人是喬冠華。經由「冠華路」，可通往列為鹽城市文物保護單位的喬冠華故居。夕陽快西下時，我們來到了故居週邊。一硯翁說，1983 年喬冠華去世後，章含之帶著未進八寶山的喬之骨灰，專程前來建湖，希望能讓其落葬故里。當時的建湖主政者，出於政治考量而怫然拒之。一硯翁笑曰：「那些個當官的，不也是蠢得死嗎？」後來，喬的骨灰最終葬於蘇州的太湖之濱；而此地的喬冠華故居中，除了照片，唯有他穿過的衣服、用過的收錄機耳。

　　喬冠華其人，不必多說了。在他的故居中，我見到了他兒子喬宗淮的照片。我曾在自己的第一本書《看守所雜記》中，不客氣地數落過他。那是因為，在 2000 年的一次聯合國人權委員會會議上，喬宗淮矢口否認中國存在「受迫害」的人。竊以為，此人不像是蠢得死，他是睜眼說瞎話。

喬冠華故居

喬冠華兒子喬宗淮照片

天色漸暗，華燈初上。晚上 6 點左右，我們到了那家服裝有限公司。公司的多個車間裡，一派忙碌景象。一硯翁老伴之表弟負責公司的生產管理，他帶我們進車間參觀，並精要地披露一些關鍵資訊。聞知公司管理層和工人曠日持久超負荷的加班加點，我感觸良深。這種感觸的核心，可用一句話來概括：「剝削，或來自資本，但更來自權力。」（套用馬斯克的話，稍作變動）

晚飯是四人小聚，就在九龍國際大飯店用餐。司機小彭不能喝酒，一硯翁和我們則有紅酒小酌。依舊覺得意外的是，建湖的冷切牛肉和生煎包子，居然比常熟的更好吃。此外，我和章虹還首次品嘗了建湖的藕粉圓子，口感很不錯。

席間，我介紹了兩位古代常熟名人：言子和黃公望；一位近代名人：翁同龢；一位現代名人：王淦昌。前不久，丁東先生在「丁東小群」公號推送了一篇文章，題目是〈雪中送炭王淦昌〉。文章敘說王老冒著政治風險，救助身處困頓之中的許良英先生。王老的人格風範和俠義心腸，令人感佩。而我在 2016 年 6 月發表的〈被迫沉默：自由，還是不自由？〉一文中，也由衷點讚了敢於解剖自己、並勇於自責的王老先生。陪伴我們近一整天的一硯翁，則動情地對我表述了他的一個心願：「願我從今往後，多注重一點頤養，由更年輕的人多承擔一些。」

2021 年 11 月 4 日攝於江蘇省常熟市支塘鎮的王淦昌中學
「李政道 題」四個字已被遮蔽 1/2 弱

　　建湖行的第一天，我們在與常熟相似的大美秋色裡，在沁人心脾的桂花香氣中，甜甜地趨入誘人的夢鄉。

二

　　第二天上午的行程，是觀賞九龍口國家濕地公園。請恕我孤陋寡聞，對「里下河的明珠」——九龍口，我是第一次聽聞，更是第一次身臨。到了那裡，我的第一觀感，是景況、景致大體與常熟沙家濱的蘆葦蕩相似，但更順其自然，更少人工干預。

與一硯翁同遊九龍口

　　遊九龍口，自然得棄岸登船。遊船啟航之後，映入我眼簾的，是一幅鮮活靈動的畫面：殘荷之側，蘆花怒放；船行波至，野鳥驚飛。

　　遊船在頗具傳奇色彩的龍珠島靠岸後，一硯翁先領我們抵近察觀極為罕見的五穀樹，繼而遠眺九河相匯的自然奇觀。冥冥之中，「識乾坤之大，憐草木之青」般的人生感悟，竟從胸中油然而生，不能自已。

　　泛舟於九龍口碧波及漫步於蘆花小徑時，章虹悄悄偷拍了不少照片。那些照片經「一葦渡江」放進「一枚園地耕耘者群」後，立即引發了一硯翁與耕友們的即時熱烈互動。而等到慢熱的我參與其中，已是沙莊「九龍九鮮館」的上菜時分了。我們點了五個建湖特色農家菜：白灼河蝦、炒螺螄、炒藕絲、炒鱔條和九龍老鴨湯。我把清晰的菜照原圖放進群裡，讓大夥著實眼饞了一番。接著，我又「篡改」了京劇《沙家濱》中興化籍作家汪曾祺寫的一句話，把「蘆花放，稻穀香，老鴨成湯」放進群裡，供耕友們哈哈一樂。

園地浴火又重生，暗夜沉沉見光明。
老夫不惜餘生力，傾心傾智添柴薪。
*　　　　　　　　　　　　一硯翁*

建湖特色農家菜

　　飯後，司機小彭提議回城午休，眾皆點頭。

　　下午 4 點左右，再度出發直奔九龍口。此行目的，是去玲瓏三島尋訪蒲柳叢中的三幢曠野別墅；別墅的舍名由一硯翁分別題為：蒲柳人家、蒹葭山莊和荻廬小院。

蒹葭山莊前合影

　　臨水而建的別墅，為林木和翠竹所掩隱；時已薄暮，訪之就更為不易了。走棧道，過曲徑，幽幽深處，果然藏有讀書、垂釣、頤養天年的好場所！別墅主人曾對一硯翁許諾說，一旦別墅能入住，就會請他攜家人前來免費小住。我記得，去年 6 月 21 日，一硯翁在「一枚園地」公眾號中，發布了不可多得、足可入選大學語文課本的美文：〈在那月光如水的夜晚〉。我深信，一硯翁未來的小住，又會使他寫出情思脈脈、意境悠遠的精美散文來。

　　玲瓏三島離冠以「淮劇小鎮」之稱的沙莊，也就 10 來分鐘車程。很快，我們就在「沙莊食堂」的龍騰廳邊喝藕茶，邊等一硯翁的老伴和兒子、兒媳及小女兒過來相聚（一硯翁的大女兒正忙著學開車呢）。

　　一硯翁特意在沙莊食堂安排晚餐，是因為這家餐廳緊挨著「淮劇戲苑」。建湖是淮劇之鄉，淮劇的發源地。一硯翁的老伴就愛聽淮劇，愛哼淮曲。坐在龍騰廳裡，隔著大玻璃，能觀演員的地道表演；打開側窗戶，可聽正宗的淮劇唱腔。於是乎，身處滿室盛情之中的我，杯酒入肚之後，竟在戶外淮音的聲聲促動下，情不自禁地學說起建湖話來了！

　　我想應該這樣說，短短的兩天之中，我和章虹是在內心深處感受到了一種特別的情誼：與一硯翁，與他的老伴，與他的兒子、兒媳和他的女兒們的一家親，一種不是親情勝似親情的一家親。

　　席間，一家人品嘗了建湖大閘蟹，吃光了鮮美的紅燒鰻魚。今晚，一硯

沙莊晚影

翁是難得破回例，陪我喝了高度白酒。而我們，則真誠邀請一硯翁和老伴明年春天到常熟小住。

席間，我給剛住進廈門隔離酒店的崔衛平發了微信：「我和一硯翁正在淮劇小鎮沙莊吃大閘蟹，他向你問好！」衛平回覆道：「問好一硯翁！我父親的老家，是建湖大崔莊。哦，從根子上說，他也是一位建湖人。」散席後，一家人隨之愜意閒遊。夜幕下的沙莊，經燈光配飾和人工造霧後，呈亦真亦幻之態，讓人流連忘返，印象深刻。一硯翁的兒子、女兒對我們說，下次來建湖，可入住這兒的民宿，淡定地過過別有韻味的尋常日子。

最後，一家人在九龍九鮮館前合影留念。

九龍九鮮館前合影留念

三

第三天上午的重頭戲，是雙湖公園自由行。

關於雙湖公園，我在這裡先要說一件巧事、趣事。雙湖公園，堪稱建湖人文和自然景觀的一張亮麗名片；然「雙湖公園」四個隸書大字，卻出自我所相熟的常熟籍書法家言恭達先生之手筆。

雙湖公園留影

位於建湖城南新區內的雙湖公園，是水面面積和綠化面積均達近千畝的綜合性生態公園。用罷自助早餐，矍鑠康健的一硯翁帶領我和章虹從九龍國際大酒店出發，由西湖邊進入公園，先走沿湖棧道，後經林蔭步道，賞波光，觀草木，聞花香，收放吐納，舒心隨意。

穿過狀似玉帶的雙湖大橋後，乃是水面更為開闊的東湖。東湖之長橋，是最佳觀景處。在長橋中央湖心亭旁，一硯翁對我們說，每年農曆八月十五，他們全家就會像許多建湖市民那樣，前來此地觀湖賞月，喜度中秋。

在東湖長橋上，我與一硯翁或邊走邊聊，或安坐石條暢懷而抒。我倆仰望蒼穹，俯視千古；我倆談歷史，議變局，觸哲學，碰宗教；我倆讚人性之光，美公民之魂；我倆譏諷袁世凱，調侃蠢得死，蔑懟

自乾五⋯⋯深秋朗日下,兩位「四友」袒露心扉,談笑風生;快意把晤,同觀共鳴。

東湖長橋留影

　　行走在藍天碧水間,一硯翁以諄厚的口吻數次對我強調說:作為抱薪者,你的存在,就有意義;你的存在,就是意義。面對已然和我守望相助的一硯翁慈兄般的目光,我特明白和理解他飽含體恤、體惜之情的肺腑之言;我所不能確定的,是我能否做到不違他的心願,不負他的期待?

　　今天的雙湖自由行,是丹桂飄香中的雙重自由行——步履自由行和思想自由行之雙重自由行。今天的自由行,以穿越意想之外的一片頗似原生態的黑松林而圓滿收官。

　　中午,一硯翁設家宴為我們餞行。

　　當我和章虹踏進一硯翁的家門時,他家可愛的寵物狗,居然沒鬧沒叫沒咬,整個兒沒把我們當外人!「一家親」的濃情越出人類而迅

疾投射於動物，可算是再添一段佳話了。

家宴的一桌好菜，是由一硯翁老伴和一位阿姨做就的。家宴上喝的酒，是小女兒的準兒媳從浙江帶來的：20 年陳瓷瓶裝古越龍山花雕酒。而家宴的氣氛，則遠比花雕酒更醇、更潤、更醉人。席間，一硯翁動情的勸慰，他老伴可心的祝願，兒女們誠摯的言笑，都是不能忘懷、難於磨滅的生命記憶。我想，今後這「一家人」，定會像世間真正的朋友那樣，心繫彼此，常相走動。

下午 2 點，一硯翁又趕來酒店，在大堂裡和我抓緊聊了一些比較緊迫的大小話題。之後，一硯翁堅持親送我們去建湖火車站。在進站口，我們與一硯翁和小彭依依話別後，遂亮出手機上的行程卡綠色箭頭，入站候車。

10 月 27 日下午 3 點 44 分，高鐵列車正點出發。我們將從裡下河流域的魚米之鄉，返回揚子江南岸的魚米之鄉。我們將把在建湖所沐浴的友情和親情，帶回我們的家鄉常熟，並熱望明年春暖花開時節，就能在虞山之麓、尚湖之濱恭候一硯翁夫婦的光臨。

2021 年 11 月 17 日至 21 日 初稿
2021 年 11 月 22 日至 24 日 定稿
　2021 年 11 月 27 日　　修改稿
（自由亞洲電臺 12 月 7 日播出）

迫默屈辱，迫鳴尤甚

人的生活中，有出於多種原因不得不沉默的情形。如礙於情面或場合，亦或話題、時機不對，人們有話不想說，不便說，不好說，不忍心說等等。上述情形，我不會將其歸入「迫默：被迫沉默」之中。

我用「迫默」這個詞，乃是特指人的一種制度性生存狀況：出於政治恐懼不敢說真話，因而被迫沉默。在 2016 年 6 月 27 日發表的〈被迫沉默：自由，還是不自由？〉一文中 [1]，我專門聚焦「迫默」展開了自己的論述，並表達了「應鳴而尊，不默而辱」的共勉期許。2020年春夏，上述八個字衍變為「應鳴而尊，迫默則辱」[2]。這裡的「鳴」，當然是指敢於說出真話，發出心聲。「迫默」這個詞，百度已知道。

人的生活中，也有出於多種原因藏匿內心想法而說違心話的情形。如為了掩飾情緒、維護面子，為了不致違和而烘托氣氛，為了減輕或免去親人的擔心，人們會無師自通地說些違心話。此外，還有必要錄以備忘：對於奸佞小人、馬屁高手、無良家奴來說，故意和刻意說違心話，乃是他們的本能和長技。類似地，我不會將上述情形歸入「迫鳴：被迫說違心話」之中。

在本文中，我用「迫鳴」這個詞，意在描述人的另一種制度性生存狀況：出於政治恐懼不敢保持沉默，因而被迫說違心話、寫違心文（包括違心地鼓掌、點頭、簽字、舉手、投票等）。這種被迫發聲、被迫表態的制度性生存狀況，我將其稱之為「迫鳴」。「迫鳴」這個詞，百度不知道。

1950 年 9 月，胡適先生的兒子胡思杜寫了文章〈對我父親——胡適的批判〉[3]。胡適讀到上述文章後，傷心感懷、切中肯綮地說：「思杜不僅沒有說話的自由，也沒有不說話的自由 [4]。」胡適所說的話，

上半句點出的，是胡思杜「迫默」的生存狀況；而下半句點出的，則是胡思杜「迫鳴」的生存狀況——在政治高壓下，胡思杜沒有說（真）話的自由，就只能迫默；胡思杜也沒有不說（違心）話的自由，就必須迫鳴。

後排左起：胡祖望、胡適、胡思杜
前排：江冬秀

無疑，迫默是屈辱的。然相比於迫默，迫鳴則更為屈辱。

生而為人，因不敢說真話而迫默，已是夠屈辱的了；但還可憑「惹不起，躲得起」來聊以自解。一個國家，國人莫敢言，已是夠可悲的了；但還可有「道路以目」來展示內心的怨怒與憎恨。

　　然而，生而為人，不僅不敢說真話，還非得違背良心說假話，這種屈辱，已幾乎無以復加。一個國家，國人莫敢默，除了違心地自責、自貶、自誣，違心地「大義滅親」，違心地怒斥恩師摯友，還要違心地唯上、媚權和頌聖，這種可悲，亦幾乎無以復加。

　　迫鳴之大辱，由吳宓先生的痛切陳詞可見一斑。上世紀 50 年代，吳宓先生不願到北京教書，其理由之一是：「宓最怕被命迫隨馮（友蘭）、朱（光潛）、賀（麟）三公，成為『職業改造家』，須不斷發表文章，批判自己之過去，斥罵我平生最敬愛之師友。寧投嘉陵江而死，不願……」[5] 嗚呼，迫鳴之大辱，竟使吳宓先生「寧默而死，不鳴而生」！這裡的「默」，是自主沉默，拒不說違心話。這裡的「鳴」，是被迫發聲，違心而鳴。

吳宓先生　　　　　　　　　徐鑄成先生

　　迫鳴之痛楚，由徐鑄成先生的即時記述可知況味。1957 年 7 月 5 日，處於反右風暴中的徐鑄成先生在日記裡寫道：「幾天來，皮膚下面刻刻在發火，心往下沉，半月來幾乎沒有好好睡過（天天晚上要寫檢查，以備第二天交代，而冥思苦想，常常寫不出一個字。每晚要抽

兩包煙，到深夜，只能自己胡亂上綱，湊寫成篇。到睡在床上，翻覆難眠，每晚必出幾身冷汗，汗衫濕透，入睡至多只有兩小時）。嘴裡發膩，吃不下東西，飯菜到喉頭就卡住了[6]。身為《文匯報》總編輯的徐鑄成萬般無奈迫鳴求生，但要過自己的良知之坎，又談何容易！致使身心備受煎熬，苦不堪言。」

迫鳴之可悲，由韋君宜女士的真誠懺悔可聞其狀。1973 年至 1976 年的三年中，韋君宜在人民文學出版社管業務、當編輯。她所做的，是違心地、屈從地「編出領導所需要的書來」。韋君宜痛定思痛，袒懷寫道：「但是現在我在幹這些，在當編輯，編造這些謊話，誣陷我的同學、朋友和同志，以幫助作者胡說八道作為我的『任務』。我清夜捫心，能不慚愧、不懺悔嗎？」[7]

韋君宜女士

迫鳴之辱，迫鳴之痛，迫鳴之悲，在於心靈被戕害，良知被碾壓，底線被踐踏，以致生而為人之天性，喪失殆盡；生而為人之尊嚴，蕩而無存。

為了守護僅存的尊嚴，國人別無選擇，必須拒絕迫鳴，不說違心話。文革結束之後，曾造成中華大地迫鳴之聲無日不在、處處可聞的黑暗魔法，開始難於大行其道，並逐漸走向式微。國人對迫鳴的拒絕，不妨以季羨林先生為例。2007 年 9 月，季先生說：「要說真話，不講假話。假話全不說，真話不全說。不一定把所有的話都說出來，但說出來的話一定是真話。」[8]假話全不說，就是以良知拒絕迫鳴，絕不違心地把鹿說成馬，留一點骨氣在身上。

可怕的迫鳴，曾令吳宓、徐鑄成和韋君宜倍感屈辱、無可逃遁。

如今，儘管黑暗魔法仍不收手，甚至還要瘋狂幾把；儘管迫鳴還大量存在、遠未絕跡，但是我覺得，能夠像季先生那樣做到拒絕迫鳴、不說違心話的人，還是越來越多了。至少在我的交往範圍和關注視野中，我能明確地體察到：對有良知的普通人而言，不說假話已沒什麼恐懼；儘管他們還不太敢說真話。我以為，這個大趨勢不可逆轉；任誰做再多的倒車夢，這個大趨勢，也不可能逆轉。

季羨林先生　　　　　巴金先生

不過，拒絕迫鳴，還只是享有起碼的尊嚴。為了贏得更多的尊嚴，國人必須驅離迫默，儘量說真話。文革浩劫中倖存的巴金，在經歷了沉痛的反省之後說：「現在，我的座右銘是：盡可能多說真話[9]。」40多年前巴金立下的驅默座右銘，理應成為多數國人的座右銘。也就是說，在權勢面前，國人不應大概率地被迫沉默，而要鼓起勇氣多說真話，如實地把鹿說成鹿。

應當承認，巴金的驅默座右銘，至今尚未成為國人的主流座右銘。驅離迫默還在路上，驅離迫默還很艱難。國人依然必須冷峻拷問自身：如何不斷提升尊嚴度、減少屈辱感？又如何不使後人複哀後人？幸運的是，這個問題已並非無解。其中一個可取的答案是：如果越來越多不願愧對人生、愧對後代的國人，能像艾曉明、郭於華、鄭也夫那樣，驅離迫默、發出心聲，就可令迫默步迫鳴之後塵，走向消亡，從而使「後人複哀後人」之悲劇不復重演。

2022年1月28日 於北京家中

參考資料及註釋：

[1] 江棋生〈被迫沉默：自由，還是不自由？〉，自由亞洲電臺網站，2016 年 6 月。

[2] 江棋生〈同道相逢三世親〉，自由亞洲電臺網站，2021 年 11 月。

[3] 胡思杜〈對我父親——胡適的批判〉，香港：大公報，1950 年 9 月 22 日。

[4] 胡　適《胡適日記全編第八冊》，合肥：安徽教育出版社，2001。

[5] 吳　宓《吳宓書信集》，北京：生活‧讀書‧新知三聯書店，2011。

[6] 徐鑄成《徐鑄成回憶錄》，北京：生活‧讀書‧新知三聯書店，1998。

[7] 韋君宜《思痛錄》，北京：文化藝術出版社，2003。

[8] 2007 年 9 月，溫家寶去醫院看望季羨林先生時，後者在答問時說的一番話。

[9] 巴金《隨想錄》，北京：人民文學出版社，1980。

哪怕村子消亡，也不容劫持婦女

　　自豐縣鐵鍊女被意外曝光直至今天，我從未看過任何電視頻道的直播節目和錄影重播。豐縣鐵鍊女的悲淒形象，讓我下意識地拒絕一切光鮮亮麗，也讓我不由得憶起曾與鐵鍊男們朝夕相處、同鋪共眠的一段人生經歷。

　　23 年前的 1999 年 5 月 19 日下午，當我踏進北京市看守所 313 室後，很快就見到了多位被砸上腳鐐的號友。一根粗大鋥亮的鐵鍊，將他們的腳鐐相連。在嘩嘩鏈聲中，我與他們有了人生中的第一次零距離接觸。我依然清楚記得，當時突遇那麼多拴鏈之人的我，只有好奇、沒有震撼、沒有痛楚、沒有心悸。因為不難明白，這樣的法定戒具被動用，有其正當性和必要性。

　　然而，今夕何年？ 2022 年的今天，在徐州豐縣董集村，在董某人院子裡的小屋中，竟有一位女子被鐵鎖套脖、鐵鍊緊拴！

這樣的一幕，令我大為震驚，把我深深刺痛。這樣的一幕，真的是擊穿了文明和良知的底線。這樣的一幕，足以使人們脖子上的所有項鍊和金牌，全都黯然失色、慘澹無光。

徐州豐縣鐵鍊女（百度文庫截圖）

如此人神共憤的一幕，使瞞、騙、刪、封、訓、關等伎倆歷史性地大為失靈。當然，官媒照例奉命無言，歲月靜好之人照例平庸沉默，但五毛們很少出來攪屎，自乾五們說了人話。而有良知的國人，則怒火中燒、倒逼真相，發聲為人、救贖自己，追責究因、力促觀念與法律的改變和提升。

2月17日，我讀到了盛洪教授的一篇文章——〈盲山式犯罪：喬裝「買賣」的重罪〉。我在轉發微信朋友圈時，加了自己的一句話：盛洪這篇文章，把要害擊中了。隨後我悟到，說「擊中了」，其實並沒說到位。在這場專屬自媒體的持續輿情風暴中，擊中要害的文章很多很多，讀之使我受益匪淺。比如，〈鐵鍊女事件的治標與治本〉就是一篇好文，其作者是「孤舟蓑笠翁」。而盛洪這篇文章，不僅是擊中要害，更是以新的認知把要害給點透了：所謂「拐賣」，實為劫持和轉讓控制。被劫持的婦女，根本不是物品，也不屬劫匪所有，故後者完全沒有「賣」的資格。而用「收買」描述有人付錢從人口販子手中獲得對婦女的控制，將這些人稱為「買主」時，則是進行了一個極大的法律概念上的扭曲和混淆：將這種犯罪行為視為與買賣類似的行為。這是對「買賣」一詞的褻瀆，也是對這種用暴力侵犯婦女權利行為的粉飾。

盛洪的澄清，讓人耳目一新，有醍醐灌頂之效。盛洪的分析，邏輯無懈可擊，論述明白易懂——這就很有希望促成國人觀念之變化。觀念變了，才會有法律和制度的相應改變。觀念提升了，才會有法律和制度的相應提升。

2月23日，官方發佈了第五份調查通報——江蘇省委省政府調查組通報。這份通報權威地載明，豐縣檢察院對董某人涉嫌罪名的定性，居然是「虐待」！豐縣檢察院無視真相，無視相關法律法規，愣把董某人與鐵鍊女（是否指瑩為梅？實錘疑點甚多！）的無效婚姻認定為有效，於是鐵鍊女就成了董家的「家庭成員」。而董某人所幹的壞事，就成了只是虐待而已。豐縣檢察院的渾球定性，立刻遭到人們的強烈質疑和有力抨擊。幾天前，網上流出一位「普通線民」打給豐縣政法委的電話錄音；那位網友對上述定性義正詞嚴、擲地有聲的詰問和批駁，我完全認同。

在豐縣檢察院的荒唐定性之下，飽受侮辱和摧殘的鐵鍊女，就還得待在徐州，待在豐縣，待在董集村，待在董某人的院子裡。難怪林世鈺要在她的詩——《我不是小花梅，我的名字是中國女人》中大聲呼喊：「徐州，拿開你骯髒的手，放我走！」在這裡，我也要斷喝一聲：「徐州，你真的還要一意孤行，用一條無形的鐵鍊，鎖住鐵鍊女卑微但渴求自由的身軀，直到她魂斷董集嗎？！」

現在，讓我們以盛洪的視角，來更好地看清豐縣檢察院上述定性的實質所在。按盛洪教授的見解，鐵鍊女絕不能被看作是由董某人的父親「買」來的，而是被人渣所劫持、經多次轉手淪入董家成為性奴的。在這樣的情形下，哪怕董某人與被劫女在辦理結婚登記時，沒有絲毫的弄虛作假，他們的婚姻也是無效婚姻，被劫女也絕不是董家的「家庭成員」。由是觀之，豐縣檢察院的上述定性，就是將劫持惡果生生洗白！這樣的定性，把法理置於何地？把人權理念置於何地？把

現代文明準則置於何地？

以盛洪的視角，也能更好地看清賈平凹相關說法的實質。

2016年4月，賈平凹在接受北京青年報記者張知依採訪時，就「拐賣婦女」一事，說過這樣一句似乎還能說得出口的話：「如果他不買媳婦，就永遠沒有媳婦，如果這個村子永遠不買媳婦，這個村子就消亡了。」我認為，賈平凹這麼說，並不是為「買媳婦」唱讚歌，而是為「買主」作辯解：「買媳婦」是事出無奈、迫不得已，雖然「從法律角度（看）是不對的」，但不是見不得人，不是絕不能幹。不難發現，支撐這句話的觀念，是「為了傳宗接代，可以不擇手段」。其手段的選項，包括「買媳婦」。作為「買主」，他向人口販子付完錢後，就認為這個婦女歸他所有。他自己、他的家人和村裡其他人，都認為他只是「買了個媳婦」而已。不孝有三，無後為大。「買媳婦」，盡了孝道，救了村莊。

而基於盛洪的見解，我們知道，所謂「拐賣婦女」，其罪惡不是「買賣了婦女」，而是「根本就不是買賣」。在〈盲山式犯罪：喬裝「買賣」的重罪〉一文的最後，盛洪更是一針見血地道明：「拐賣」與「收買」，二者的性質和程度一目了然：甲乙兩人合謀綁架婦女，只不過做了分工，甲去綁架，乙付他錢，這錢不是被拐婦女的價值，而是甲的「辛苦費」；甲綁架了婦女以後，用暴力脅持到乙處，將對該婦女的暴力控制轉交給乙，乙隨後對該婦女進行了「情節特別惡劣的」強姦。這焉能不是令人髮指的嚴重犯罪呢？

這就是說，所謂「買媳婦」，根本不是當了一回「買主」，而是犯下了「合謀綁架婦女」的重罪！於是，賈平凹的辯解，實質上就成了這樣一句面目猙獰、完全說不出口的話：如果他不合謀綁架婦女，就永遠沒有媳婦；如果這個村子永遠不合謀綁架婦女，這個村子就消亡了。

　　6 年前，張知依追問過賈平凹：您的意思是，為了村莊不消亡，買賣是可以被接受的？當時，賈平凹沒有正面回答問題。但他的話外之音很清楚：可以被接受。

　　今天，我也要追問賈平凹：您的意思是，為了村莊不消亡，合謀綁架婦女是可以被接受的？我不相信，他的答案依舊會是：可以被接受。我相信，只要賈平凹和村民們知道並認可盛洪的見解，他們就會得到應有的結論：即便為了傳宗接代，也不能不擇手段。至少，合謀劫持婦女絕不應是選項之一。

　　烏克蘭人正在自己的國土上浴血奮戰，在進行正義的抗擊俄國武裝入侵的衛國戰爭。而中華大地上的我們，則在進行一場正義的捍衛人權的戰爭。我願意坦言，只有在更多更多的國人突破野蠻的慣性，驅離蒙昧的聾障，從而認同「哪怕村子消亡，也不容劫持婦女」的新觀念後，被有形和無形的鐵鍊鎖死的鐵鍊女，才能有望真正獲得自由；我們的神州大地，才能最終迎來盲山式犯罪絕跡的那一天。

2022 年 2 月 28 日 於北京家中
（自由亞洲電臺 2 月 28 日播出）

俄烏戰爭的幾點鏡鑒

　　李世民曾經說過：「夫以銅為鏡，可以正衣冠；以史為鏡，可以知興替；以人為鏡，可以明得失。」現在我要問：以正在進行的俄烏戰爭為鏡，人們可以知道些什麼、明白些什麼呢？這些天來，不勝枚舉的中國網友──「閻小壞兒」、「徐夫人講堂」、「老楊話嘮」、「楓

葉君」……，對此給出了許多很好的見解；而我這篇短文，僅是補白而已。

在我看來，人們從俄烏戰爭中，可以得到如下幾點鏡鑒：

一、地球村裡各個國家選邊站隊所形成的集團政治和陣營對抗，乃是核心價值觀對立的客觀產物。

無論你喜歡看到還是不喜歡看到，陣營對抗就是一個基本事實。承認和正視這一基本事實，並不是所謂「冷戰思維」，而是常識使然：物以類聚，人以群分麼。君不見，微信世界裡，不也天天在上演因三觀不同而悲歡離合、反目成仇的一幕嗎？

由於核心價值觀基本一致，各自陣營中的國家，儘管難免都有自己的小算盤，也肯定會有種種分歧，但一般說來能夠鬥而不破；不到萬不得已，都不會尷尬地穿上「中立」的馬甲，都會儘量「肩並肩站在一起，背靠背緊密合作」，「無論外部環境如何變化，都不會受到影響」。稍顯差別的是，一方是公開結成「民主國家聯盟」；另一方則是自誇「不是盟友，勝似盟友」。

二、俄烏戰爭是兩大陣營的關鍵對決；對決結果事關全人類命運。

這場戰爭由專做「帝國夢」的普丁（Владимир Владимирович Путин）所發動；俄軍悍然入侵決心擁抱普世價值的烏克蘭，圖謀將烏克蘭去國家化，並進而顛覆現行國際秩序，為俄羅斯贏得主導世界的地位和資格。

反侵略的一方，則為保家立國而戰，為粉碎普丁的帝國夢而戰，為捍衛現行國際秩序而戰，為人的尊嚴和人類的普世價值而戰。

開戰之前，普丁對國際社會的規勸和警告不屑一顧、嗤之以鼻；開戰以來，普丁一意孤行、兇殘蠻橫，致使烏克蘭平民生靈塗炭，烏克蘭家園滿目瘡痍。

而烏克蘭人，則向全世界展現了捍衛自由、抗擊侵略的不屈意志和非凡勇氣；被戰火警醒後的歐洲和國際社會，也呈現了多年未見的眾志成城、同仇敵愾。我看到，反侵略陣營已經嚴厲警告普丁，絕不容忍他對烏克蘭動用生化武器。反侵略陣營也已誓言，面對普丁被降維打擊後發出的核訛詐和核威脅，也絕不後退半步，絕不讓其邪惡圖謀能夠得逞。

在這場生死攸關的對決中——

若普丁獲勝，則烏克蘭將被北極熊鐵鍊鎖住脖子，名存實亡；被普丁價值觀褻瀆和踐踏的《聯合國憲章》，將形同廢紙。

若烏克蘭勝出，則將一勞永逸地成為真正的主權國家；現行《聯合國憲章》還能大體管用，但關於安理會特別是常任理事國部分，應當依憲章第十八章之規定，作出重要修正；現行國際政治、經濟秩序，也應更文明化、更自由化、更正義化地加以重塑。而權慾薰心、癡迷於新沙皇頭銜的普丁，他的出路大概率地只有一條：儘管他對促成不少人的大夢初醒和袪除不少人的一廂情願，客觀上起到了高超音速加速師的作用，他也將因玩火而自焚——除了為國際社會所不齒，還將被覺醒後的俄羅斯人所摒棄。

三、俄烏戰爭向世界文明力量發出冷峻的警示：不僅不能讓野蠻勢力左右世界的方向，還要令其加速走向消亡。

俄烏戰爭，是二戰後發生在歐洲的一場迄今為止規模最大的熱戰。

俄烏戰爭這面鏡子，無可辯駁地向全球文明力量發出了最高級別的冷峻警示：從今往後，再不能像東郭先生那樣無視野蠻勢力的本性，再不能輕信野蠻勢力的巧言令色，再不能因圖利而失義，再不能搞張伯倫式之綏靖。尤其是，再不能像多年來的德國那樣，自廢武功，精緻利己，作與熊共舞狀。一句話，從今往後，不僅不能讓野蠻勢力主導和左右世界的方向，還要令其加速走向消亡。

我以為，俄烏戰爭結束之後，全球文明力量的首要使命和重中之重應該是：

致力於去野蠻化、去專制化、去邪惡化，除惡務盡；矢志於文明化、自由化、正義化，上不封頂。

如此，則「公平如大水滾滾，公義如江河滔滔」之願景，庶幾近矣。

2022 年 3 月 27 日 於北京家中
（自由亞洲電臺 3 月 28 日播出）

郎咸平的斷崖式去良知化

4 月 23 日，烏克蘭總統澤倫斯基（Володимир Олександрович Зеленський）在基輔市中心一座地鐵站舉行記者招待會。一位從未譴責過俄羅斯侵略行徑的中國國際電視臺記者，向澤倫斯基發問道：「俄羅斯認為，烏克蘭持續向北約成員國索要武器支援，是火上澆油，是不利於談判的因素。您能否對以上說法進行評論？」澤倫斯基的答覆簡單乾脆：「至於武器供應，我們一點兒也不在乎俄羅斯是怎麼想的。

不過話說回來，從一開始俄羅斯就在給我們提供武器。你不記得他們的部隊落荒而逃把坦克留下來嗎？我們很感謝他們提供的武器。」

我猜測，那位記者原本想拿俄羅斯的說法去噁心一把澤倫斯基。然而，澤倫斯基的直率回應卻使他暗自叫苦、一臉尷尬。

應當說，那位老兄完全是自討沒趣。理由明擺著：俄羅斯的上述說法實在太過無理和荒唐，你怎麼好意思拿過來當炮彈使呢？

俄羅斯的說法是，我在烏克蘭點燃了戰火，烏克蘭的應對只配是：要麼任我宰割，要麼屈膝投降；於是，火不就滅了嗎？如果像宋子文、宋美齡那樣持續向朋友索要武器支援，那就是火上澆油，大逆不道。

俄羅斯的說法所體現的，還不能簡單地說成是強盜邏輯。它是強盜＋流氓＋無賴的混帳邏輯。

不過，我對俄羅斯的說法，並不感到半點吃驚。

兩天之後的 4 月 25 日，我又見到了一種關於援烏武器供貨者的說法：

美國持續不斷給烏克蘭提供武器
國務卿到基輔
再增加 7.2 億美金軍火
而且是不斷升級武器級別
就是不讓俄烏停戰
軍工複合體賺的（得）盆滿缽滿
最可憐的
還是烏克蘭百姓

　　雖然上述說法使我頗感噁心，但如果它是出自張維為、金燦榮、李毅、沈逸、司馬南、胡錫進、趙立堅之口，我不會有半點吃驚。

　　然而，這一說法居然是郎咸平給出的——這著實使我大吃一驚。這是因為，我對《達沃斯後的冷思考》視頻中的郎咸平，一直留有不錯的印象：他可是一位有良知、有勇氣的明白人。

　　將那段視頻中的郎咸平與現在的郎咸平相對比，我想說，如果略去他中間階段的逐步變壞，僅用粗線條勾勒其人生軌跡的話，這位郎先生，可真就玩酷地實現了一次堪稱奇葩的斷崖式去良知化。

　　在《達沃斯後的冷思考》中，郎咸平主要分析了一件事——地球上各個國家工資總額占 GDP 的比例。他運用可靠的資料，作出了如下描述：歐美日本，占比 50–60%；韓國，占比 44%；南美，占比 33%；東南亞，占比 28%；中東，占比 25%；非洲，占比不到 20%；中國，占比僅僅 8%。最後，他大膽「妄議」道：全世界最低的工資占比，你怎麼能拉動消費？！請你告訴我！

　　顯然，能把中國官方諱莫如深、絕口不提的真相公開捅出來，是張金李沈司馬胡趙們絕對做不到的。為此，我也從未把郎咸平與張維為之流歸為一族、視為同類。

　　令人意想不到的是，4 月 25 日晚上 8 點 01 分，這位郎先生亮出反美挺俄的身姿，急遽地與張維為們同流合污——他不但對俄羅斯的侵略罪行不置一詞，反而指責美國包藏禍心：為發戰爭橫財，不顧他人死活。

　　如果郎咸平的說法是對的，那麼第二次世界大戰時，美國通過租借法案源源不斷給蘇聯提供武器彈藥、鐵路設備、軍用卡車等等，就

壓根兒不是支持蘇聯正義的衛國戰爭、阻遏納粹德國的侵略行徑得逞，而是惡意滿滿地不讓俄德停戰；最可憐的，還是蘇聯老百姓。這種可憐，不是源自納粹侵略者的造孽，而是來自美國的禍心。

如果郎咸平的說法是對的，那麼中國抗日戰爭時期，美國通過駝峰航線和滇湎公路持續不斷給中國提供武器彈藥，包括派出飛虎隊直接參戰，就都不是支持中國正義的抗日戰爭、阻遏日本帝國的侵略行徑得逞，而是心懷叵測地不讓中日停戰；最可憐的，還是中國老百姓。這種可憐，不是源自日本鬼子的造孽，而是來自美國的禍心。

試問，人們還能找出比郎咸平的說法更為大謬不然的東西來嗎？

經濟學家郎咸平可能自以為得計，狡黠地用「軍工複合體賺的（得）盆滿缽滿」來點破美國卑劣的禍心。不過，郎先生的這句話，乃是欺蒙和挑唆人的誤導說辭。在曾經的對蘇、對華軍援和這次對烏軍援中，美國的軍工複合體自然不是無償白乾的主；但是，他們所賺的錢，基本上都是美國自家的錢——由美國納稅人提供的錢，而不是二戰時的蘇聯人、中國人，也不是如今保家衛國的烏克蘭人所付的錢。

質言之，郎咸平把美國人見義勇為、傾力相助的大善之舉，愣說成是損人利己的拱火行為和謀財害命的罪惡勾當，從而高速完成了他人格與人品的去良知化，可悲地淪落到或許他自己事後也不想看到的、與張維為們沆瀣一氣的不堪地步。

2022 年 4 月 28 日 於北京家中
（自由亞洲電臺 4 月 28 日播出）

心繫烏克蘭，點讚索羅斯

這三個多月來，儘管鐵鍊女的悲苦形象深深地銘印在自己的心頭；儘管上海封城中響起的《國際歌》聲使我的熱血數度沸騰；儘管我在《科學網》上勤於耕耘新開的博客，並忙於一校、二校、三校自己的專著——《物理學分立對稱性新論》，但我心中最為關注的，還是遠在 9000 公里外的烏克蘭衛國戰爭。

這三個多月來，就時政議題和我一向聊得來的朋友中，除了很少幾位出乎我意料地對俄烏雙方各打五十大板之外，絕大多數都和我一樣，心繫烏克蘭，力挺烏克蘭。上個月 21 號，我的一位常熟朋友在微信中對我說：

「自俄羅斯入侵烏克蘭之戰打響之後，我每天花不少時間在關注著這場戰爭，並始終站在烏克蘭的一邊。因為這是一場正義與邪惡之戰，它的結局一定會影響將來的世界格局和走向。從戰爭的開始，我就堅信無論戰事拖多久，烏克蘭一定會勝利；堅信得道多助，失道寡助。這個『道』就是正義，自古以來邪不壓正。」

現在，悲壯的烏克蘭衛國戰爭，已經打了九十多天，往下怎麼走？

5 月 24 日，91 歲高齡的金融家喬治・索羅斯在瑞士達沃斯經濟論壇（Davos Forum，又稱世界經濟論壇 World Economic Forum，簡稱 WEF）發出了他清晰、堅定的聲音：「自上次達沃斯會議以來，歷史進程發生了巨大的變化。俄羅斯入侵烏克蘭震動了歐洲。這次入侵可能標誌著第三次世界大戰的開始，我們的文明可能無法生存。……而保護我們文明的最好的也許是唯一的方法，就是儘快擊敗普丁。」

索羅斯在達沃斯經濟論壇上演講
（百度文庫截圖）

第二次世界大戰的中後期，全球反法西斯同盟所形成的共識是——儘快擊敗希特勒！八十年後的今天，面對打了九十多天的俄烏戰爭，清醒、睿智的索羅斯呼籲全球開放社會達成類似的共識：動員所有資源，給予烏克蘭所要求的一切支援，儘快擊敗普丁！

事實上，在俄烏戰爭爆發後不久，以英國首相強森（Alexander Boris de Pfeffel Johnson）「普丁必敗」的誓言為標誌，開放社會就已建立了共識：必須擊敗普丁。北約外長會、七國集團外長會和歐盟外長會後的 4 月 7 日，歐美主要國家政要和上述組織發言人又紛紛重申：在俄烏之戰中，他們唯一能接受的結果就是烏克蘭獲勝。而所謂烏克蘭獲勝，就是收回被俄羅斯侵佔的包括克里米亞在內的所有領土；獲得戰爭損害賠償；將犯下戰爭罪的俄羅斯戰犯送上審判台。

現在，索羅斯進一步點出了終結俄烏戰爭的關鍵所在：用「儘快」取代「必須」。這個「儘快」所體現的意願和意志，就是勢不容緩地拯救烏克蘭平民和英雄的生命；勢不容緩地捍衛文明不被野蠻吞噬。對此，我要由衷地加以點讚。

在索羅斯發出上述呼籲之前，英國、波蘭、捷克、立陶宛、拉脫維亞、愛沙尼亞、斯洛維尼亞、羅馬尼亞、芬蘭等國的首腦，他們所說的和做的，與「儘快擊敗普丁」最為接近。英國外交大臣麗茲·特拉斯（Mary Elizabeth "Liz" Truss）說：「我們必須毫不留情地確保烏克蘭通過軍事援助和制裁獲勝。我們現在不能把腳從油門上移開！」

波蘭總統杜達（Andrzej Sebastian Duda）兩度出訪基輔，支援兄弟之邦烏克蘭不遺餘力，哪怕庫存盡耗。

然而，索羅斯清楚，開放社會其他政要的認知，則距離「儘快擊敗普丁」還有一段或大或小的距離……

美國總統拜登（Joseph Robinette Biden Jr.），早在 2 月 24 日俄羅斯入侵烏克蘭的第一天，就已決心要讓普丁落敗而淪為國際舞臺上的賤民。然而，儘管烏克蘭一直以來最為渴求能痛揍侵略者的大殺器，是美國的遠程火箭炮系統；正是缺了這類絕非紙老虎的大殺器，頓巴斯戰場形勢才會變得如此「岌岌可危」；然而拜登總統對提供 M142 高機動性多管火箭系統（簡稱 HIMARS 海馬斯系統）卻仍舉棋不定的猶豫再三，考慮了數周，直到前幾天才下了決心。

在這次達沃斯經濟論壇上，德國總理蕭茲（Olaf Scholz）就俄烏戰爭作出了強硬的最新表態。蕭茲說：「普丁不應在這場戰爭中獲勝，且我確信他也不會得勝。重要的是應該讓普丁明白——不可能有強加的和平。對於強加的和平，烏克蘭自不必說，我們也不會接受。」不過，蕭茲的話裡顯然沒有儘快拿下普丁的意思。迄今為止，德國對烏軍援力度之羸弱，就是與「儘快」相去甚遠的明證。

更不必說，法國總統馬克宏（Emmanuel Jean-Michel Frédéric Macron）的心思，離「儘快擊敗普丁」就更遠了。

至於讓人大跌眼鏡的以色列、匈牙利的政要和政客，不提也罷。由此可知，索羅斯耄老之呼籲，完全是有的放矢，且深中肯綮矣。

最後，我必須提一下 99 歲的季辛吉（Henry Alfred Kissinger）。在 5 月 24 日達沃斯經濟論壇的視訊會議上，這位前美國國務卿不僅絲

毫沒有「儘快擊敗普丁」之意，還反過來敦促美國和西方不要讓俄羅斯在烏克蘭遭遇尷尬的失敗。更有甚者，他竟然要烏克蘭儘快屈膝認慫，割讓領土向侵略者普丁求和。這樣的人，這樣的話，除了徒然令我心生鄙視之外，還連帶將我反駁的念想，都給澆滅了。

2022 年 5 月 30 日 於北京家中
（自由亞洲電臺 5 月 30 日播出）

惡賦紅碼，自取其敗

自蘇聯解體、烏克蘭宣佈獨立之後，烏克蘭的主權國家地位，就由《聯合國憲章》賦予綠碼，且為包括安理會常任理事國在內的全部聯合國成員所背書。

2014 年 3 月，一心效法彼得大帝（Пётр Великий）的俄羅斯總統普丁惡迷心竅，「擅自決定」給烏克蘭賦予黃碼，出兵搶奪克里米亞，並通過一套「法律程序」將其併入俄羅斯聯邦。

2022 年 2 月，嘗到甜頭的普丁更是惡從膽邊生，竟冒天下之大不諱，「擅自決定」給烏克蘭賦予紅碼，隨之大舉入侵，兵鋒直指基輔，要把烏克蘭硬生生地「強制隔離」，使其「不再是一個主權國家」。

這一次，被黃碼 8 年又被打入紅碼的烏克蘭，退無可退、忍無可忍，徹底不幹了；憋了 8 年綏靖悶氣的歐盟不幹了；曾被譏為「腦死」的北約不幹了；141 個聯合國成員國不幹了。

　　這一次，二傻子都不難明白，如果讓普丁的「胡亂作為」再次得逞，那麼，隨之會被念念不忘「收復國土」的普丁惡賦紅碼的主權國家，就將是莫爾多維亞（Республика Мордовия）、喬治亞（Sakartvelo）、立陶宛（Lietuvos Respublika）、愛沙尼亞（Eesti）、拉脫維亞（Latvija）、波蘭（Polska）、芬蘭（Suomi）、瑞典（Sverige）……

　　這一次，國際社會真是鐵了心，不管會付出多少代價，也要力助烏克蘭獲勝，令普大帝完敗。否則，歐洲無寧日，世界無寧日。

　　6 月 23 日，歐盟峰會作出了一個歷史性的決定——批准烏克蘭和莫爾多維亞為歐盟正式候選國，喬治亞為歐盟潛在候選國。而芬蘭和瑞典入盟北約，也已指日可待。完全可以預料，面對被自己逼出來的、具有全方位碾壓俄羅斯實力的正義之師，已然自取其辱的惡賦紅碼者普丁，必將自取其敗。

　　無獨有偶。在中國，也有一幫惡意賦碼者；他們的惡行是，將個體健康碼變為權力政治碼，「擅自決定」把人家好端端的綠碼愣變為黃碼和紅碼，刻意戕害和踐踏國人的人身自由和公民權利。

　　2021 年 10 月 30 日，黑龍江省黑河市當局「為進一步嚴格管控措施」，竟然搞「一刀切」，將所有戶籍居民不由分說一律強賦黃碼。

　　2021 年 11 月，湖南的謝陽律師要去上海探望張展的母親，在他到達長沙機場後，他的綠碼突然變紅，從而被「理所當然」地拒絕登機。

　　2022 年 3 月開始，鄭州部分停工樓盤業主因向有關部門投訴，被人惡賦紅碼。並被告知，只要簽署「不再維權保證書」，紅碼就變綠。

　　2022 年 6 月，鄭州的謝靜女士被惡賦黃碼，以致進不了法庭，不能依法參與拆遷房訴訟。

　　所有上述案例，均未引發洶洶輿情。於是，作奸犯科嘗到甜頭的弄權者們，就惡意滿滿地對 1317 名河南村鎮銀行儲戶——已然維權和潛在維權者——強賦紅碼，給他們瞬間戴上電子鐐銬，使他們寸步難行；其中有些人，還被「依法強制隔離」。

　　這一回，存款被黑、討要無門的被紅碼者不幹了；不寒而慄、細思極恐的吃瓜群眾不幹了；稍有良知、還敢張嘴的少數官媒不幹了；甚至，卯足勁兒力挺普丁的江蘇師範大學馬克思主義副教授蔣中挺也不幹了，這位河南村鎮銀行儲戶被惡賦紅碼者惹得哇哇直叫：人在家中坐，禍從天上來！放縱賦碼行為，讓儲戶的心劃滿傷痕，太委屈！

　　這一回，惡賦紅碼頃刻觸發眾怒；輿情大嘩之後，鄭州官方終於在 6 月 22 日擠出了一份問責通報：馮獻彬等五人被處以黨紀、政務處分；其中，給予「擅自決定」者馮獻彬（鄭州市委政法委常務副書記、市新冠肺炎疫情防控指揮部社會管控指導部部長）撤銷黨內職務、政務撤職處分；給予「擅自決定」者張琳琳（鄭州團市委書記、市新冠肺炎疫情防控指揮部社會管控指導部副部長）黨內嚴重警告、政務降級處分；給予具體執行者陳沖政務記大過處分；給予具體執行者楊耀環、趙勇政務記過處分——這，不妨可看作是惡賦紅碼者的自作自受和自取其敗。

　　然而，這份問責通報更表明，惡賦紅碼者敗得遠遠不夠，敗得遠遠不慘。

　　如果把這份通報放到元宇宙中栩栩如生的開封府尹包拯的案頭，我深信——崇法守正的包拯一定會拍案而起、怒而詰問：「馮獻彬和

張琳琳這二位疫情防控指揮部的中層官員，他們居然不是『奉命行事』，而是吃了豹子膽『擅自決定』？！依本府之見，真正『擅自決定』者，一定另有其人！鄭州州衙丟卒保車，將主犯放過，讓從犯背鍋，豈不是把國法當兒戲？！」

剛正不阿的包拯一定會再詰：「惡賦紅碼乃知法犯法、執法犯法，不僅涉嫌違反《傳染病防治法》、《個人資訊保護法》，更涉及《刑法》中開列的濫用職權罪、非法拘禁罪和危害公共安全罪。因此不論主犯、從犯，均應嚴懲不貸。此等嫌犯，應即刻押入鄭州府衙大牢嚴加看管，聽候審訊。豈能以撤職、降級、記過處分使其脫罪免懲？」

執法嚴峻的包拯還一定會三詰：「王子犯法與庶民同罪，國法面前人人平等。這一條，在 965 年前的開封就已經做到，而 21 世紀的鄭州，竟然還能冒出此等咄咄怪事──百姓造綠，大牢伺候；州官賦紅，自罰三杯？」

回到現實世界，我欣喜地看到，即便是在簡中體的區域網中，敢於發出包拯三詰的國人也如恆河沙數、數不勝數，以致鄭州官方的上述問責通報，立馬被輿情風暴傾覆翻車。我願在此坦言：即便惡賦紅碼者這次能大概率地逃脫罪責，恐怕也不會再有人膽大妄為、重踏雷池。倘若果真有人還敢那麼去幹，則必將會像普大帝那樣，最終敗得僅剩底褲。

2022 年 6 月 24–25 日 於北京家中
（自由亞洲電臺 6 月 26 日播出）

送思之遠行

行者思之，且行且遠；終不能追，只可送矣。

一

我初聞思之大名，是 1991 年他為六四政治犯王軍濤辯護之時。自那之後，思之又為政治犯鮑彤、高瑜辯護。1995 年，魏曉濤請我去小西天喝二鍋頭，吃醬肘子。他興奮地告訴我，他請了思之老為他哥哥魏京生辯護，老爺子還去唐山監獄面見了他哥。酒過三巡後，曉濤兩眼更為放光，動情地對我說：「棋生，老爺子可是中國頭牌大律師，不好請啊。不過，要是你以後出了事，那沒得說，我肯定也會請他為你一辯。」

六四 10 周年前夕的 1999 年 5 月 18 日，我出事了。5 月 19 日下午，我被刑事拘留；隨即被假惺惺地告知有請律師的權利。我當即向預審員索要紙筆，寫就委託書如下：

茲全權委託我妻子章虹女士代為聘請張思之先生、李會更先生為我的辯護律師。

江棋生　1999 年 5 月 19 日

委託書交給預審員後，如石沉大海，了無聲息。不僅如此，北京市公安局還公然違反《刑訴法》第 64 條和 71 條之規定，拒不將我被刑拘（5 月 19 日）、被逮捕（6 月 26 日）的事實通知我妻子，直到 10 月 10 日她見到莫少平律師後，方才得知我早已被刑拘和逮捕！

我事後知曉，10 月上旬章虹與張祖樺、浦志強商定後，為我請了莫少平律師。公安局的執法違法，使我與思之先生失之交臂，讓我無緣在北京市看守所裡和中院法庭上，與老爺子得以一見。2001 年 5 月，

我進了北京市第二監獄，被安排入住第六監區 16 分監區。其時，作客 17 分監區的政治犯查建國，從獄警嘴裡打探到我的監舍，就在下樓放風時來到我的窗前。他告訴我，他的辯護律師，正是思之老爺子。

我初見思之本人，是在 2003 年夏天。那年 5 月 17 日，我坐滿四年監獄後準時「畢業」。5 月下旬，我與崔衛平、郝建、蕭瀚、安替等朋友相聚後不久，崔衛平就約我去見老爺子。衛平在電話裡對我說：「老爺子歡迎你去，要請你好好喝兩盅呢。」

見面地點是老爺子家附近的一家小餐館。對老爺子，我是百聞之後，又加一見——老爺子的真性情，老爺子的同道親，的確是地地道道，如假包換。

三人落座、斟上高度白酒後，老爺子舉杯說：「棋生，你受苦了！祝賀你恢復自由！」言罷，一飲而盡。他再斟舉杯，說：「你是大力推介哈威爾的衛平教授，不，衛平女教授領來的客人，我當然非常歡迎啊！」言罷，哈哈大笑，再飲而盡。

酒逢同道，十杯仍少。那天雖是初見，但老爺子說得開心，聊得痛快。而我，也把自己的囹圄歲月敘說了一番。那天，老爺子給我留下至深印象的話語有兩條。一條是，他對精彩人生的追求與首肯。他說，人生短暫，活著，就要活得精彩。否則，活著就沒味，沒勁，沒啥意思。接著他誇我道：「棋生，你在法庭上的自我辯護，就很精彩；你在法庭上的怒吼——『以言治罪，可以休矣！』和『埋葬文字獄！』，就很精彩。」已然微醺臉紅的我，聽著居然未顯尷尬，許是直把老爺子的點讚當成激勵了。

另一條是，老爺子不僅敢為天下先，挺身而出為政治犯作無罪辯護，他也敢不客氣地直擊某些政治犯的軟肋，對欠缺風骨和擔當的行

為罵之，責之。我至今清楚記得，當他提到一位名氣很大的政治犯在
法庭上淚流不止時，他的鄙夷和不屑之情，溢於言表。

初見之後，我就與我的人大校友、1957 年被當局賦予右派身份紅
碼的資深政治犯——頭腦清醒、靈魂有趣、激情充盈的思之老爺子，
成了忘年之交。

二

2008 年 12 月 9 日，《零八憲章》橫空出世。從這份由首批 303 名
中國公民連署的歷史文獻中，我想特別摘引如下一段論述：

1998 年中國政府簽署了兩個重要的國際人權公約，全國人大於
2004 年通過修憲把「尊重和保障人權」寫進憲法，今年又承諾制訂和
推行《國家人權行動計畫》。但是，這些政治進步迄今為止大多停留
在紙面上；有法律而無法治，有憲法而無憲政，仍然是有目共睹的政
治現實。

我認為，「有法律而無法治，有
憲法而無憲政」，說得到位，說得精
準！

思之老爺子簽署《零八憲章》

在首批連署人中，思之老爺子的
名字，緊隨于浩成先生之後，排在第
二。毋庸置疑，老爺子對我的上述引
文，一定是完全認同的。否則的話，
以他坦懷率直的脾性，是絕不會不提
異議、默然忍之的。

《零八憲章》斷言：有法律而無法治，
有憲法而無憲政

思之老爺子簽署《零八憲章》

如今，零八憲章面世已近 14 周年。「有法律而無法治，有憲法而無憲政」之論斷，過時了嗎？不靈了嗎？失效了嗎？不，證諸有目共睹的政治現實，這一論斷分明更對頭了。

那麼，身處前法治時代的人們，就只能徒然興嘆、無奈乾等嗎？不，至少老爺子不認為，不認同，不認命。

前法治時代，不能使老爺子泯滅崇尚和憧憬法治之心，不能使老爺子斷了追求法治之念，也未能使老爺子苟且時日，躺平了事。

老爺子贈書之一：　　　　　　　老爺子贈書之二：
《我的辯詞與夢想》　　　　　　《我們律師》

　　打開老爺子的《我的辯詞與夢想》，翻開老爺子的《我們律師》，思之所輸掉的那些政治官司和泛政治官司，椿椿件件，既是對中國「有法律而無法治，有憲法而無憲政」的判決性裁定，更是思之執念甚篤、「掙扎奮進」，與人治不配合、與黨治不合作的歷史見證。在全過程黨治所造成的司法荒漠中，信奉自然正義的老爺子，似一汪清泉，作一叢綠源，篳路藍縷，以啟山林，成中國律界之標竿，中國律師之良心。

　　「言其所應言，辯其所當辯，止其所不得不止」。對此，老爺子踐行了，老爺子盡力了。

三

　　老爺子知道我從 1992 年深秋開始，就在鑽研物理學課題；也知道我 2001 年春天在北京公安醫院地下室中，出現了可喜的頓悟；還知道我出獄兩個多月後，就寫成了物理學論文——《透視 T 變換》。心細的老爺子，一直惦記著我的科研事，並直覺地認為，那將構成我生命

中的精彩一頁——沒準還真是絢爛奪目的精彩一頁哩。

2004 年春天，老爺子給我寄來了兩份長篇物理學論文，作者是他的鄭州老鄉徐建設。老爺子在信中說，望我能與徐建設相互切磋、砥礪前行。惜乎我倆的研究內容互不涵蓋，因而後來的情形，未能如老爺子所願。

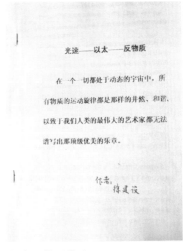

徐建設物理學論文之一：　　　　　徐建設物理學論文之二：
宇宙的 1／2　　　　　　　　　　光速－乙太－反物質

2004 年 8 月，老爺子又給我寄來李政道的《宇稱不守恆發現之爭解謎》。老爺子在頁眉上寫道：

棋生：李文，你可能有興趣，送請參閱。

　　　　　　　　　　　　　　　　思之　2004.8.6

李政道：
宇稱不守恆發現之爭論解謎

我寫給阿·熱（徐一鴻）教授的
一封信

　　是的，我的確頗有興趣。事實上，早在 1997 年 9 月，我就已經有了否定「宇稱不守恆」的看法，並給《可怕的對稱》一書作者、美國加州大學的阿·熱（徐一鴻）教授寫了一封信（後因故未寄出）。我在信中明言：由於對鈷核旋轉方向的判定法則，在鏡像世界與現實世界中是不同的，因此弱相互作用中左右依然對稱，即並不存在所謂「宇稱不守恆」。2005 年夏秋，我更是寫成了〈弱相互作用中左右依然對稱〉和〈質疑量子力學中的宇稱守恆定律〉等論文。

　　2013 年 7 月 9 日，老爺子與我在莫少平律師事務所見面時，我對他說：「如果我的見解是對的，則李政道和楊振寧均耿耿於懷的『有關宇稱不守恆的思想突破是誰首先提出來的』，就將全然失重，變得輕如鴻毛。這是因為，基於我的論證，弱相互作用中，左右對稱活得好好的，根本沒『宇稱不守恆』什麼事。」我的話，老爺子當然聽明

白了，但他無從表態。兩造對壘，各執一詞；他是外行，縱然私心向我，也絕不會妄言對錯。

　　老爺子的人生宗旨，就是矢志求真。好在我與他，人同此心。

　　2022 年 5 月 28 日，老爺子最後一次入院接受救治。而我的專著——《物理學分立對稱性新論》，在他入院前兩天正式出版。這本專著，固然是我 30 年心血的結晶；但這本專著，也分明承載了老爺子對我的關愛與期盼。

我的專著──《物理學分立對稱性新論》封面與封底

　　2022 年 6 月 24 日，行者思之，遠行無歸。6 月 28 日，我未能去八寶山送他最後一程。

　　現在的我──
　　謹以心香一瓣，遙送老爺子；
　　用自己的專著，告慰老爺子。

2022 年 7 月 1 日 於北京家中
（自由亞洲電臺 7 月 1 日播出）

三議蝴蝶效應

2017 年 9 月，我寫了〈說說蝴蝶效應〉。2018 年 10 月，我又寫了〈蝴蝶效應的本質特徵〉。這一次，是〈裴洛西訪台引發蝴蝶效應〉一文，觸發我動筆寫作〈三議蝴蝶效應〉。

在諸多物理學效應之中，霍爾效應（Hall Effect）、霍金效應（Hawking Effect）和卡西米爾效應（Casimir Effect）等，普羅大眾很可能對其聞所未聞。但蝴蝶效應（Butterfly Effect）、都卜勒效應（Doppler Effect）和光電效應（Photoelectric Effect），則是知名度頗高的三大物理學效應。不過，令人遺憾的是，在這三大效應中，略具詩情畫意的蝴蝶效應，常常被想當然地外推到其它領域之中，並一再被人誤識和誤用。

蝴蝶效應說的是怎麼一回事呢？該效應是指：就混沌系統——對初始值高度敏感的非線性系統——而言，初始條件極為細微的變動，能導致系統行為出現無法預估的巨大變化。美國氣象學家愛德華·羅倫茲（Edward Norton Lorenz）對上述效應的形象化表述是：一隻南美洲亞馬遜河流域熱帶雨林中的蝴蝶，偶爾搧動幾下翅膀，可以在兩周後引起美國德克薩斯州的一場龍捲風。

對蝴蝶效應，我有自己的一些延伸性理解：在電腦類比過程中，人們或許有望能找到某一初始條件的細微變動，正是事後引發系統出現無法預估的巨大變化的原因。但在現實世界中，引發蝴蝶效應的系

美國氣象學家愛德華·羅倫茲
混沌理論之父，蝴蝶效應提出者

統初始條件細微變動之具象，人們既事先不能預判，事後也無法確認。例如，南美洲熱帶雨林中無數蝴蝶中的某隻蝴蝶，牠在兩周前到底搧動翅膀沒有？又到底搧了幾下？對此，人們事先完全不能預判，事後亦根本無法確認。

由此易知，裴洛西（Nancy Patricia Pelosi）訪台與蝴蝶效應乃是八竿子打不著的事。

裴洛西訪台，牽動了億萬人的神經——既牽動了希望她嚇尿了不敢去者的神經，也牽動了要「伴飛」或「擊落」其座機者的神經；當然亦牽動了盼望她能如願以償者的神經。美國第三號政治人物裴洛西訪台，是舉世矚目的重要事件，絕非事先不可預判、事後無法確認的細微小事一樁。這一條，就與蝴蝶效應完全對不上號。

裴洛西訪台，將促發其它國家議員團或官方代表團的隨之訪台——這一彰顯因果關係的後續效應，絕不是人們事先根本無法預估的。事實上，裴洛西自己就說過：「就我們這次訪問而言，如果它能鼓勵其他人也來訪，我當然是希望如此。」因此，裴洛西訪台之後續效應這一條，也與蝴蝶效應完全對不上號。

緊隨裴洛西之後，立陶宛官方代表團也造訪了台灣。8 月 14 日，美國參議院外交委員會委員、麻塞諸塞州民主黨參議員艾德·馬基（Ed Markey）率領的兩黨國會代表團抵達臺灣訪問。而德國議員團將於今年 10 月訪台。印度多位議員也已宣稱，要搶在英國前面赴台訪問。據英國《衛報》報導，英國議會下議院外交事務委員會計畫於今年晚些時候訪問臺灣，時間可能定在今年 11 月或 12 月……

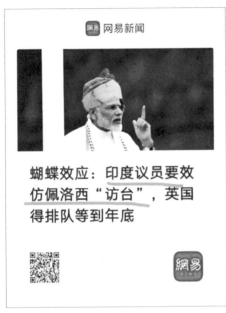

網易新聞

蝴蝶效应：印度议员要效
仿佩洛西"访台"，英国
得排队等到年底

對蝴蝶效應誤識與誤用之一例

裴洛西訪台引發其它國家議員團的跟風，其實可用一句話來加以描述：裴洛西蹚了路，別人眾起效仿——如此簡單，如此淺顯，與蝴蝶效應乃風馬牛不相及也。

臺灣彰化師範大學公共事務與公民教育學系副教授李其澤，曾在德國柏林洪堡大學獲政治學博士學位，其研究領域涵蓋國際關係、國際政治專題研究、國際政治與現勢、全球治理等。這位不懂蝴蝶效應的李博士，在接受中評社採訪時，把裴洛西訪台事件說成是蝴蝶效應之體現——這是對蝴蝶效應誤識與誤用的一個最新例證。李副教授的說法曝光之後，只見有人首肯而未見有人指謬；可知世人對蝴蝶效應的糊塗認識，已經到了相當不堪的地步。

無巧不成書。在這篇小文成稿之時，我又看到一位朋友痛批司馬南的如下橋段：「抹黑聯想，妖魔化民營企業，引發中小企業躺平的蝴蝶效應，加大年輕人的就業壓力。」這位還算懂點物理學的朋友，顯然也沒弄明白什麼是蝴蝶效應。無疑，司馬南對聯想的發難，不管是對是錯，都像他 2012 年春節在美國機場被扶梯和豎牆夾住頭一樣，絕不是一件極其細微、不可確認的蠅頭蝶翅小事。因此，司馬夾頭的發難所引發的效應，不管是真是假、是大是小，自然都與蝴蝶效應根本扯不上邊。

基於我對蝴蝶效應的認知，我願坦率地向世人提出一個建議：在物理學領域之外，請慎用「蝴蝶效應」這個美麗的詞彙。

事不過三。關於蝴蝶效應，這是我寫的第三篇文章，也是最後一篇文章。

2022 年 8 月 15 日 於北京家中
（自由亞洲電臺 8 月 15 日播出）

附錄一

章虹致全國人大常委會的一封信

人大常委會：

我是中國的一位持不同政見者江棋生的妻子，我叫章虹。

今天，中國為了爭取 2008 年的奧運會申辦權，大搞退耕還草還林，拆房建路拓路。確實，你們作出了努力。但是，中國的人權狀況仍在滑坡、惡化。如我丈夫江棋生先生，於 1999 年 5 月 18 日被北京市公安局關押逮捕，好長一段時間裡我都沒有一點兒他的消息，也不知道他到底犯了什麼罪？被關押在哪裡？1999 年 10 月 9 日從莫少平律師那兒才看到他的逮捕證影本。他們非法剝奪了我的知情權。1999 年 11 月 1 日開庭審理，直到 2000 年 12 月 27 日才以煽動顛覆國家政權罪判他有期徒刑 4 年，剝奪政治權利 1 年。根據中國現行法律，從開庭審理到宣佈判決最長不得超過 2 個半月，而對他，卻超過了一年多。這

種曠日持久的關押和審判，嚴重違反了中國現行刑事訴訟法的規定。

我丈夫是一個溫和、理性的知識分子。他所說的、所寫的，按《世界人權宣言》和我國已簽署的兩個國際人權公約及我國現行法律條款來看，不過是行使了一個公民應享有的言論自由權，完全在我國法律允許的範圍內。而北京市第一中級法院卻不顧一切地硬給他按上一個莫須有的罪名。這完全是以言治罪，是搞「文字獄」的人權迫害。

我知道，世界上許多國家都以爭取主辦奧運會為榮，中國當然也是如此。我是一個中國人，我也希望奧林匹克的聖火能在中國點燃。目前，中國政府應從改善人權狀況著手，釋放所有因思想、言論而被抓被判的良心犯。只有這樣才能與其它國家抗衡，才能有利於爭取2008年的奧運會主辦權。

最後懇請人大常委會，望你們在改造中國環境、交通等方面的同時，還得改善中國的人權狀況。國家人權狀況的惡化、倒退，會引起國內矛盾的激化，會危及社會的穩定。你們說是嗎？
致
禮！

章虹
2000年2月8日

章虹註：

這封信發出後，北京市公安局海澱分局國保支隊的員警找到我，嚴厲地質問我，給我施加壓力。當時，我們間有如下對話：

國保：「全國都在為申奧獻計獻策，你為什麼唱反調？」
章虹：「我沒有唱反調，我是中國人，也希望申奧成功。我只是希望，中國在申奧的同時，改善中國的人權狀況。」
國保：「你寫這封信，實質就是反對中國申奧！你在玩文字遊戲。」

章虹：「不是！你們太抬舉我了，我不是語言大師，也不會玩文字遊戲！」
國保：「如果這次申奧失敗，你就是中國的罪人！」
章虹：「我有這麼大能耐？就這區區一封信，讓中國申奧失敗？！」

附錄二
應鳴而尊，迫默則辱——江棋生老師印象

梅玫

認識江棋生老師，是我在 2020 年最大的收穫之一。

一

還記得那是美國西部時間的 2020 年 4 月 2 日。方方老師的 60 天封城日記剛剛結束，而日記接力剛剛開始。

那天下午 3 點多，我的朋友景山給我轉了江棋生老師寫的方方日記讀後感〈我也來寫一篇留言〉。他是貼在了他的推特上，並特意註明，請熱心人士將這篇文章設法轉給二湘和方方。

景山在推特上關注的胡平老師是江棋生老師的朋友，胡平轉發了江老師的這個推文，正好被景山看到，便立即轉給了我。我看了，覺得特別好，想發。就請景山幫我試試看能不能連上江老師。景山立即給胡平發了私信，把我的微信號給了他，請他轉給江棋生老師加我。

江棋生老師那天是在我晚上 7 點多加我微信的。可能當時我正在忙，事隔一個小時看到後，立即接受了他的朋友邀請。

那時日記接力剛剛開始沒幾天，我幾乎是晝夜不停地在看稿、編

稿、發稿、放留言，每天都還不知道第二天會發什麼稿件——很多稿件都是在發稿前幾個小時才收到，最後才會決定發哪一篇。（其實整個接力期間的兩個月差不多都是如此，有時挑好了稿子，也可能最後一刻因為突發事件或者臨時收到新的稿件而改變。）

當夜，我編好了江棋生老師的這篇，連同少年禹方的那一篇〈清明節，13 歲的我想給天上的白衣天使唱首歌〉一起發給了二湘預覽。第二天清晨，二湘與我經過一番討論後，發了。

發出的時候，正是北京時間 4 月 4 日清明節的凌晨。江棋生老師的這篇就是方方日記接力之 11：〈方方說的真話，他們不愛聽〉。

這篇接力文，存活了大約 90 個小時後被騰訊刪除了。但是至少已有十幾萬讀者讀到了，而且已被不少網友保存和轉發。

江棋生老師提供給我的題圖照片是這張：

而他給我提供的作者簡介是：

江棋生：一個方方的同輩人。一個多年顧不上讀文學作品，但卻每天不能不讀方方日記的人，一個只想說真話的人。

二

剛通過微信認識江棋生老師的時候，我的腦子裡總會不由自主地掠過一本書裡的一個人：《如焉》裡的衛老師。

作者江棋生老師題圖照

　　《如焉》是我非常喜歡的武漢作家胡發雲的一部小說，記錄的十七年前，SARS 爆發時一座城市裡發生的故事。我一開始在網上找到，讀過後太喜歡了，後來回國的時候特意買了一本帶回了美國。再後來，聽說就買不到這本書了。

　　2020 年初武漢疫情剛出現時，我還特地把這本書又翻出來，一邊重溫，一邊不由得感嘆：歷史，是如何驚人地相似。

　　書中的衛老師又名「斯衛」，是主人公之一的達摩少年時期結識的知識分子。在革命時期，衛老師作為知識分子積極參與革命，但在歷次運動中飽受衝擊，卻始終保持操守。

　　江棋生老師出生在 1948 年，年齡比衛老師小了一大截，當然也不可能有衛老師那樣在歷次運動中被批鬥的經歷——後來受到衝擊，始終保持操守的部分倒是相似的。

　　當時我想起衛老師，還可能是因為跟江老師說話時的那種不一樣的感覺。與女主人公茹嫣第一次見到衛老師時的不一樣的感覺，頗有相似。

　　小說中，是這樣描述茹嫣與達摩等人一起，第一次見到衛老師時的情景：

　　「對於茹嫣四十多年的人生經驗來說，這些人，這些話，都是新鮮的。但是她卻有一種似曾相識的感覺。想一想，便連接到遙遠的俄羅斯，連接到普希金、赫爾岑、屠格涅夫、車爾尼雪夫斯基……以及他們筆下的一些人物。在空氣中能夠嗅到一種鋒銳的、熱情的……的氣息，你總能感覺到他們身體內有某種力量在漫溢出來。他們許多看似平平常常的話，也能夠讀出裡面的多種意義，讓人總是充滿一種緊

張感。不論是對思想，還是對智力，都是一種挑戰和刺激。」

如果我沒有記錯，茹媽在書中描述她與衛老師談話時候的感受，曾經用過「如沐春風」這四個字。

那種感覺其實很難描述，就是似乎每一句對話，都是與平日裡的對話那麼地不同。從江老師第一句跟我打招呼申請加我微信朋友的那一句開始就不同。

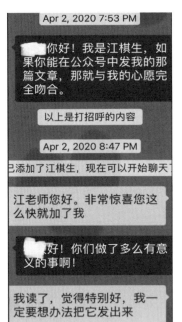

江老師與我初次打招呼之微信截圖

一般大家加別人微信的時候，只是會簡單地說一下「我是xxx」，最多再加幾個字，是誰的朋友，或者如我要求所有跟我投稿的讀者都需寫上「投稿」兩個字——但是江棋生老師寫的是長長的一句話，而且難得的是，他居然還把我名字，一個字都不錯地寫對了，讓我頓生好感。要知道我有多少老朋友，在認識我多年後，還動不動就會把我名字寫錯呢。

後來，我在江棋生老師的《活得更像一個人》一書中，看到他的一篇〈追憶恩師黃順基先生〉。在文中，他這樣描述自己在人民大學的博士生導師黃順基教授：

「博士生導師黃先生的認知，似一襲心靈的春風，使我倍感欣快

和氣爽，也讓我思緒良多，感慨不已……」

回憶他與黃先生初次見面時，江老師寫道：

「在和我初次見面時，先生像朋友一樣，用質樸、親和的話語，給我的心田送上一片融融暖意。」

「似一襲心靈的春風，使我倍感欣快和氣爽」，「用質樸、親和的話語，給我的心田送上一片融融暖意。」這不正是我在最初跟江棋生老師打交道時候的感受麼？我自己想不出合適的言詞來表述，沒有想到，居然在江老師自己的書中，被這樣清晰貼切地表達出來了！

三

從接過日記接力的第 11 棒開始，江棋生老師就基本每天都會給接力文寫留言。

他的每一篇留言，幾乎都是一篇絕佳的好文章（雖然迫於留言字數限制，只能在 600 字以內），經常驚豔到我，讓我忍不住要置頂。

後來，江棋生老師又接過了日記接力的第 30 棒：〈還能有誰，比邱毅你更像蔡莉？〉。這一篇，兩天後就達 35 萬的點擊率，創下了所有接力文裡的最高。

很快，讀者們就通過他的留言熟悉了他。偶爾，他有那麼一兩天沒有寫留言，就會有讀者在後臺留言問，江棋生老師還好麼？

日記接力期間，被讀者們如此惦念的留言者頗有一些，江棋生老師，應該是其中最常被提及的一位。

直到大半年後的 11 月初，在江老師的這篇〈人的一生中，有些日子是終身難忘的〉文下，讀者其桑這樣留言道：

「因日記接力才知道江先生，每讀江先生的文章，遂感心氣舒怡。由文識人，作為晚輩，由衷地把江先生視為抱薪者、啟蒙人……通常稱呼為老師。

因為喜歡，我把江先生的接力留言編輯成冊。但苦於不能找到江先生更多的文字來拜讀。

我想，其實很多人都會困惑和困頓，一旦接觸到那些閃爍著人性光輝的文字和書籍，往往就啟迪了他們的心智。」

我知道有熱心的讀者把 60 篇接力文都編輯成冊了。但是，某一位接力者的所有留言被讀者彙集成冊的，到目前為止，我知道的只有江老師一人。

那天，我跟這位讀者要來了他編輯成冊的江老師留言集，我再補充上了少數幾篇因為文章被消失而消失的留言，珍藏。

四

沒過多久，我就把曾經盤繞在我頭腦裡的那個衛老師的形象給忘到腦後了。因為眼前這個活生生真實的江棋生老師，比書中虛構出來的那個衛老師，要生動具體多了，也感覺親近多了。

認識他不久後，有一次微信裡聊起來，他提起在他第三次繫獄時，患了白內障，讀書很少，老和獄警下棋來著。

我想起他的名字，好奇地問：「是生下來就知道以後會下棋的麼？」
他說：「我哥叫『琴生』麼。」
我頓時恍然大悟。我曾在維基百科上查過他的名字，知道他家一

共兄妹 6 人，他排行第二。

以琴棋書畫來給孩子們命名，多麼美好！（後來江老師告訴我，三弟本來應該叫「書生」，不好聽，父親改名為「麟生」，麒麟的麟；四弟叫「華生」，就是「畫生」。）

江棋生老師的棋下得很好，但是在我與他一天天開始有了更多的交流，並開始讀他的一本本書，他的一篇篇文章，對他的經歷和思想有了更多的瞭解之後，我發現，他其實不僅僅是「棋生」，更應該叫「奇生」。

他的《知青生涯九年半》我是四月中讀到的。幾乎是一夜未眠，一口氣讀完。當時讓我目瞪口呆的，不僅僅是他在那些年的知青生涯裡發生的一幕幕，更加是，在事隔五十多年以後，一個人，怎麼還有這樣的可能性，可以把當年發生的一切，從每一個事件到每一個人名，都記得如此清晰？

以前我的朋友們都誇我記憶力好，可以把從前的事情記得清清楚楚。然而這些年裡，記憶力急遽衰退，除非是落到文字上，否則昨天自己做了哪些事，可能今天都想不起來了。但是江老師，連五十多年前插隊的那一天，與他同船的同學們都是誰，那一大串名字都記得清清楚楚！

哪怕他說是因為他後來跟那些同學們還常來往，在我看來也是「奇生」，奇人一個啊。

我這樣告訴他，他笑著說，還是更喜歡現在的名字：棋如人生；人生如棋。

我深以為然。

五

「應鳴而尊，迫默則辱」這八個字，是怎麼來的呢？

我記得那是四月底的一個春末的午後，我前一夜幾乎沒怎麼睡，午飯後準備小憩片刻，於是就在電腦上打開江老師的書《活得更像一個人》，準備讀一些好文字來伴眠。

沒想到，正好讀到其中的〈被迫沉默：自由，還是不自由？〉一文，而文中的這幾段，竟立即把我的睏倦給蕩滌得乾乾淨淨：

享有自由的活法，是有資格心安理得、不懷愧疚的，是有理由不被干預不受打擾的。而失去自由的活法，恐怕就不能免於自責，免於反思，免於點名或不點名的批評。當然，自責、反思和批評之目的，是使沉默的大多數慢慢把腰桿挺起來，一步步更好地做到：呼喚良知，打破沉默；拒絕謊言，說出真話。

好人的迫默，與公民自主享有沉默權，完全是兩碼事。好人的迫默，是一種可悲、屈辱的存在。而在良心的驅動下打破沉默，則是從降志辱身走向贏得尊嚴，從依附人格走向獨立人格。這裡，我不想提「不自由，毋寧死」，也不想提胡適的「寧鳴而死，不默而生」（後來江老師發現，這句話其實是胡適引用范仲淹的——一枚註）。我想提出這樣八個字：應鳴而尊，不默而辱。自由不是免費的，權利決非白來的，尊嚴是要捍衛的。古今中外，要將權利被踐踏的活法換為享有權利的活法，最不能或缺的，是個體自身的覺醒、抗爭和付出。指望和倚仗救世主或神仙、菩薩等超自然力量，不靠譜。

此外，我不想諱言，好人的迫默固然是制度性侵害的明顯體現，但是，好人的迫默，也起到了為強權壓制「添磚加瓦」的作用（劉瑜語，見她的《沉默不是金》）。好人的迫默表明：「我們大家多多少

少對這部極權機器之得以運行負有責任。我們當中沒有一個人僅僅是這部機器的受害者。要知道它之所以能運行，我們每個人都曾出了一份力。」（哈威爾語，見他的總統就職演說：《人民，你們的政府還給你們了》）

由此不難知曉，好人的迫默，是不應被讚為「獨善其身」的。好人的迫默，自然更與「上善若水」八竿子挨不著。而好人在迫默中逝去，也實在稱不上什麼「完美的謝幕」。

「想說而不敢說」的做人，是可嘆的苟且，不是可取的活法。我心中所嚮往的，是每個中國人在良法所標示的自由邊界之內，都有權說出自己想說的話，做自己想做的事。

不要小看說真話的力量，尤其是，不要小看好好說真話的力量。

這幾段話，在我的內心引起了強烈的共鳴，就是那種心弦被撥動後產生的巨大共振，強大到讓我不能獨享，必須分享給更多的人。

我還從來沒有見過一個人，把思想和文字表達結合得這麼妙的。我是一個偏感性的人，一般一看到理論的東西我的大腦就會自動逃開，因為會覺得枯燥，大概率讀不下去。但是我必須承認，江老師的文章，於我是個例外。

因為真實的有靈魂的話，就會令人產生共鳴。

我當即轉發去了我的朋友圈。立即，我看到有更多的朋友們在轉發。

可能是「迫默」這個恰切、傳神之詞，處於共鳴的尖峰之上，我在轉發後寫下自己的感歎時，把江老師文中的「應鳴而尊，不默而辱」

說成了「應鳴而尊，迫默而辱」。後來被江老師指出後，我又強烈建議將錯就錯，一定要保留「迫默」這個首創之詞。江老師接受了我的動議，把「迫默而辱」改為「迫默則辱」——於是，「應鳴而尊，迫默則辱」這八個字，就開始流傳開來，後來更是一次又一次地，出現在接力文章裡，以及接力文章下的留言裡。

我知道，與我一樣，這八個字，也已經燒錄進了很多讀者的心底。

六

在我與江老師的整個交往中，最讓我難忘的，是 2020 年的 4 月 21 日之夜。那天晚上美國西部時間 7：35 p.m.，江老師給我發了條微信，告訴我他即將提交當天接力文的留言。

因為他的留言總是格外精彩，我經常要從數千條湧進來的留言裡，把他的留言找出來上牆。後來他提交留言前，有時就會預告我一下，我好等著。

一般他幾分鐘內就會提交留言了。但是那天，我足足等了 25 分鐘，也不見他的留言到後臺。

有時候，因為讀者的留言裡有敏感詞，會被微信的審查系統自動遮罩掉，後臺收不到。但是那天，我等不到他的留言進來，發微信問他，他也不答覆。

從來沒有出現過這樣的情形。我心裡越來越不安，直覺告訴我，他那邊可能發生什麼事情了。然而，微信是我聯絡他的唯一方式。

我很擔心，但是別無他法，只能一直不斷刷新著後臺的留言。一個多小時後，9 點多了，後臺終於看到一個陌生微信號的留言，告訴我：

「江棋生剛剛被員警帶走了。」

我驚呆了。怎麼會？

我給那位原讀者回覆了我的微信號，請他立即加我微信——果然，和我猜想的一樣，那位讀者是江師母。師母告訴我，江老師剛把留言寫好了準備提交時，家裡的門鈴響了。師母聽說是找江棋生老師的就開了門，沒想到進來的是一大幫員警，以涉嫌「尋釁滋事」為名，不由分說就將他帶走了，並將他的電腦和手機也順走了。

匆匆忙忙間，江老師午飯都沒有吃，連高血壓的藥都沒拿，就被帶出了家門。臨走前還不忘交代師母，要留言告訴我一聲——我想他也一定知道，我在大洋彼岸的這一頭，會怎樣焦急地等他的留言進來。

這是我平生第一回，眼睜睜地看著一個人，上一分鐘還在跟我微信裡說話，下一分鐘，就突然被消失了。

還是我這麼尊重欽佩的一個人。這個人，已經為這個國家的自由和民主，付出了那麼多。

那一夜，我幾個小時地枯坐在書桌前，什麼也做不了。連日缺覺的我早就睏倦至極，但是我不可能去睡覺，也無法讓自己去工作，或者編輯第二天一早要發的稿件。我拿過來電腦，想寫一些文字，但是發現自己整個的人都似乎被堵住了，居然一句也寫不出來。我覺得自己的魂好像丟了一般，從小到大一直都有的基本的安全感，因為江老師的突然被消失，一下子被奪走了。雖然他只是一個我剛剛認識了二十天的作者，但是，因為瞭解了他的經歷，因為讀了他的書，因為在那二十天裡與他一次次「心靈的春風」般的交談，對我來說，彷彿是一個親人，就這樣忽然就在我眼前，被消失了。

我無法接受。

凌晨 1：10 a.m. 的時候，手機突然響了一下，進來了一條新微信。
居然，是江老師的微信！
他說：「我被員警帶走了。」

我以為自己在做夢。揉了揉眼再看，真的是他。我又驚又喜，問：
「你現在在哪裡？」

他沒有回答我，卻給我發來了他幾個小時前就已經寫好了，還沒
有來得及提交給我的留言：

今天的接力文，是一篇真正共情、的確感同身受的摯文，一篇以
小見大、頗有思想深度的好文。真的是，比起那些賣弄文采的網文，
不知高出多少。

愛俏的武漢人，本該穿得花花綠綠，走在四月的偉岸江堤上，極
目而望，看一江春水，百里煙波；無妝無抹，萬種風情。然而，「當
午夜夢迴，相似的場景眼前再現，不知不覺已淚流滿面。」

痛中思痛，「改變已經悄然發生」。不僅從今天起，文聯門口將
天天鮮花盛開，而且我相信，在這一場思想覺醒、操練、碰撞、交鋒
的「大革命」之後，將會薪火相傳，接力永續。

前兩天，孫力軍被拿下後，我掃了一眼某部發布的公示長文。通
篇官腔，滿屏套話，幾無一字可讀。若非要說什麼遞刀子，這種無藥
可救的八股文，才是遞刀子。還有，充斥微博的污言穢語，才叫遞刀子。

方方日記寫得多好啊，接力文章續得多棒啊，網友留言說得多妙

啊！在這個令人珍視、珍惜的空間裡，沒有拯救者，都是謙恭的學習者，溝通者，參與者；人們互相啟蒙，真誠共鳴，坦率陳異，砥礪同行。

我慶幸自己成了一名參與者。我和大家一起，「越來越認同獨立思考的可貴」；我願意在自己的一生中，拒絕謊言，軟埋渣話；只說真話，說好人話。

我的親身經歷告訴我，我身在其中的這場民間自發自主的思想覺醒大潮，根本不同於 50 多年前的文革，也十分不同於 40 多年前由官方發動的思想解放運動。我認為，這場方興未艾的大潮，將對以後的歷史進程，發生難於估量的重大和深遠的影響。

我的眼淚一下子就流了出來。
我問他：「他們放你出來了麼？」
他說：「是。我打了『關』弟一個耳光。」
緊接著又問我，「還能提交留言嗎？」
我告訴他師母已經幫他提交了。我截圖給他看，我還置頂了。

他很高興，說道：「今天的留言不錯吧？」又告訴我，抓他是因為國外有人給他轉發了「公民力量」關於新冠疫情的徵文啟事。他說，在經過嚴格消毒處理後，他人已踏進了拘留所，中午 12 點 30 分左右，又被戴上了電子手環。5 分鐘後，開始換拘留所號衣號褲。正當他手拿號褲準備套上去時，門外傳來了叫停聲——因為查了他的電腦和手機，發現他沒有參加徵文。

他說他還沒到家，是在派出所給我發的微信，一會兒他們會用警車送他回家。他說，他不怕。

我知道他不怕，因為過去這三十一年裡，他已經被抓了好幾次，

加起來，在牢裡待了五年多，已經受了那麼多苦。但是正因為知道他不怕，我更加心疼。

他說：「總要有人多擔當點。」

七

有時候，我很難想像，江棋生老師已經是年過七旬的老人。
因為在我心裡，他似乎一直是一個年輕人。

他生於 1948 年，2020 年的 11 月 5 日，是他的 72 歲生日。為了慶祝他這個生日，我特意和園地裡用音樂來耕耘的「吟詩作賦」一起，提前好幾個月為他籌劃了一份特別的生日禮物：一首專門為他而寫的歌。

這首名為〈點燃燭光〉的歌，在他生日前夕的夜裡作為彩蛋，發在了他《知青生涯九年半》的第一篇文章後。第二天清晨，當他醒來發現後，他在朋友圈寫下這麼一句話：

「這是我的一生中，迄今為止使我最為驚喜的生日禮物。」

作為這個生日禮物的「始作俑者」，得到他這樣的「評語」，我甚為歡喜。

與此同時，我也欣喜地發現，在這篇文章下面的留言裡，用「年輕」來形容他的，不止我一個：

那天看到你
普普通通的生活裡
透出年輕而精神挺拔的氣息

——呼斯楞豫錕

江先生身上有未來的氣息的聲音。江先生是青年的陽光！

——侯川

是的，年輕而挺拔。未來的氣息。這也正是我對江老師的感受。

我曾在心底暗暗好奇，是什麼讓他看上去比他的實際年齡年輕那麼多。後來，我在他的書中找到了答案：

「這是不用說違心話的緣故。」

順應天性說真話，不說違心話，這樣的信條說起來容易，真正做起來太難了。而江老師居然一直做到了，哪怕為此付出代價，也無怨無悔。

這樣的甘心樂意的堅守，也讓他一直年輕，從外表，到內心。
而挺拔，則是另外一個說到我心眼裡去的形容江老師的詞。

雖然從來沒有見過江老師本人，除了在僅有的兩次微信視頻裡，但是，他在我心目中的形象，一直是挺拔的。

因為在六四 10 周年前夕發布〈點燃萬千燭光，共祭六四英魂〉的告全國同胞書，江老師被判刑四年；我聽過自由亞洲電臺記者張敏 2003 年在江老師剛剛出獄時對他的採訪錄音，在採訪中，他的朋友們形容他時，幾乎都會說：「英氣逼人」。

我也會永遠記得，在他詳細記錄自己牢獄生涯的奇書《看守所雜記》中讀到的這句話：

「當一排排暫押犯的腦袋隨著『低頭』的指令齊刷刷地應聲而垂

時，惟有一位良心犯，卻將一顆高貴而驕傲的頭顱支楞著。」

我可以想像那個場景。那個在任何情況下，都不會低下自己高貴而驕傲的頭顱的他。

如此挺拔。

八

除了真實過生活、不需要講違心話讓江棋生老師顯得年輕，我覺得另外一個重要原因，是他生活的自律。

在我跟他這幾個月的交往中，除了極個別的特殊情況，基本上每天一到北京時間晚上 11 點，他就會放下手中的一切，去休息。

除了按時睡覺，他還每天按時鍛鍊。夏天的時候他基本上天天游泳——他是可以在大江大河裡暢游的，並且蛙泳、仰泳、自由泳、潛泳，樣樣都會，後來還學會了最難游的蝶泳。春天、秋天、冬天時，他差不多每天都打乒乓球。後來我又讀到，曾經，他在關押了兩千人的北京市第二監獄舉辦的乒乓球比賽中，獲得了單打第一名；而第二名，是一個二十多歲的小夥子。

除此之外，他還每天定時朗讀一個小時的《英語世界》，以保持自己對英文的感受力。我在知道他每天讀《英語世界》後，有時候跟他聊天有些詞就直接用英文了——一開始我還有點擔心這樣會不會不太好——他當然沒有問題。

幾個月後，我才無意中發現，原來，他還曾經與人合作，翻譯過美國哥倫比亞大學教授、著名的中國問題研究專家 Andrew Nathan（黎安友）教授的《中國的危機》一書。這水準，已經在美國生活工作了

二三十年的我也自歎弗如。好吧，我實在是低估了他的英文實力。

江老師發現我在接力期間，白天黑夜好像什麼時間都是醒著的，經常一天兩三個小時也睡不到，非常替我擔心，經常勸我身體是本錢，一定要有能力讓自己停得下來。

可惜我做不到。我做什麼事，一旦投入進去了就停不下來，也捨不得停下來。

但是他就可以停得下來。有時候正聊著呢，他說：該去讀英語世界了；該去午睡了（他每天午飯後雷打不動午睡一小時）；該去買菜了（他在家裡承擔買、洗、燒的家務活，我讀了他的《知青生涯九年半》，直覺他的廚藝應該也不錯）；快到晚上 11 點了，該去睡覺了。

他在《知青生涯九年半》裡記錄自己上山下鄉期間當農村的電影放映員的那段生活時，這樣寫道：

與種田相比，當放映員的體力消耗簡直不值一提。而可自主利用的時間，則要富餘得多。在盡職做好謀生工作的前提下，作為一個從小就立志不能虛度光陰的人，我是如何度過飄泊生活中的業餘時間的呢？

他的答案是：

一、讀書。每天從早上 9 點半讀到 11 點半。午睡起來後，從下午 1 點半讀到 4 點半。（這可就是每天整整五個小時不受干擾的讀書時間啊。）二、搖船（當作體育鍛煉）。三、訪友。四、垂釣。五、打牌。

這段非常觸動我，因為作為一個也經常立志不虛度光陰的人，我連讓自己不熬夜按時睡覺，絕大多數時候都做不到。

然後，在《知青生涯九年半》的後面，我又看到，他在事關自己命運的時間節點來到之際，在那樣爭分奪秒複習準備等了十一年的高考時，也仍然可以讓自己停下來休息。每晚複習不超過 11 點，並雷打不動堅持午休。

他是一個可以讓自己集中精力去做事，並努力把事情做到最好的人。非常容易就被分心的我，對此唯有仰望和欽佩。

九

江棋生老師自小就有一個科學家之夢。這個夢想，被文革整整耽誤了十年。

在他的《知青生涯九年半》的最後一段，他這樣寫道：

在呼嘯北上的列車上，夤夜遠奔的我，難以入眠。不過，在我腦子裡來回轉悠的，就只有一件事：

而立之年負笈京城，一定要「搶回被耽誤的 10 年光陰」，一定要實現兒時就已萌生、但被文革深埋的「當科學家」之夢。

那列北上的火車，把他從上海帶去了北京。1978 年 3 月至 1982 年 2 月，他在北京航空學院完成了空氣動力學本科。1982 年 2 月至 1984 年 7 月，他繼續在北航攻讀空氣動力學碩士學位。1985 年到 1988 年，他任教於清華大學分校。然後，1988 年 9 月，他到中國人民大學，攻讀科學技術哲學博士學位。

他的科學家之夢到第二年的春天，戛然而止。
這是維基百科上對他後來經歷的描述：

1989 年 4 月 -6 月，參與八九學潮，擔任北京市高校學生對話代表

團常委、中國人民大學學生自治會常委，撰寫有〈四月學運與文革的九點本質區別〉、〈四月學運與四五運動〉等文。同年 9 月，被關押至秦城監獄。1991 年 2 月，被免予起訴而釋放。同年 6 月，被中國人民大學開除學籍。

1999 年 5 月，再次被關押。2000 年 12 月，以煽動顛覆國家政權罪判處有期徒刑四年。2001 年，獲中國民主教育基金會頒發的傑出民主人士獎。2003 年 5 月獲釋出獄，同年獲全美學自聯自由精神獎與國際筆會自由表達獎。2005 年，由香港開放雜誌社出版《看守所雜記》。2009 年，由華盛頓勞改基金會出版《一生說真話》。2014 年，由香港九江文化出版公司出版《點燃良知的燭光》。

但是，他並沒有讓自己科學研究的火苗熄滅。

從 1992 年深秋開始，江棋生老師開始就物理學三大分立對稱性即 C、P、T 對稱性問題，進行了潛心研究，提出了具有重大挑戰意味的全新見解。到目前為止，已經完成了 21 篇物理學論文，發布於中國國家科技圖書文獻中心網站的預印本服務系統中。

雖然我是一個理工女，對於這「物理學三大分立對稱性即 C、P、T 對稱性問題」的概念也是看得一頭霧水。但是我知道江老師對此極為投入，將此列為他此生追求的最大的成就，並在研究中，為自己的每一步探索和突破感到快樂和幸福。

我曾經看到在自由亞洲電臺記者谷季柔女士對江老師的一次採訪中，他試圖對記者用普通人能懂的語言，解說他的物理學論文。

記　者：那你能給我們說一下，你的物理學論文說的是什麼？當然我們
　　　　都是外行，你不要講得太深，要深入淺出。

江棋生：不講太深，那好，就這麼說吧，從小孩到大人都喜歡問這麼一個問題：時間能夠倒過來流嗎？日子過得好的，不太希望倒過來，希望就這麼一直流下去。過得不好的呢，希望時間能夠倒過來流，重過一遍，或許會出來新的希望。

記　者：過得好的也希望倒過來流，他可以長生不老嘛。

江棋生：時間能不能倒流這麼一個問題，不光是哲學的猜想，也不光是小孩的發問，物理學上對此也早有嚴格的探討，而且在我之前，很多人都做了這件事，我也是從物理和數學上進一步探討這個問題。使我感到快樂和幸福的是，我覺得我有了比較重大的突破。

記　者：我現在越來越好奇了，到底怎麼來看時光能否倒流這個問題？

江棋生：物理學上先前的結論是：宏觀上存在時間之箭，就是說時間不能倒流；微觀上，除了有一丁點兒例外，不存在時間之箭，就是說時間能夠倒流。而我的看法是，微觀上同樣普遍地存在時間之箭，這樣就把時間倒流的可能性給杜絕了。這是不是很有點可惜？我們都無法長生不老呵！當然朋友們都說，你在那樣的地方過了好幾年，怎麼沒有多大變化呢？我這麼回答他們，時光肯定在變，只是我很樂觀，所以我就顯得不那麼老，無非是這個，我也擋不住時間的流逝。

記　者：從物理學上，從數學上沒辦法讓時光倒流，但你保持健康的心態的話，可以讓青春永駐。

江棋生：這話說得好，時間不能倒流，青春可以永駐。

　　江老師告訴我，通過對「倒計時」的剖析，基本確認物理學上的所謂時間反演變換，實質上乃是「變順計時為倒計時」的計時方式變換。這一變換，並不會造成事件反演或過程反演，更與影片倒放毫無瓜葛。這個研究成果，將會顛覆物理學上已有近 200 年的錯誤定論，並使著名的 CPT 定理變得毫無意義。另外，由於他的《再論贗向量並不存在》論文的完成，及對吳健雄實驗的重新解釋，他已經接近推倒

物理學上的又一個定論，從而明確肯定不存在所謂的「宇稱不守恆」；而這一條，將完全否定李政道和楊振寧 1957 年的諾貝爾物理學獎。

上學的時候，我文理科成績都還好，但是物理是我所有科目中最弱的一項。江老師的物理學研究我看不懂，對於他「此生想要一個諾貝爾物理學獎」的夢想，我也覺得是難於上青天。

但是人有一個夢想讓自己去努力，是一件多麼幸福的事！哪怕夢想實現的概率微乎其微，哪怕這個過程中，還可能會被一些人嘲笑。

在我看來，夢想是否能夠實現是一回事，是否朝著夢想去全心努力，又是一回事。

更何況，這個人是奇人江棋生老師。

江老師經常讓我想起電影《肖申克的救贖》裡面的 Andy（安迪）。安迪花了整整 20 年的時間去給自己挖那條通向自由的地道，哪怕每天只能挖一點點土，偷偷放進褲管裡在放風的時候帶出來，但是他一直沒有放棄，把我這樣的常人認為的不可能，變成了現實。

江老師也一樣。他在物理學方面的孤軍奮戰，在我看來，就是 21 世紀中國的肖申克式的救贖。他認準了一件事，就要排除萬難去實現。

我看不懂他在做的研究，無法在物理學上給他任何的幫助，但是我願意，全心全意，給他當啦啦隊，為他終於有一天可以挖通這個地道，加油，祝福，並禱告。

十

在送給江老師 72 歲生日的那首〈點燃燭光〉的歌裡，吟詩作賦安排了我在兩段歌詞中間念一段旁白。

點燃燭光

詞、曲、演唱：吟詩作賦；配樂：藍傑；旁白：一枚

總是無法忘記
那年春天的怒吼
你總是在尋找
尋找失散的路口
尋找時空中反演變換的奧秘
尋找暖氣管敲擊不同的節奏
尋找那一年痛失孩子的母親
尋找那點燃萬千燭光的手
我們點燃燭光
我們點亮光明
我們祝福你
我們在一起

（一枚祝福語）
你曾經歷過黑暗禁錮的日子
只因說真話良知天性的使然
你在記錄著不應忘卻的往事
你說迫默則辱，應鳴而尊

我們點燃燭光
我們點亮光明
我們祝福你
我們在一起

我那天特地沒有去事先寫下我想說什麼，就這樣對著話筒，一遍
遍地，讓我心底的話自然地流淌出來。

　　此刻，我也想用這同樣的祝福語，來結束我這篇獻給江棋生老師的園地作者印象——

　　2020 年的這個春天裡，因為日記和接力認識了你，對我來說，是一件多麼幸運的事。謝謝你讓我知道，原來這世上，還真的有像你這樣的人，活得如此的純粹、坦蕩、勇敢、挺立、溫暖、悲憫，滿腹才情，深刻，卻又不乏童真。謝謝你堅持一生說真話。謝謝你激勵我活得更像一個人。在今天這個特別的日子裡，我們點燃燭光，我們點亮光明。我們共同祝福，和你在一起。寫這篇的時候，我的耳邊一直迴響著江老師在法庭上做「最後陳述」時說的這一段話：

　　我敢說，我所追求的「拒絕謊言、說出真話」，我所嚮往的「憑良心行事、過真實生活」，我所期待的「一部分人先自由起來」，我所憧憬的「人的尊嚴和人的權利至上」的社會，誰不追求？！誰不嚮往？！誰不期待？！誰不憧憬？！

　　這四個「誰不」，振聾發聵，我從第一次讀到後就不能忘記。因為我也追求，我也嚮往，我也期待，我也憧憬。我盼望著那樣的一個讓我們都追求、嚮往、期待和憧憬的社會，在我深愛的那片古老的中華大地上，早日來臨。

初稿於 2020 年 12 月 22 日夜
修訂於 2021 年元月 14 日夜
定稿於 2021 年元月 16 日夜

作者簡介：

梅玫，安徽人在北美。70 後。理工女，地產經紀人。
從方方日記和接力開始的純業餘小編。馬拉松跑者。基督徒。兩個孩子的母親。

國家圖書館出版品預行編目 (CIP) 資料

活得更像一個人 / 江棋生 . 著 -- 初版 . -- [臺北市] :
匠心文化創意行銷有限公司 , 2022.10
面 ； 公分
ISBN 978-626-95075-8-0(平裝)

1.CST: 言論集
078   111011976

對話中國文庫　8
渠成文化
作者 江棋生
圖書策畫匠心文創

發行人　　陳錦德
出版總監　柯延婷
專案主編　王丹
專案企劃　謝政均
美術設計　顏柯夫
內頁設計　顏柯夫
編輯校對　蔡青容

E-mail cxwc0801@gmail.com
網址 https://www.facebook.com/CXWC0801
出版日期 2022 年 10 月初版一刷
總代理旭昇圖書有限公司
地址新北市中和區中山路二段 352 號 2 樓電話 02-2245-1480(代表號)
印製安隆印刷
定價新臺幣 350 元

ISBN 978-626-95075-8-0

【企製好書匠心獨具　‧　暢銷創富水到渠成】